Rand McNally
Road Atlas of Europe

Contents

Regional Maps

Albania, Northern	66
Albania, Southern	68
Andorra	25
Austria	40-41
Belgium	16,20
Bulgaria, Eastern	72
Bulgaria, Western	67
Corse (Corsica)	34-35
Czechoslovakia	62-63
Denmark	48
England, Northern	13
England, Southern	10-11
Finland, Southern	54-55
France, Northeastern	20
France, Northern	18-19
France, Southeastern	21
France, Southwestern	22-23
France, Western	17
Germany, Northern	46-48
Germany, Southern	44-45
Gibraltar	31
Greece, Eastern	72
Greece, Northern	68-69
Greece, Southern	70-71
Hungary	43,59
Ireland, Eire	14-15
Ireland, Northern	14-15
Italy, Central	36-37
Italy, Northern	32-33
Italy, Southern	38-39
Liechtenstein	42
Luxembourg	20
Malta	38
Monaco	21
Netherlands	16
Norway, Southern	52-53
Poland, Northern	60-61
Poland, Southern	62-63
Portugal, Northern	26
Portugal, Southern	28
Romania	59
San Marino	33
Sardegna (Sardinia)	35
Scandinavia, Northern	56-57
Scotland	12-13
Sicilia (Sicily)	38
Spain, Northeastern	24-25
Spain, Northwestern	26-27
Spain, Southeastern	30
Spain, Southern	31
Spain, Southwestern	28-29
Sweden, Central	50-51
Sweden, Southern	49
Soviet Union, Western European Part	57-59
Switzerland	42
Turkey, European	72
Union of Soviet Socialist Republics (See Soviet Union)	
United Kingdom	10-15
Vatican City	36-37
Wales	10
Yugoslavia, Northern	64-65
Yugoslavia, Southern	66-67

City Maps

Amsterdam, Netherlands	76
Athínai (Athens), Greece	78
Barcelona, Spain	78
Berlin, Germany	76
Bruxelles (Brussels), Belgium	76
Genève (Geneva), Switzerland	77
Helsingfors (Helsinki), Finland	74
Kobenhavn (Copenhagen), Denmark	74
Lisboa (Lisbon), Portugal	78
London, England (U.K.)	73
Madrid, Spain	79
Milano (Milan), Italy	79
München (Munich), West Germany	77
Oslo, Norway	74
Paris, France	75
Roma (Rome), Italy	80
Stockholm, Sweden	74
Wien (Vienna), Austria	77

Special Features

Stateside Planning	2-3
Automobile Arrangements, International Driver's License, Itinerary, Fuel, On the Road, In Case of Accident, United States Passport, Vaccinations and Inoculations, Visas, Conversion Table Sources, Currency, Customs, Mail	
Official Sources for Travel and Visa Information	4
Motorail Services and Ferries	5
European Highways and Legend	6-7
Distances in Europe	8
Key to Maps	9
Regional Maps of Europe	10-72
City Maps of Europe	73-80
Index	81-112

Rand McNally & Company

Chicago • New York • San Francisco

Library of Congress Catalog Card Number: 71-653509
Copyright © 1985 by Rand McNally & Company
All Rights Reserved
Printed in the U.S.A.
Revised, 1985

The Adventure of Driving Through Europe

The motorist in Europe enjoys more than scenery, although the forests and soaring mountains, the pastoral panoramas, the lake, river, and ocean views, the fairy-tale villages, and the historic sites might be reward enough. The highway traveler gets a more intimate acquaintance with the people and customs of each country. He can vary his route at will from the famous superhighways to the well-maintained byroads where big buses and trucks do not venture. He can stay at rural inns, charming small hotels, campgrounds, or elegant castles and mansions that do not cater to large groups and tours. Highway travel in Europe is still an adventure—but a safe and comfortable one.

Stateside Planning

Europe may be a few hours away by jetliner, but it is several weeks away in planning, so the prudent traveler starts early with his reading, research, documentation, itinerary, reservations, financial planning, and automobile arrangements.

One of the first things you should do is to apply for a passport, if you do not already have one. If, however, you have one, be sure it is in order or has not expired. Apply for your passport as many weeks as possible ahead of your trip, and avoid doing so during peak travel seasons. (See page 3.)

Tourist information about Europe can be acquired from a number of sources, the most direct being the official tourist office of the country or countries you plan to visit. These are located in New York and other major U.S. cities. (see page 4.) Other reliable sources are commercial travel agencies, motor clubs with a foreign division, and travel clubs.

Automobile Arrangements

1. Can Rental. At least two weeks before you plan to leave for Europe, make arrangements through one of the major U.S. car rental agencies which services Europe, advise them of when and where you will arrive, the type of car you wish to rent (you may choose from the smallest foreign compact to a large European or American car), and your credit card number, providing you have one of the major accounts. If you do not have such an account, you will be required to pay all charges in advance based on an accurate estimate of days used and kilometers driven. Rental charges, include a fee for use of the car plus a fee for each kilometer driven. These fees vary from country to country, and rates are also higher during the peak travel months of May through September. Many countries also offer vacation "unlimited mileage rates." Fuel and other road costs along the way are not included in the rental fee. As an added convenience, major U.S. car rental agencies have a toll free reservation number.

You can pick up your rented car at your port of entry and return it there if it is the same as your point of departure. If not, return it to the rental agency's office near your departure point.

Arrangements for cars rented through European agencies should be handled directly with that agency or through a U.S. representative or travel agent.

Local rental may be arranged at any point on your journey should you like to drive only in that country or surrounding areas. Major U.S. car agencies maintain branches in most major European cities. To assure the availability of a car, make arrangements in advance.

2. Buy a new European car for delivery upon arrival. If you would like to buy an European-made car and pick it up and drive it while there, you should place your order through the U.S. dealer or representative of the car from two to six months prior to your arrival in Europe and complete the transaction at least 30 days before that arrival date. You can then either pick up the car at the factory or have it delivered at your expense to your port of entry. The original cost of the car covers European license and registration. Remember to include the European road insurance, shipment home, customs, excise tax, and state registration and license in figuring the overall cost.

3. Take along your own car. You can have your own car shipped to Europe for your use while there. If you choose this plan, be sure to carry proof of ownership and insurance coverage required for Europe. This insurance, which usually provides coverage from the U.S. port of embarkation to the U.S. port of debarkation, generally may be obtained through your local insurance broker.

International Driver's License

You should have an International Driver's License to drive in Europe, although regulations vary from country to country. Some countries may require only your state license while others will require the International Driver's License, which is also a necessary document in case you are involved in an accident. You can apply for this license through a AAA motor club or any of its branches. Necessary are your state driver's license, two passport-size photographs, and check or money order for $4 (fee for AAA members) or $8 (fee for non-members). Allow two to three weeks if applying by mail.

Itinerary

Use this atlas to plan and mark your route through Europe, but stay flexible. There is so much to see and do and so many scenic and cultural rewards that 200 kilometers (120 miles) is a reasonable day's drive.

Kilometers to Miles
1 kilometer ÷ 0.621371 miles

Kilometers	Miles	Kilometers	Miles
1	0.6	7	4.3
2	1.2	8	5.0
3	1.9	9	5.6
4	2.5	10	6.2
5	3.1	25	15.5
6	3.7	100	62.1

Fuel

Gasoline, in both regular and super grades, is plentiful in Europe, but it will cost you more than it does at home.

In Great Britain, petrol is sold by the imperial gallon and in the other parts of Europe by the liter (slightly more than a U.S. quart). If you are going to drive the back roads, where there are fewer service stations, it might be advisable to carry along a metal container filled with 10 or 20 liters of gasoline.

You may also take advantage of special fuel offers. For example, tourists who plan to be in Italy for less than six months and are driving a foreign-registered car may buy gasoline coupons, which will afford a savings of over 30 percent. When the tourist enters Italy, he or she is issued necessary documents which will serve as a temporary import and circulation permit. At this time, also, the tourist may buy coupons for up to 150 liters of gasoline. These can then be used for obtaining gasoline at any filling station in Italy.

Liters to Gallons (U.S.)
l liter = 0.264178 gallons (U.S.)

Liters	Gallons	Liters	Gallons
1	0.26	6	1.59
2	0.53	7	1.85
3	0.79	8	2.11
4	1.06	9	2.38
5	1.32	10	2.64

On the road

Drive in Europe as you drive at home, except in Great Britain and Ireland where you must remember to drive on the left side of the road.

Before you drive in foreign traffic, get acquainted with your car.

Rules of the road are much the same in continental Europe as they are in this country. You drive to the right, overtake and pass on the left, using your turn signals for both as well as when you turn. Horns are forbidden in most built-up areas, except for dire emergencies. At night, flash your lights rather than rely on the horn when passing.

Approach crossroads and intersections with care, and remember, the driver coming in from your right has the right-of-way. Defensive driving applies in Europe as it applies in this country, and be sure to drive with extra care under different road conditions.

In Case of Accident

Should you have the misfortune to become involved in an accident, follow essentially the same procedure as you would in this country. Secure witnesses. Get a police officer to make a full report. When the situation is less serious, remember the international distress signal—a raised hood. Most countries and their automobile clubs maintain road patrols and communication systems designed to speed assistance.

United States Passport

Apply for your passport at least 60 to 90 days before you take a trip abroad. It will save possible delay. And you won't need to go through the procedure for awhile since an adult's passport is valid for ten years, and a minor's (under age 18) may be used for five years.

Where to Apply

1. A U.S. State Department Passport Agency, (Boston, Chicago, Honolulu, Houston, Los Angeles, Miami, New Orleans, New York City, Philadelphia, San Francisco, Seattle, Stamford, Connecticut; and Washington, D.C.)

2. Ask at your local courthouse or post office for the nearest accepting Federal or State Clerk of Court or designated post office. Located in most County Seats and in larger municipalities.

3. If overseas, the nearest U.S. Embassy, Consulate General, or Consulate.

How to Apply

If you possess a previous U.S. Passport showing you as bearer and issued less than eight years ago but after your eighteenth birthday, you may apply for a new passport by mail. Obtain a pink passport application form from one of the places listed under "Where to Apply." Read carefully the instructions on the back of the form. Obtain two new photographs which meet the requirements specified here, sign them on the back per instructions, then mail the completed application together with your two signed photographs, your previous passport, and a check or money order for the required fee to the address noted on the form.

If you do not possess the requirements outlined in the previous paragraph or this is your first passport, you must apply in person at one of the places listed under "Where to Apply." You must also have with you proof of citizenship, proof of identity, and photographs as specified here under "Qualifications."

Qualifications

The following qualifying documents must be presented with your white application form for passport:

1. Proof of citizenship: Previous passport, certified birth certificate, or certificate of naturalization or citizenship.

2. Proof of identity: Recent passport, valid driver's license, or employment card which contains your signature and photograph or physical description. These may be supplemented as necessary by the affidavit of an accompanying witness who has known you at least two years and who bears identification as defined here.

3. Photographs: Two duplicate prints taken within six months of when you apply for passport. Prints must be black and white or color, measure exactly 2 inches by 2 inches edge to edge; full head and face centered on a plain, light background with headsize 1 to 1⅜ inches from bottom of chin to top of hair. Wear normal attire; do not wear hat, uniform, or insignia. Prints must be able to endure temperatures up to 225° F (107° C). Ordinary snapshot, vending machine, self-developing, or acetate-base prints are not acceptable.

Fees

Passport fee (pink or white application) $35.00. Execution fee (white application only) $7.00.

Vaccinations and Inoculations

Along with your passport you may be required to carry an International Certificates Vaccination "card" (available from airlines, travel agents, and most places listed above under "Where to Apply," and all Public Health Service Offices). This certificate must show that you have been properly vaccinated or immunized by your physician and that his or her signature has been authenticated by the proper local authorities. For information regarding vaccinations and inoculations you may need for the countries on your itinerary, inquire at the nearest U.S. Public Health Service Office. Keep in mind any side trips which you may take to countries not on your itinerary.

Visas

Visa requirements vary from country to country and according to the length and purpose of your visit. Some countries require a visa for a U.S. citizen, others do not. For general information write for brochure M-264 "Visa Requirements of Foreign Governments," U.S. Passport Office, 1425 K Street, N.W., Washington, D.C. 20524. Also available from passport agencies (see "Where To Apply.")

Detailed visa information for each country is available from its Consulate Generals or Consulates, which are located in several major U.S. cities. If there are none near you for the countries on your itinerary, write to the countries' embassies in Washington, D.C. (see page 4).

Conversion Table Sources

The ship or airline on which you travel to Europe will have conversion tables and helpful brochures of many kinds. Secure as many as you need and carry them with you at all times. These will cover language, time, clothing sizes, tipping, and many other subjects.

Currency

The bulk of your currency should be in $20 travelers' checks, but also carry $50 to $100 in one and five dollar bills for small expenditures where converting larger sums would be costly. Before leaving the United States, visit the international banking section of your bank or one that has such a section and purchase at least $10 in small denomination currency for each of the countries on your itinerary. It is also advisable to convert your money only at a bank or U.S. bank branch while in Europe.

Customs

You can save money by being aware of U.S. custom charges. For custom hints for returning U.S. residents, write for the booklet, "Know Before You Go," U.S. Passport Office, 1425 K Street, N.W., Washington, D.C. 20524, or write your nearest customs office. Free.

Mail

Stay in touch with the folks at home by having them direct your mail to any of the following places most suitable to your itinerary: (1) hotels, if you have reservations; (2) American Express mail service in major metropolitan centers; (3) general delivery (Post Restante) at the local post office in smaller towns which are on your itinerary.

Travel and Visa Information Sources

ALBANIA
For travel and visa Information:
Albania Mission
131 Rue de la Pompe
Paris 16e, France

AUSTRIA
For travel information in the U.S.:
Austrian National Tourist Office
545 Fifth Avenue
New York, New York 10017
Also Chicago, Los Angeles, and
Portland Oregon

In Austria:
Austria-Information
Margaretenstrasse 1
A-1010 Wien, Austria

See Visas, page 3:
Embassy of Austria
2343 Massachusetts Avenue,
N.W.
Washington, D.C. 20008

BELGIUM
For travel information in the U.S.:
Belgian Tourist Office
745 Fifth Avenue
New York, New York 10151

In Belgium:
Commissariat Général au
Tourisme
Rue du Marché aux Herbes, 61
1000 Bruxelles, Belgium

See Visas, page 3:
Embassy of Belgium
3330 Garfield Street, N.W.
Washington, D.C. 20008

BULGARIA
For travel information in the U.S.:
Bulgarian Tourist Office
161 East 86th Street
New York, New York 10028

In Bulgaria:
Balkantourist, 1 Vitosha
Boulevard
Sofia, Bulgaria

See Visas, page 3:
Embassy of the People's Republic
of Bulgaria
1621 22nd Street, N.W.
Washington, D.C. 20008

CZECHOSLOVAKIA
For travel information in the U.S.:
Czechoslovak Travel Bureau
10 East 40th Street
New York, New York 10016

In Czechoslovakia:
Cedok, Prikopy 18,
Prague 1, Czechoslovakia

See Visas, page 3:
Embassy of the Czechoslovak
Socialist Republic
3900 Linnean Avenue, N.W.
Washington, D.C. 20008

DENMARK
For travel information in the U.S.:
Danish Tourist Board
75 Rockefeller Plaza
New York, New York 10019
Also Los Angeles and Canada

In Denmark:
Danmarks Turistrod
Vesterbrogade 6 D
1620 København V, Denmark

See Visas, page 3:
Embassy of Denmark
3220 Whitehaven Street, N.W.
Washington, D.C. 20008

FINLAND
For travel information in the U.S.:
Finnish Tourist Board
75 Rockefeller Plaza
New York, New York 10019
Also Los Angeles (Scandinavian
National Tourist Offices)

In Finland:
Matkailun edistämiskeskus
Kluuvikatu 8
00 100 Helsinki 10, Finland

See Visas, page 3:
Embassy of Finland
3216 New Mexico Ave., N.W.
Washington, D.C. 20016

FRANCE
For travel information in the U.S.:
French Government Tourist
Office
610 Fifth Avenue
New York, New York 10020
Also Beverly Hills, Chicago, and
San Francisco

In France:
L'Office du Tourisme de Paris
127 Champs Elysees
Paris, France

See Visas, page 3:
Embassy of France
2535 Belmont Road, N.W.
Washington, D.C. 20036

GERMANY, EAST
For travel and visa information:
Deutsches Reiseburo
Berlin N 4
Friedrichstrasse 110

See Visas, page 3:
Embassy of the German
Democratic Republic
1717 Massachusetts Ave., N.W.
Washington, D.C. 20036

GERMANY, WEST
For travel information in the U.S.:
German National Tourist Offices
747 Third Avenue, 33rd flr.
New York, New York 10017
Also Los Angeles

In West Germany:
Deutsche Zentrale fuer
Tourismus
Frankfurt/Main 6000/1
Beethovenstrasse 69

See Visas, page 3:
Embassy of the Federal Republic
of Germany
4645 Reservoir Road, N.W.
Washington, D.C. 20007

GREECE
For travel information in the U.S.:
Greek National Tourist
Organization
645 Fifth Avenue
New York, New York 10022
Also Chicago, Los Angeles, and
Boston

In Greece:
Ελληνικος Οργανισμος
Τουρισμου
'Amerikῆς 2
Athinai, Greece

See Visas, page 3:
Embassy of Greece
2221 Massachusetts Avenue,
N.W.
Washington, D.C. 20008

HUNGARY
*For travel and detailed visa
information in the U.S.:*
Consulate General of the
Hungarian People's Republic
8 East 75th Street
New York, New York 10021

For information in Hungary:
Ibusz
Budapest, V., Felszabadulás tér 5

Embassy of the Hungarian
People's Republic
3910 Shoemaker St., N.W.
Washington, D.C. 20008

IRELAND
For travel information in the U.S.:
Irish Tourist Board
590 Fifth Avenue
New York, New York 10036
Also Chicago

In Ireland:
Bord Failte
Baggot Street Bridge
Dublin 2, Ireland

See Visas, page 3:
Embassy of Ireland
2234 Massachusetts Avenue.
N.W.
Washington, D.C. 20008

ITALY
For travel information in the U.S.:
Italian Government Travel Office
630 Fifth Avenue
New York, New York 10111
Also Chicago and San Francisco

In Italy:
Direzione Generale dell' E.N.I.T.
(Ente Nazionale Italiano per
il Turismo)
Via Marghera, 2, Roma, Italy

See Visas, page 3:
Embassy of Italy
1601 Fuller Street, N.W.
Washington, D.C. 20009

LIECHTENSTEIN
For travel information in the U.S.:
(Same as Switzerland)

In Liechtenstein:
Presse und Informationstelle der
Fürstlichen Regierung
9490 Vaduz, Fürstentum
Liechtenstein

For detailed visa information:
(Same as Switzerland)

LUXEMBOURG
For travel information in the U.S.:
Luxembourg National Tourist
Office
801 Second Avenue
New York, New York 10017

In Luxembourg:
Office National de Tourisme
77 Rue d'Anvers
Luxembourg City, Luxembourg

See Visas, page 3:
Embassy of Luxembourg
2200 Massachusetts Avenue,
N.W.
Washington, D.C. 20008

MALTA
*For travel and detailed visa
information in the U.S.*
Embassy of Malta
2017 Connecticut Avenue, N.W.
Washington, D.C. 20008

For travel information in Malta:
National Tourist Organization
of Malta
The Palace
Valletta, Malta

MONACO
*For travel and detailed visa
information in the U.S.:*
Monaco Govt. Tourist Office
845 Third Avenue
New York, New York 10022

NETHERLANDS
For travel information in the U.S.:
Netherlands Natl. Tourist Office
576 Fifth Avenue
New York, New York 10036
Also San Francisco

In the Netherlands:
V.V.V. (local tourist office)

See Visas, page 3:
Embassy of The Netherlands
4200 Linnean Avenue, N.W.
Washington, D.C. 20008

NORWAY
For travel information in the U.S.:
Norwegian National Tourist
Office
75 Rockefeller Plaza
New York, New York 10019

In Norway:
Landslaget for Reiselivet 1 Norge
H. Heyerdahlsgate 1
Oslo 1, Norway

See Visas, page 3:
Royal Norwegian Embassy
2720 34th Street, N.W.
Washington, D.C. 20008

POLAND
For travel information in the U.S.:
Polish National Tourist Office
Information Centre in New York
500 Fifth Avenue
New York, New York 10110
Also Chicago

In Poland:
Incoming Tourist Bureau Orbis
Section of Independent Travel
00-061 Warsaw
142 Marszalkowska Street
Poland

See Visas, page 3:
Embassy of the Polish People's
Republic
2640 16th Street, N.W.
Washington, D.C. 20009

PORTUGAL
For travel information in the U.S.:
Portuguese Natl. Tourist Office
548 Fifth Avenue
New York, New York 10036

In Portugal:
Direcção-Geral do Turismo,
Palácio Foz, Praça dos
Restauradores / Lisbon
Airport
Lisboa, Portugal

See Visas, page 3:
Embassy of Portugal
2125 Kalorama Road, N.W.
Washington, D.C. 20008

ROMANIA
For travel information in the U.S.:
Romanian National Tourist Office
573 Third Avenue
New York, New York 10016

In Romania:
Oficiul National de Turism.
CARPATI
Bulevardul Nagheru, nr. 7
Bucuresti

See Visas, page 3:
Embassy of the Socialist
Republic of Romania
1607 23rd Street, N.W.
Washington, D.C. 20008

SAN MARINO
*For travel information in
San Marino:*
Ente Governativo per il Turismo,
Sport e Spettacolo
Palazzo del Turismo
San Marino

For detailed visa information:
(Same as Italy)

SOVIET UNION (U.S.S.R.)
For travel information in the U.S.:
Intourist
630 Fifth Avenue, Suite 868
New York, New York 10111

In the Soviet Union:
Ummypuct npocnekm Mapkca 16,
Mockba, CCCP 103009

See Visas, page 3:
Embassy of the Union of Soviet
Socialist Republics
1125 16th Street, N.W.
Washington, D.C. 20036

SPAIN
For travel information in the U.S.:
Spanish National Tourist Office
665 Fifth Avenue
New York, New York 10022
Also Chicago, Miami,
St. Augustine, and
San Francisco

In Spain:
Oficina de Informacion de
Tursimo
Torre de Madrid, Madrid
Also other major cities

See Visas, page 3:
Embassy of Spain
2700 15th Street, N.W.
Washington, D.C. 20009

SWEDEN
For travel information in the U.S.:
Swedish Tourist Board
75 Rockefeller Plaza
New York, New York 10019

In Sweden:
Sveriggs Turiströd
"Sverigehuset," Hamngatan 27
S-103 85 Stockholm, Sweden

See Visas, page 3:
Embassy of Sweden
600 New Hampshire Ave., N.W.
Washington, D.C. 20037

SWITZERLAND
For travel information in the U.S.:
Swiss National Tourist Office
608 Fifth Avenue
New York, New York 10020
Also San Francisco

In Switzerland:
Schweizerische Verkehrszentrale
Bellariastrasse 38, 8027 Zürich

See Visas, page 3:
Embassy of Switzerland
2900 Cathedral Avenue, N.W.
Washington, D.C. 20008

TURKEY
For travel information in the U.S.:
Turkish Government Tourism and
Information Office
821 United Nations Plaza
New York, New York 10017

In Turkey:
Turizm ve Tanitma Bakanliği
Demirtepe, Ankara, Turkey

See Visas, page 3:
Embassy of the Republic of
Turkey
1606 23rd Street, N.W.
Washington, D.C. 20008

UNITED KINGDOM
For travel information in the U.S.:
British Tourist Authority
401 West 57th Street, Suite 320
New York, New York 10019
Also Chicago, Los Angeles, and
Dallas

In Great Britain:
British Tourist Authority
64 St. James's Street
London, S.W.1 A INF
Also Victoria Coach Station,
Victoria, London

See Visas, page 3:
British Embassy
3100 Massachusetts Avenue,
N.W.
Washington, D.C. 20008

YUGOSLAVIA
For travel information in the U.S.:
Yugoslav National Tourist Office
630 Fifth Avenue
New York, New York 10111

In Yugoslavia:
Turisticki Savez Jugoslavije
Mose Pijade 8/IV
11000 Beograd, Yugoslavia

For detailed visa information:
Embassy of the Socialist Federal
Republic of Yugoslavia
2410 California Street, N.W.
Washington, D.C. 20008

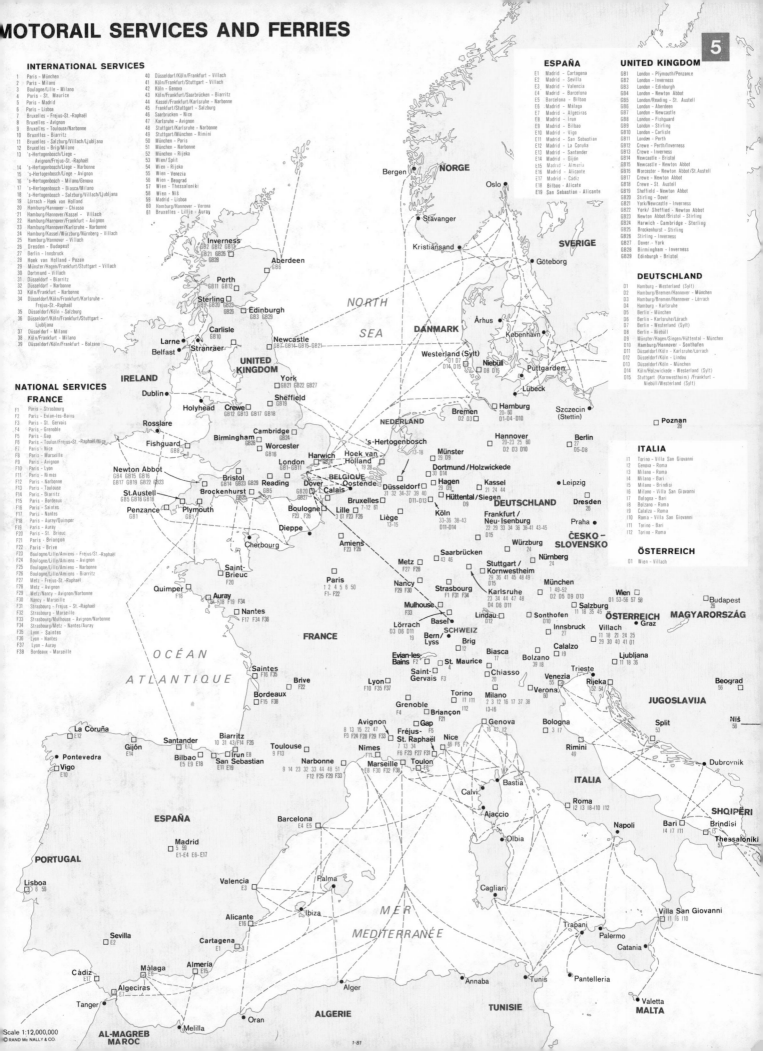

MOTORAIL SERVICES AND FERRIES

INTERNATIONAL SERVICES

1 Paris – München
2 Paris – Milano
3 Boulogne/Lille – Milano
4 Paris – St. Maurice
5 Paris – Madrid
6 Paris – Lisboa
7 Bruxelles – Fréjus-St.-Raphaël
8 Bruxelles – Avignon
9 Bruxelles – Toulouse/Narbonne
10 Bruxelles – Biarritz
11 Bruxelles – Salzburg/Villach/Ljubljana
12 Bruxelles – Brig/Milano
13 's-Hertogenbosch/Liège – Avignon/Fréjus-St.-Raphaël
14 's-Hertogenbosch/Liège – Narbonne
15 's-Hertogenbosch/Liège – Avignon
16 's-Hertogenbosch – Milano/Genova
17 's-Hertogenbosch – Biasca/Milano
18 's-Hertogenbosch – Salzburg/Villach/Ljubljana
19 Lörrach – Hoek van Holland
20 Hamburg/Hannover – Chiasso
21 Hamburg/Hannover/Kassel – Villach
22 Hamburg/Hannover/Frankfurt – Avignon
23 Hamburg/Hannover/Karlsruhe – Narbonne
24 Hamburg/Kassel/Würzburg/Nürnberg – Villach
25 Hamburg/Frankfurt – Milano
26 Dresden – Budapest
27 Berlin – Innsbruck
28 Hoek van Holland – Pozan
29 Münster/Hagen/Frankfurt/Stuttgart – Villach
30 Dortmund – Villach
31 Düsseldorf – Biarritz
32 Düsseldorf – Narbonne
33 Köln/Frankfurt – Narbonne
34 Düsseldorf/Köln/Frankfurt/Karlsruhe – Frejus-St.-Raphaël
35 Düsseldorf/Köln – Salzburg
36 Düsseldorf/Köln/Frankfurt/Stuttgart – Ljubljana
37 Düsseldorf – Milano
38 Köln/Frankfurt – Milano
39 Düsseldorf/Köln/Frankfurt – Bolzano
40 Düsseldorf/Köln/Frankfurt – Villach
41 Köln/Frankfurt/Stuttgart – Villach
42 Köln – Genova
43 Köln/Frankfurt/Saarbrücken – Biarritz
44 Kassel/Frankfurt/Karlsruhe – Narbonne
45 Frankfurt/Stuttgart – Salzburg
46 Saarbrücken – Nice
47 Karlsruhe – Avignon
48 Stuttgart/Karlsruhe – Narbonne
49 Stuttgart/München – Rimini
50 München – Paris
51 München – Narbonne
52 München – Rijeka
53 Wien/Split
54 Wien – Rijeka
55 Wien – Venezia
56 Wien – Beograd
57 Wien – Thessaloniki
58 Wien – Niš
59 Madrid – Lisboa
60 Hamburg/Hannover – Verona
61 Bruxelles – Lillie – Auray

NATIONAL SERVICES
FRANCE

F1 Paris – Strasbourg
F2 Paris – Evian-les-Bains
F3 Paris – St. Gervais
F4 Paris – Grenoble
F5 Paris – Gap
F6 Paris – Toulon/Frejus-St.-Raphaël/Nice
F7 Paris – Nice
F8 Paris – Marseille
F9 Paris – Avignon
F10 Paris – Lyon
F11 Paris – Nîmes
F12 Paris – Narbonne
F13 Paris – Toulouse
F14 Paris – Biarritz
F15 Paris – Bordeaux
F16 Paris – Saintes
F17 Paris – Nantes
F18 Paris – Auray/Quimper
F19 Paris – Auray
F20 Paris – St. Brieuc
F21 Paris – Briançon
F22 Paris – Brive
F23 Boulogne/Lille/Amiens – Frejus-St.-Raphaël
F24 Boulogne/Lille/Amiens – Avignon
F25 Boulogne/Lille/Amiens – Narbonne
F26 Boulogne/Lille/Amiens – Biarritz
F27 Metz – Frejus-St.-Raphaël
F28 Metz – Avignon
F29 Metz/Nancy – Avignon/Narbonne
F30 Nancy – Marseille
F31 Strasbourg – Frejus/St.-Raphaël
F32 Strasbourg – Marseille
F33 Strasbourg/Mulhouse – Avignon/Narbonne
F34 Strasbourg/Metz – Nantes/Auray
F35 Lyon – Saintes
F36 Lyon – Nantes
F37 Lyon – Auray
F38 Bordeaux – Marseille

ESPAÑA

E1 Madrid – Cartagena
E2 Madrid – Sevilla
E3 Madrid – Valencia
E4 Madrid – Barcelona
E5 Barcelona – Bilbao
E6 Madrid – Málaga
E7 Madrid – Algeciras
E8 Madrid – Irún
E9 Madrid – Bilbao
E10 Madrid – Vigo
E11 Madrid – San Sebastian
E12 Madrid – La Coruña
E13 Madrid – Santander
E14 Madrid – Gijón
E15 Madrid – Almería
E16 Madrid – Alicante
E17 Madrid – Cádiz
E18 Bilbao – Alicante
E19 San Sebastian – Alicante

UNITED KINGDOM

GB1 London – Plymouth/Penzance
GB2 London – Inverness
GB3 London – Edinburgh
GB4 London – Newton Abbot
GB5 London/Reading – St. Austell
GB6 London – Aberdeen
GB7 London – Newcastle
GB8 London – Fishguard
GB9 London – Stirling
GB10 London – Carlisle
GB11 London – Perth
GB12 Crewe – Perth/Inverness
GB13 Crewe – Inverness
GB14 Newcastle – Bristol
GB15 Newcastle – Newton Abbot
GB16 Worcester – Newton Abbot/St.Austell
GB17 Crewe – Newton Abbot
GB18 Crewe – St. Austell
GB19 Sheffield – Newton Abbot
GB20 Stirling – Dover
GB21 York/Newcastle – Inverness
GB22 York/ Sheffied – Newton Abbot
GB23 Newton Abbot/Bristol – Stirling
GB24 Harwich – Cambridge – Sterling
GB25 Brockenhurst – Stirling
GB26 Stirling – Inverness
GB27 Dover – York
GB28 Birmingham – Inverness
GB29 Edinburgh – Bristol

DEUTSCHLAND

D1 Hamburg – Westerland (Sylt)
D2 Hamburg/Bremen/Hannover – München
D3 Hamburg/Bremen/Hannover – Lörrach
D4 Hamburg – Karlsruhe
D5 Berlin – München
D6 Berlin – Karlsruhe/Lörach
D7 Berlin – Westerland (Sylt)
D8 Berlin – Niebüll
D9 Münster/Hagen/Siegen/Hüttental – München
D10 Hamburg/Hannover – Sonthofen
D11 Düsseldorf/Köln – Karlsruhe/Lörrach
D12 Düsseldorf/Köln – Lindau
D13 Düsseldorf/Köln – München
D14 Köln/Holzwickede – Westerland (Sylt)
D15 Stuttgart (Kornwestheim) /Frankfurt – Niebüll/Westerland (Sylt)

ITALIA

I1 Torino – Villa San Giovanni
I2 Genova – Roma
I3 Milano – Roma
I4 Milano – Bari
I5 Milano – Brindisi
I6 Milano – Villa San Giovanni
I7 Bologna – Bari
I8 Bolzano – Roma
I9 Calazo – Roma
I10 Roma – Villa San Giovanni
I11 Torino – Bari
I12 Torino – Roma

ÖSTERREICH

O1 Wien – Villach

Scale 1:12,000,000
© Rand McNally & Co.

1-81

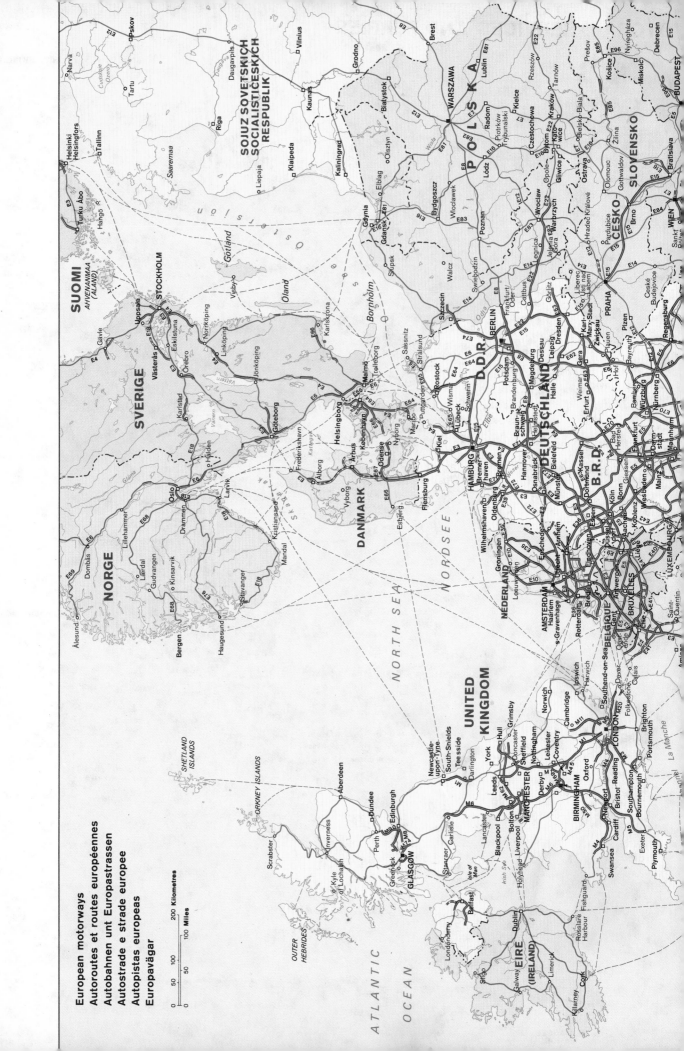

6

European motorways
Autoroutes et routes européennes
Autobahnen unt Europastrassen
Autostrade e strade europee
Autopistas europeas
Europavägar

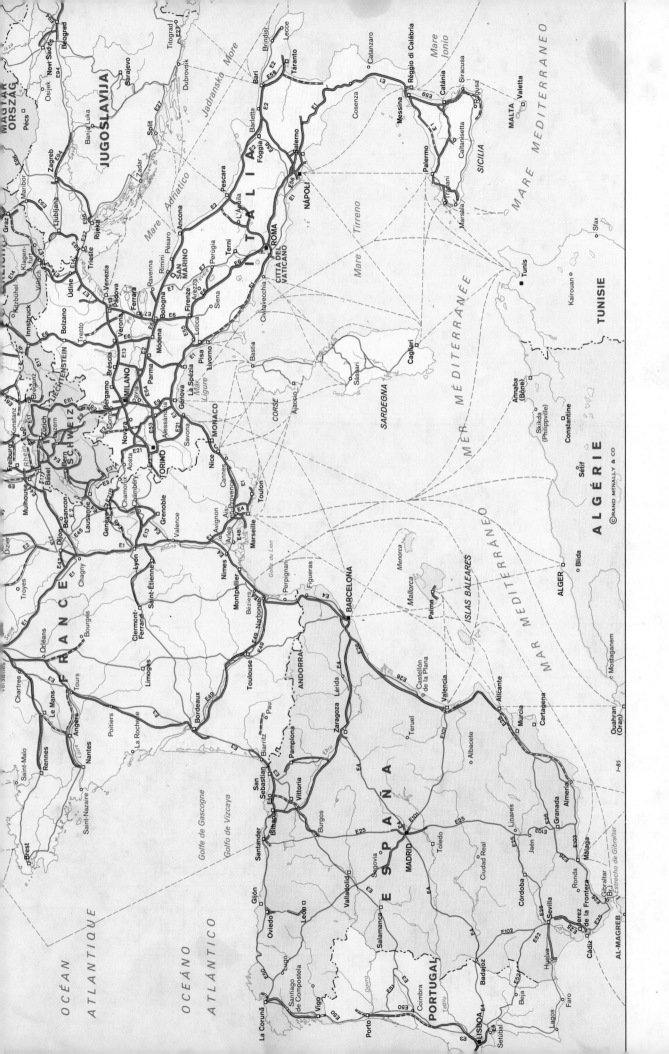

European intercity distance chart. The upper-right triangle of each cell gives **MILES**; the lower-left triangle gives **KILOMETERS**. Cities (in row and column order):

Amsterdam · Athinai · Barcelona · Basel · Beograd · Berlin · Bordeaux · Bruxelles · Bucureşti · Budapest · Calais · Dublin · Edinburgh · Firenze · Frankfurt a.M. · Genève · Hamburg · Hammerfest · Hannover · Helsinki · Istanbul · Kijev · København · Köln · Leningrad · Lisboa · Liverpool · London · Luxembourg · Madrid · Marseille · Milano · Monaco · Moskva · München · Napoli · Oslo · Palermo · Paris · Praha · Roma · Sevilla · Sofija · Stockholm · Trondheim · Warszawa · Wien · Zagreb · Zürich

MILES (distances read from each origin city, upper-right triangle):

From \ To	Athinai	Barcelona	Basel	Beograd	Berlin	Bordeaux	Bruxelles	Bucureşti	Budapest	Calais	Dublin	Edinburgh	Firenze	Frankfurt	Genève	Hamburg	Hammerfest	Hannover	Helsinki	Istanbul	Kijev	København	Köln	Leningrad	Lisboa	Liverpool	London	Luxembourg	Madrid	Marseille	Milano	Monaco	Moskva	München	Napoli	Oslo	Palermo	Paris	Praha	Roma	Sevilla	Sofija	Stockholm	Trondheim	Warszawa	Wien	Zagreb	Zürich
Amsterdam	1869	964	468	1132	410	662	127	1473	886	228	657	888	267	575	273	232	1120	1744	1256	477	158	1609	1440	329	250	1103	515																					

KILOMETERS figures appear in the lower-left triangle of the same chart (origin/destination reversed), e.g. Amsterdam–Athinai 3007, Amsterdam–Barcelona 1551, Amsterdam–Basel 753, Amsterdam–Beograd 1821, Amsterdam–Berlin 660, Amsterdam–Zürich 839.

Legend

Motorway - free

Interchange

Principal through road

Motorway - toll

Under construction
or Projected

Main road

Scenic route

Church, convent

Spa

+ 780

Altitude in metres

Point of interest

Ruin

Place of interest

Castle

Seaside resort

National boundary

Airport

National capital

Connecting road

Long distance in
Kilometres

Number of
Europe highway

Minor roads

National road
number

Short distance
in kilometres

Car ferry

Railway

Pass

Key to Maps

Scale

1:1,500,000

1:4,000,000

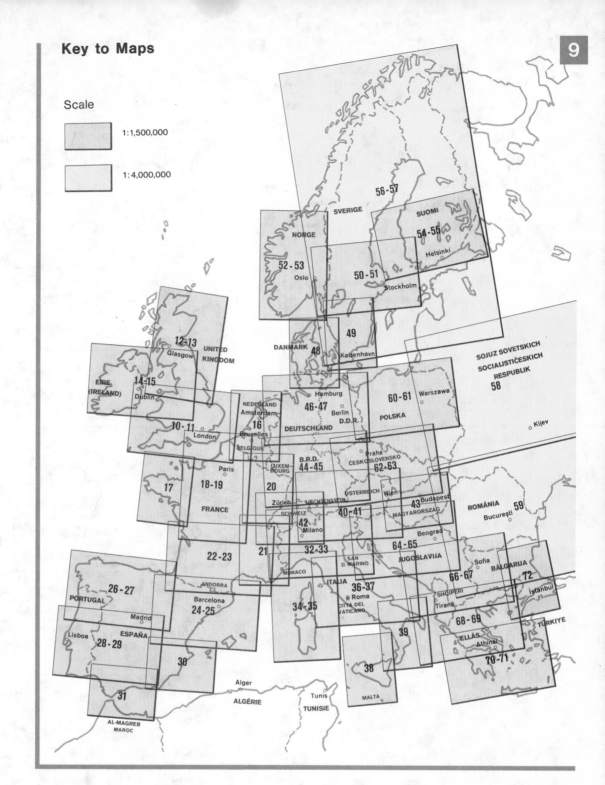

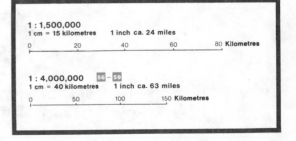

1 : 1,500,000
1 cm = 15 kilometres   1 inch ca. 24 miles
0   20   40   60   80 Kilometres

1 : 4,000,000   56 - 59
1 cm = 40 kilometres   1 inch ca. 63 miles
0   50   100   150 Kilometres

SOUTHERN ENGLAND AND WALES

© RAND McNALLY & CO.   1-85

NORTH SEA

ENGLISH CHANNEL
LA MANCHE

FRANCE

PARIS - CALAIS
275

BELGIQUE

PICARDI

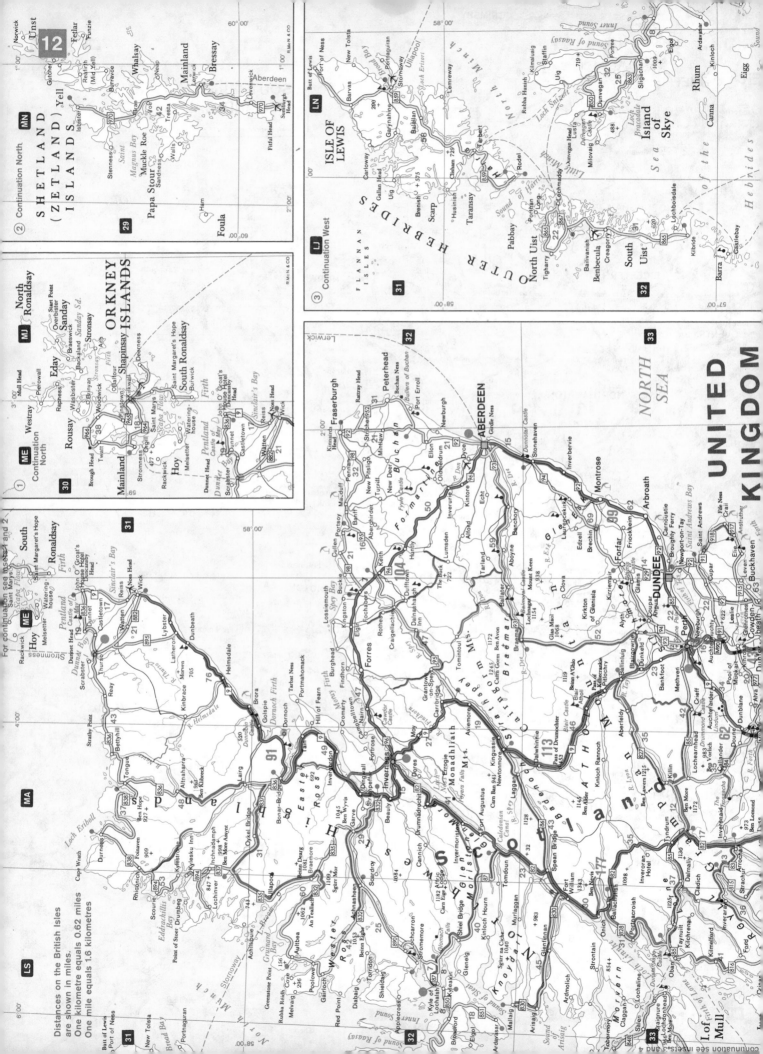

NORTHERN ENGLAND
AND SCOTLAND

©RAND McNALLY & CO.

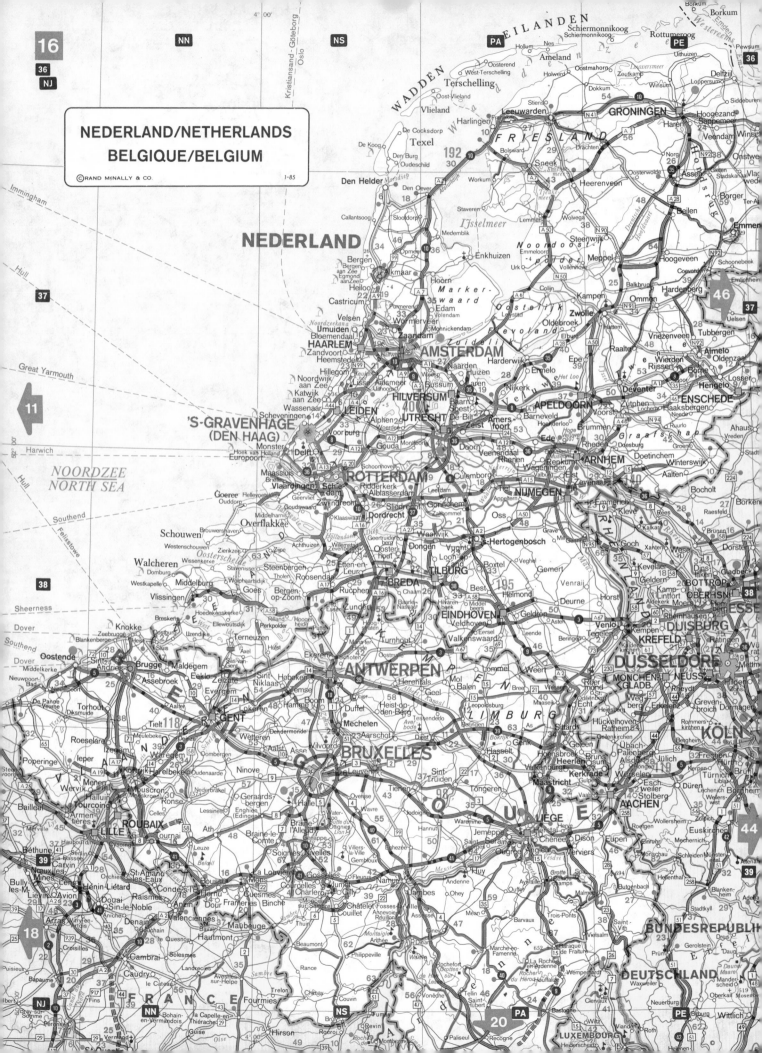

NEDERLAND/NETHERLANDS
BELGIQUE/BELGIUM

© Rand McNally & Co.   1-85

NEDERLAND

NOORDZEE
NORTH SEA

FRANCE

DEUTSCHLAND

BUNDESREPUBLIK

LUXEMBOURG

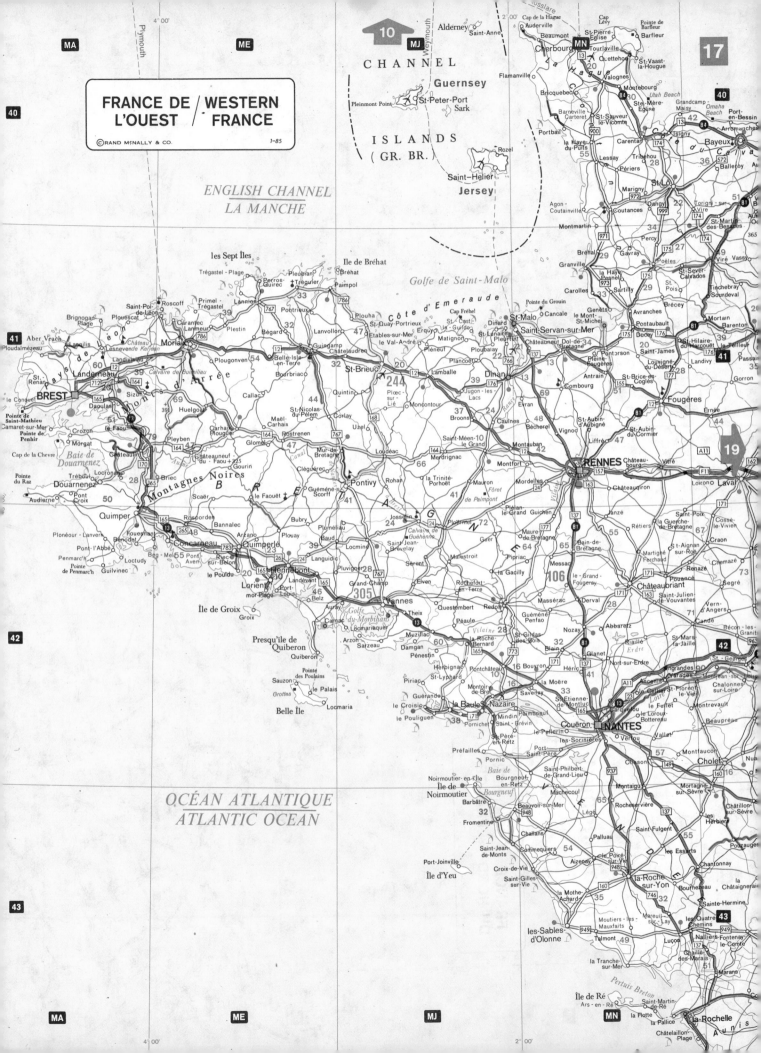

FRANCE DE / WESTERN
L'OUEST / FRANCE

©RAND McNALLY & CO. 1-85

CHANNEL

ISLANDS
(GR. BR.)

Guernsey
St-Peter-Port
Sark

Saint-Helier
Jersey

Pleinmont Point

ENGLISH CHANNEL
LA MANCHE

Golfe de Saint-Malo

Côte d'Emeraude

OCÉAN ATLANTIQUE
ATLANTIC OCEAN

BRETAGNE

Montagnes Noires

Baie de
Douarnenez

Presqu'île de
Quiberon

Belle Île

VENDÉE

Baie de
Bourgneuf

FRANCE / NORTHERN
FRANCE
DU NORD / FRANCE

© RAND McNALLY & CO.

1-85

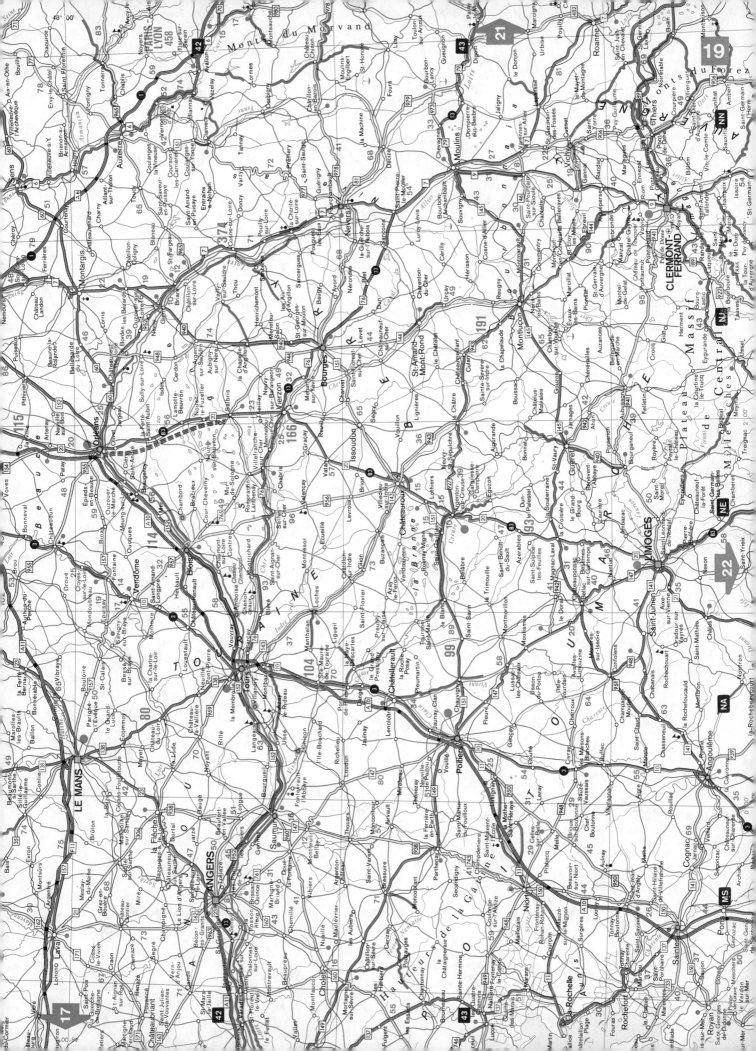

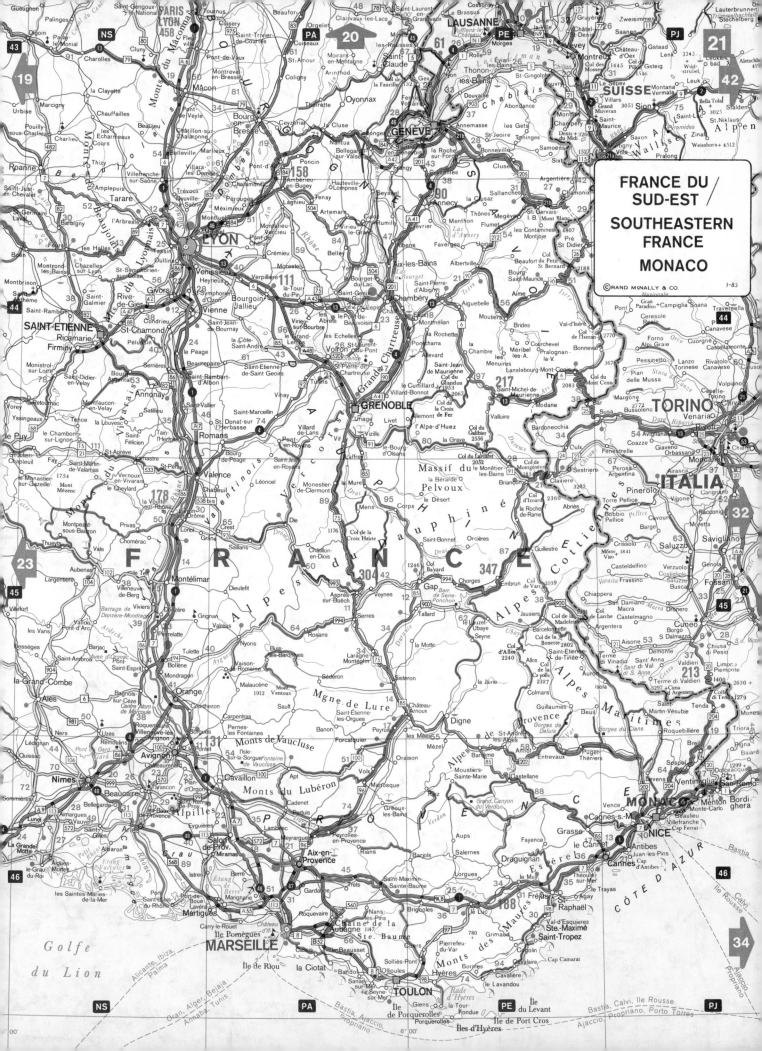

FRANCE DU / SUD-EST

SOUTHEASTERN FRANCE

MONACO

© Rand McNally & Co.

1-85

FRANCE DU / SOUTHWESTERN
SUD-OUEST / FRANCE

© RAND McNALLY & CO.   1-85

ESPAÑA / NORTHEASTERN
NOR-ORIENTAL / SPAIN

ANDORRA

© RAND McNALLY & CO. 1-85

MAR MEDITERRÁNEO
MEDITERRANEAN SEA

ISLAS

BALEARES

MALLORCA

MENORCA

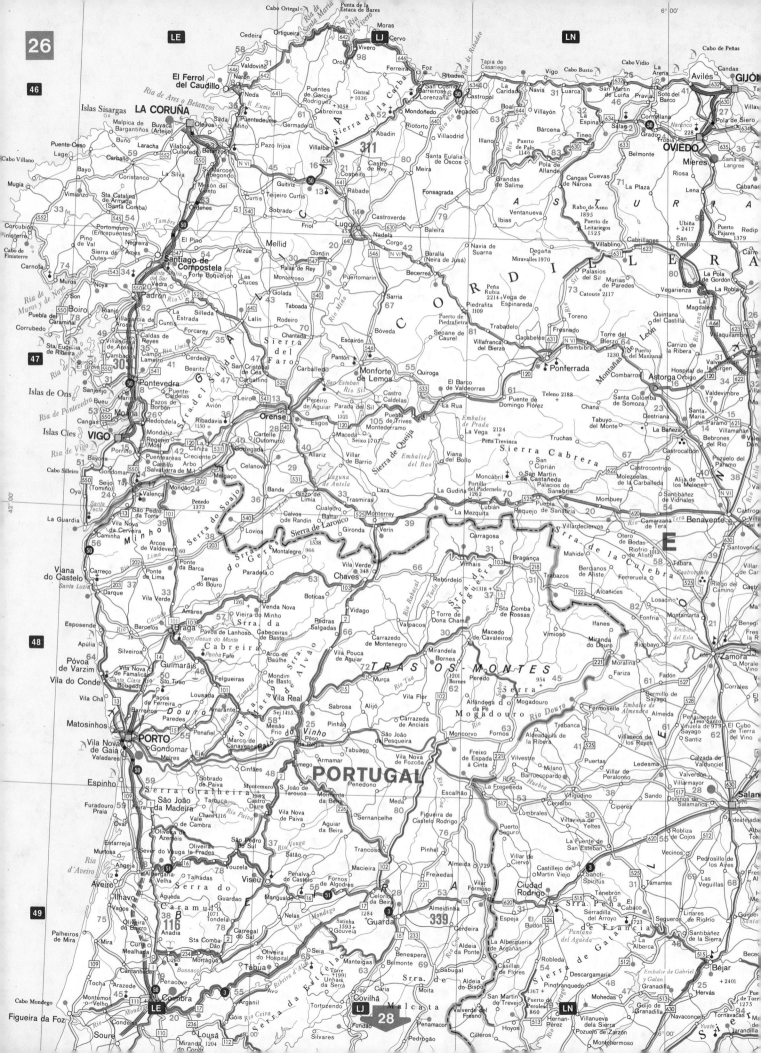

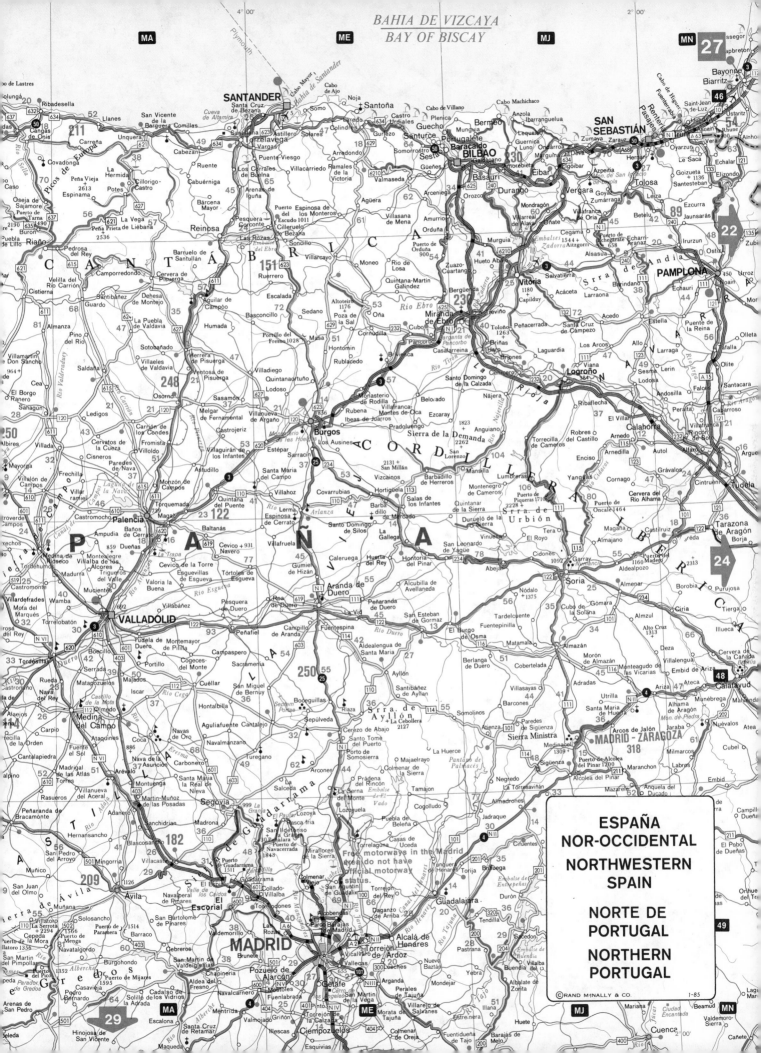

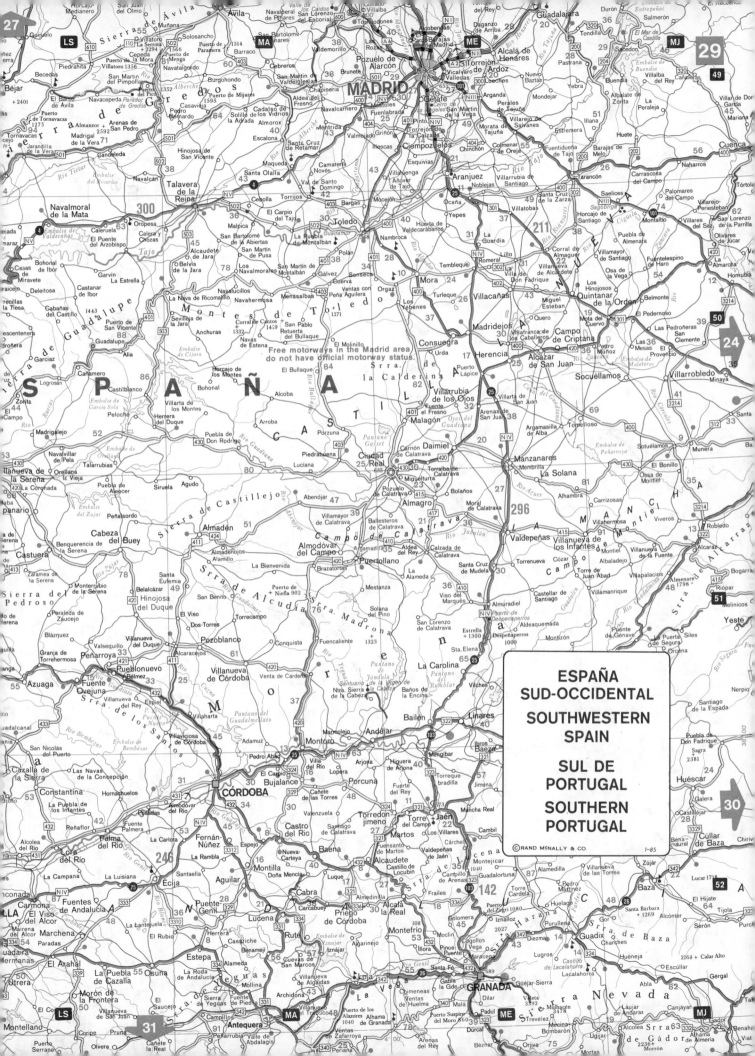

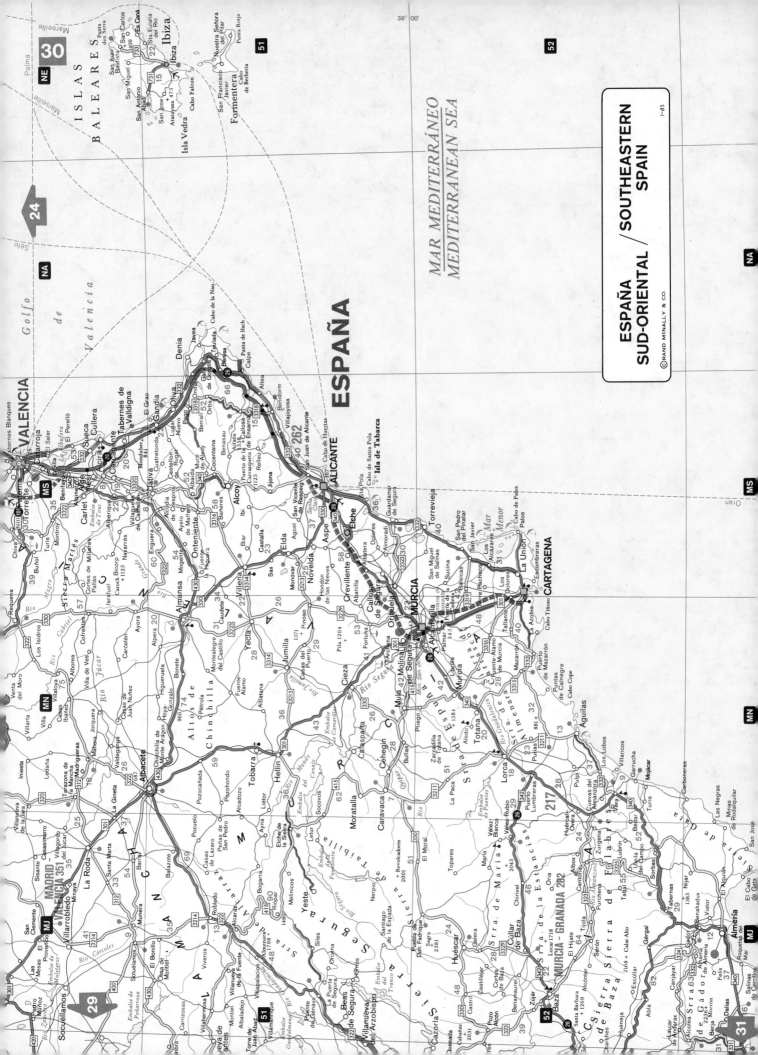

ESPAÑA
SUD-ORIENTAL / SOUTHEASTERN
SPAIN

©RAND McNALLY & CO.

MAR MEDITERRÁNEO
MEDITERRANEAN SEA

ESPAÑA

VALENCIA

MURCIA

ALICANTE

CARTAGENA

ALBACETE

MADRID -
VALENCIA 351

MURCIA - GRANADA 282

Almería

ISLAS BALEARES

Ibiza

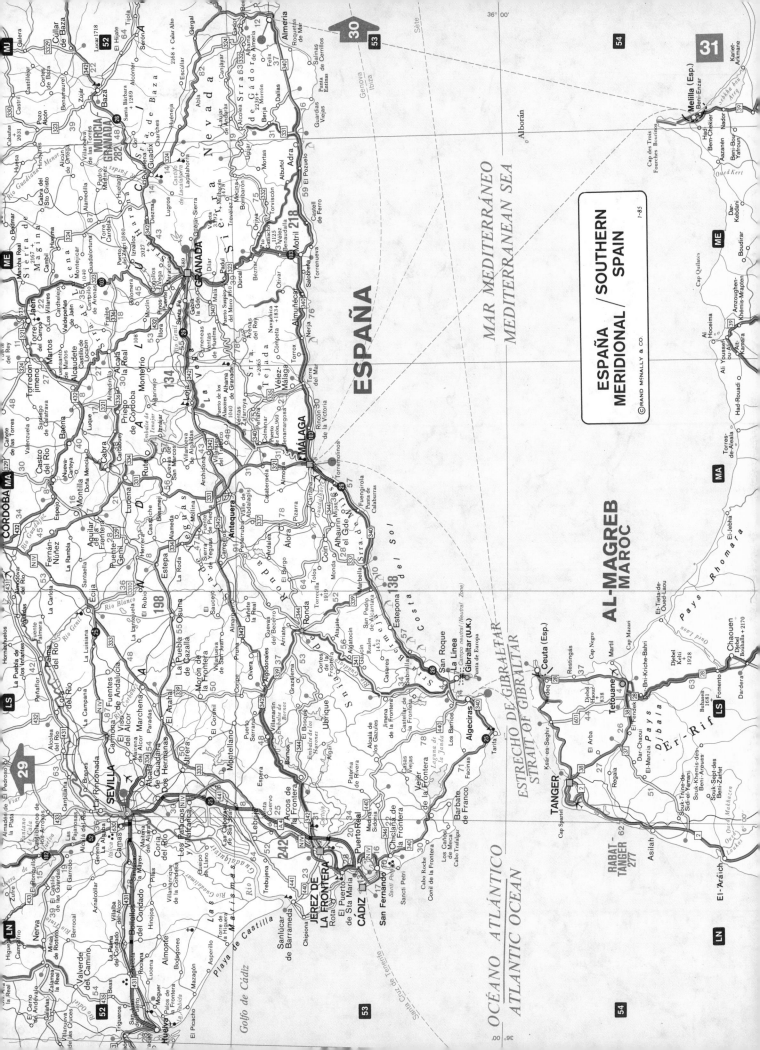

ITALIA SETTENTRIONALE / NORTHERN ITALY

SAN MARINO

© RAND McNALLY & CO.

1-85

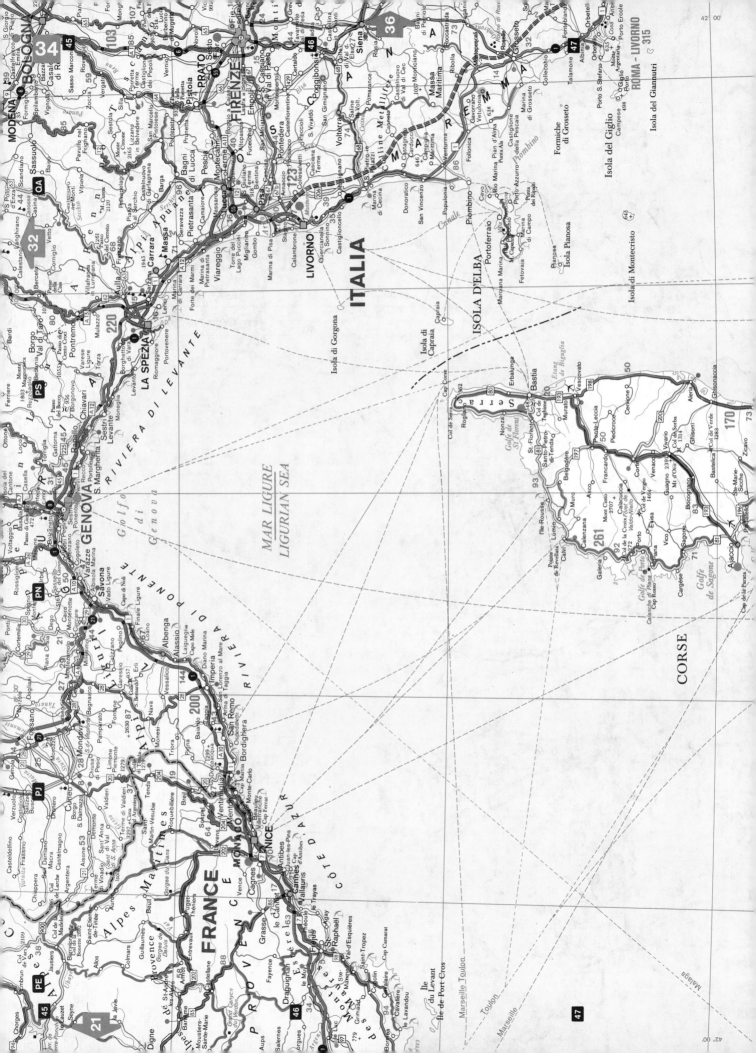

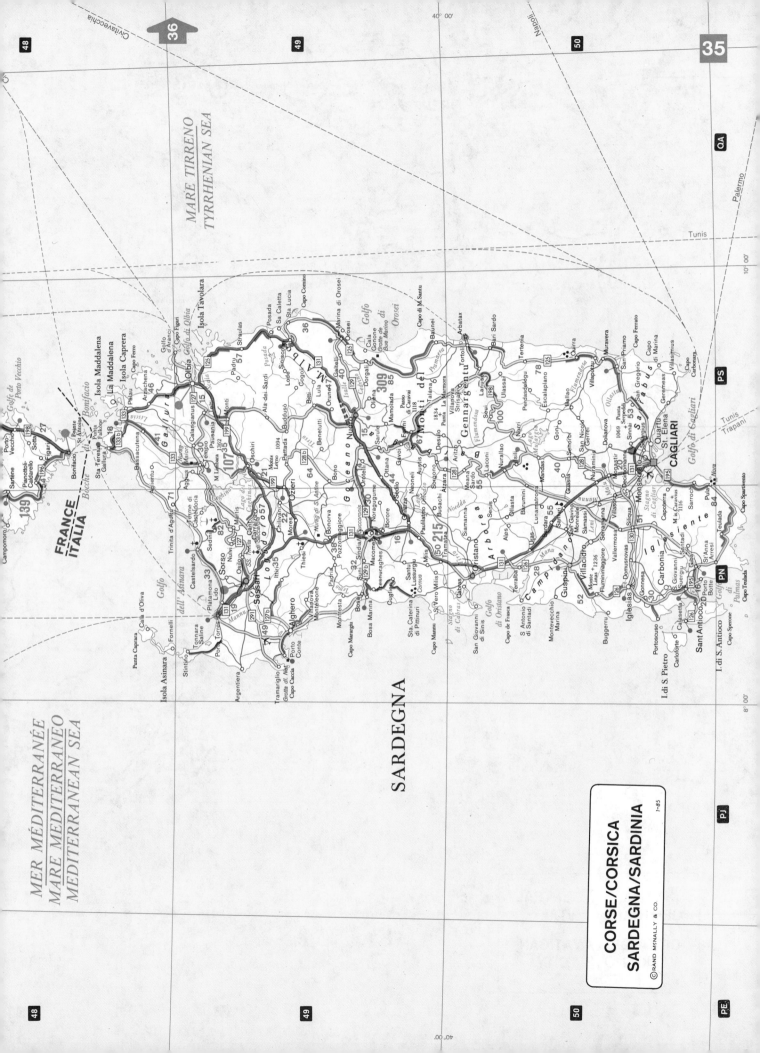

48 49 50 QA

PS

PJ PN PE

40° 00'

10° 00'

8° 00'

40° 00'

Civitavecchia

Napoli

Palermo

Tunis

Tunis
Trapani

MARE TIRRENO
TYRRHENIAN SEA

MER MÉDITERRANÉE
MARE MEDITERRANEO
MEDITERRANEAN SEA

FRANCE
ITALIA

SARDEGNA

Golfo de
Porto Vecchio

Golfo
dell' Asinara

Bocche di Bonifacio

Campomoro
Sardéne
Porto-
Vecchio
Figari
Sotta
Pianottoli-
Caldarello
Bonifacio
Pointe
St-Antoine

139 198 196 27 48

Isola Maddalena
La Maddalena
Isola Caprera
Punta
Falkou
Sta. Teresa
Gallura
Punta
S. Lucia
Palau
Isola Tavolara
Capo Figari
Golfo
d'Aranci
Arzachena
Olbia
Golfo di Olbia
Capo Ferro
Isola Asinara
Punta Caprara
Formelli
Stintino
Tonnara
Saline
Argentiera
Tramariglio
Grotta di Nat.
Capo Caccia
Porto
Conte
Alghero
Villanova
Monteleone
Bosa
Bosa Marina
Capo Marargiu
Montresta
Suni
Cuglieri
Sta. Caterina
di Pittinuri
Capo Mannu
S. Vero Milis
Cabras
S. Giovanni
di Sinis
Capo de Frasca
S. Antonio
di Santadi
Montevecchio
Marina
Buggerru
Gonnesa
Portoscuso
Iglesias
Carbonia
Carloforte
I. di S. Pietro
Calasetta
Sant'Antioco
I. di S. Antioco
Capo Sperone
Porto
Botte
Capo
Teulada
Capo Spartivento
Capo
Pecora
Masua
Capo Carbonara
Villasimius
Geremeas
Quartu
S. Elena
CAGLIARI
Monserrato
Pula
Teulada
S'Anna
Arresi
Domusnovas
Fluminimaggiore
Villamassargia
Siliqua
Decimomannu
Sestu
Stagno
di Cagliari
Golfo di Cagliari
Golfo
di Palmas
Guspini
Villacidro
San Gavino
Monreale
Sardara
Sanluri
Serrenti
Samassi
Serramanna
Vallermosa
Nuraminis
Monastir
Dolianova
San Nicolò
Gerrei
Ballao
Escalaplano
Perdasdefogu
Ussassai
Seui
Lanusei
Tortolì
Arbatax
Bari Sardo
Tertenia
Capo Ferrato
San Priamo
Muravera
San Vito
Villaputzu
Capo
Carbonara
Oristano
Santa Giusta
Marrubiu
Terralba
Arborea
Ales
Uras
Mogoro
Masullas
Gonnostramatza
Barumini
Tuili
Nurallao
Laconi
Isili
Nurri
Mandas
Senorbì
Guasila
Sanluri
Collinas
Ollastra
Simaxis
Fordongianus
Busachi
Neoneli
Ardauli
Sorgono
Atzara
Meana
Sardo
Aritzo
Belvì
Desulo
Tonara
Gadoni
Seulo
Villanova
Strisaili
Gennargentu
Punta
La Marmora
Arzana
Talana
Villagrande
Urzulei
Baunei
Dorgali
Grotte de
Bue Marino
Cala
Gonone
Marina di Orosei
Orosei
Capo di M. Santu
Galtellì
Onifai
Loculi
Irgoli
Capo Comino
Sta. Lucia
Sa Caletta
La Caletta
Posada
Siniscola
Torpè
Budoni
San Teodoro
Olbia
Loiri
Padru
Buddusò
Alà dei Sardi
Pattada
Benetutti
Nule
Orune
Bitti
Lula
Lodè
Nuoro
Orgosolo
Oliena
Mamoiada
Ottana
Gavoi
Ovodda
Fonni
Olzai
Teti
Ollolai
Sarule
Orani
Orotelli
Oniferi
Sedilo
Noragugume
Dualchi
Borore
Birori
Macomer
Bortigali
Silanus
Lei
Bolotana
Sindia
Suni
Tinnura
Flussio
Tresnuraghes
Magomadas
Scano
di Montiferro
Cuglieri
Sennariolo
Bauladu
Milis
Tramatza
Zeddiani
Zerfaliu
Solarussa
Siamaggiore
Siamanna
Villaurbana
Siapiccia
Usellus
Pompu
Assolo
Asuni
Nureci
Genoni
Nurallao
Gergei
Escolca
Serri
Villanovafranca
Setzu
Siddi
Pauli
Arbarei
Ussaramanna
Turri
Genuri
Villamar
Sardara

Ozieri
Chilivani
Mores
Torralba
Bonnanaro
Thiesi
Bessude
Cheremule
Giave
Cossoine
Pozzomaggiore
Mara
Padria
Romana
Monteleone
Rocca Doria
Montresta
Modolo
Nulvi
Osilo
Tergu
Sedini
Castelsardo
Valledoria
Bulzi
Chiaramonti
Martis
Laerru
Perfugas
Erula
Nughedu
San Nicolò
Ozieri
Ardara
Ittireddu
Mores
Sassari
Sorso
Sennori
Platamona
Lido
Porto Torres
Fiume Santo
Stintino
Usini
Uri
Ittiri
Tissi
Ossi
Florinas
Ploaghe
Codrongianos
Muros
Cargeghe
Osilo
Nughedu
S. Nicolò
Bonorva
Semestene
Bono
Bottidda
Burgos
Illorai
Esporlatu
Anela
Bultei
Benetutti
Nule

Trinità
d'Agultu
Viddalba
Badesi
Valledoria
Santa Maria
Coghinas
Vignola
Costa Paradiso
Isola Rossa
Castelsardo
Tempio
Pausania
Calangianus
Luras
Nuchis
Bortigiadas
Aggius
Bassacutena
Palau
Arzachena
Santa Teresa
Gallura
Aglientu
Luogosanto
Berchidda
Monti
Telti
Oschiri
Pattada
Ozieri
Tula
Nulvi
Perfugas

198 196 27
139
48

18
133b
133
41
30
15
127
125
131
40
125
309
85
78
98
100
51
128
55
53
27
127
199
21
22
99
107
35
64
128b
131
129
30
55
16
129
215
50
131
126
28
55
52
130
51
20
195
131
199
291
127b
49
19
133
71
57
47
131
46
36
44

SARDINIA

Loggia

Gallura

Goceano
Goceano Nord

Marghine

Monti
del
Oliena

Monti del
Gennargentu

Arborea

Campidano

Iglesiente

Noedda

Sarrabus

CORSE/CORSICA
SARDEGNA/SARDINIA

© RAND McNALLY & CO.   1-85

ITALIA CENTRALE / CENTRAL ITALY

CITTÀ DEL VATICANO / VATICAN CITY

© RAND McNALLY & CO. 1-85

MARE TIRRENO
TYRRHENIAN SEA

MARE TIRRENO
TYRRHENIAN SEA

ISOLE EOLIE O LIPARI

Piscità
926 Isola Stromboli

Isola Filicudi
Filicudi
Porto
Malfa   Santa Marina
Pirciato   Isola   Salina
Isola Alicudi   Salina
Acquacalda
602
Isola Lipari
Lipari
Porto di Levante
Isola Vulcano
409   Gelso

SICILIA   **ITALIA**

Isola di Ustica
Ustica
238

Capo di Milazzo   Sinnaro   Spartà
Divieto   Torre
Faro
Barcellona   Pozzo   Milazzo 55   Villa
G. d.   di Gotto   San Giovanni
Capo d' Orlando   Tyndaris   Patti   A 20   124   113   Gallico
Capo San Vito   Mondello   Monte Pellegrino 606   Sant' Agata 48   Naso   50   **MESSINA**
San Vito   Capo Gallo   di Militello   113   Montalbano   Scaletta
lo Capo   Terrasini   113   **PALERMO**   San   Elicona   Novara   Zanclea   114   **REGGIO**
Golfo di   Carini   Soluno   Golfo di   Cefalù   Stefano   Tusa   Mistretta   252   Fratello   66   di Sicilia   59   **DI CAL**
Castellammare   Termini Imerese   di Camastra   Monte   76 185   Francavilla   57   Bocale   31 18
Erice   Castellammare del   187   Monreale   39   Soro   di Sicilia   96   Santa Teresa
Trapani   63   Golfo   21   Misilmeri   A 19   113   Castelbuono   1847   Cesarò   31   di Riva   Taormina
1065   Partinico   Bagheria   Ventimiglia   Nebrodi   83   Linguaglossa   120   Giardini
Levanzo   Segesta   **101**   di Sicilia   35   Caccamo   Collesano   58   Capizzi   Bronte   Monte Etna
Favignana   51   Alcamo   Marineo   Mezzojuso   Montemaggiore   Polizzi   Randazzo   3263   284   Giarre
Calatafimi   118   Rocca Busambra   Belsito   Generosa   Gangi   Petralia   108   Troina   120   Riposto
Isole   Vita   1613   Cammarata   Alia   Sottana   120   Nicosia   Osservatorio   A 18   89
Egadi   50 31   Salemi 128   Corleone   Lercara   24   Valledolmo   Leonforte   117   Adrano   70   Acireale
Marsala   115   43   Gibellina   Friddi   188   97   1193 42   Regalbuto   Biancavilla   114
    Santa Ninfa   119   Partanna   Prizzi   Palazzo   Alimena   117   Nicolosi
88   Castelvetrano   Bisacquino   Adriano   Cammarata   S. Caterina   Agira   Centuripe   121
Strasatti   A 29   S. Margherita   1268   Monte   1580   Villarmosa   192   A 19   Paternò   **CATANIA**
    di Belice   Chiusa   Alessandria   S. Caterina   Catenanuova   Misterbianco   121
Mazara   35   Sclafani   della Rocca   189   Villarosa   Enna   92   Dittaino   192
del Vallo   Menfi   23   Bivona   Mussomeli   16   Valguarnera   100   13   Golfo
Campobello   Caltabellotta   Cianciana   Castelternini   86   San Cataldo   910   Caropepe   Ramacca   Piana di   di Catania
di Mazara   188b   **189**   Ribera   88   Racalmuto   **Caltanissetta**   117b   Aidone   Morgantina   Catania   194   Lentini   Carlentini   45
Capo Granitola   Sciacca   Platani   Aragona   44   Pietraperzia   36   Piazza   Palagonia   Scordia   58   Augusta
Cattolica Eraclea   118   Canicatti   Barra   Armerina   Romana d. Casale   Militello   45
70   Raffadali   35   Sommatino   franca   San Vito   20   124   in Val di Cat   Melilli   Golfo
Agrigento   Siculiana   Favara   Ravanusa   69   Mazzarino   Caltagirone   49   Licodia   Sortino   114   di Augusta
Porto   Naro   Riesi   190   Grammichele   Eubea   Monte   Floridia   59   **Siracusa**
Empedocle   115   Campobello   Niscemi   117 b   Vizzini   Lauro   Necr.   Palazzolo   Capo Murro di Porco
Palma di   di Licata   Butera   Chiaramonte   986   Pantalica   Acreide   115
Montechiaro   76   Licata **220** Gela   9   Gulfi   Canicattini   Avola
    Golfo di Gela   61   Comiso   Ragusa   Bagni   Noto   Noto
    Vittoria   Modica   83   Antica
    Scoglitti   Necr. Camarina   Santa Croce   Cava   Rosolini   Golfo di Noto
    Camerina   d'Ispica   Scicli   Ispica   Pachino
    Marina   65   Portopalo
    di Ragusa   Pozzallo   Capo Isola della Correnti

MARE MEDITERRANEO
MEDITERRANEAN SEA

Cagliari
Cagliari
Tunis
Tunis
Pantelleria
Napoli   Napoli

14° 00'   14° 00'

38° 00'   36° 00'

Ghawdex
(Gozo)   **MALTA**
ir-Rabat
(Victoria)   Kemmuna
(Comino)
Sliema
SICILIA/SICILY   Malta 240   **VALLETTA**
MALTA   ir-Rabat
(Rabat)
©RAND McNALLY & CO.   1-85   QS   Birżebbuġa

MARE ADRIATICO
ADRIATIC SEA

MARE TIRRENO
TYRRHENIAN SEA

MARE IONIO
IONIAN SEA

ITALIA MERIDIONALE / SOUTHERN ITALY

©Rand McNally & Co.   1-85

ÖSTERREICH/AUSTRIA

© Rand McNally & Co.   1-85

SCHWEIZ/SWITZERLAND
LIECHTENSTEIN

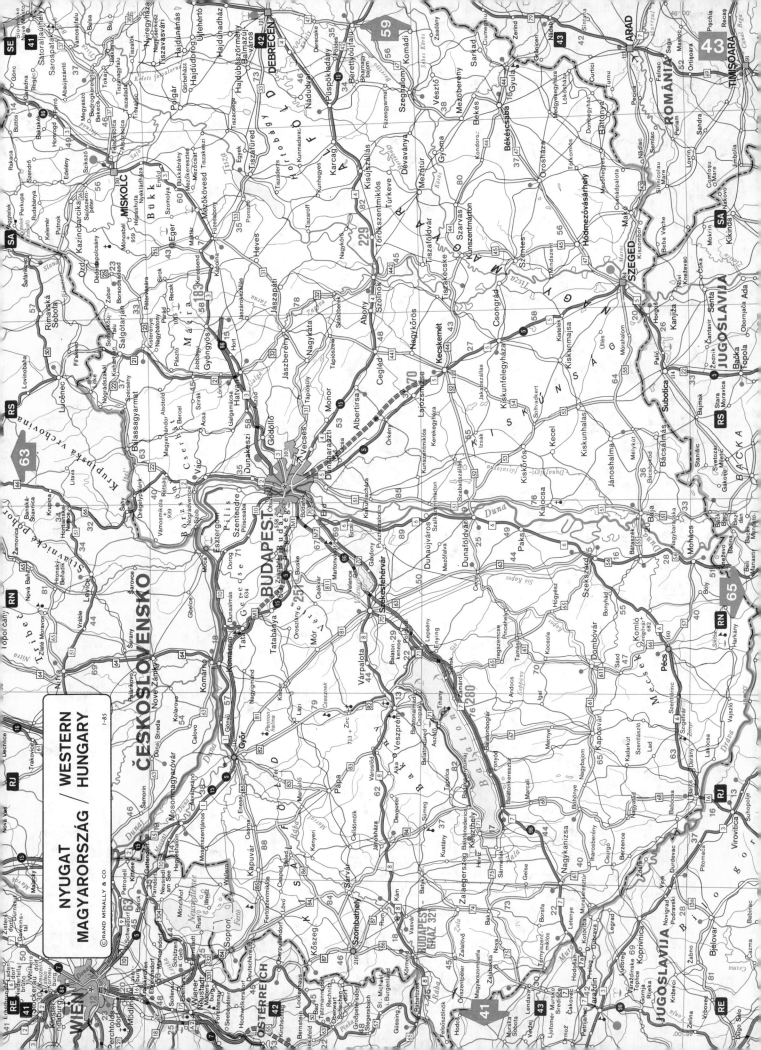

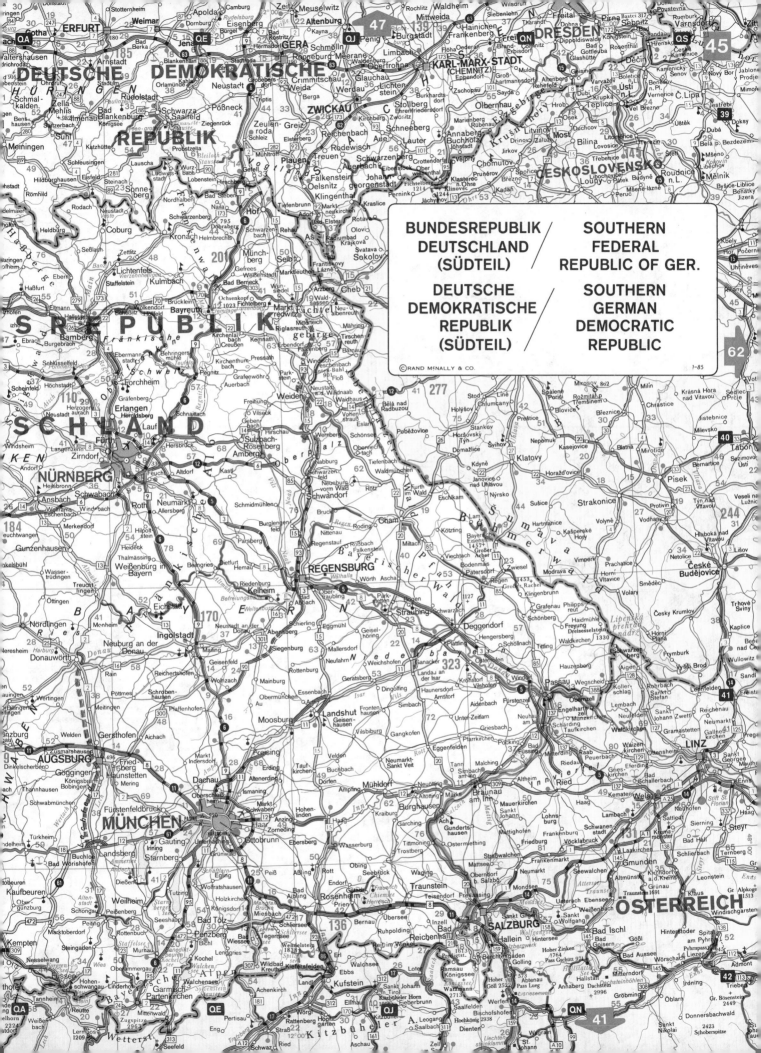

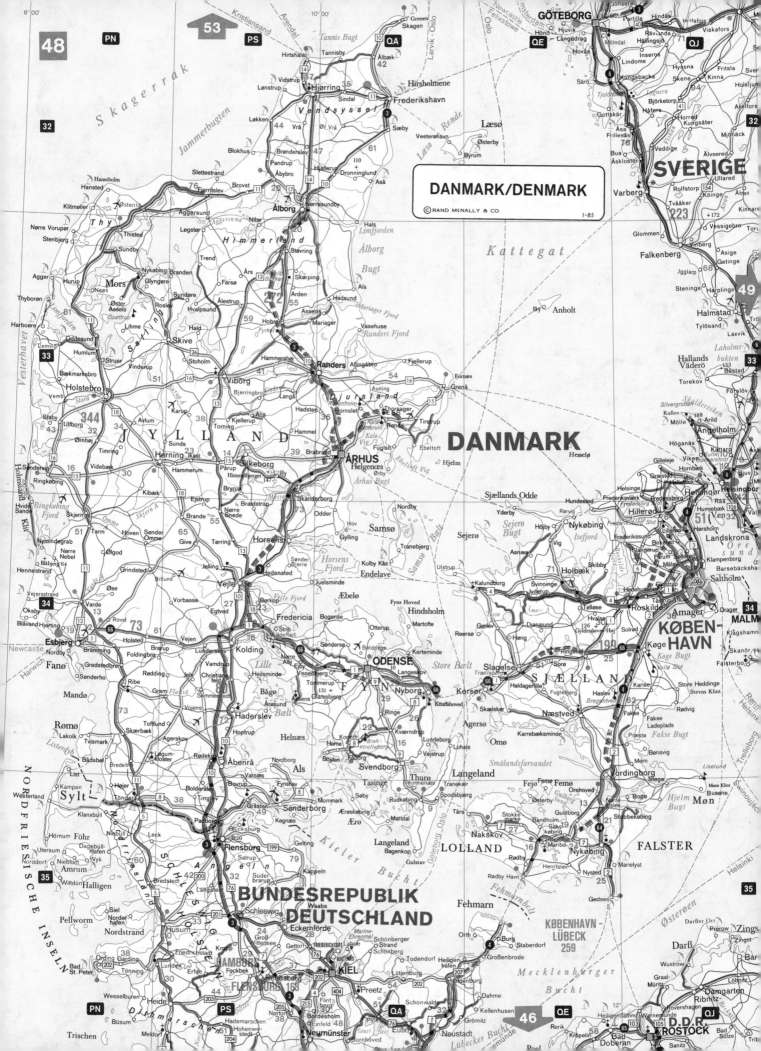

DANMARK/DENMARK
© RAND McNALLY & CO.   1-85

SÖDRA SVERIGE / SOUTHERN SWEDEN

© RAND McNALLY & CO.   1-85

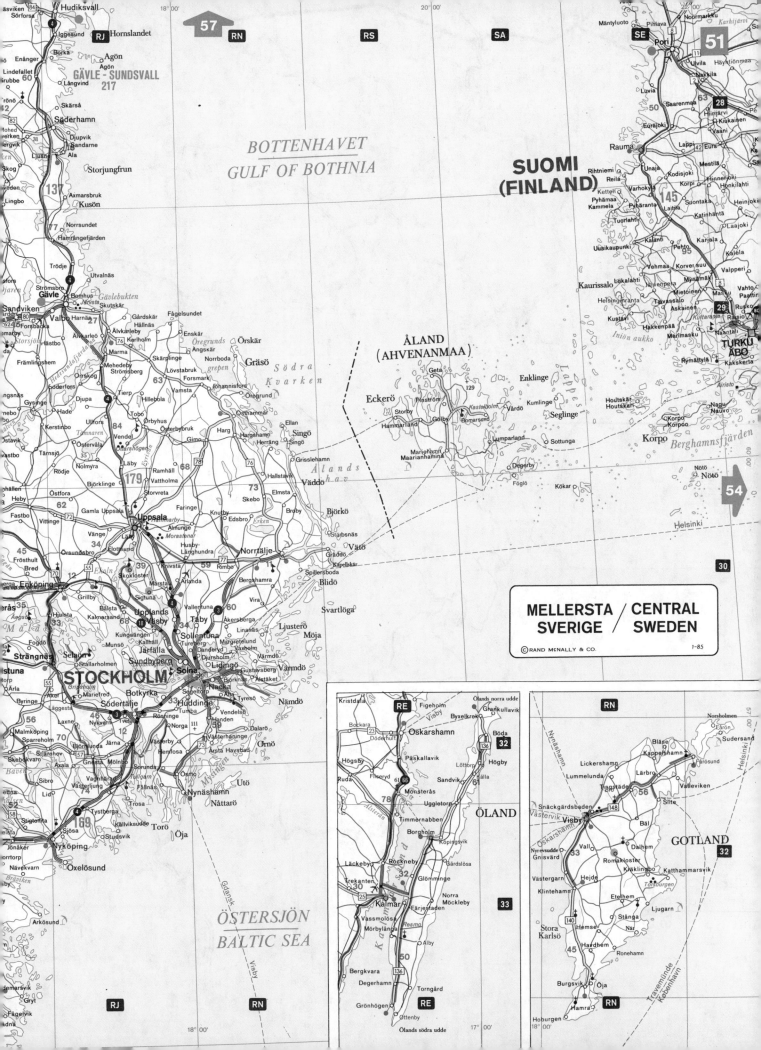

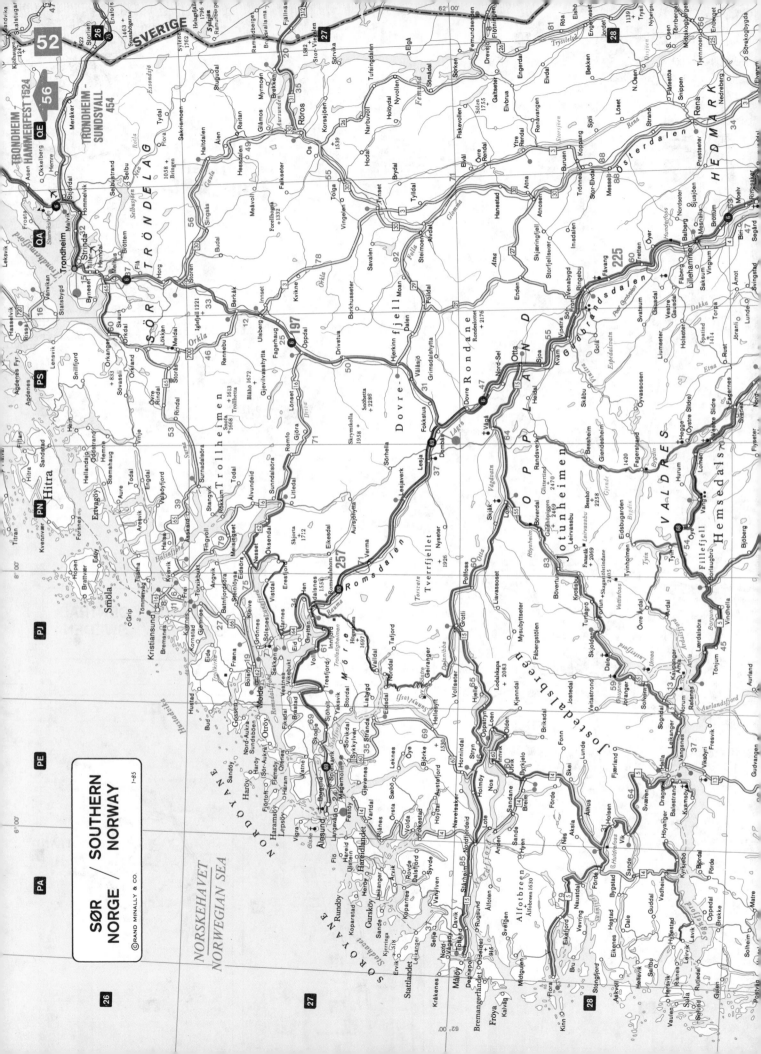

SØR
NORGE / SOUTHERN
NORWAY

SVERIGE

SØR-TRÖNDELAG

HEDMARK

OPPLAND

VALDRES

Trollheimen

Møre

Romsdalen

Dovre

Rondane

Jotunheimen

Jostedalsbreen

Hemsedalsf.

Hitra

Smöla

NORDMØRE

SØRØYANE

NORSKEHAVET
NORWEGIAN SEA

TRONDHEIM-
HAMMERFEST 1524

TRONDHEIM-
SUNDSVALL 454

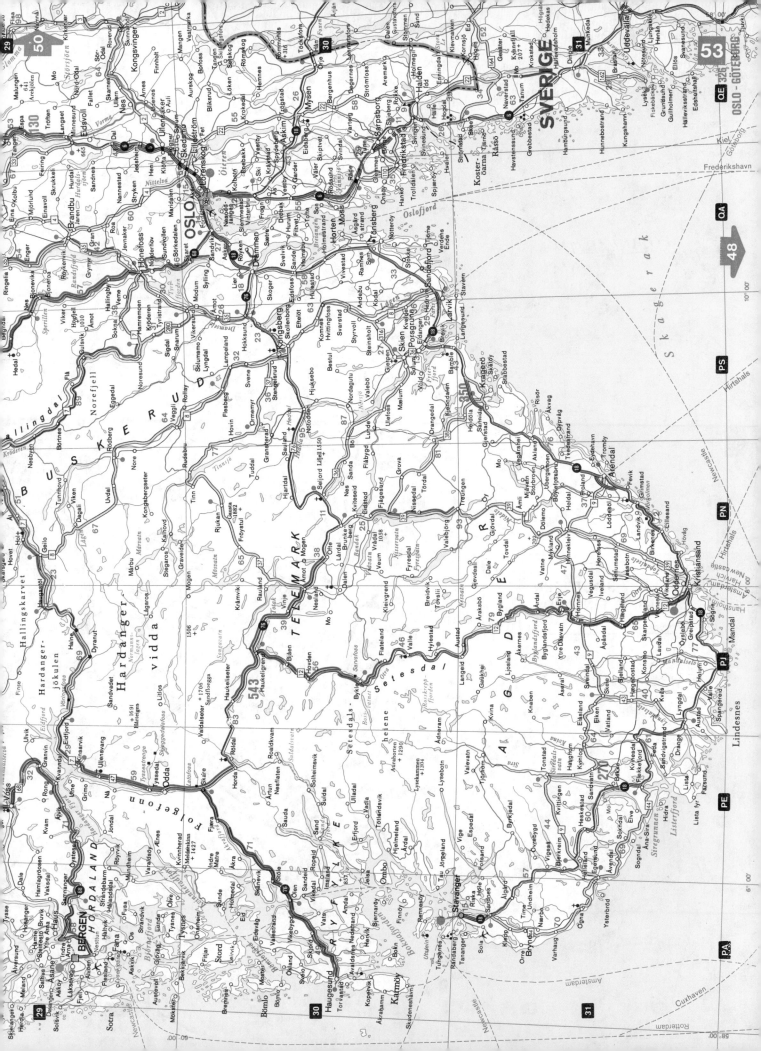

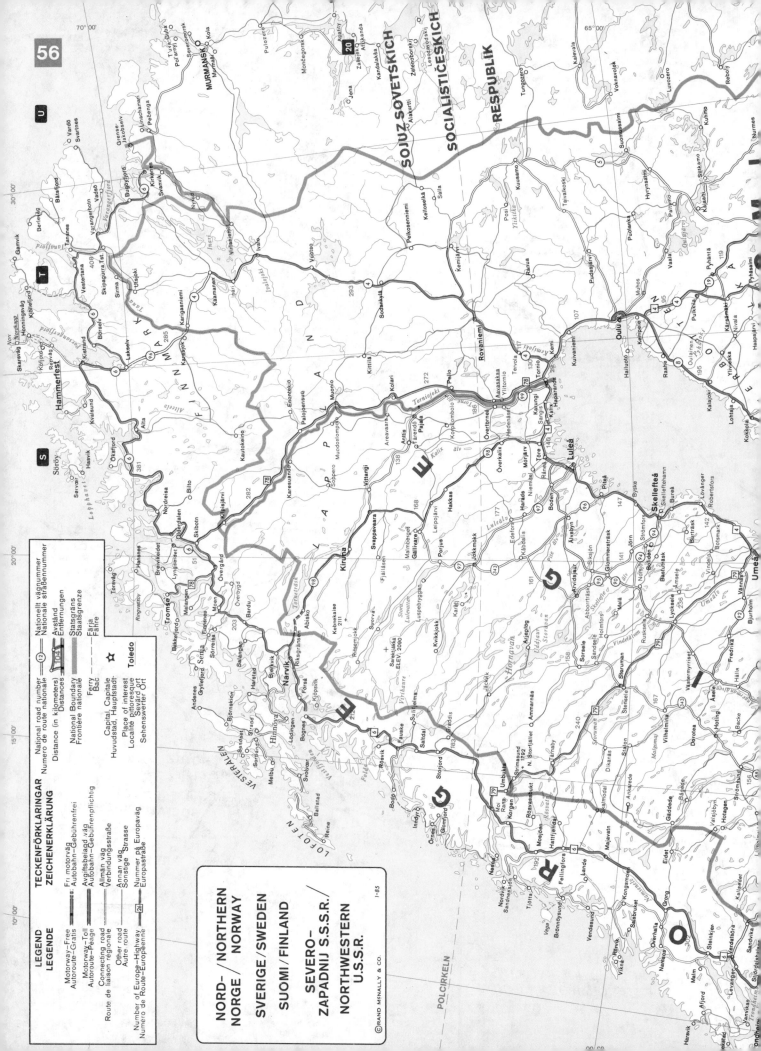

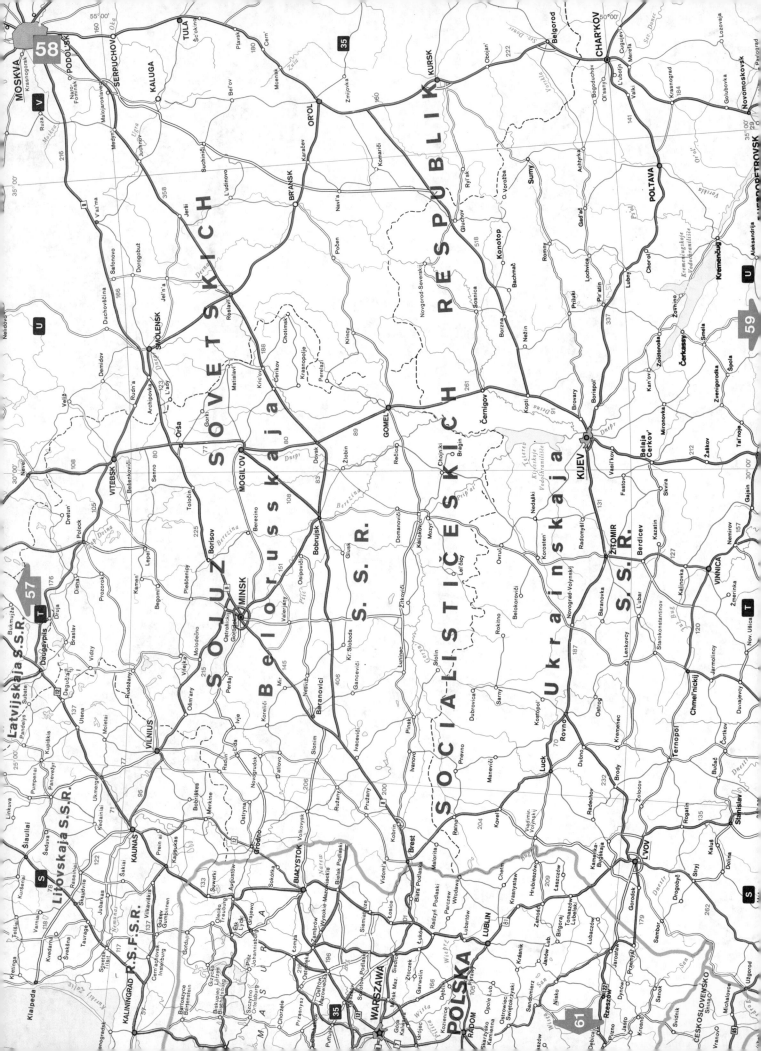

SOUTH-
WESTERN U.S.S.R. / EASTERN POLAND
ROMÂNIA/ROMANIA
BÂLGARIJA/BULGARIA

JUGO
ZAPADNIJ S.S.S.R. /
WSCHODNIA POLSKA /

© RAND MCNALLY & CO

1-85

PÓLNOCNA / NORTHERN
POLSKA / NORTHERN POLAND

© RAND McNALLY & CO.   1-85

MORZE BALTYCKIE
BALTIC SEA

POLUDNIOWA / SOUTHERN
POLSKA / POLAND
ČESKOSLOVENSKO / CZECHOSLOVAKIA

©RAND McNALLY & CO.   1-85

New road numbering system is
being introduced in Yugoslavia.

JADRANSKO MORE
ADRIATIC SEA

SJEVERNA / NORTHERN
JUGOSLAVIJA / YUGOSLAVIA

©RAND McNALLY & CO.   1-85

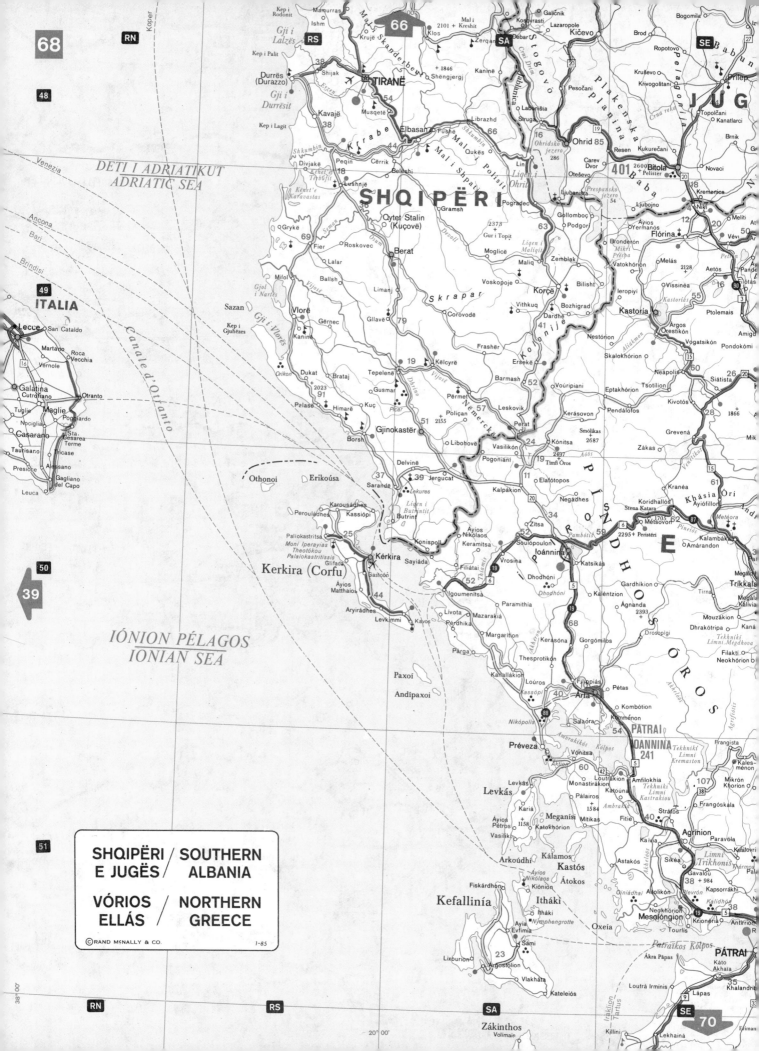

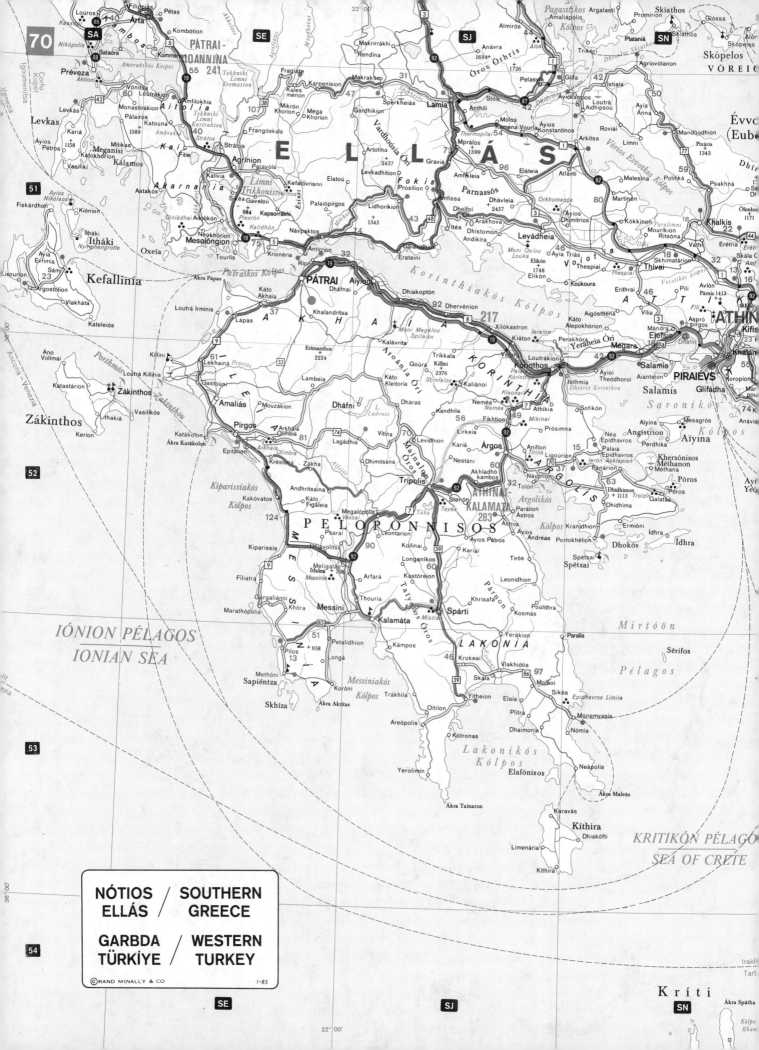

NÓTIOS / SOUTHERN
ELLÁS / GREECE

GARBDA / WESTERN
TÜRKİYE / TURKEY

1-85

IÓNION PÉLAGOS
IONIAN SEA

KRITIKÓN PÉLAGO
SEA OF CRETE

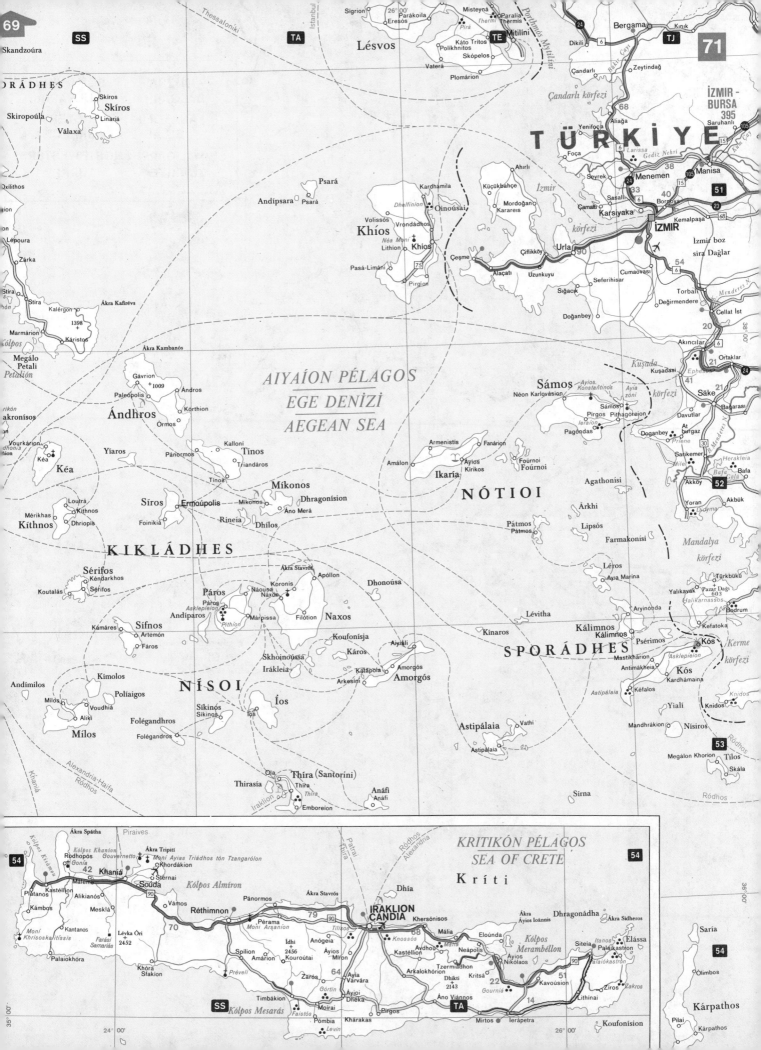

59

67

69

TN

JUŽNA / SOUTHERN
BÂLGARIJA / BULGARIA
ANATOLIKÍ / EASTERN
ELLÁS / GREECE
ŞIMALIGARBİ / NORTHWESTERN
TÜRKIYE / TURKEY

©RAND McNALLY & CO.

1-85

47

47

48

48

49

49

240

SOFIJA-VARNA 545
VARNA

BÂLGARIJA

**ČERNO MORE
KARA DENİZİ
BLACK SEA**

Burgaski zaliv

TÜRKIYE

İSTANBUL

Marmara denizi

TÜRKIYE

İSTANBUL-THESSALONÍKI 639

ISTANBUL-BURSA 395

İZMIR-BURSA 395

BURSA

ELLÁS

RODOPI

STARA PLANINA

Stranca Dağları

TE

TJ

TN

TJ

TE

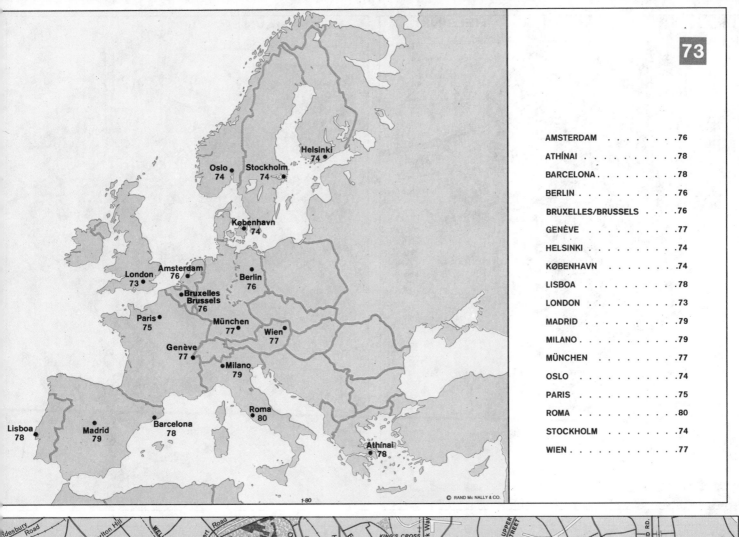

73

AMSTERDAM	.76
ATHÍNAI	.78
BARCELONA	.78
BERLIN	.76
BRUXELLES/BRUSSELS	.76
GENÈVE	.77
HELSINKI	.74
KØBENHAVN	.74
LISBOA	.78
LONDON	.73
MADRID	.79
MILANO	.79
MÜNCHEN	.77
OSLO	.74
PARIS	.75
ROMA	.80
STOCKHOLM	.74
WIEN	.77

© RAND McNALLY & CO.

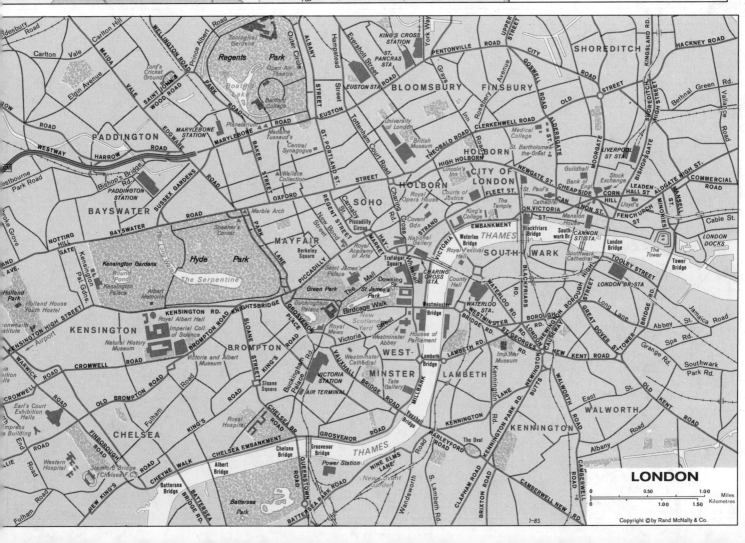

LONDON

Copyright © by Rand McNally & Co.

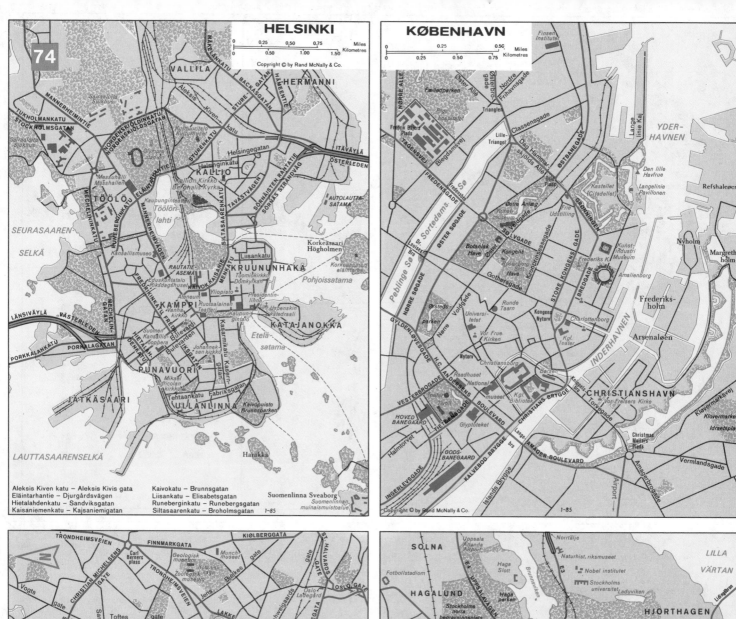

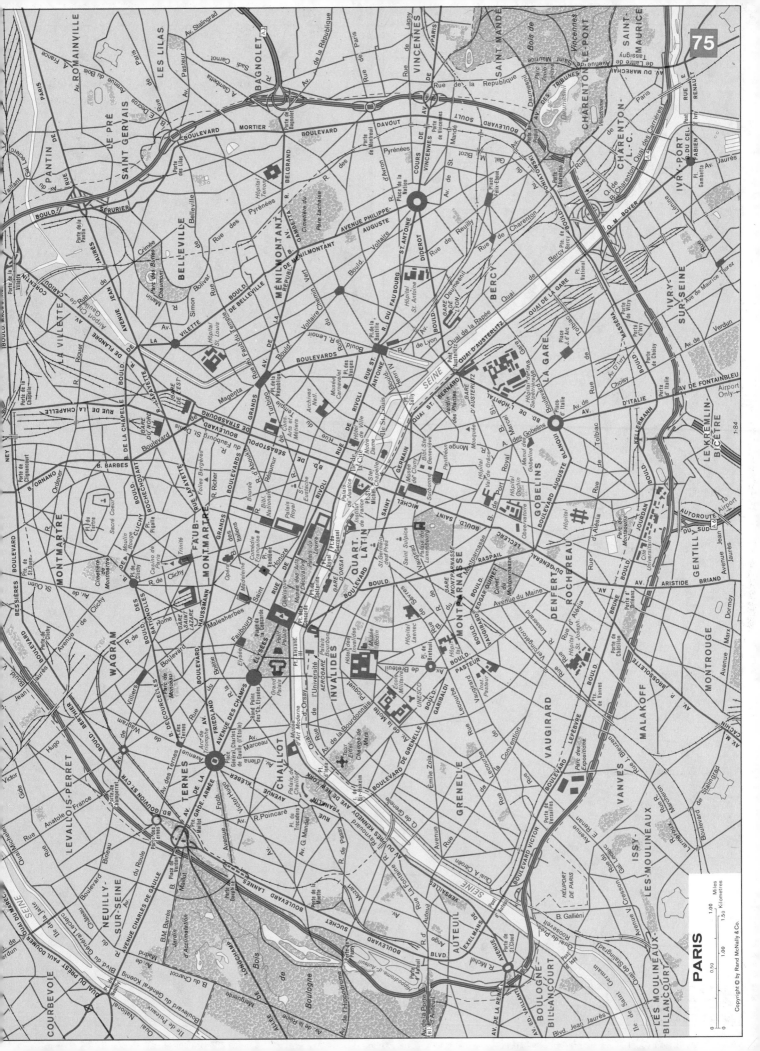

PARIS

Miles
0   0.50   1.00
Kilometres
0   0.50   1.00   1.50

AMSTERDAM

Miles
Kilometres
0   0.25   0.50
0   0.25   0.50   0.75

BRUXELLES/BRUSSELS

Miles
Kilometres
0   0.25   0.50
0   0.25   0.50   0.75

BERLIN

Miles
Kilometres
0   0.25   0.50   0.75
0   0.5   1.0

Copyright © by Rand McNally & Co.

76

GENÈVE

MÜNCHEN

WIEN

77

Copyright © by Rand McNally & Co.

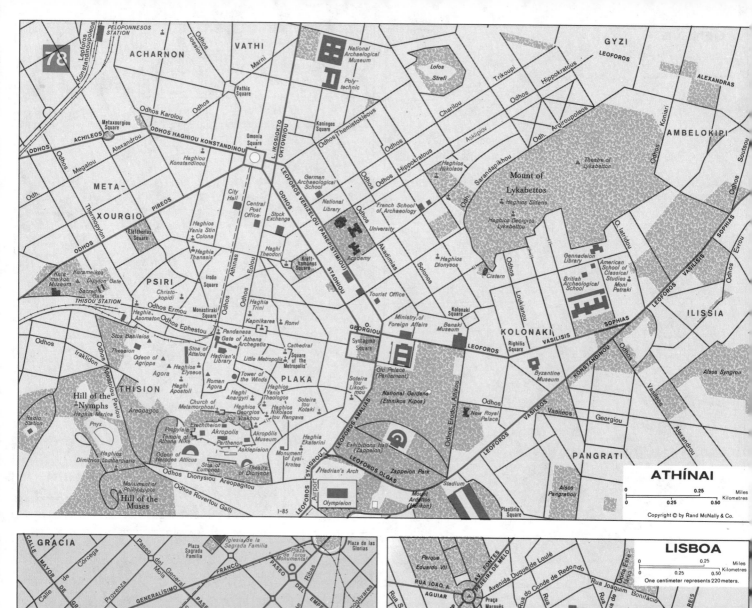

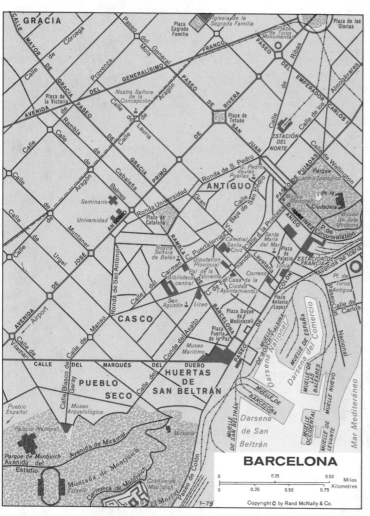

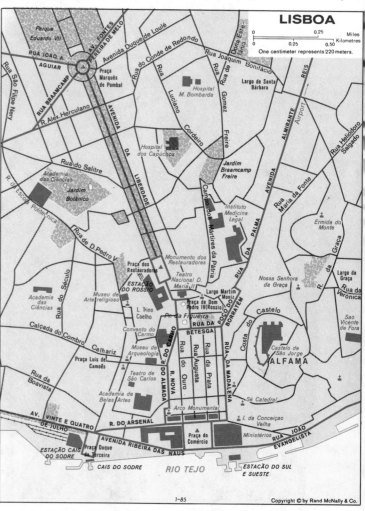

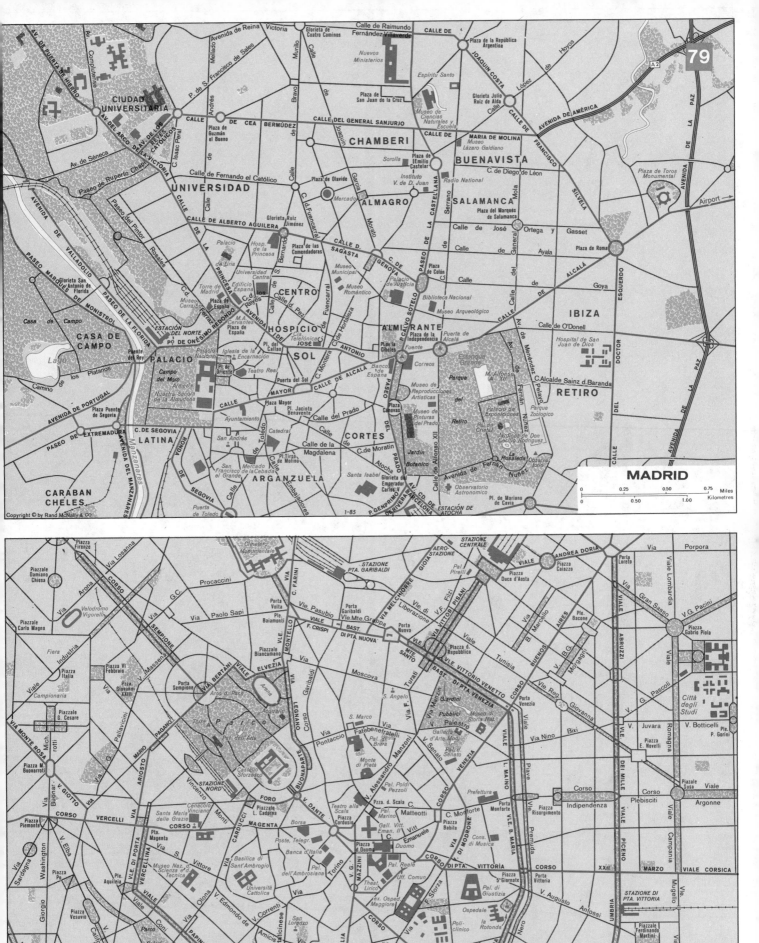

MADRID

Milano

ROMA

	ENGLISH	DEUTSCH	FRANÇAIS	ESPAÑOL	ITALIANO	NEDERLANDSE	SVENSKA	SUOMEKSI	DANSK
And.	Andorra	Andorra	Andorre	Andorra	Andorra	Andorra	Andorra	Andorra	Andorra
Bel.	Belgium	Belgien	Belgique	Bélgica	Belgio	België	Belgien	Belgia	Belgien
Blg.	Bulgaria	Bulgarien	Bulgarie	Bulgaria	Bulgaria	Bulgarije	Bulgarien	Bulgaria	Bulgarien
B.R.D.	Federal Republic of Germany	Bundesrepublik Deutschland	République Fédérale d' Allemagne	República Federal de Alemania	Repubblica Federale di Germania	Bondsrepubliek Duitsland	Förbunds-republiken Tyskland	Saksan liitto-tasavalta	Vesttyskland
Česko.	Czechoslovakia	Tschechoslowakei	Tchécoslovaquie	Checoslovaquia	Cecoslovacchia	Tsjechoslowakije	Tjeckoslovakien	Tšekkoslovakia	Czekoslovakiet
D.D.R.	German Democratic Republic	Deutsche Demokratische Republik	Republique Démocratique Allemande	República Democrática Alemana	Repubblica Democratica Germania	Duitse Democratische Republiek	Tyska Demokratiska Republiken	Saksan demokraat-tinen tasavalta	Østtyskland
Den.	Denmark	Dänemark	Danemark	Dinamarca	Danimarca	Denemarken	Danmark	Tanska	Danmark
Eire	Ireland	Irland	Irlande	Irlanda	Irlanda	Ierland	Irland	Irlanti	Irland
Ellás	Greece	Griechenland	Grèce	Grecia	Grecia	Griekenland	Grekland	Kreicka	Grækenland
Esp.	Spain	Spanien	Espagne	España	Spagna	Spanje	Spanien	Espanja	Spanien
Fr.	France	Frankreich	France	Francia	Francia	Frankrijk	Frankrike	Ranska	Frankrig
It.	Italy	Italien	Italie	Italia	Italia	Italië	Italien	Italia	Italien
Jugo.	Yugoslavia	Jugoslawien	Yougoslavie	Yugoslavia	Iugoslavia	Joegoslavia	Jugoslavien	Jugoslavia	Jugoslavien
Liech.	Liechtenstein	Liechtenstein	Liechtenstein	Liechtenstein	Liechtenstein	Liechtenstein	Liechtenstein	Liechtenstein	Liechtenstein
Lux.	Luxembourg	Luxemburg	Luxembourg	Luxemburgo	Lussemburgo	Luxemburg	Luxemburg	Luxemburg	Luxembourg
Magy.	Hungary	Ungarn	Hongrie	Hungría	Ungheria	Hongarije	Ungern	Unkari	Ungarn
Malta	Malta	Malta	Malte	Malta	Malta	Malta	Malta	Malta	Malta
Monaco	Monaco	Monaco	Monaco	Mónaco	Monaco	Monaco	Monaco	Monaco	Monaco
Ned.	Netherlands	Niederlande	Pays-Bas	Países Bajos	Paesi Bassi	Nederland	Nederländerna	Alankomaat	Holland
Nor.	Norway	Norwegen	Norvège	Noruega	Norvegia	Noorwegen	Norge	Norja	Norge
Ost.	Austria	Österreich	Autriche	Austria	Austria	Oostenrijk	Österrike	Itävalta	Østrig
Pol.	Poland	Polen	Pologne	Polonia	Polonia	Polen	Polen	Puola	Polen
Port.	Portugal	Portugal	Portugal	Portugal	Portogallo	Portugal	Portugal	Portugali	Portugal
Rom.	Romania	Rumänien	Roumanie	Rumania	Romania	Roemenië	Rumänien	Romania	Rumænien
Schw.	Switzerland	Schweiz	Suisse	Suiza	Svizzera	Zwitserland	Schweiz	Sveitsi	Schweiz
Shq.	Albania	Albanien	Albanie	Albania	Albania	Albanië	Albanien	Albania	Albanien
S. Mar.	San Marino	San Marino	Saint-Marin	San Marino	San Marino	San Marino	San Marino	San Marino	San Marino
S.S.S.R.	Union of Soviet Socialist Republics	Union der Sozialistischen Sowjet-republiken	Union des Républiques Socialistes Soviétiques	Unión de Republicas Socialistas Soviéticas	Unione delle Repubbliche Socialiste Sovietiche	Unie van Socialistische Sowjet-republieken	Sovjetunionen	Neuvostoliitto	Sovjetunionen
Suomi	Finland	Finnland	Finlande	Finlandia	Finlandia	Finland	Finland	Suomi	Finland
Sve.	Sweden	Schweden	Suède	Suecia	Svezia	Zweden	Sverige	Ruotsi	Sverige
Tür.	Turkey	Türkei	Turquie	Turquía	Turchia	Turkije	Turkiet	Turkki	Tyrkiet
U.K.	United Kingdom	Vereinigtes Königreich	Royaume-Uni	Reíno Unido	Regno Unito	Groot-Brittannië	Storbritannien	Iso-Britannia	Storbritannien
Vat.	Vatican City	Vatikanstadt	Cité du Vatican	Ciudad del Vaticano	Città del Vaticano	Vaticaanstad	Vatikanstaten	Vatikaani	Vatikanstaten

---

A

Aachen, 44, PE-39
Aadorf, 42, PN-42
Aalen, 44, QA-41
Aalsmeer, 16, NS-37
Aalst, 16, NS-39
Aalten, 16, PE-38
Aalter, 16, NN-38
Äänekoski, 55, TA-27
Aarau, 42, PN-42
Aarschot, 16, NS-39
Aavasaksa, 56, S-25
Abadín, 26, LJ-46
Abanilla, 30, MS-51
Abano Terme, 33, QE-44
Abaújszántó, 43, SE-41
Abbadia San Salvatore, 36, QE-47
Abbaretz, 17, MN-42
Abbekås, 49, QN-34
Abbetorp, 49, RE-33
Abbeville, 18, NE-39
Abbeyfeale, 14, LA-37
Abbeyleix, 14, LJ-37
Abbiategrasso, 32, PS-44
Abborrträsk, 56, R-20
Abbotsbury, 10, MJ-39
Abejar, 27, MA-51
Abenójar, 29, MA-51
Åbenrå, 48, PS-34
Abensberg, 45, QE-41
Aberayon, 10, MA-37
Aberchirder, 12, MJ-32
Aberdare, 10, ME-38
Aberdaron, 10, MA-37
Aberdeen, 13, MJ-32
Aberdovey, 10, MA-37
Aberfeldy, 13, ME-33
Aberfoyle, 13, MA-33
Abergavenny, 10, ME-38
Aberlady, 13, MJ-33
Abersoch, 10, MA-37
Abertillery, 10, ME-38
Aberystwyth, 10, MA-37
Abingdon, 11, MN-38
Abington, 13, ME-34
Abla, 30, MJ-52
Ablis, 18, NE-41
Åbo, 54, SJ-29
Abondance, 21, PE-43
Abony, 43, RS-42
Aboyne, 13, MJ-32

Abrantes, 28, LE-50
Abriès, 21, PE-45
Abrud, 59, S-40
Absdorf, 41, RE-41
Abtenau, 41, QN-42
Abtsgmünd, 44, QA-41
Åby, 50, RE-31
Åbybro, 48, PS-32
Acáceta, 27, MJ-47
Accadia, 37, RA-48
Acciaroli, 39, QS-49
Accrington, 15, MJ-36
Acedo, 27, MJ-47
Acerenza, 39, RA-49
Acerno, 37, RA-49
Acerra, 37, QS-49
Ach, 40, QJ-41
Achenkirch, 40, QE-42
Achern, 44, PN-41
Achill Sound, 14, LA-36
Achiltibuie, 12, LS-31
Achim, 46, PS-36
Achnasheen, 12, LS-32
Achthuizen, 16, NS-38
Achtyrka, 58, U3-5
Acireale, 38, RA-52
Acle, 11, NE-37
Acquacalda, 38, RA-51
Acqua-Doria, 34, PN-48
Acquafredda, 39, RA-49
Acqualagna, 36, QJ-46
Acquapendente, 36, QA-47
Acquasanta Terme, 36, QN-47
Acquasparta, 36, QJ-47
Acquaviva delle Fonti, 39, RE-49
Acqui Terme, 32, PN-45
Acri, 39, RE-50
Acsa, 43, RS-42
Ada, 65, SA-44
Ådal, 53, PS-29
Adamov, 62, RE-40
Adamów, 61, SJ-38
Adamuz, 29, MA-51
Adanero, 27, MA-49
Adare, 14, LE-37
Adelboden, 42, PJ-43
Adelebsen, 46, PS-38
Adelfors, 49, RA-32
Adelsheim, 44, PS-40
Adenau, 40, PE-39
Adjud, 59, T-40
Adliswil, 42, PN-42

Admont, 41, QS-42
Ådneram, 53, PE-30
Adorf, 45, QJ-39
Adra, 31, ME-53
Adradas, 27, MJ-48
Adrano, 38, QS-52
Adria, 33, QJ-44
Adzaneta, 24, MS-49
Ænes, 53, PE-29
Ærøskøbing, 48, QA-35
Aetós, 68, SE-49
Åfarnes, 52, PJ-27
Affric Lodge, 13, LS-32
Afjord, 56, Q-25
Aflenz, 41, RA-42
Afrikanda, 56, U-20
Agay, 21, PE-46
Agde, 23, NN-46
Agdenes, 52, PS-26
Agdenes-Fyr, 52, PS-26
Agen, 22, NA-45
Ägenäs, 50, QJ-30
Ager, 24, NA-47
Agerskov, 48, PS-34
Agger, 48, PN-33
Aggersund, 48, PS-32
Aggius, 35, PS-49
Aggtelek, 43, SA-41
Agira, 38, QS-52
Ágnanda, 68, SE-50
Agnone, 37, QS-48
Agón, 51, RJ-28
Agon-Coutainville, 17, MN-40
Agordo, 33, QJ-43
Agost, 30, MS-51
Agramunt, 25, NE-48
Agréda, 24, MN-48
Agrigento, 38, QN-52
Agrínion, 68, SE-51
Agriovótanon, 70, SN-50
Agropoli, 39, QS-49
Aguas, 24, MS-49
Aguaviva, 24, MS-49
Agudo, 29, MA-51
Águeda, 26, LE-49
Agüera, 27, ME-46
Aguiar da Beira, 26, LJ-49
Aguilar, 24, MS-49
Aguilar de Campóo, 27, MA-47
Aguilar de La Frontera, 31, MA-52
Aguilas, 30, MN-52

Aguliafuente Cantalejo, 27, MA-48
Agunnaryd, 49, QS-33
Ahascragh, 14, LE-36
Ahaus, 46, PE-37
Ahirli, 71, TE-51
Ahlbeck, 47, QS-36
Ahlen, 46, PJ-38
Ahlhorn, 46, PN-37
Ahoghill, 14, LN-35
Ahrensbök, 47, QA-35
Ahrensburg, 46, QA-36
Ahrweiler, 44, PJ-39
Ähtäri, 54, SS-27
Åhus, 49, QS-34
Ahveniskylä, 55, TE-27
Aiándion, 70, SN-52
Aianí, 68, SE-49
Aichach, 45, QE-41
Aidenbach, 45, QN-41
Aidone, 38, QS-52
Aiello Calabro, 39, RE-50
Aigáleo, 70, SN-51
Aigen, 41, QN-41
Aigle, 42, PE-43
Aignan, 22, NA-46
Aignay-le-Duc, 20, NS-42
Aigósthena, 70, SN-51
Aigre, 22, NA-44
Aiguebelle, 21, PE-44
Aigueperse, 19, NN-43
Aigues-Mortes, 23, NS-46
Aiguilon, 22, NA-45
Aigurande, 19, NE-43
Aillant-s.-Tholon, 19, NN-42
Aimargues, 23, NS-46
Aime, 21, PE-44
Ainaži, 57, S-30
Aïnhoa, 22, MN-46
Ainsa, 24, NA-47
Airaines, 18, NE-40
Airasca, 32, PJ-45
Airdrie, 13, ME-34
Aire, Fr., 18, NJ-39
Aire, Fr., 22, MS-46
Airolo, 42, PN-43
Airvault, 19, NA-43
Aisimi, 72, TA-48
Aisone, 32, PJ-45
Aisy-s.-Armançon, 20, NS-42
Aith, 12, MJ-30
Aitolahti, 54, SN-28

Aitolikón, 08, SE-51
Aitoo, 54, SS-28
Aitrach, 44, QA-32
Aiud, 59, S-40
Aix-en-Othe, 19, NN-41
Aix-en-Provence, 21, PA-46
Aixe-s.-Vienne, 22, NE-44
Aix-les-Bains, 21, PA-44
Aiyiáli, 71, TA-53
Aiyínion, 69, SJ-49
Aíyion, 70, SJ-51
Aizenay, 17, MN-43
Aizpute, 57, S-30
Ajaccio, 34, PN-48
Ajdovščina, 64, QN-44
Ajka, 43, RJ-42
Ajtos, 72, TJ-47
Åkarp, 49, QN-34
Akbük, 71, TJ-52
Aken, 47, QJ-38
Aker, 53, QA-30
Åker, 51, RJ-30
Åkernes, 53, PJ-31
Åkersberga, 51, RN-30
Akhladhókambos, 70, SJ-52
Akhladhokhórion, 69, SN-48
Akincilar, 71, TJ-52
Åkirkeby, 49, QS-34
Akköy, 71, TJ-52
Akland, 53, PN-31
Akpinar, 72, TN-48
Åkra, 53, PE-30
Åkry, 55, TE-27
Aksakal, 72, TN-49
Aksaz, 72, TJ-49
Aksla, 52, PE-28
Åkvag, 53, PS-31
Ala, 33, QE-44
Ala, Sve., 51, RJ-28
Alaçati, 71, TE-51
Alà dei Sardi, 35, PS-49
Alaejos, 27, LS-49
Alafors, 49, QJ-32
Alagna Valsesia, 32, PJ-44
Alagón, 24, MN-48
Alahärmä, 54, SJ-27
Ala-Honkajoki, 54, SJ-28
Alajärvi, 54, SJ-27
Alakurtti, 56, U-20
Alameda, 31, MA-52

Alamedilla, 31, ME-52
Alamillo, 29, MA-51
Alandroal, 28, LJ-51
Alange, 28, LN-51
Alanis, 29, LS-51
Alaraz, 27, LS-49
Alarcón, 24, MJ-50
Alaró, 25, NJ-50
Alassio, 32, PN-46
Alastaro, 54, SJ-29
Alatri, 36, QN-48
Alavus, 54, SN-27
Alayor, 25, NS-50
Alba, 32, PJ-45
Alba Adriatica, 37, QU-47
Alba de Tormes, 26, LS-49
Ålbæk, 48, QA-32
Albaida, 30, MS-51
Albaladejo, 29, MJ-51
Albalate de Cinca, 24, NA-48
Albalate del Arzobispo, 24, MS-48
Albalate de Zorita, 27, MJ-49
Alba-Iulia, 59, S-40
Alban, 23, NJ-46
Albaña, 25, NJ-47
Albano Laziale, 36, QJ-48
Albar, 24, MN-47
Albaron, 23, NS-46
Albarracin, 24, MN-49
Albatana, 30, MN-51
Albatera, 30, MS-51
Albenga, 32, PN-45
Albens, 21, PA-44
Alberca, 24, NA-48
Albergaria-a-Velha, 26, LE-49
Albergaria dos Doze, 28, LE-50
Alberique, 30, MS-50
Albernoa, 28, LE-51
Alberobello, 39, RJ-49
Alberoni, 33, QJ-44
Albersdorf, 46, PS-35
Albersloh, 46, PJ-38
Albert, 18, RJ-39
Albertirsa, 43, RS-42
Albertville, 21, PE-44
Albesa, 24, NA-48
Albi, 23, NJ-46
Albinia, 36, QE-47
Albíno, 32, PS-44

Albires, 27, LS-47
Albisola Marina, 32, PN-45
Alblasserdam, 16, NS-38
Albocácer, 24, NA-49
Alborea, 30, MN-50
Ålborg, 48, PS-32
Albox, 30, MJ-52
Albufeira, 28, LE-52
Albuñol, 31, ME-53
Alburquerque, 28, LN-50
Alby, 51, RE-33
Alcácer do Sal, 28, LE-51
Alcáçovas, 28, LE-51
Alcadozo, 30, MN-51
Alcains, 28, LJ-50
Alcaláde de Chisvert, 24, NA-49
Alcalá de Guadaira, 29, LS-52
Alcalá de Henares, 27, ME-49
Alcalá de los Gazules, 31, LS-53
Alcalá del Rio, 28, LN-52
Alcalá la Real, 29, ME-52
Alcamo, 38, QN-52
Alcanar, 24, NA-49
Alcanede, 28, LE-50
Alcanena, 28, LE-50
Alcanhões, 28, LE-50
Alcañices, 26, LN-48
Alcañiz, 24, MS-48
Alcántara, 28, LN-50
Alcantarilla, 30, MN-52
Alcaracejos, 29, MA-51
Alcaraz, 29, MJ-51
Alcaria Ruiva, 28, LE-52
Alcarraz, 24, NA-48
Alcaudete, 29, ME-52
Alcaudete de la Jara, 29, MA-50
Alcázar de San Juan, 29, ME-50
Alcester, 10, MN-37
Alcira, 30, MS-50
Alcobaça, 28, LE-50
Alcobendas, 27, ME-49
Alcochete, 28, LE-51
Alcolea, 31, MJ-53
Alcolea de Cinca, 24, NA-48
Alcolea del Pinar, 27, MJ-48
Alcolea del Río, 29, LS-52

Alconchel, 28, LJ-51
Alcóntar, 30, MJ-52
Alcora, 24, MS-49
Alcorisa, 24, MS-49
Alcoutim, 28, LJ-52
Alcoy, 30, MS-51
Alcubierre, 24, MS-48
Alcubilla de Avellaneda, 27, ME-48
Alcublas, 24, MS-50
Alcudia, 25, NN-50
Alcudia de Crespins, 30, MS-51
Alcuéscar, LN-50
Aldbrough, 15, MS-36
Aldea, 24, NA-49
Aldeacentenera, 29, LS-50
Aldeadávila de la Ribera, 26, LN-48
Aldea de la Torre, 24, MN-50
Aldea del Cano, 28, LN-50
Aldea del Fresno, 29, MA-49
Aldea del Rey, 29, ME-51
Aldea de Trujillo, 28, LN-50
Aldealengua de Santa Maria, 27, ME-48
Aldealpozo, 27, MJ-48
Aldeaquemada, 29, ME-51
Aldeatejada, 26, LS-49
Aldeburgh, 11, NE-37
Aldeia da Ponte, 28, LN-49
Aldeia do Bispo, 28, LN-49
Aldeia Nova de São Bento, 28, LJ-52
Aldekerk, 46, PE-38
Aldershot, 11, MS-38
Åled, 49, QN-33
Aledo, 30, MN-52
Alegrete, 28, LJ-50
Aleksandrija, 59, U-40
Aleksandrocac, 66, SE-46
Aleksandrovac, 65, SE-45
Aleksandrovo, 67, SS-46
Aleksandrów Kujawski, 60, RN-37
Aleksandrów Łódzki, 61, RS-38
Aleksinac, 67, SE-46
Ålen, 52, QE-27
Alençon, 18, NA-41
Alenquer, 28, LA-50
Aleria, 34, PS-47
Ales, It., 35, PN-50
Alès, Fr., 23, NS-45
Aleşd, 59, S-40
Alessandria, 32, PN-45
Alessandria della Rocca, 38, QN-52
Alessano, 39, RN-50
Ålestrup, 48, PS-33
Ålesund, 52, PE-27
Alexándreia, 69, SJ-49
Alexandria, 67, TA-46
Alexandroúpolis, 72, TA-49
Alf, 44, PJ-39
Alfambra, Esp., 24, MN-49
Alfambra, Port., 28, LE-52
Alfândega da Fé, 26, LN-48
Alfano, 39, RA-49
Alfaro, 24, MN-47
Alfarràs, 24, NA-48
Alfeld, 46, PS-37
Alfonsine, 33, QJ-45
Alford, 13, MJ-33
Alfreton, 11, MN-36
Alfta, 50, RE-28
Algaida, 25, NJ-50
Algar, 31, LS-53
Ålgarås, 50, QS-31
Ålgård, 53, PA-31
Algarinejo, 31, MA-52
Algatocin, 31, LS-53
Algeciras, 31, LS-53
Algemesi, 30, MS-50
Alghero, 35, PN-49
Alginet, 30, MS-50
Algodonales, 31, LS-53
Algoz, 28, LE-52
Algrange, 20, PE-40
Alhama de Almería, 30, MJ-53
Alhama de Aragón, 24, MN-48
Alhama de Granada, 31, MA-52
Alhambra, 29, ME-51
Alhandra, 28, LA-51
Alhaurín el Grande, 31, MA-53
Alhojoki, 54, SJ-29
Ålhus, 52, PE-28
Alía, Esp., 29, LS-50
Aliaga, Esp., 24, MS-49
Aliağa, Tür., 71, TE-51
Alibunar, 65, SA-44
Alicante, 30, MS-51
Alicún de Ortega, 31, ME-52
Alija de los Melones, 26, LS-47
Alijó, 26, LJ-48
Aliki, 71, SS-53

Alikianós, 71, SN-54
Alimena, 38, QS-52
Alingsås, 49, QJ-32
Aliseda, 28, LN-50
Alistráti, 69, SN-48
Alivérion, 71, SS-51
Aljaraque, 28, LJ-52
Aljmaš, 65, RN-44
Aljucén, 28, LN-50
Aljustrel, 28, LE-52
Alkmaar, 16, NS-37
Allanche, 23, NJ-44
Allariz, 26, LJ-47
Alleghe, 33, QJ-43
Allègre, 23, NN-44
Allemont, 21, PE-44
Allendale, 13, MJ-35
Allenstein
→ Olsztyn, 61, SA-36
Allentsteig, 41, RA-41
Allepuz, 24, MS-49
Allerey, 20, PA-43
Allersberg, 45, QE-40
Allevard, 21, PE-44
Allgunnaryd, 49, QS-32
Allihies, 14, KS-38
Allingåbro, 48, QA-33
Allinge, 49, QS-34
Allo, 27, MJ-47
Alloa, 13, ME-33
Allonby, 15, ME-35
Allos, 21, PE-45
Allstaken, 50, QJ-30
Almacellas, 24, NA-48
Almada, 28, LA-51
Almadén, 29, MA-51
Almadén de la Plata, 28, LN-52
Almadenejos, 29, MA-51
Almadrones, 27, MJ-49
Almagro, 29, ME-51
Almajano, 27, MJ-48
Almansa, 30, MN-51
Almansil, LE-52
Almanza, 27, MA-47
Almáraz, 29, LS-50
Almargen, 31, LS-52
Almatret, 24, NA-48
Almazán, 27, MJ-48
Almazora, 24, MS-49
Almazul, 24, MJ-48
Almby, 50, RA-30
Almedinilla, 29, MA-52
Almeida, Esp., 26, LN-48
Almeida, Port., 26, LN-49
Almeidinha, 26, LJ-49
Almeirim, 28, LE-50
Almelo, 16, PE-37
Almenar, 27, MJ-48
Almenara, 24, MS-50
Almendral, 28, LN-51
Almendralejo, 28, LN-51
Almería, 30, MJ-53
Álmhult, 49, QS-33
Almirós, 69, SJ-50
Almodôvar, 28, LE-52
Almodóvar del Campo, 29, MA-51
Almodóvar del Pinar, 24, MN-50
Almodóvar del Río, 29, MA-52
Almogia, 31, MA-53
Almohaŕin, 28, LN-50
Almonte, 28, LJ-52
Almoradí, 30, MS-51
Almorox, 29, MA-49
Almudévar, 24, MS-48
Almuñécar, 31, ME-53
Almunge, 51, RJ-30
Almuradiel, 29, ME-51
Almvik, 49, RE-32
Alnwick, 13, MN-34
Aloja, 57, S-30
Alónnisos, 69, SN-50
Álora, 31, MA-53
Alosno, 28, LJ-52
Alp, 25, NE-47
Alpalhão, 28, LJ-50
Alpera, 30, MN-51
Alphen a. d. Rijn, 16, NS-37
Alpiarça, 28, LE-50
Alpirsbach, 44, PN-41
Alpullu, 72, TJ-48
Alresford, 11, MN-38
Als, 48, QA-33
Alsasua, 27, MJ-47
Alsdorf, 44, PE-39
Alsfeld, 44, PS-39
Ålshult, 49, QS-33
Alsleben, 47, QE-38
Alsótold, 43, SA-41
Alsózsolca, 43, SA-41
Ålstäket, 51, RN-30
Alsterfors, 49, RA-33
Alston, 15, MJ-35
Alta, Nor., 56, S-20
Ålta, Sve., 51, RN-30
Altamura, 39, RE-49
Altdorf, B.R.D., 45, QE-40
Altdorf, Sve., 42, PN-43
Alte, 28, LE-52
Altea, 30, MS-51
Altedo, 33, QJ-45
Altena, 46, PJ-38
Altenahr, 44, PE-39
Altenberg, 45, QN-39
Altenbögge-Bönen, 46, PJ-38
Altenburg, 45, QJ-39

Altenerding, 45, QE-41
Altenkirchen, 44, PJ-39
Altenmarkt, Öst., 41, RE-41
Altenmarkt, Öst., 41, QS-42
Altensteig, 44, PN-41
Altentreptow, 47, QN-36
Altenweddingen, 47, QE-37
Alter do Chão, 28, LJ-50
Altheim, 41, QN-41
Althofen, 41, QS-43
Altilia, 39, RE-50
Altinova, 71, TE-50
Altimir, 67, SN-46
Alt Mölln, 47, QA-36
Altmünster, 41, QN-42
Altnaharra, 12, MA-31
Alton, 11, MS-38
Altopascio, 33, QA-46
Altötting, 45, QJ-41
Altrincham, 15, MJ-36
Alt Ruppin, 47, QN-37
Alt Sankt Johann, 42, PS-42
Altstätten, 42, PS-42
Alupka, 59, U-45
Alušta, 59, U-45
Alva, 13, ME-33
Alvajärvi, 55, TA-26
Alvalade, 28, LE-52
Alvalázere, 28, LE-50
Älvängen, 49, QJ-32
Alvastra, 49, QS-31
Alvdal, 52, QA-27
Älvdalen, 50, QS-28
Alverca, 28, LA-51
Älversund, 53, PA-29
Alvesta, 49, QS-33
Älvestorp, 50, QS-30
Alvignac, 22, NE-45
Ålvik, 53, PE-29
Alvito, 28, LE-51
Älvkarleby, 51, RJ-29
Älvkarleö, 51, RJ-29
Alvöen, 53, PA-29
Älvsered, 49, QJ-32
Älvundeid, 52, PN-27
Alwernia, 63, RS-39
Alyth, 13, ME-33
Alzey, 44, PN-40
Åmål, 50, QJ-30
Amalfi, 37, QS-49
Amaliápolis, 69, SJ-50
Amaliás, 70, SE-52
Amálon, 71, TE-52
Amance, 20, PE-42
Amandola, 36, QN-46
Amantea, 39, RE-50
Amárandon, 68, SE-50
Amarante, 26, LE-48
Amărăştii de Sus, 67, SS-45
Amarejela, 28, LJ-51
Amares, 26, LJ-48
Amárion, 71, SS-54
Amaseno, 36, QN-48
Âmåsjön, 50, QS-28
Amatrice, 36, QN-47
Ambazac, 22, NE-44
Ambelón, 69, SJ-50
Amberg, 45, QE-40
Ambérieu-en-Bugey, 21, PA-44
Ambert, 23, NN-44
Amble, 13, MN-34
Ambleside, 15, MJ-35
Amboise, 19, NE-42
Ambra, 36, QE-46
Ambrières-le-Grand, 18, MS-41
Amdal, 53, PA-30
Ameixial, 28, LJ-52
Amelia, 36, QJ-47
Amélie-les-Bains, 23, NJ-47
Amelinghausen, 46, QA-36
Amêndoa, 28, LE-50
Amersfoort, 16, PA-37
Amersham, 11, MS-38
Ames, 26, LE-47
Amesbury, 11, MN-38
Ametila de Mar, 24, NA-49
Amfíkleia, 69, SJ-51
Amfilokhía, 68, SE-51
Ámfissa, 69, SJ-51
Amiens, 18, NJ-40
Amigdhaléa, 68, SE-49
Áminne, 49, QN-32
Amla, 52, PJ-28
Amlwch, 10, MA-36
Ammanford, 10, ME-38
Ammarnäs, 56, R-20
Amorbach, 44, PS-40
Amorebieta, 27, MJ-46
Amorgós (Khóra), 71, TA-53
Åmot, Nor., 53, PN-30
Åmot, Nor., 53, PS-29
Åmot, Sve., 51, RE-29
Åmotfors, 50, QJ-30
Ampezzo, 33, QJ-43
Ampfing, 45, QJ-41
Amplepuis, 21, NS-44
Amposta, 24, NA-49
Ampthill, 11, MS-37

Ampudia, 27, MA-48
Amriswil, 42, PJ-39
Åmsele, 56, R-25
Amsterdam, 16, NS-37
Amstetten, 41, QS-41
Amurrio, 27, ME-46
Anadia, 28, LE-49
Anáfi, 71, TA-53
Anagni, 36, QN-48
Anascaul, 14, KS-37
Anávissos, 70, SN-52
Anávra, 69, SJ-50
Ancenis, 17, MN-42
Anchuras, 29, MA-50
Anción, 28, LE-50
Ancona, 36, QN-46
Ancroft, 13, MN-34
Ancy-le-Franc, 20, NS-42
Åndalsnes, 52, PJ-27
Andebu, 53, QA-30
Andeer, 42, PS-43
Andelfingen, 42, PN-42
Andelot, 20, PA-41
Andenes, 56, R-20
Andenne, 16, PA-39
Andermatt, 42, PN-43
Andernach, 44, PJ-39
Andernos-les-Bains, 22, MN-45
Anderslöv, 49, QN-34
Anderstorp, 49, QN-32
Andhrítsaina, 70, SE-52
Andikira, 69, SJ-51
Andocs, 43, RJ-43
Andorf, 45, QA-40
Andorra, And., 22, NE-47
Andorra, Esp., 24, MS-49
Andosilla, 27, MN-47
Andover, 11, MN-38
Andoversford, 10, MN-38
Andraitx, 25, NJ-50
Andria, 39, RE-48
Andrijevica, 66, RS-47
Ándros, 71, SS-52
Andrychów, 63, RS-40
Andrzejewo, 61, SJ-37
Andújar, 29, MA-51
Anduze, 23, NN-45
Aneby, 49, QS-32
Anet, 18, NE-41
Anfo, 32, QA-44
Angeja, 26, LE-49
Ängelholm, 49, QJ-33
Ängelsberg, 50, RE-30
Ängelsfors, 50, RA-29
Anger, 41, RA-42
Angera, 32, PN-44
Angermünde, 47, QS-36
Angern, 41, RE-41
Angers, 19, MS-42
Angerville, 19, NJ-41
Anghiari, 36, QJ-46
Angle, 10, LS-38
Anglès, 25, NJ-48
Angleur, 16, PA-39
Anglure, 18, NN-41
Angolo, 32, QA-44
Angoulême, 22, NA-44
Ångskär, 51, RN-29
Ångsnäs, 51, RE-29
Angües, 24, MS-47
Anguiano, 27, MJ-47
Anguillara Sabázia, 36, QJ-47
Angvik, 52, PJ-27
Aniche, 18, NN-39
Anifion, 70, SJ-52
Anina, 59, S-40
Ankarede, 56, Q-25
Ankarsrum, 49, RE-32
Anklam, 47, QN-36
Ankum, 46, PJ-37
Annaberg, 41, QN-42
Annaberg-Buchholz, 45, QJ-39
Annaburg, 47, QN-38
Annahütte, 47, QN-38
Annan, 13, ME-35
Annecy, 21, PE-44
Annefors, 50, RE-28
Annemasse, 21, PE-43
Annevoie-Rouillon, 16, NS-39
Annonay, 21, NS-44
Annone Veneto, 33, QJ-44
Annot, 21, PE-46
Annweiler, 44, PJ-40
Ánno Dhrosiní, 72, TA-48
Anógeia, 71, SN-54
Áno Merá, 71, TA-52
Añover de Tajo, 29, ME-49
Áno Viánnos, 71, TA-54
Áno Volímai, 70, SA-52
Anquela del Ducado, 24, MJ-49
Ans, 48, PS-33
Ansbach, 45, QA-40
Ansedonia, 36, QE-47
Ansó, 24, MS-47
Anselva di Mezzo, 33, QJ-43
Anten, 50, QJ-31
Antequera, 31, MA-52
Anthée, 16, NS-39
Anthili, 69, SJ-51
Antibes, 21, PJ-46

Antimákheia, 71, TJ-53
Antírrion, 68, SE-51
Anton, 67, SS-47
Antonin, 60, RJ-38
Antonovo, 72, TE-46
Antrain, 17, MN-41
Antrim, 15, LN-35
Antrodoco, 36, QN-47
Anttila, 55, TE-28
Anttis, 56, S-20
Anttola, Suomi, 55, TS-27
Anttola, Suomi, 55, TJ-28
Antwerpen, 16, NS-38
An Uaimh, 14, LN-36
Anversa degli Abruzzi, 37, QN-48
Anzin, 18, NN-39
Anzing, 45, QE-41
Anzio, 36, QJ-48
Anzola, 27, MJ-46
Aoiz, 24, MN-47
Aosta, 32, PJ-44
Åpåsdal, 53, PJ-31
Apatin, 65, RN-44
Apatity, 56, U-20
Apeldoorn, 16, PA-37
Apele Vii, 67, SS-45
Apen, 46, PJ-36
Apolda, 47, QE-38
Apóllon, 71, TA-52
Apollonia, 69, SN-49
Apostolovo, 59, U-40
Appelhülsen, 46, PJ-38
Appeltern, 16, PA-38
Appenweier, 44, PJ-41
Appenzell, 42, PS-42
Appiano, 33, QE-43
Appleby, 15, MJ-35
Applecross, 12, LS-32
Aprica, 32, QA-43
Apŕicena, 37, RA-48
Aprigliano, 39, RE-50
Aprília, 36, QJ-48
Aprilovo, 72, TE-46
Apt, 21, PA-46
Apúlia, 26, LE-48
Aquileia, 33, QJ-44
Arabba, 33, QE-43
Aracena, 28, LN-52
Arad, 65, SE-43
Arákhova, 69, SJ-51
Aranda de Duero, 27, ME-48
Arandelovac, 65, SA-45
Aranjuez, 29, ME-49
Aras de Alpuente, 24, MN-50
Arazede, 28, LE-49
Arbatax, 35, PS-50
Arbesbach, 41, QS-41
Arbo, 26, LE-47
Arboga, 50, RA-30
Arbois, 20, PA-43
Arbós, 25, NE-48
Arbrå, 51, RE-28
Arbroath, 13, MJ-33
Arbucias, 25, NJ-48
Arcachon, 22, MN-45
Arc-en-Barrois, 20, NS-42
Arceniega, 27, ME-46
Arcevia, 36, QJ-46
Archena, 30, MN-51
Archiac, 22, MS-44
Archidona, 31, MA-52
Archipovka, 58, U-35
Arcidosso, 36, QE-47
Arcis, 20, NS-41
Arco, 33, QA-44
Arco de Baúlhe, 26, LJ-48
Arcones, 27, ME-48
Arcos de Jalón, 27, MJ-48
Arcos de la Frontera, 31, LS-53
Arcos de Valdevez, 26, LE-48
Arcugnano, 33, QE-44
Arcusa, 24, NA-47
Årdal, Nor., 52, PJ-28
Årdal, Nor., 53, PE-30
Ardales, 31, MA-53
Ardara, 14, LE-35
Ardavasar, 13, LS-32
Ardea, 36, QJ-48
Ardee, 14, LN-36
Arden, 48, PS-33
Ardentinny, 13, MA-33
Ardglass, 15, LS-35
Ardhánion, 72, TE-49
Ardino, 67, TA-48
Ardisa, 24, MS-47
Ardlussa, 13, LS-33
Ardmolich, 13, LS-33
Ardmore, 14, LJ-38
Ardres, Fr., 23, NN-44
Ardres, Fr., 18, NE-39
Ardrishaig, 13, LS-33
Ardrossan, 13, MA-34
Ardtalla, 13, LN-34

Arenas de San Pedro, 29, LS-49
Arendal, 53, PN-31
Arendsee, 47, QE-37
Arenys de Mar, 25, NJ-48
Arenzano, 32, PN-45
Areópolis, 70, SJ-53
Arès, 22, MS-45
Aresvik, 52, PN-26
Arezzo, 36, QE-46
Arez, 28, LJ-50
Arezzo, 36, QE-46
Arfará, 70, SJ-52
Argalastí, 69, SN-50
Argamasilla, 29, MA-51
Argamasilla de Alba, 29, ME-50
Arganda, 27, ME-49
Arganil, 28, LE-49
Argegno, 32, PS-44
Argelès, 23, NN-47
Argelès-Gazost, 22, MS-46
Argent, 19, NJ-42
Argenta, 33, QE-45
Argentan, 18, NA-41
Argentat, 22, NE-44
Argentera, 32, PJ-45
Argenteuil, 18, NJ-41
Argentiera, 35, PN-49
Argentière, 21, PE-44
Argenton, 19, NE-43
Argenton-Château, 19, MS-43
Argentré, 19, MS-41
Árgos, 70, SJ-52
Árgos Orestikón, 68, SE-49
Argostólion, 68, SA-51
Arguedas, 24, MN-47
Arguis, 24, MS-47
Arhána, 35, PS-48
Århus, 48, QA-33
Ariano Irpino, 37, RA-48
Ariário nel Polesine, 33, QJ-45
Aridhaía, 69, SJ-49
Arild, 49, QJ-33
Arilje, 66, SA-46
Arinagour, 13, LN-33
Ariño, 24, MS-48
Arinthod, 21, PA-43
Arisaig, 13, LS-33
Arischia, 36, QN-41
Arisvi, 69, TA-48
Aritzo, 35, PS-50
Årjäng, 50, QJ-30
Arjeplog, 56, R-20
Arjona, 29, MA-52
Arkalokhórion, 71, TA-54
Arkelstorp, 49, QS-33
Arkesini, 71, TA-53
Arkhaía Olimbía, 70, SE-52
Arkhángelos, 69, SJ-48
Arkítsa, 69, SN-51
Arklow, 14, LN-37
Arkösund, 51, RE-31
Årla, 51, RE-30
Arlanc, 23, NN-44
Arlanda, 51, RJ-30
Arles, 21, NS-46
Arles-s.-Tech, 23, NJ-47
Arlon, 20, PA-40
Arlöv, 49, QN-34
Arma di Taggia, 32, PJ-46
Armagh, 14, LN-35
Armamar, 26, LJ-48
Armenistis, 71, TE-52
Armeno, 32, PN-44
Armentières, 18, NJ-39
Armutlu, 72, TN-49
Arnaccio, 36, QA-46
Arnaía, 69, SN-49
Arnay-le-Duc, 20, NS-42
Arneburg, 47, QE-37
Arnedillo, 27, MJ-47
Arnedo, 27, MJ-47
Årnes, 53, QE-29
Arnhem, 16, PA-38
Arnissa, 68, SE-49
Arnoldstein, 41, QN-43
Arnsberg, 46, PN-38
Arnstadt, 45, QA-39
Arnstein, 44, PS-39
Arnstorf, 45, QJ-41
Aroche, 28, LJ-52
Arolla, 42, PJ-43
Arolsen, 46, PS-38
Arona, 32, PN-44
Arosa, 42, PS-43
Årøsund, 48, PS-34
Arpajon, 18, NJ-41
Arpino, 36, QN-48
Arques, 18, NJ-39
Arraiolos, 28, LJ-51
Arras, Fr., 18, NJ-39
Arras, Shq., 66, SA-48
Arreau, 22, MS-46
Arredondo, 27, ME-46
Arriate, 31, LS-53
Arriondas (Parres), 27, LS-46
Arroba, 29, MA-50
Arrochar, 13, MA-33
Arromanches, 18, MS-40
Arronches, 28, LJ-50

Arroyo de la Luz, 28, LN-50
Arroyomolinos de León, 28, LN-51
Arruda dos Vinhos, 28, LA-51
Års, Dan., 48, PS-33
Ars, Fr., 20, PE-40
Årsballe, 49, QS-34
Ars-en-Ré, 17, MN-43
Arsoli, 36, QN-47
Årsta Havsbad, 51, RN-30
Årsunda, 51, RE-29
Árta, Ellás, 68, SA-50
Artà, Esp., 25, NN-50
Arta, It., 33, QN-43
Artana, 24, MS-50
Artemare, 21, PA-44
Artemón, 71, SS-52
Arten, 33, QE-44
Artena, 36, QJ-48
Artenay, 19, NE-41
Artern, 47, QE-38
Artesa de Segre, 24, NA-48
Arth, B.R.D., 45, QJ-41
Arth, Sve., 42, PN-42
Arthurstown, 14, LN-37
Artieda, 24, MN-47
Artjärvi, 55, TE-29
Artotína, 69, SJ-51
Årtun, 53, PE-30
Arudy, 22, MS-46
Arundel, 11, MS-39
Arvidsjaur, 56, R-20
Arvik, 52, PE-27
Arvika, 50, QJ-30
Åryd, 49, QS-33
Aryinónda, 71, TE-52
Aryirádhes, 68, RS-50
Arz, 40, QA-42
Arzachena, 35, PS-48
Arzacq-Arraziguet, 22, MS-46
Arzano, Fr., 17, ME-42
Aržano, Jugo., 64, RE-46
Arzberg, 45, QJ-39
Arzignano, 33, QE-44
Arzon, 17, MJ-42
Arzúa, 26, LE-47
As, Bel., 16, PA-38
Aš, Česko., 62, QJ-39
Ås, Nor., 53, QA-30
Ås, Sve., 49, QN-32
Aså, Dan., 48, QA-32
Åsa, Sve., 49, QJ-32
Asa, Sve., 49, QS-32
Åsane, 53, PA-29
Åsarna, 57, Q-25
Asarum, 49, QS-33
Ascain, 22, MN-46
Ascha, 45, QJ-40
Aschaffenburg, 44, PS-40
Aschau, 40, QJ-42
Aschbach, 41, QS-41
Aschendorf, 46, PJ-36
Aschersleben, 47, QE-38
Asciano, 36, QE-46
Ascó, Esp., 24, NA-48
Asco, Fr., 34, PS-47
Ascolí Píceno, 36, QN-47
Ascolí Satríano, 37, RA-48
Ascona, 42, PN-43
Ascot, 11, MS-38
Åseda, 49, RA-32
Åsele, 56, R-25
Åsen, Nor., 52, QE-26
Åsen, Sve., 50, QN-28
Asenovgrad, 67, SS-47
Åseral, 53, PJ-31
Åsgårdstrand, 53, QA-30
Åshagen, 50, QJ-29
Ashbourne, 11, MN-36
Ashburton, 10, ME-39
Ashby de la Zouch, 11, MN-37
Ashford, 11, NA-38
Ashington, 13, MN-34
Asiago, 33, QE-44
Asige, 49, QJ-33
Asikkala, 55, TA-28
Askainen, 54, SE-29
Askeaton, 14, LE-37
Askersund, 50, QS-31
Askim, 53, QE-30
Åskloster, 49, QE-32
Askola, 55, TA-29
Askøy, 53, PA-29
Askvik, 53, PA-29
Askvoll, 52, NS-28
Aßling, 45, QJ-41
Asnæs, 48, QE-34
Asola, 32, QA-44
Asolo, 33, QJ-44
Aspang, 41, RE-42
Asparuhovo, 72, TJ-47
Aspe, 30, MS-51
Asperillo, 28, LN-52
Aspet, 22, NA-46
Aspio Terme, 36, QN-46
Asprès-s.-Buëch, 21, PA-45
Asprópirgos, 70, SN-51
Assat, 22, MS-46
Asse, 16, NS-39
Assebroek, 16, NN-38
Assen, 16, PE-37
Assens, Dan., 48, PS-34
Assens, Dan., 48, QA-33
Assergi, 36, QN-47
Assesse, 16, PA-39
Assisi, 36, QJ-46

Åsskard, 52, PN-26
Asso, 32, PS-44
Astaffort, 22, NA-45
Astakós, 68, SE-51
Asten, 16, PA-38
Astillero, 27, ME-46
Astipálaia, 71, TE-53
Astorga, 26, LN-47
Åstorp, 49, QJ-33
Ástros, 70, SJ-52
Astudillo, 27, MA-47
Ásványráró, 43, RJ-42
Aszód, 43, RS-42
Aszófő, 43, RJ-43
Atajate, 31, LS-53
Atalándi, 69, SJ-51
Ataquines, 27, MA-48
At burgaz, 71, TJ-52
Atea, 24, MN-48
Ateca, 24, MN-48
Atella Scalera, 39, RA-49
Atena Lucana, 39, RA-49
Atessa, 37, QS-47
Ath, 16, NN-39
Athboy, 14, LN-36
Athea, 14, LA-37
Athenry, 14, LE-36
Atherstone, 11, MN-37
Athíkia, 70, SJ-52
Athínai, 70, SN-52
Áthira, 69, SJ-49
Athlone, 14, LJ-36
Athopol, 72, TJ-47
Athy, 14, LN-37
Atienza, 27, MJ-48
Atina, 37, QN-48
Atîrnati, 67, TA-46
Atna, 52, QA-28
Atouguia, 28, LA-50
Ätran, 49, QJ-32
Atri, 37, QS-47
Attendorn, 46, PJ-38
Attichy, 18, NN-40
Attigny, 20, NS-40
Attleborough, 11, NE-37
Attymon, 14, LE-36
Åtvidaberg, 49, RA-31
Atzara, 35, PS-49
Au, 45, QE-41
Aub, 44, QA-40
Aubagne, 21, PA-46
Aubenas, 23, NS-45
Aubenton, 18, NS-40
Aubigny-s.-Nère, 19, NJ-42
Aubin, 23, NJ-45
Aubusson, 23, NJ-44
Auch, 22, NA-46
Auchel, 18, NJ-39
Auchterarder, 13, ME-33
Auchtermuchty, 13, ME-33
Audenge, 22, MS-45
Audierne, 17, MA-41
Audincourt, 20, PE-42
Audrieu, 18, MS-40
Audrix, 22, NA-45
Audruicq, 18, NJ-39
Aue, 45, QJ-39
Auerbach, B.R.D., 45, QE-40
Auerbach, D.D.R., 45, QJ-39
Augher, 14, LJ-35
Aughnacloy, 12, LN-35
Aughrim, 14, LN-37
Augsburg, 45, QA-41
Augusta, 38, RA-52
Augustów, 61, SN-36
Auletta, 39, RA-49
Auli, 53, QE-29
Aulla, 32, PS-45
Aullène, 34, PS-48
Aulnay, 19, MS-43
Aultbea, 12, LS-32
Ault-Onival, 18, NE-39
Aulus-les-Bains, 22, NE-47
Aumale, 18, NE-40
Aumetz, 20, PE-40
Aumont, 23, NN-45
Aunay-'s.-Odon, 18, MS-41
Auneuil, 18, NJ-40
Auning, 48, QA-33
Aups, 21, PE-46
Aura, 54, SJ-29
Auray, 17, ME-42
Aure, 52, PN-27
Aurich, 46, PJ-36
Aurignac, 22, NA-46
Aurillac, 23, NJ-45
Aurland, 52, PJ-29
Auron, 21, PE-45
Auronzo, 33, QJ-43
Aursjöhytta, 52, PN-27
Aurskog, 53, QE-30
Austad, 53, PJ-31
Austefjord, 52, PE-27
Austevoll, 53, PA-29
Austis, 35, PS-49
Austmarka, 50, QJ-29
Austreheim, 52, NS-29
Auterive, 22, NE-46
Authon-du-Perche, 19, NA-41
Autol, 27, MN-47
Autrey-les-Gray, 20, PA-42
Auttoinen, 55, TA-28
Autun, 20, NS-43
Auve, 20, NS-40
Auxerre, 19, NN-42
Auxi-le-Château, 18, NJ-39
Auxonne, 20, PA-42
Auzances, 19, NJ-43
Auzon, 23, NN-44
Availles-Limouzine, 19, NA-43
Avaldsnes, 53, PA-30
Avallon, 19, NN-42
Ávas, 72, TA-49
Ávdhira, 69, SS-49
Avdhoú, 71, TA-54
Aveiro, 26, LE-49
Avellino, 37, QS-49
Åvendal, 53, PE-31
Aversa, 37, QS-49
Avesnes, 18, NN-39
Avesnes-le-Comte, 18, NJ-39
Avesta, 50, RE-29
Avetrana, 39, RJ-49
Avezzano, 36, QN-48
Aviano-Castello, 33, QJ-43
Aviemore, 13, ME-32
Avigliana, 32, PJ-44
Avigliano, 39, RA-49
Avignon, 21, NS-46
Avila, 27, MA-49
Aviles, 26, LS-46
Avinyó, 25, NJ-48
Avión, Esp., 26, LE-47
Avion, Fr., 18, NJ-39
Aviz, 28, LJ-50
Avize, 18, NN-41
Avlón, 70, SN-51
Avlum, 48, PN-33
Avô, 28, LJ-49
Avola, 38, RA-53
Avonmouth, 10, MJ-38
Avord, 19, NJ-42
Avradsberg, 50, QN-29
Avramov, 72, TE-47
Avranches, 17, MN-41
Avtovac, 66, RN-46
Axala, 51, RJ-30
Axat, 23, NJ-47
Axel, 16, NN-38
Axelfors, 49, QJ-32
Axioúpolis, 69, SJ-49
Ax-les-Thermes, 22, NE-47
Axmarsbruk, 51, RJ-28
Axminster, 10, MJ-39
Axvall, 50, QN-31
Ay, 18, NS-40
Ayamonte, 28, LJ-52
Ayancik, 59, US-48
Ayelo de Malferit, 30, MS-51
Ayerbe, 24, MS-47
Ayiá, 69, SJ-50
Ayía Ánna, 70, SN-51
Ayía Evfimía, 68, SA-51
Ayía Marína, 71, TE-52
Ayía Triás, 69, SJ-51
Ayía Varvára, 71, TA-54
Ayiófillon, 68, SE-50
Áyioi Dhéka, 71, TA-54
Áyioi Theódhoroi, 70, SN-52
Áyios, 70, SN-51
Áyios Andréas, 70, SJ-52
Áyios Athanásios, 68, SE-49
Áyios Dhimítrios, 69, SJ-51
Áyios Evstrátios, 69, SS-50
Áyios Kharálambos, 72, TA-49
Áyios Kírikos, 71, TE-52
Áyios Konstantínos, 69, SJ-51
Áyios Matthaíos, 68, RS-50
Ayios Míron, 71, TA-54
Áyios Nikólaos, Ellás, 68, SA-50
Áyios Nikólaos, Ellás, 69, SN-49
Áyios Nikólaos, Ellás, 71, TA-54
Áyios Pandeleímon, 68, SE-49
Áyios Pétros, Ellás, 68, SA-51
Áyios Pétros, Ellás, 70, SJ-52
Áyios Yermanós, 68, SE-49
Aylesbury, 11, MS-38
Ayllón, 27, ME-48
Aylsham, 11, NE-37
Ayna, 30, MJ-51
Ayora, 30, MN-50
Ayr, 13, MA-34
Aywaille, 16, PA-39
Azaila, 24, MS-48
Azambuja, 28, LE-50
Azanja, 65, SA-45
Azaruja, 28, LJ-51
Azay-le-Feron, 19, NE-43
Azay-le-Rideau, 19, NA-42
Azenhas do Mar, 28, LA-51
Azerables, 19, NE-43
Azinhal, 28, LJ-52
Azinheira dos Barros, 28, LE-51
Aznalcóllar, 28, LN-52
Azpeitia, 27, MJ-46
Azuaga, 29, LS-51
Azuara, 24, MS-48

B

Baarle-Nassau, 16, NS-38
Baarn, 16, PA-37
Babadag, 59, T-45
Babaeski, 72, TJ-48
Babenhausen, 45, QA-41
Babiak, 61, SA-35
Babieta, 61, SE-36
Babimost, 60, RA-37
Babinac, 64, RE-44
Babina Greda, 65, RN-44
Babino Polje, 37, RJ-47
Babócsa, 43, RJ-43
Baboszewo, 61, SA-37
Babsk, 61, SA-38
Babušnica, 67, SJ-46
Baby, 61, RS-38
Bač, 65, RS-44
Bacău, 59, T-40
Baccarat, 20, PE-41
Baceno, 32, PN-43
Bacharach, 44, PJ-39
Bachmač, 58, U-35
Bačina, 66, SE-46
Bačka Gradište, 65, SA-44
Backaland, 12, MJ-30
Bačka Palanka, 65, RS-44
Bačka Petrovo Selo, 65, SA-44
Bačka Topola, 65, RS-44
Backe, 56, R-20
Bäckefors, 50, QJ-31
Bäckhammar, 50, QS-30
Bački Breg, 65, RN-44
Bački Monoštor, 65, RN-44
Bački Petrovac, 65, RS-44
Backnang, 44, PS-41
Bačko Novo Selo, 65, RS-44
Bacoli, 37, QS-49
Bácsalmás, 43, RS-43
Bácsbokod, 43, RS-43
Bacúch, 63, RS-41
Bacup, 15, MJ-36
Baczyna, 60, QS-37
Bad, 18, NJ-38
Bad Abbach, 45, QJ-41
Badacsonytomaj, 43, RJ-43
Bad Aibling, 45, QJ-42
Badajoz, 28, LJ-51
Badalona, 25, NJ-48
Bad Aussee, 41, QN-42
Bad Berka, 45, QE-39
Bad Berneck, 45, QE-39
Bad Bertrich, 44, PJ-39
Bad Bibra, 47, QE-38
Bad Blankenburg, 45, QE-39
Bad Bramstedt, 46, PS-36
Bad Brückenau, 44, PS-39
Bad Buchau, 44, PS-41
Bad Ditzenbach, 44, PS-41
Bad Doberan, 47, QE-35
Bad Driburg, 46, PS-38
Bad Düben, 47, QJ-38
Bad Dürkheim, 44, PN-40
Bad Dürrenberg, 47, QJ-38
Bad Elster, 45, QJ-39
Bad Ems, 44, PJ-39
Baden, Öst., 41, RE-41
Baden, Schw, 42, PN-42
Baden-Baden, 44, PN-41
Badenweiler, 44, PJ-42
Bad Fischau, 41, RE-42
Bad Frankenhausen, 47, QE-38
Bad Freienwalde, 47, QS-37
Bad Friedrichshall, 44, PS-40
Bad Fusch, 40, QJ-42
Bad Füssing, 45, QN-41
Bad Gandersheim, 46, QA-38
Badgastein, 40, QN-42
Bad Gleichenberg, 41, RA-43
Bad Godesberg, 44, PJ-39
Bad Goisern, 41, QN-42
Bad Gottleuba, 45, QN-39
Bad Hall, 41, QS-41
Bad Harzburg, 47, QA-38
Bad Hersfeld, 44, PS-39
Bad Hofgastein, 40, QN-42
Bad Homburg v. d. H., 44, PN-39
Bad Honnef, 44, PJ-39
Bad Hönningen, 44, PJ-39
Badia Polesine, 33, QE-44
Badia Tedalda, 33, QJ-46
Bad Ischl, 41, QN-42
Bad Kissingen, 44, QA-39
Bad Kleinen, 47, QE-36
Bad König, 44, PS-40
Bad Kösen, 47, QE-38
Bad Köstritz, 45, QE-39
Badkowo, 60, RN-37
Bad Kreuznach, 44, PJ-40
Bad Krozingen, 44, PJ-42
Bad Langensalza, 47, QA-38
Bad Lausick, 47, QJ-38
Bad Lauterberg, 47, QA-38
Bad Leonfelden, 41, QS-41
Bad Liebenstein, 45, QA-39
Bad Liebenwerda, 47, QN-38
Bad Liebenzell, 44, PN-41
Bad Lippspringe, 46, PN-38
Bad Meinberg, 46, PN-38
Bad Mergentheim, 44, PS-40
Bad Münder, 46, PS-37
Bad Münster am Stein, 44, PJ-40
Bad Muskau, 47, QS-38
Bad Nauheim, 44, PJ-40
Bad Nenndorf, 46, PS-37
Bad Neuenahr, 44, PJ-39
Bad Neustadt, 44, QA-39
Bad Obladis, 40, QA-42
Bad Oeynhausen, 46, PN-37
Badolato, 39, RE-51
Bad Oldesloe, 46, QA-36
Badonviller, 20, PE-41
Bad Orb, 44, PS-34
Badovinci, 65, RS-45
Bad Oy, 45, QA-42
Bad Peterstal, 44, PN-41
Bad Pyrmont, 46, PS-38
Bad Ragaz, 42, PS-43
Bad Rehburg, 46, PS-37
Bad Reichenhall, 45, QJ-42
Bad Rippoldsau, 44, PN-41
Bad Saarow-Pieskow, 47, QS-37
Bad Sachsa, 47, QA-38
Bad Salzdetfurth, 46, PS-37
Bad Salzgitter, 46, QA-37
Bad Salzschlirf, 44, PS-39
Bad Salzuflen, 46, PN-37
Bad Salzungen, 44, QA-39
Bad Sankt Leonhard, 41, QS-43
Bad Sankt Peter, 46, PN-35
Bådsbøl, 48, PN-34
Bad Schallerbach, 41, QN-41
Bad Schandau, 45, QS-39
Bad Schmiedeberg, 47, QJ-38
Bad Schwalbach, 44, PN-39
Bad Schwartau, 47, QA-36
Bad Segeberg, 46, QA-36
Bad Selters, 44, PS-39
Bad Soden, 44, PN-39
Bad Sooden-Allendorf, 46, PS-38
Bad Steben, 45, QE-39
Bad Sulza, 47, QE-38
Bad Sülze, 47, QJ-35
Bad Tatzmannsdorf, 41, RE-42
Bad Tennstedt, 47, QA-38
Bad Tölz, 45, QE-42
Badules, 24, MN-48
Bad Vellach, 41, QS-43
Bad Vilbel, 44, PN-39
Bad Vöslau, 41, RE-42
Bad Waldsee, 44, PS-42
Bad Wiessee, 45, QE-42
Bad Wildungen, 46, PS-38
Bad Wilsnack, 47, QE-37
Bad Wimpfen, 44, PS-40
Bad Wörishofen, 45, QA-41
Bad Wurzach, 44, PS-42
Bad Zwischenahn, 46, PN-36
Bækmarksbro, 48, PN-33
Baélls, 24, NA-48
Baena, 29, MA-52
Bærum, 53, QA-30
Bafa, 71, TJ-52
Bagaladi, 39, RA-51
Bağarasi, 71, TJ-52
Bågede, 56, Q-25
Bagenkop, 48, QA-35
Bagheria, 38, QN-51
Bagn, 53, PS-29
Bagnaia, 36, QJ-47
Bagnara Calabria, 39, RA-51
Bagnasco, 32, PJ-45
Bagnères-de-Bigorre, 22, NA-46
Bagnères-de-Luchon, 22, NA-47
Bagni Contursi, 37, RA-49
Bagni di Lucca, 33, QA-46
Bagni di Masino, 32, PS-43
Bagni di Petriolo, 36, QE-46
Bagni di Rabbi, 33, QA-43
Bagno a Ripoli, 33, QE-46
Bagno di Romagna, 33, QE-46
Bagnoles-de-l'Orne, 18, MS-41
Bagnolo in Piano, 33, QA-45
Bagnolo Mella, 33, QA-44
Bagnols-les-Bains, 23, NN-45
Bagnols-sur-Cèze, 21, NS-45
Bagnoregio, 36, QJ-47
Bagno Tufico, 36, QN-46
Bagolino, 33, QA-44
Bagrationovsk (Preußisch Eylau), 61, SA-35
Bagrdan, 66, SE-45
Bagües, 24, MN-47
Bagur, 25, NN-48
Baia-Mare, 59, S-40
Baiardo, 32, PJ-46
Baiersbronn, 44, PN-41
Baignes-Ste.-Radegonde, 22, MS-44
Baikal, 59, TN-46
Baile Átha Cliath → Dublin, 15, LN-36
Bailén, 29, ME-51
Băileştie, 67, SN-45
Bailieborough, 14, LN-36
Bailivanish, 12, LJ-32
Bailleul, 18, NJ-39
Bailo, 24, MS-47
Bain-de-Bretagne, 17, MN-42
Bains-les-Bains, 20, PE-41
Bais, 19, MS-41
Baiso, 33, QA-45
Baja, 43, RN-43
Bajina Bašta, 66, RS-46
Bajinci, 65, RJ-44
Bajmok, 65, RS-44
Bajram-Curr, 66, SA-47
Bajša, 65, RS-44
Bak, 43, RE-43
Bakałarzewo, 61, SJ-35
Bakar, 64, QS-44
Bakewell, 11, MN-36
Bakirköy, 72, TN-49
Bakke, 53, PE-31
Bąków Górna, 61, RS-37
Båktakék, 43, SE-41
Bäl, 51, RN-32
Bala, 10, ME-37
Balaguer, 24, NA-48
Balaklava, 59, U-45
Balallan, 12, LN-31
Balaruc, 23, NN-46
Balassagyarmat, 43, RS-41
Balatonalmádi, 43, RJ-42
Balatonboglár, 43, RJ-43
Balatonederics, 43, RJ-43
Balatonfüred, 43, RJ-43
Balatonkenese, 43, RN-42
Balatonkeresztúr, 43, RJ-43
Balazote, 30, MJ-51
Balberg, 52, QA-28
Balbigny, 23, NS-44
Balbriggan, 14, LN-36
Balčik, 59, TN-46
Baldock, 11, MS-38
Baldoyle, 14, LN-36
Bale, 64, QN-44
Baleira, 26, LJ-46
Baleizão, 28, LJ-51
Balen, 16, PA-38
Balfour, 12, MJ-30
Bålgarene, 67, TA-46
Bălgarin, 72, TA-48
Bălgarski izvor, 67, SS-46
Balikesir, 72, TJ-50
Balingen, 44, PN-41
Baljefors, 50, QJ-31
Balkbrug, 16, PE-37
Balla, 14, LA-36
Ballachulish, 13, LS-33
Ballaghaderreen, 14, LE-36
Ballantrae, 13, MA-34
Ballao, 35, PS-50
Ballater, 13, ME-32
Ballaugh, 15, MA-35
Ballenstedt, 47, QE-38
Balleroy, 18, MS-40
Ballesteros de Calatrava
Ballobar, 24, NA-48
Balli, 72, TJ-49
Ballina, 14, LA-35
Ballinakill, 14, LJ-37
Ballinamore, 14, LJ-35
Ballinasloe, 14, LE-36
Ballindine, 14, LE-36
Ballingarry, 14, LJ-37
Ballinluig, 13, ME-33
Ballinrobe, 14, LA-36
Ballinskelligs, 14, KS-38
Balloch, 13, MA-34
Ballon, 19, NA-41
Ballsh, 66, RS-49
Ballstad, 56, Q-20
Ballycastle, U.K., 15, LN-34
Ballybay, 14, LN-35
Ballybofey, 14, LJ-35
Ballybunnion, 14, LA-37
Ballycanew, 14, LN-37
Ballycastle, Eire, 14, LA-35
Ballyclare, 15, LN-35
Ballyconnel, 14, LJ-35
Ballycotton, 14, LE-38
Ballydehob, 14, LA-38
Ballydesmond, 14, LA-37
Ballyfarnan, 14, LE-35
Ballygar, 14, LE-36
Ballygawley, 14, LJ-35
Ballygeary (Rosslare Harbour), 14, LN-37
Ballyhalbert, 15, LS-35
Ballyhaunis, 14, LE-36
Ballyheigue, 14, LA-37
Ballyjamesduff, 14, LJ-36
Ballymacoda, 14, LJ-38
Ballymahon, 14, LJ-36
Ballymena, 15, LN-35
Ballymoe, 14, LE-36
Ballymoney, 14, LN-34
Ballymore Eustace, 14, LN-36
Ballymote, 14, LE-35
Ballynahinch, 15, LS-35
Ballyragget, 14, LJ-37
Ballyshannon, 14, LE-35
Ballyvaughan, 14, LA-36
Ballywalter, 15, LS-35
Balmazújváros, 43, SE-42
Balmuccia, 32, PN-44
Balneario de Panticosa, 24, MS-47
Balsa, 43, SE-41
Balsareny, 25, NE-48
Balsicas, 30, MS-52
Balsorano, 36, QN-48
Bålsta, 51, RJ-30
Balsthal, 42, PJ-42
Balta, 59, T-40
Baltanás, 27, MA-48
Baltar, 26, LJ-48
Baltijsk (Pillau), 61, RS-35
Baltimore, 14, LA-38
Baltinglass, 14, LN-37
Baltrum, 46, PJ-36
Balvan, 67, TA-46
Balya, 72, TJ-50
Bamberg, 45, QA-40
Bamble, 53, PS-30
Bamburgh, 13, MN-34
Bampton, 10, ME-39
Banagher, 14, LJ-36
Banarli, 72, TJ-48
Banatski Novo Selo, 65, SA-45
Banbridge, 14, LN-35
Banbury, 11, MN-37
Banchory, 13, MJ-32
Bande, 26, LJ-47
Bandholm, 48, QE-35
Bandirma, 72, TE-49
Bandol, 21, PA-46
Bandon, 14, LE-38
Băneasa, 59, T-45
Bañeres, 30, MS-51
Banff, 12, MJ-32
Bangor, U.K., 15, LS-35
Bangor, U.K., 10, MA-36
Bangor Erris, 14, LA-35
Banica, 67, SN-46
Banie, 60, QS-36
Banie Mazurskie, 61, SJ-35
Banja, Blg., 67, SN-48
Banja, Blg., 67, SS-47
Banja, Blg., 72, TJ-47
Banja Koviljača, 65, RS-45
Banja Luka, 64, RJ-45
Banjska, 66, SA-47
Bankfoot, 13, ME-33
Bankja, 67, SN-47
Bannalec, 17, ME-42
Bañolas, 25, NJ-47
Banon, 21, PA-45
Baños de Cerrato, 27, MA-48
Baños de la Encina, 29, ME-51
Banova Járuga, 64, RE-44
Bánovce n. Bebravou, 63, RN-41
Banovići, 65, RN-45
Banská-Bystrica, 63, RS-41
Banská-Štiavnica, 63, RN-41
Bansko, 67, SN-48
Bantheville, 20, PA-40
Bantry, 14, LA-38
Bantzenheim, 20, PJ-42
Bapaume, 18, NJ-39
Bar, It., 32, PE-44
Bar, Jugo., 66, RS-47
Baracaldo, 27, MJ-46
Barajas de Madrid, 27, ME-49
Barajas de Melo, 29, MJ-49
Baralla (Neira de Jusá), 26, LJ-47
Baranoviči, 58, T-35
Baranovka, 58, T-35
Baranów, 61, SJ-38
Baranowo, 61, SE-36
Baraque de Fraiture, 16, PA-39
Barbadillo de Herreros, 27, ME-47
Barbadillo del Mercado, 27, ME-47
Barban, 64, QN-44
Barbaros, 72, TJ-49
Barbastro, 24, NA-47
Barbat, 64, QS-45
Barbate de Franco, 31, LS-53
Barbâtre, 17, MJ-43
Barbele, 57, S-30
Barberino di Mugello, 33, QE-45
Barbezieux, 22, MS-44
Barbullush, 66, RS-48
Barby, 47, QE-38
Barcarrota, 28, LJ-51
Barcellona Pozzo di Gotto, 38, RA-51
Barcelona, 25, NJ-48
Barcelonnette, 21, PE-45
Barcelos, 26, LE-48
Bárcena, 26, LN-46
Bárcena Mayor, 27, MA-46
Barciany, 61, SE-35
Barcin, 60, RJ-37
Barcino, 60, RE-35
Barcis, 33, QJ-43
Barcones, 27, ME-48
Barcs, 43, RJ-44
Barczewo, 61, SA-36
Bardi, 32, PS-45
Bardo, 63, RE-39
Bardonecchia, 32, PE-44
Bardowick, 46, QA-36
Bardu, 56, R-20
Bare, 66, SA-46
Barèges, 22, NA-47
Bärenkopf, 41, RA-41
Barenton, 18, MS-41
Barfleur, 17, MN-40
Barga, 33, QA-45
Bargas, 29, MA-50
Barge, 32, PJ-45
Barghe, 32, QA-44
Bargteheide, 46, QA-36
Barhead, 13, MA-34
Bari, 39, RE-48
Barindano, 27, MJ-47
Bari Sardo, 35, PS-50
Barisciano, 36, QN-47
Barjac, 23, NS-45
Barjols, 21, PE-46
Barkerud, 50, QJ-30
Barkowo, 60, RJ-36
Barleben, 47, QE-37
Bar-le-Duc, 20, PA-41
Barletta, 39, RE-48
Barlinek, 60, RA-37
Barmash, 68, SA-49
Barmouth, 10, MA-37
Barmstedt, 46, PS-36
Barnard Castle, 15, MN-35
Bärnau, 45, QJ-40
Barnet, 11, MS-38
Barneveld, 16, PA-37
Barneville-Carteret, 17, MN-40
Barnsley, 11, MN-36
Barnstaple, 10, MA-38
Barnstorf, 46, PN-37
Barracas, 24, MS-49
Barraco, 27, MA-49
Barrafranca, 38, QS-52
Barranco do Velho, 28, LJ-52
Barrancos, 28, LJ-51
Barrax, 30, MJ-50
Barreiro, 28, LA-51
Barreiros, 26, LE-48
Barrême, 21, PE-46
Barrhill, 13, MA-34
Barrow-in-Furness, 15, ME-35
Barruecopardo, 26, LN-48
Barruelo de Santullán, 27, MA-47
Barry, 10, ME-38
Bar-s.-Aube, 20, NS-41
Barsebäckshamn, 49, QJ-34
Barßel, 46, PJ-36
Barsinghausen, 46, PS-37
Bar-s.-Seine, 20, NS-41
Barth, 47, QE-35
Bartolomeo in Galdo, 37, RA-48
Barton-upon-Humber, 15, MS-36
Bartoszyce, 61, SA-35
Barumini, 35, PN-50
Baruth, 47, QN-37
Barvas, 12, LN-31
Barvaux, 16, PA-39
Barwice, 60, RE-36
Barzio, 32, PS-44
Bašaid, 65, SA-44
Basauri, 27, MJ-46
Basbeck, 46, PS-36
Báscara, 25, NJ-47
Basconcillo, 27, ME-47
Basel, 42, PJ-42
Basella, 25, NE-47
Basingstoke, 11, MN-38
Baška, 64, QS-45
Basovizza, 33, QN-44
Bassacutena, 35, PS-48
Bassano del Grappa, 33, QE-44
Bassum, 46, PN-37
Båstad, 49, QJ-33
Bastardo, 36, QJ-47
Bastelica, 34, PS-47
Bastia, Fr., 34, PS-47
Bastia, It., 36, QJ-46
Bastogne, 20, PA-40
Bastuträsk, 56, R-25
Batak, 67, SS-48
Batalha, 28, LE-50
Bátaszék, 43, RN-43
Batea, 24, NA-48

Bath, 10, MJ-38
Bathgate, 13, ME-34
Batina, 65, RN-44
Batnfjordsöra, 52, PJ-27
Batočina, 66, SE-45
Batrina, 65, RJ-44
Båtsfjord, 56, T-15
Battaglia Terme, 33, QE-44
Batten, 44, PS-39
Battenberg, 46, PN-38
Battipaglia, 37, QS-49
Battle, 11, NA-39
Battonya, 43, SE-43
Batyk, 43, RJ-43
Baud, 17, ME-42
Baugé, 19, MS-42
Baugy, 19, NJ-42
Baume-les-Dames, 20, PE-42
Baumholder, 44, PJ-40
Baunei, 35, PS-49
Bautzen, 47, QS-38
Bavanište, 65, SA-45
Bavay, 18, NN-39
Bawdeswell, 11, NE-37
Bawdsey, 11, NE-37
Bawtry, 11, MN-36
Bayerisch-Eisenstein, 45, QN-40
Bayeux, 18, MS-40
Bayo, 26, LE-46
Bayon, 20, PE-41
Bayona, 26, LE-47
Bayonne, 22, MN-46
Bayramiç, 72, TE-50
Bayreuth, 45, QE-40
Baza, 31, MJ-52
Bazas, 22, MS-45
Bazouges-s.-le-Loir, 19, MS-42
Bazzano, 33, QE-45
Beaconsfield, 11, MS-38
Beadnell, 13, MN-34
Beamud, 24, MN-49
Bearitz, 26, LE-47
Beas, 28, LN-52
Beaucaire, 21, NS-46
Beaufort, Fr., 20, PA-43
Beaufort, Fr., 21, PE-44
Beaufort-en-Vallée, 19, MS-42
Beaugency, 19, NE-42
Beaujeu, 21, NS-43
Beaulieu, Fr., 21, PE-44
Beaulieu, Fr., 22, NE-45
Beaulieu, U.K., 11, MN-39
Beauly, 12, MA-32
Beaumaris, 10, MA-36
Beaumont, Bel., 16, NS-39
Beaumont, Fr., 18, NJ-40
Beaumont-de-Lomagne, 22, NA-46
Beaumont-du-Périgord, 22, NA-46
Beaumont-Hague, 17, MN-40
Beaumont-le-Roger, 18, NA-40
Beaumont-sur-Sarthe, 19, NA-41
Beaune, 20, NS-42
Beaune-la-Rolande, 19, NJ-41
Beaupréau, 17, MS-42
Beaurepaire, 21, NS-44
Beauvais, 18, NJ-40
Beauvoir-s.-Mer, 17, MN-43
Beauvoir-s.-Niort, 19, MS-43
Beba Veche, 43, SA-43
Bebertal, 47, QE-37
Bebra, 44, PS-39
Bebrones del Rio, 26, LS-47
Bebrovo, 72, TE-47
Beccles, 11, NE-37
Becedas, 26, LS-49
Beceite, 24, NA-49
Bečej, 65, SA-44
Becerreá, 26, LJ-47
Bécherel, 17, MN-41
Bechetu, 67, SN-46
Becicherecu-Mic, 65, SE-44
Becilla de Valderaduey, 27, LS-47
Beckum, 46, PN-38
Beclean, 59, S-40
Bécon-les-Granits, 19, MS-42
Bečov n. Teplou, 62, QJ-39
Bedale, 15, MN-35
Bédar, 30, MJ-52
Bédarieux, 23, NN-46
Bederkesa, 46, PN-36
Bedford, 11, MS-37
Będków, 61, RS-38
Bedlam, 14, LE-34
Bedlington, 15, MN-34
Bedlno, 61, RS-37
Bedmar, 31, ME-51
Bednja, 64, RA-43
Bedonia, 32, PS-45
Bedous, 22, MS-46
Będzin, 63, RS-39
Béelitz, 47, QJ-37
Beerfelden, 44, PN-40
Beeskow, 47, QS-37

Beetzendorf, 47, QE-37
Bégard, 17, ME-41
Begejci, 65, SA-44
Beg-Meil, 17, MA-42
Begndalen, 53, PS-29
Behringen, 45, QA-38
Behringersmühle, 45, QE-40
Beilen, 16, PE-37
Beilngries, 45, QE-40
Beilstein, 44, PJ-39
Beith, 13, MA-34
Beiuş, 59, S-40
Beja, 28, LJ-51
Béjar, 26, LS-49
Bekecs, 43, SE-41
Békés, 43, SE-43
Békéscsaba, 43, SE-43
Bekken, 52, QE-28
Bekkjarvik, 53, PA-30
Belá, 63, RN-40
Bélâbre, 19, NE-43
Bela Crkva, 65, SE-45
Belalcázar, 29, LS-51
Belanovica, 66, SA-45
Bělá n. Radbuzou, 62, QJ-40
Bela Palanka, 67, SJ-46
Bělá p. Bezdězem, 62, QS-39
Belas, 28, LA-51
Bełchatów, 61, RS-38
Belchite, 24, NA-49
Bełchow, 61, RS-37
Belcoo, 14, LJ-35
Bel'cy, 59, T-40
Beldringe, 48, QA-34
Belecke, 46, PN-38
Beled, 43, RJ-42
Beleg, 65, RS-45
Belene, 67, TA-46
Běleši, 68, RS-49
Belfast, 15, LS-35
Belford, 13, MN-34
Belfort, 20, PE-42
Belgard
→ Białogard, 60, RA-35
Belgern, 47, QN-38
Belgioioso, 32, PS-44
Belgodère, 34, PS-47
Belgorod, 58, V-35
Belgorod-Dnestrovskij, 59, U-40
Belgrade
→ Beograde, 65, SA-45
Beli, 64, QS-44
Belianes, 25, NE-48
Belica, 67, SN-48
Beli Manastir, 65, RN-44
Belin, 22, MS-45
Belišče, 65, RN-44
Bellac, 19, NE-43
Bellagio, 32, PS-44
Bellananagh, 14, LJ-36
Bellavary, 14, LA-36
Bellcaire de Urgel, 24, NA-48
Belle, 52, PJ-29
Belleau, 18, NN-40
Belleek, 14, LE-35
Bellegarde, Fr., 21, NS-46
Bellegarde, Fr., 21, NS-46
Bellegarde-du-Loiret, 19, NJ-42
Bellegarde-en-Marche, 23, NJ-44
Belle-Isle-en-Terre, 17, ME-41
Bellême, 18, NA-41
Bellenaves, 19, NN-43
Belleville, 21, NS-43
Belley, 21, PA-44
Bellheim, 44, PN-40
Bellingham, 13, MJ-34
Bellinzona, 42, PS-43
Bellò, 49, RA-32
Bellochantuy, 13, LS-34
Bellpuig, 24, NA-48
Belluno, 33, QJ-43
Bellver, 25, NE-47
Bellvis, 24, NA-48
Bélmez, 29, LS-51
Belmont, 12, MS-29
Belmonte, 44, PJ-39
Belmonte, Esp., 26, LN-46
Belmonte, Esp., 26, MJ-50
Belmonte, Port., 28, LJ-49
Belmont-s.-Rance, 23, NJ-46
Belmullet, 14, LA-35
Belogradčik, 67, SJ-46
Belokorovići, 58, T-35
Belolijn, 66, SE-46
Belo Poljane, 72, TE-48
Belorado, 27, ME-47
Belosaw, 72, TJ-48
Belotinci, 67, SJ-46
Bel'ov, 58, V-35
Belozem, 67, TA-47
Belpasso, 38, RA-52
Belper, 11, MN-36
Belsay, 13, MN-34
Belsk Duzy, 61, SA-38
Beltra, 14, LA-36
Belturbet, 14, LJ-35
Beluša, 63, RN-40
Belušić, 66, SA-47
Belvedere Marittimo, 39, RA-50
Belver, 28, LJ-50
Belvès, 22, NA-45

Belvís de la Jara, 29, MA-50
Belz, 17, ME-42
Belzig, 47, QJ-37
Bełżyce, 61, SJ-38
Bembibra, 26, LN-47
Bemposta, 28, LE-50
Benabarre, 24, NA-47
Benahadux, 30, MJ-53
Benamargosa, 31, MA-53
Benamaurel, 29, MJ-52
Benamejí, 29, MA-52
Benasau, 30, MS-51
Benasque, 24, NA-47
Benátky n. Jizerou, 62, QS-39
Benavente, Esp., 26, LS-47
Benavente, Port., 28, LE-51
Benavente, 59, T-40
Bendorf, 44, PJ-39
Benecko, 62, RA-39
Benedetto, 33, QA-44
Benegiles, 26, LS-48
Beneśov, 62, QS-40
Benešov n. Černov, 62, QS-41
Benešov n. Ploučnici, 62, QS-39
Benespera, 28, LJ-49
Bénestroff, 20, PE-41
Benetutti, 35, PS-49
Benevento, 37, QS-48
Benfeld, 20, PJ-41
Bengtsfors, 50, QJ-30
Beniali, 30, MS-51
Benicànci, 65, RN-44
Benicarló, 24, NA-49
Benicasim, 24, NA-49
Benidorm, 30, MS-51
Beni-Enzar, 31, MJ-54
Benifayó, 30, MS-50
Benisa, 30, MS-51
Benkovac, 64, RA-45
Benkovski, 67, TA-48
Bénodet, 17, MA-42
Benquerencia de la Serena, 29, LS-51
Bensafrim, 28, LE-52
Bensberg, 44, PJ-39
Benshausen, 45, QA-39
Bensheim, 44, PN-40
Bentheim, 46, PJ-37
Bentwijk, 16, NS-37
Beog, 14, LJ-35
Berat, 66, RS-49
Bercel, 43, RS-42
Berceto, 32, PS-44
Berchtesgaden, 45, QJ-42
Bercianos de Aliste, 26, LN-48
Berck-Plage, 18, NE-39
Bérdičė, 66, RE-37
Berdičev, 58, T-40
Berdún, 24, MS-47
Beregovo, 59, S-40
Berettyóújfalu, 43, SE-42
Berezino, S.S.S.R., 59, T-40
Berezino, S.S.S.R., 58, T-35
Berg, 50, RA-31
Berga, D.D.R., 45, QJ-39
Berga, Esp., 25, NE-47
Bergama, 71, TJ-50
Bergamo, 32, PS-44
Bergas, 72, TE-49
Bergedorf, 46, QA-36
Bergen, B.R.D., 47, QA-37
Bergen, B.R.D., 46, PS-37
Bergen, Ned., 16, NS-37
Bergen, Nor., 53, PA-29
Bergen aan Zee, 16, NS-37
Bergen op Zoom, 16, NS-38
Bergen Rügen, 47, QN-35
Bergerac, 22, NA-45
Bergheim, 44, PE-39
Bergisch-Gladbach, 44, PJ-39
Bergkamen, 46, PN-38
Bergkvara, 49, RE-33
Bergö, 54, SE-27
Bergshamra, 51, RN-30
Bergüenda, 27, MJ-47
Bergues, 18, NJ-39
Bergvik, 51, RE-28
Bergzabern, 44, PJ-40
Beringel, 28, LJ-51
Beringen, Bel., 16, PA-38
Beringen, Ned., 16, PA-38
Berja, 31, MJ-53
Berkåk, 52, QE-28
Berkeley, 10, MJ-38
Berkhamsted, 11, MS-38
Berkheim, 44, QA-41
Berkovica, 67, SN-46
Berlanga, 29, LS-51
Berlanga de Duero, 27, MJ-48
Berleburg, 46, PN-38
Berlevåg, 56, T-15
Berlin, 47, QN-37
Bermeo, 27, MJ-46
Bermillo de Sayago, 26, LN-48

Bern, 42, PJ-43
Bernalda, 39, RE-49
Bernartice, 62, QS-40
Bernau, B.R.D., 45, QJ-42
Bernau, D.D.R., 47, QN-37
Bernay, 18, NA-40
Bernburg, 47, QE-38
Berndorf, 41, RE-42
Bernkastel-Kues, 44, PJ-40
Bernsdorf, 47, QS-38
Bernstadt, 47, QS-38
Bernstein, 41, RE-42
Bernués, 24, MS-47
Berolzheim, 44, PS-40
Beroun, 62, QS-40
Berovo, 67, SJ-48
Ber'ozovka, 59, U-40
Berra, 33, QE-45
Berre, 21, PA-46
Berrocal, 28, LN-52
Bersbo, 49, RE-31
Bersenbrück, 46, PJ-37
Bertkow, 47, QE-37
Berwick-upon-Tweed, 13, MJ-34
Berzence, 43, RJ-43
Beržniki, 61, SN-35
Besalú, 25, NJ-47
Besalú, 25, NJ-47
Besançon, 20, PE-42
Bešenkovići, 58, T-30
Besigheim, 44, PS-40
Beška, 65, SA-44
Bessan, 23, NN-46
Besse-en-Chandesse, 23, NJ-44
Bessèges, 23, NS-45
Bessé-s.-Braye, 19, NA-42
Bessines, 19, NE-43
Best, 16, NS-39
Bestensee, 47, QN-37
Bestul, 53, PS-30
Betanzos, 26, LE-46
Betelu, 27, MJ-46
Bétera, 24, MS-50
Beteta, 24, MN-49
Bethesda, 10, MA-36
Béthune, 18, NJ-39
Bettna, 51, RE-31
Bettola, 32, PS-44
Bettolelle, 36, QN-46
Bettyhill, 12, MA-31
Betws-y-Coed, 10, ME-36
Betzdorf, 44, PJ-39
Beuel, 44, PJ-39
Beuil, 21, PE-45
Beuron, 44, PN-41
Beuthen
→ Bytom, 63, RS-39
Beuzeville, 18, NA-40
Bevagna, 36, QJ-47
Bevensen, 47, QA-37
Beverley, 15, MS-36
Beverstedt, 46, PN-36
Beverungen, 46, PS-38
Beverwijk, 16, NS-37
Bexhill, 11, NA-39
Beyazköy, 72, TJ-48
Beyçayiri, 72, TE-49
Beykoz, 72, TS-48
Beylerbeyi, 72, TS-48
Bezdan, 65, RN-44
Béziers, 23, NN-46
Béznar, 31, ME-49
Bezzecca, 33, QA-44
Biała, 61, SA-38
Biała Piska, 61, SJ-36
Biała Podlaska, 61, SJ-37
Biała Rawska, 61, SA-38
Białawy, 60, RE-38
Białobrzegi, 61, SA-38
Białogard (Belgard), 60, RA-35
Białogon, 63, SA-39
Białowieska, 61, SN-37
Biały Bór, 60, RE-36
Białystok, 61, SN-36
Biancavilla, 38, QS-52
Bianco, 39, RE-51
Biar, 30, MS-51
Biarritz, 22, MN-46
Bias, 22, MN-45
Biasca, 42, PS-43
Bibbiena, 33, QE-46
Biberach, 44, PJ-38
Biberach a. d. Riss, 44, PS-41
Bibione, 33, QN-44
Bicaj, 66, SA-48
Biccari, 37, RA-48
Bicester, 11, MN-38
Bichl, 45, QE-42
Bicske, 43, RN-42
Bidache, 22, MN-46
Bideford, 10, MA-38
Bie, 50, RE-30
Biedenkopf, 44, PN-39
Biederitz, 47, QE-37
Biel, Esp., 24, MS-47
Biel (Bienne), Sve., 42, PJ-42
Bielawa, 62, RE-39
Bielawy, 61, RS-37
Bielefeld, 46, PN-37
Biella, 32, PN-44
Bielsa, 24, NA-47
Bielsk, 61, RS-37
Bielsko-Biała, 63, RS-40

Bielsk Podlaski, 61, SN-37
Bieniów, 60, RA-38
Bientina, 33, QA-46
Bienvenida, 28, LN-51
Bierawa, 63, RN-39
Bierdzany, 63, RN-39
Bierge, 24, MS-47
Bieruń Stary, 63, RS-39
Bierutów, 63, RJ-38
Bierzwnica, 60, RA-36
Biescas, 24, MS-47
Biesenthal, 47, QN-37
Bietigheim, 44, PS-41
Bieżuń, 61, RS-37
Biga, 72, TJ-49
Biggar, 13, ME-34
Biggleswade, 11, MS-37
Bihać, 64, RA-45
Biharnagybajom, 43, SE-42
Bijelo Brdo, 65, RJ-44
Bijelo Polje, 66, RS-46
Bikova, 57, T-30
Bilbao, 27, ME-46
Bileća, 66, RN-47
Biłgoraj, 58, S-35
Bilina, 62, QN-39
Bilishit, 66, SA-49
Bilje, 65, RN-44
Biljeljina, 65, RS-45
Bilka, 72, TE-46
Billerbeck, 46, PJ-38
Billingham, 13, MN-35
Billingsfors, 50, QJ-31
Billinghurst, 11, MS-38
Billom, 23, NN-44
Billund, 48, PS-34
Bilovec, 63, RJ-40
Bilto, 56, S-20
Binas, 19, NE-42
Binasco, 32, PS-44
Binche, 16, NS-39
Binéfar, 24, NA-48
Bingen, 44, PJ-40
Bingsjö, 50, RA-28
Binn, 42, PN-43
Binz, 47, QN-35
Biograd, 64, RA-46
Bionaz, 32, PJ-44
Bîrca, 67, SN-46
Birdhill, 14, LE-37
Biri, 52, QA-29
Birkenes, 53, PN-31
Birkenfeld, B.R.D., 44, PJ-40
Birkenfeld, B.R.D., 44, PN-41
Birkenhead, 15, ME-36
Birkerød, 48, QJ-34
Birkfeld, 41, RA-42
Bîrlad, 59, T-40
Birmingham, 10, MN-37
Birr, 14, LJ-36
Biržai, 57, S-30
Birzebbuga, 38, QS-54
Bisaccia, 37, RA-48
Bisacquino, 38, QN-52
Bisbal de Falset, 24, NA-48
Biscarrosse, 22, MN-45
Biscarrosse-Plage, 22, MN-45
Bisceglie, 39, RE-48
Bischofsheim, 44, PS-39
Bischofshofen, 40, QJ-42
Bischofswerda, 47, QS-38
Bischwiller, 20, PJ-41
Biscupice, 61, RS-36
Bisenti, 37, QN-47
Bishop Auckland, 15, MN-35
Bishop's Castle, 10, MJ-37
Bishop's Stortford, 11, NA-38
Bisignano, 39, RE-50
Bisingen, 44, PN-41
Bisisthal, 42, PN-43
Biskupice, 61, RS-36
Biskupiec, 61, SA-36
Bismark, 47, QE-37
Bispfors, 57, R-25
Bistra, 72, TE-46
Bistrec, 72, TJ-47
Bistretu, 67, SN-46
Bistrica, Blg., 67, SN-47
Bistrica, Jugo., 66, RS-46
Bistrica ob Sotli, 64, RA-43
Bistriţa, 59, S-40
Bisztynek, 61, BA-35
Bitburg, 44, PE-40
Bitche, 20, PJ-40
Bitola, 66, SE-48
Bitonto, 39, RE-48
Bitterfeld, 47, QJ-38
Bítí, 35, PS-49
Bivona, 38, QN-52
Bizovac, 65, RN-44
Bjåen, 53, PJ-30
Bjala, Blg., 59, T-46
Bjala, Blg., 72, TJ-46
Bjala Palanka, 72, TE-47
Bjala Reka, 67, TA-47
Bjala Slatina, 67, SN-46
Bjala Voda, 67, TA-46
Bjärka Säby, 49, RA-31
Bjärnum, 49, QN-33
Bjärred, 49, QJ-34
Bjärsjölagård, 49, QN-34
Bjästa, 57, R-25

Bjelland, 53, PJ-31
Bjelovar, 64, RA-44
Bjerkreim, 53, PE-31
Bjerkvik, 56, R-20
Bjerringbro, 48, PS-33
Bjöberg, 52, PN-29
Bjoneroa, 53, QA-29
Björbo, 50, QS-29
Björdal, 52, PA-28
Björke, 52, PE-27
Björketorp, 49, QJ-32
Björkfors, 49, RA-31
Björklinge, 51, RJ-29
Björknäs, 51, RN-30
Björköby, 54, SE-26
Björna, 56, R-25
Björneborg, 50, QS-30
Björnlunda, 51, RJ-30
Björnskinn, 56, R-20
Björsäter, 50, RE-31
Björsjö, 50, RA-29
Bjurberget, 50, QJ-29
Bjurholm, 56, R-25
Bjursås, 50, RA-29
Blace, Jugo., 66, SE-46
Blace, Jugo., 66, SA-47
Blackburn, 15, MJ-36
Blackmoor Gate, 10, ME-38
Blackpool, 15, ME-36
Blackwater, 14, LN-37
Blackwaterfoot, 13, LS-34
Blackwood, 13, ME-34
Blaenavon, 10, ME-38
Blagaj, 66, RJ-46
Blagoevgrad, 67, SN-47
Blair, 17, MN-42
Blairgowrie, 13, ME-33
Blamont, 20, PE-41
Blandford Forum, 10, MJ-39
Blanes, 25, NJ-48
Blangy-s.-Bresle, 18, NE-40
Blankenberge, 16, NN-38
Blankenburg, 47, QA-38
Blankenese, 46, PS-36
Blankenfelde, 47, QN-37
Blankenhain, 45, QE-39
Blankenheim, 44, PE-39
Blanquefort, 22, MS-45
Blansko, 62, RE-40
Blanzac, 22, NA-44
Blanzy, 20, NS-43
Blascosancho, 27, MA-49
Blåsjö, 56, R-25
Blaskovo, 67, TA-47
Blåsut, 49, QJ-31
Blaszki, 60, RN-38
Blatná, 62, QN-40
Blato, Jugo., 37, RE-47
Blato, Jugo., 64, RE-46
Blatten, 42, PJ-43
Blaubeuren, 44, PS-41
Blaufelden, 44, PS-40
Blåvand, 48, PN-34
Blaydon, 15, MN-35
Blaye, 22, MS-44
Blazevo, 66, SA-46
Blázquez, 29, LS-51
Bleckede, 47, QA-36
Bled, 64, QS-43
Bledzew, 60, RA-37
Bleiburg, 41, QN-43
Bleicherode, 47, QA-38
Bléneau, 19, NJ-42
Blénod-les-Toul, 20, PA-41
Bléré, 19, NE-42
Blesle, 23, NN-44
Blet, 19, NJ-43
Bletterans, 20, PA-43
Blidsberg, 49, QN-32
Bligny, 20, NS-42
Blikirud, 53, QE-30
Blinisht, 66, RS-48
Bliznak, 72, TJ-47
Bloemendaal, 16, NS-37
Błogoszów, 63, SA-39
Blois, 19, NE-42
Blokhus, 48, PS-32
Blomberg, 46, PS-38
Blonie, 61, SA-37
Blötberget, 50, QS-29
Blotzheim-Huninguen, 20, PJ-42
Blovice, 62, QN-40
Bludenz, 40, PS-42
Blumberg, 44, PN-42
Blyth, 13, MN-34
Bö, 53, PS-30
Boal, 26, LN-46
Boan, 66, RS-47
Bobbio, 32, PS-45
Bobbio Pellice, 32, PJ-45
Bobigny, 18, NJ-41
Bobingen, 45, QA-41
Bobolice, 60, RE-36
Bobovdol, 67, SJ-47
Bobowa, 63, SA-40
Bobrišches, 58, S-35
Bobrowice, 60, QS-38
Bobrówko, 60, RA-37
Bobrowniki, 61, SN-36
Bobrujsk, 58, T-35
Bočac, 64, RJ-45

Bocairente Boceguillas, 27, ME-48
Bocale, 39, RA-51
Bochnia, 63, SA-40
Bocholt, 46, PE-38
Bochoř, 63, RJ-40
Bochotnica, 61, SJ-38
Bochov, 62, QN-39
Bochum, 46, PJ-38
Bockara, 49, RE-32
Bockhorn, 46, PN-36
Boćki, 61, SN-37
Böckstein, 40, QN-42
Bocognano, 34, PS-47
Böda, 50, RA-28
Bodafors, 49, QS-32
Bodduso, 35, PS-49
Bodegones, 28, LN-52
Boden, 56, S-20
Bodenik, 66, RN-47
Bodenmais, 45, QN-40
Bodenteich, 47, QA-37
Bodenwerder, 46, PS-38
Bodmin, 10, MA-39
Bodö, 56, Q-20
Bodrum, 71, TJ-52
Bodzanów, 61, RS-37
Bodzentyn, 63, SA-39
Boecillo, 27, MA-48
Boën, 23, NN-44
Bogarra, 30, MJ-51
Bogatić, 65, RS-45
Bogatynia, 62, QS-39
Bogdanci, 67, SJ-48
Bogdanje, 66, SE-46
Bogė, 66, RS-47
Bogen, 45, QJ-41
Bogense, 48, QA-34
Bogišići, 66, RN-47
Bognes, 56, R-20
Bognor Regis, 11, MS-39
Bogø, 48, QJ-35
Bogoduchov, 58, V-35
Bogojevo, 65, RN-44
Bogomila, 66, SE-48
Bogomil', 58, S-35
Bogomolje, 37, RE-46
Bograngen, 50, QJ-29
Boguchwały, 61, SA-36
Bogumiłowice, 61, RS-38
Boguszów (Gottesburg), 62, RE-39
Bohain, 18, NN-40
Bohdaneč, 62, RA-39
Böheimkirchen, 41, RA-41
Bohinjska Bistrica, 64, QN-43
Böhlen, 47, QJ-38
Bohmte, 46, PN-37
Bohonal, 29, MA-50
Bohonal de Ibor, 29, LS-50
Böhönye, 43, RJ-43
Bohult, 49, QS-33
Bóiano, 37, QS-48
Boiro, 26, LE-47
Boitzenburg, 47, QN-36
Boizenburg, 47, QA-36
Bojadła, 60, RA-38
Bojanovo, 72, TE-47
Bojanowo, 60, RE-38
Bojcinovci, 67, SN-46
Bojnica, 67, SJ-46
Bokara, 51, RE-32
Bokn, 53, PA-30
Boľ, 64, RE-46
Bolaños, 29, ME-51
Bolayir, 72, TE-49
Bolbec, 18, NA-40
Bolderslev, 48, PS-35
Bolesławiec (Bunzlau), 60, RA-38
Boleszkowice, 60, QS-37
Boletice n. Labem, 62, QS-39
Bolfoss, 53, QE-30
Bolgrad, 59, T-40
Boliden, 56, S-25
Bolimów, 61, SA-37
Boliqueime, 28, LE-52
Boljarovo, 72, TE-47
Boljevac, 67, SE-46
Bolków, 62, RE-39
Bolladore, 33, QA-43
Bollate, 32, PS-44
Bollebygd, 49, QJ-32
Bollène, 21, NS-45
Bollengo, 32, PJ-44
Bollnäs, 50, RE-28
Bollullos del Condado, 31, LN-52
Bologna, 33, QE-45
Bolognola, 36, QN-46
Bolsena, 36, QE-47
Bolsöy, 52, PJ-27
Bolsward, 16, PA-36
Boltaña, 24, NA-47
Boltenhagen, 47, QE-36
Bolton, 15, MJ-36
Bóly, 43, RN-44
Bolzaneto, 32, PN-45
Bolzano, 33, QE-43
Bomarsund, 54, SA-29
Bombarral, 28, LA-50
Bomhus, 51, RJ-29
Bömlo, 53, PA-30
Bona, 50, RA-31
Boñar, 27, LS-47
Bonar Bridge, 14, MA-32
Bondeno, 33, QE-45
Bondo, 33, QA-44
Bondstorp, 49, QN-32

Bonefro 85

Bonefro, 37, QS-48
Bo'ness, 13, ME-33
Bonete, 30, MN-51
Bonifacio, 35, PS-48
Bonn, 44, PJ-39
Bonnat, 19, NE-43
Bonnée, 19, NJ-42
Bonnétable, 19, NA-41
Bonneval, Fr., 19, NE-41
Bonneval, Fr., 21, PE-44
Bonneville, 21, PE-43
Bonnières-s.-Seine, 18, NE-40
Bono, 35, PS-49
Bonorva, 35, PN-49
Bønsvig, 48, QJ-34
Bonyhád, 43, RN-43
Boom, 16, NS-38
Bootle, 15, MJ-36
Boppard, 44, PJ-39
Bor, Česko., 62, QJ-40
Bor, Jugo., 67, SJ-45
Bor, Sve., 49, QS-32
Borås, 49, QS-32
Borba, 28, LJ-51
Borca di Cadore, 33, QJ-43
Bordeaux, 22, MS-45
Bordeira, 28, LE-52
Bordesholm, 46, PS-35
Bordighera, 32, PJ-46
Bore, 32, PS-45
Borek, 60, RJ-38
Borek Strzeliński, 63, RJ-39
Borello, 33, QJ-45
Borensberg, 50, RA-31
Borga, 55, TA-29
Borge, 53, QE-30
Borgentreich, 46, PS-38
Borger, 16, PE-37
Borghetto di Vara, 32, PS-45
Borgholm, 51, RE-33
Borghorst, 46, PJ-37
Borgia, 39, RE-51
Borgofranco, 32, PJ-44
Borgomanero, 32, PN-44
Borgomasino, 32, PJ-44
Borgonovo, 32, PS-45
Borgonovo Val Tidone, 32, PS-45
Borgo Pace, 36, QJ-46
Borgo San Dalmazzo, 32, PJ-45
Borgo San Lorenzo, 33, QE-46
Borgo San Michele, 36, QN-48
Borgosesia, 32, PN-44
Borgo Tavernola, 37, RA-48
Borgo Valsugana, 33, QE-43
Borgstena, 49, QN-32
Borgund, Nor., 52, PE-27
Borgund, Nor., 52, PJ-28
Borino, 67, SS-48
Borisov, 58, T-35
Borisovo, 55, TS-29
Borispol', 58, U-35
Borja, 24, MN-48
Borjas Blancas, 24, NA-48
Borjas del Campo, 24, NA-48
Borka, 51, RJ-28
Borken, 46, PE-38
Borkhuss, 52, QA-27
Borki, 61, SJ-38
Børkop, 48, PS-34
Borków, 63, SA-39
Borkum, 46, PE-36
Borlänge, 50, RA-29
Borlaug, 52, PE-28
Borlaugbru, 52, PN-28
Bormes, 21, PE-46
Bormio, 32, QA-43
Borna, 47, QJ-38
Borne, 16, PE-37
Bornes, 26, LJ-48
Bornheim, 44, PE-39
Bornhöved, 46, QA-35
Börnicke, 47, QJ-37
Bornos, 31, LS-53
Bornova, 71, TJ-51
Borobia, 24, MN-48
Borodinskoje, 55, TS-38
Boronów, 63, RN-39
Borore, 35, PN-49
Boroughbridge, 15, MN-35
Borovan, 67, SN-46
Borovici, Blg., 67, SN-46
Boroviči, S.S.S.R., 57, T-30
Borovo, 65, RN-44
Borowina, 60, RA-38
Borrby, 49, QS-34
Borredá, 25, NE-47
Borriol, 24, MS-49
Borris, 14, LN-37
Borrisokane, 14, LE-37
Borrisoleigh, 14, LJ-37
Börrum, 51, RE-31
Börselv, 56, T-15
Borsfa, 43, RE-43
Borsh, 68, RS-49
Borsodnádasd, 43, SA-41
Bort-les-Orgues, 23, NJ-44
Börtnes, 53, PS-29
Boruchowo, 61, RS-37
Borzeciczki, 60, RJ-38
Borzna, 58, U-35
Bosa, 35, PN-49
Bosa Marina, 35, PN-49
Bosanska Brod, 65, RN-44
Bosanska Dubica, 64, RE-44
Bosanska Gradiška, 64, RJ-44
Bosanska Kostajnica, 64, RE-44
Bosanska Krupa, 64, RE-45
Bosanski Novi, 64, RE-44
Bosanski Petrovac, 64, RE-45
Bosanski Šamac, 65, RN-44
Bosansko Grahovo, 64, RE-45
Bosco, 36, QJ-46
Bösebo, 49, RA-31
Bosilegrad, 67, SJ-47
Bosjön, 50, QN-30
Boskovice, 63, RE-40
Bosnjace, 67, SE-47
Bošnjaci, 65, RN-44
Bosost, 24, NA-47
Bössbo, 50, QN-28
Boston, 11, MS-37
Botesdale, 11, NA-37
Botevgrad, 67, SN-47
Boticas, 26, LJ-48
Botkyrka, 51, RJ-30
Botley, 11, MN-39
Botoşani, 59, T-40
Botsmark, 56, S-25
Bottnaryd, 49, QN-32
Bottrop, 46, PE-38
Bouchain, 18, NN-39
Boudry, 42, PE-43
Bougado, 26, LE-48
Bouillon, 20, PA-40
Bouilly, 19, NN-41
Boulay, 20, PE-40
Boulogne, Fr., 18, NE-39
Boulogne, Fr., 22, NE-46
Bouloire, 19, NA-42
Bourbon-Lancy, 19, NN-43
Bourbon-l'Archambault, 19, NN-43
Bourbonne-les Bains, 20, PA-42
Bourbourg, 18, NJ-39
Bourbriac, 17, ME-41
Bourg, 22, MS-44
Bourg-Achard, 18, NA-40
Bourganeuf, 22, NE-44
Bourg-Argental, 23, NS-44
Bourg-de-Péage, 21, PA-44
Bourg-en-Bresse, 21, PA-43
Bourges, 19, NJ-42
Bourg-Lastic, 23, NJ-44
Bourg-Madame, 22, NE-47
Bourgneuf-en-Retz, 17, MJ-42
Bourgoin-Jallieu, 21, PA-44
Bourg Saint Pierre, 42, PJ-44
Bourg-St.-Maurice, 21, PE-44
Bourgtheroulde, 18, NA-40
Bourgueil, 19, NA-42
Bourmont, 20, PA-41
Bourne, 11, MS-37
Bournemouth, 10, MN-39
Bournezeau, 17, MN-43
Boussac, 19, NJ-43
Boussu, 16, NN-39
Bouvron, 17, MN-42
Bouxwiller, 20, PJ-41
Bouy, 20, NS-40
Bouzonville, 20, PE-40
Bova, 39, RA-51
Bovalino Marina, 39, RE-51
Bova Marina, 39, RA-52
Bovec, 64, QN-43
Bóveda, 26, LJ-47
Böverdal, 52, PN-28
Bovolenta, 33, QE-44
Bovolone, 33, QE-44
Bowmore, 13, LN-34
Boxholm, 49, RA-31
Boxtel, 16, PA-38
Boyle, 14, LE-36
Boylefossbru, 53, PN-31
Bozcaada, 72, TE-50
Boževac, 65, SE-45
Bozhigrad, 68, SA-49
Bozouls, 23, NJ-45
Bozzolo, 33, QA-44
Bra, 32, PJ-45
Braås, 49, QS-33
Brabrand, 48, QA-33
Braccagni, 36, QE-47
Bracciano, 36, QJ-47
Bracieux, 19, NE-42
Bracigovo, 67, SS-47
Bräcke, 57, R-25
Brackley, 11, MN-37
Brackwede, 46, PN-38
Brad, 59, S-40
Bradfield Combust, 11, NA-37
Bradford, 15, MN-36
Bradwell-on-Sea, 11, NA-38
Brae, 12, MN-29
Brædstrup, 48, PS-34
Braemar, 13, ME-32
Braemore, 12, MA-32
Braeswick, 12, MJ-30
Braga, 26, LE-48
Bragança, 26, LN-48
Bragin, 58, U-35
Braies, 33, QJ-43
Brăila, 59, T-40
Braine, 18, NN-40
Braine-l'Alleud, 16, NS-39
Braine-le-Comte, 16, NS-39
Braintree, 11, NA-38
Brake, 46, PN-36
Brakel, 46, PS-38
Bräkne-Hoby, 49, RA-33
Brålanda, 49, QJ-31
Bramming, 48, PN-34
Brampton, 15, MJ-35
Bramsche, 46, PJ-37
Branca, 36, QJ-46
Brancaleone Marina, 39, RE-52
Brand, 40, PS-42
Brandbu, 53, QA-29
Brande, 48, PS-34
Branden, 48, PS-33
Brandenburg, 47, QJ-37
Brand-Erbisdorf, 45, QN-39
Brandon, 11, NA-37
Brandstorp, 49, QS-31
Brandýs n. L.-Stará Boleslav, 62, QS-39
Braniewo, 61, RS-35
Branne, 22, MS-45
Brańsk, Pol., 61, SJ-37
Br'ansk, S.S.S.R., 58, U-35
Brantevik, 49, QS-34
Brantôme, 22, NA-44
Braskereidfoss, 53, QE-29
Braslav, 58, T-30
Braşov, 59, T-40
Brassac, 23, NJ-45
Brastad, Nor., 52, PE-27
Brastad, Sve., 50, QE-31
Břasy, 62, QN-40
Brataj, 68, RS-49
Bratislava, 63, RJ-41
Bratunac, 65, RS-45
Braunau a. Inn, 40, QN-41
Braunlage, 47, QA-38
Braunschweig, 47, QA-37
Bray (Bri Chualann), 14, LN-36
Bray-s.-Seine, 18, NN-41
Bray-s.-Somme, 18, NJ-40
Brazatortas, 29, MA-51
Brazey-en-Plaine, 20, PA-42
Brčko, 65, RN-45
Brdów, 60, RN-37
Brécey, 17, MN-41
Brechin, 13, MJ-33
Břeclav, 63, RE-41
Brecon, 10, ME-38
Bred, 51, RE-30
Breda, 16, NS-38
Bredaryd, 49, QN-32
Bredbyn, 57, R-25
Breddenberg, 46, PJ-37
Bredebro, 48, PN-34
Bredstedt, 48, PN-35
Bree, 16, PA-38
Bregenz, 40, PS-42
Bregovo, 67, SJ-45
Bréhal, 17, MN-41
Bréhat, 17, MJ-41
Breidvik, 53, PJ-30
Breil, 21, PJ-46
Breim, 52, PE-28
Breisach, 44, PJ-41
Breitenbach, 42, PJ-42
Breitenhees, 47, QA-37
Breitungen, 45, QA-39
Breivikeidet, 56, R-20
Brekke, 52, PA-28
Brekken, 52, QE-27
Brekkhus, 53, PE-29
Bremanger, 52, NS-28
Bremen, 46, PN-36
Bremerhaven, 46, PN-36
Bremervörde, 46, PS-36
Bremnes, 53, PJ-30
Bremsnes, 52, PJ-27
Brendola, 33, QE-44
Brenes, 29, LS-52
Brenica, 67, SS-46
Brenish, 12, LJ-31
Brennero, 33, QE-43
Breno, 32, QA-44
Brentwood, 11, NA-38
Breny, 18, NN-40
Brescello, 32, QA-45
Brescia, 32, QA-44
Breskens, 16, NN-38
Breslau → Wrocław, 63, RJ-38
Bresles, 18, NJ-40
Bressanone, 33, QE-43
Bressuire, 19, MS-43
Brest, Blg., 67, SS-46
Brest, Fr., 17, MA-41
Brest, S.S.S.R., 58, S-35
Brestanica, 64, RA-44
Brestovac, 67, SE-46
Brestovačka Banja, 67, SJ-45
Bretenoux, 22, NE-45
Breteuil, Fr., 18, NJ-40
Breteuil, Fr., 18, NA-41
Bretten, 44, PN-40
Breuil-Cervinia, 32, PJ-44
Breven, 50, RA-30
Brežice, 64, RA-44
Breznica, 67, SN-48
Březnice, 62, QN-40
Breznik, 67, SJ-47
Brezno, Česko., 63, RS-41
Březno, Česko., 62, QN-39
Brézolles, 18, NE-41
Březová n. Svitavou, 62, RE-40
Brezovica n. Torysou, 63, SA-40
Brezovo, 67, TA-47
Briançon, 21, PE-45
Briare, 19, NJ-42
Briatico, 39, RE-51
Bribirske-Mostine, 64, RA-46
Bri Chualann → Bray, 14, LN-36
Bricquebec, 17, MN-40
Bride, 15, MA-35
Brides, 21, PE-44
Bridgend, Eire, 14, LJ-34
Bridgend, U.K., 13, LN-34
Bridgend, U.K., 10, ME-38
Bridgetown, 14, LN-37
Bridgnorth, 10, MJ-37
Bridgwater, 10, ME-38
Bridlington, 15, MS-35
Bridport, 10, MJ-39
Briec, 17, ME-41
Brie-Cômte-Robert, 18, NJ-41
Brielle, 16, NS-38
Brienne-le-Château, 20, NS-41
Brienon-s.-Armançon, 19, NN-41
Brienz, 42, PN-43
Brienza, 39, RA-49
Brieskow-Finkenheerd, 47, QS-37
Briey, 20, PA-40
Brig, 42, PJ-43
Brightlingsea, 11, NE-38
Brighton, 11, MS-39
Brigi, 57, T-30
Brignogan, 17, MA-41
Brignoles, 21, PE-46
Brihuega, 27, MJ-49
Brijuni (Bridni), 64, QN-45
Brilon, 46, PN-38
Briñas, 27, MJ-47
Brindisi, 39, RN-49
Brinje, 64, RA-45
Brinkum, 46, PN-36
Brintbodarne, 50, QS-29
Brinyan, 12, ME-30
Brion, 19, NE-43
Briones, 27, MJ-47
Brioude, 23, NN-44
Brioux, 19, MS-43
Briouze, 18, MS-41
Brisighella, 33, QE-45
Brissac, 19, MS-42
Bristol, 10, MJ-38
Brive, 22, NE-44
Briviesca, 27, ME-47
Brixham, 10, ME-39
Brnik, 67, SE-48
Brno, 62, RE-40
Broadford, 13, LS-32
Broadstairs, 11, NE-38
Broby, 51, RN-30
Broby, 49, QS-33
Brod, 66, SE-48
Brodarevo, 66, RS-46
Broddbo, 51, RE-30
Broddebo, 49, RE-31
Brodick, 13, LS-34
Brodnica, 61, RS-36
Brody, Pol., 60, QS-38
Brody, Pol., 60, QS-36
Brody, S.S.S.R., 58, T-35
Broglie, 18, NA-40
Brohl, 44, PJ-39
Brok, 61, SE-37
Bromarv, 54, SN-30
Brombyard, 10, MJ-37
Brome, 47, QA-37
Bromölla, 49, QS-33
Bromsgrove, 10, MJ-37
Bronchales, 24, MN-49
Bronderón, 68, SE-49
Brønderslev, 48, PS-32
Brönnöysund, 56, Q-20
Bronte, 38, QS-52
Brookeborough, 14, LJ-35
Broons, 17, MJ-41
Brora, 12, ME-31
Brørup, 48, PS-34
Brossac, 22, MS-44
Broşteni, 59, S-45
Brotas, 28, LE-51
Brotó, 24, MS-47
Bröttem, 52, QA-26
Bröttum, 52, QA-28
Brou, 19, NE-41
Brough, 15, MJ-35
Broughton-in-Furness, 15, ME-35
Broughty Ferry, 13, MJ-33
Broumov, 62, RE-39
Brouwershaven, 16, NN-38
Brovary, 58, U-35
Brovst, 48, PS-32
Brownhills, 10, MN-37
Brozas, 28, LN-50
Brtnice, 62, RA-40
Bru, 52, PA-28
Bruay-en-Artois, 18, NJ-39
Bruchsal, 44, PN-40
Bruck, B.R.D., 45, QJ-40
Brück, D.D.R., 47, QJ-37
Bruck, Öst., 41, RE-41
Bruck, Öst, 40, QJ-42
Bruck a. d. Mur, 41, RA-42
Brückl, 41, QS-43
Brücklein, 45, QE-39
Brüel, 47, QE-36
Brugg, 42, PN-42
Brugge, 16, NN-38
Brühl, 44, PE-39
Brûlon, 19, MS-42
Brûly, 16, NS-40
Brumath, 20, PJ-41
Brummen, 16, PE-37
Brünen, 46, RE-38
Brunete, 27, MA-49
Brunflo, 56, Q-25
Brunico, 33, QE-43
Brunkeberg, 53, PN-30
Brunn am Walde, 41, RA-41
Brunnen, 42, PN-43
Brunsberg, 50, QJ-30
Brunsbüttelkoog, 46, PS-36
Brunssum, 16, PE-39
Bruntál, 63, RJ-40
Brus, 66, SE-46
Brusarci, 67, SN-46
Brusasco, 32, PN-44
Brusnik, 67, SJ-45
Brušperk, 63, RN-40
Brüssow, 47, QS-36
Brusy, 60, RJ-36
Bruton, 10, MJ-38
Bruvik, 53, PA-29
Bruxelles, 16, NS-39
Bruyères, 20, PE-41
Brwinów, 61, SA-37
Brydal, 52, QE-27
Brynmawr, 10, ME-38
Bryrup, 48, PS-33
Bryssel → Bruxelles, 16, NS-39
Brzeg, 63, RJ-39
Brzeg Dolna, 60, RE-38
Brześć Kujawski, 60, RN-37
Brzesko, 63, SA-40
Brzesko Nowo, 63, SA-39
Brzeszcze, 63, RS-40
Brzezie, 60, RE-36
Brzeziny, Pol., 60, RN-38
Brzeziny, Pol., 61, RS-38
Brzeźnica, 63, RS-40
Brzeźnica Nowa, 63, RS-38
Brzeżno, 61, SN-38
Brzeżno Leborskie, 60, RJ-35
Bua, 49, QJ-32
Bubbio, 32, PN-45
Bubry, 17, ME-42
Bučač, 59, T-40
Buchbach, 45, QJ-41
Buchboden, 40, PS-42
Buchen, B.R.D., 44, PS-40
Büchen, B.R.D., 47, QA-36
Büchenbeuren, 44, PJ-40
Buchholz, 46, PS-36
Buchloe, 45, QA-41
Buchs, 42, PS-42
Bučje, 67, SJ-46
Bückeburg, 46, PS-37
Buckhaven, 13, ME-33
Buckie, 12, MJ-32
Buckingham, 11, MS-37
Bučko Kamensko, 65, RJ-44
Buckow, 47, QS-37
Bučovice, 63, RJ-40
Bucureşti, 59, T-45
Buczek, 61, RS-38
Bud, 52, PE-27
Budafok, 43, RS-42
Budapest, 43, RS-42
Budduso, 35, PS-49
Bude, 10, MA-39
Budešte, 72, TA-47
Budimlić Japra, 64, RE-45
Büdingen, 44, PS-39
Budišov n. Budišovkou, 63, RJ-40
Budleigh Salterton, 10, ME-39
Budrio, 33, QE-45
Budva, 66, RN-47
Budyně n. Ohři, 62, QS-39
Budziszewice, 61, RS-38
Budziszów Wielkie, 62, RE-38
Budzyń, 60, RJ-37
Buendía, 27, MJ-49
Bueu, 26, LE-47
Buğaz, 72, TN-49
Buğdayli, 72, TJ-49
Bugeat, 22, NE-44
Buggerru, 35, PN-50
Bugöfjord, 56, T-20
Bugojno, 64, RJ-45
Bühl, 44, PN-41
Buhovo, 67, SN-47
Builth Wells, 10, ME-37
Buis-les-Baronnies, 21, PA-45
Buj, 43, SE-41
Bujalance, 29, MA-52
Bujanovac, 67, SE-47
Bujaraloz, 24, MS-48
Buje, 64, QN-44
Bujor, 59, T-40
Bujoru, 67, TA-46
Buk, 60, RE-37
Bukjovci, 67, SN-46
Bükkábrány, 43, SA-42
Bukmujža, 57, T-30
Bukowa Śląska, 63, RJ-38
Bukowice, 60, RJ-38
Bukvik, 65, RN-45
Bülach, 42, PN-42
Bulkowo, 61, SA-37
Bullas, 30, MN-51
Bulle, 42, PJ-43
Bully-les-Mines, 18, NJ-39
Bunclody-Carrickduff, 14, LN-37
Buncrana, 14, LJ-34
Bünde, 46, PN-37
Bundenthal, 44, PJ-40
Bundoran, 14, LE-35
Bunessan, 13, LN-33
Bungay, 11, NE-37
Bunić, 64, RA-45
Bunmahon, 14, LJ-37
Buño, 26, LE-46
Buñol, 30, MS-50
Buñola, 25, NJ-50
Buntingford, 11, MS-38
Buñuel, 24, MN-47
Bunzlau → Bolesławiec, 60, RA-38
Buonconvento, 36, QE-46
Burbach, 44, PN-39
Burbage, 11, MN-38
Bureå, 56, S-25
Büren, B.R.D., 46, PN-38
Büren, Schw., 42, PJ-42
Burford, 11, MN-38
Burg, 47, QS-38
Burg, 47, QE-38
Burg, 47, QE-37
Burg, 46, PS-36
Burgas, 72, TJ-47
Burgau, 45, QA-41
Burgdorf, B.R.D., 46, QA-37
Burgdorf, Schw., 42, PJ-42
Burgebrach, 45, QA-40
Bürgel, 45, QE-39
Burghausen, 45, QJ-41
Burghead, 12, ME-32
Burglengenfeld, 45, QJ-40
Burgohondo, 27, MA-49
Burgos, 27, ME-47
Burgsinn, 44, PS-39
Burgstädt, 45, QJ-39
Burg Stargard, 47, QN-36
Burgsteinfurt, 46, PJ-37
Burgsvik, 51, RN-32
Burgui, 24, MS-47
Burguillos del Cerro, 28, LN-51
Burjasot, 24, MS-50
Burkač, 67, SS-46
Burkhardtsdorf, 45, QJ-39
Burnham-on-Crouch, 11, NA-38
Burnham-on-Sea, 10, MJ-38
Burnley, 15, MJ-36
Burntisland, 13, ME-33
Buron, 27, LS-46
Buronzo, 32, PN-44
Burravoe, 12, MN-29
Burrel, 66, SA-48
Burriana, 24, MS-50
Bursa, 72, TS-49
Burscheid, 46, PJ-38
Burseryd, 49, QN-32
Burtonport, 14, LE-35
Burton Upon Trent, 11, MN-37
Burträsk, 56, S-25
Buruen, 52, QE-28
Burwick, 12, MJ-31
Bury, 15, MJ-36
Bury Saint Edmunds, 11, NA-37
Burzenin, 60, RN-38
Busachi, 35, PN-49
Busalla, 32, PN-45
Busca, 32, PJ-45
Busch, 47, QE-37
Busche, 33, QE-43
Busene, 48, QJ-35
Bushmills, 14, LN-34
Busko Zdrój, 63, SA-39
Busovača, 65, RJ-45
Busseto, 32, QA-45
Bussoleno, 32, PJ-44
Bussum, 16, PA-37
Buşteni, 59, T-40
Busto Arsizio, 32, PN-44
Büsum, 46, PN-35
Butan, 67, SN-46
Butera, 38, QS-52
Butgenbach, 16, PE-39
Butrint, 68, SA-50
Butryny, 61, SA-36
Buttelstedt, 47, QE-38
Buttevant, 14, LE-37
Büttös, 43, SE-41
Buttstädt, 47, QE-38
Butzbach, 44, PN-39
Bützow, 47, QE-36
Buxtehude, 46, PS-36
Buxton, 10, MN-36
Buxy, 20, NS-43
Buyaca (Arteijo), 26, LE-46
Büyükada, 72, TS-49
Büyük Çekmece, 72, TN-49
Büyük Kariştiran, 72, TJ-48
Büyükorhan, 72, TN-50
Buzançais, 19, NE-43
Buzancy, 20, NS-40
Buzău, 59, T-40
Buzet, 64, QN-44
Buziaş, 65, SE-44
Buzovgrad, 67, TA-47
By, Dan., 48, QE-33
By, Sve., 51, RE-29
Byczyna, 63, RN-38
Bydgoszcz, 60, RJ-36
Byggevallen, 50, QN-28
Bygland, 53, PJ-31
Byglandsfjord, 53, PN-31
Bygstad, 52, PA-28
Bykle, 53, PJ-30
Bylnice, 63, RN-40
Byneset, 52, QA-26
Byringe, 51, RE-30
Byrkjedal, 53, PE-31
Byrum, 48, QA-32
Byšice-Liblice, 62, QS-39
Byske, 56, S-25
Bysław, 60, RN-36
Bystřice, 62, QU-40
Bystřice n. Pernštejnem, 62, RE-40
Bystřice p. Hostýnem, 63, RJ-40
Bystrzyca Kłodzka, 63, RE-39
Bytča, 63, RN-40
Bytom (Beuthen), 63, RS-39
Bytom Odrzańskie, 60, RA-38
Bytów, 60, RJ-35
Byvalla, 50, RE-29
Byxelkrok, 51, RE-32

C

Cabañaquinta, 26, LS-46
Cabañas del Castillo, 29, LS-50
Cabanes, 24, MS-49
Čabar, 64, QS-44
Cabeceiras de Basto, 26, LJ-48
Cabeço de Vide, 28, LJ-50
Cabella Ligure, 32, PS-45
Cabeza del Buey, 29, LS-51
Cabezas Rubias, 28, LJ-52
Cabezón de la Sal, 27, MA-46
Cabourg, 18, MS-40
Cabra, 29, MA-52
Cabra del Santo Cristo, 31, MA-52
Cabras, 35, PN-50
Cabreiros, 26, LJ-46
Cabrillanes, 26, LN-46
Cabuérniga, 27, MA-46
Cacabelos, 26, LN-47
Čačak, 66, SA-46
Caccamo, 38, QN-52
Cacela, 28, LJ-52
Cáceres, 28, LN-50
Cachopo, 28, LJ-52
Cadalen, 23, NJ-46
Cadalso de los Vidrios, 29, MA-49
Cadaqués, 25, NN-47
Cadaval, 28, LA-50
Čadca, 63, RN-40
Cadelbosco di Sopra, 33, QA-45
Cadenet, 21, PA-46
Cadillac, 22, MS-45
Cádiz, 31, LN-53
Cadnam, 11, MN-39
Caen, 18, MS-40
Caenby Corner, 11, MS-36
Caernarvon, 10, MA-36
Caerphilly, 10, ME-38
Cagli, 36, QJ-46
Cagliari, 35, PS-50
Cagnano Varano, 37, RA-48
Cagnes-s.-Mer, 21, PJ-46
Cahir, 14, LJ-37
Cahirciveen, 14, KS-38
Cahors, 22, NE-45
Caia, 28, LJ-51
Caiazzo, 37, QS-48
Cairo Montenotte, 32, PN-45
Caistor, 11, MS-36
Caivano, 37, QS-49
Cajarc, 22, NE-45
Čajetina, 66, RS-46

86 Čajniče

Čajniče, 66, RS-46
Çakil, 72, TN-49
Čakovec, 64, RE-43
Čakovice, 62, QS-39
Cala, 28, LN-52
Calaceite, 24, NA-48
Calacuccia, 34, PS-47
Cala d'Oliva, 35, PN-48
Calaf, 25, NE-48
Calafat, 67, SJ-46
Cala Gonone, 35, PS-49
Calahorra, 27, MJ-47
Calais, 18, NE-39
Calambrone, 36, QA-46
Calamocha, 24, MN-49
Calamonte, 28, LN-51
Calañas, 28, LN-52
Calanda, 24, MS-49
Calangianus, 35, PS-49
Călărași, 59, T-45
Cala Ratjada, 25, NN-50
Calascibetta, 38, QS-52
Calasetta, 35, PN-50
Calasparra, 30, MN-51
Calatafimi, 38, QJ-52
Calatayud, 24, MN-48
Calau, 47, QN-38
Calbe, 47, QE-38
Calcinelli, 36, QJ-46
Calco, 32, PS-44
Caldaro, 33, QL-43
Caldarola, 36, QN-46
Caldas da Rainha, 28, LA-50
Caldas de Mombúy, 25, NJ-48
Caldas de Reyes, 26, LE-47
Caledon, 14, LN-35
Calella, 25, NJ-48
Calenzana, 34, PN-47
Calera de León, 28, LN-51
Calera y Chozas, 29, LS-50
Caleruega, 27, ME-48
Calestano, 32, QA-45
Calgary, 13, LN-33
Călinești, 67, TA-45
Calitri, 37, RA-49
Calizzano, 32, PN-45
Callac, 17, ME-41
Callan, 14, LJ-37
Callander, 13, MA-33
Callantsoog, 16, NS-37
Callington, 10, MA-39
Callosa de Ensarriá, 30, MS-51
Callosa de Segura, 30, MN-51
Calmbach, 44, PN-41
Calne, 10, MJ-38
Calovo, 63, RJ-42
Calpe, 30, NA-51
Caltabellotta, 38, QN-52
Caltagirone, 38, QS-52
Caltanissetta, 38, QS-52
Çaltilibük, 72, TN-50
Caltrano, 33, QE-44
Caluire, 21, NS-44
Caluso, 32, PJ-44
Calvello, 39, RA-49
Calvi, 34, PN-47
Calvia, 25, NJ-50
Calvörde, 47, QE-37
Calvos de Randin, 26, LJ-48
Calw, 44, PN-41
Calzada de Valdunciel, 26, LS-48
Camaiore, 32, QA-46
Camairago, 32, PS-44
Camarena, 29, MA-49
Camarès, 23, NJ-46
Camaret-s.-Mer, 17, MA-41
Camariñas, 26, LA-46
Camaross, 14, LN-37
Camarsac, 22, MS-45
Camarzana de Tera, 26, LN-48
Camas, 28, LN-52
Cambados, 26, LE-47
Cambil, 31, ME-52
Cambo, 22, MN-46
Camborne, 10, LS-39
Cambrai, 18, NN-39
Cambridge, 11, NA-37
Cambrils, 24, NA-48
Camburg, 47, QE-38
Camelford, 10, MA-39
Camerino, 36, QJ-46
Camerota, 39, RA-49
Camigliatello Silano, 39, RE-50
Caminha, 26, LE-48
Caminreal, 24, MN-49
Cammarata, 38, QN-52
Campagna, 37, RA-49
Campagnano di Roma, 36, QJ-47
Campanario, 29, LS-51
Campaspero, 27, MA-48
Campbelltown, 12, MA-32
Campbeltown, 13, LS-34
Campese, 36, QA-47
Campi Bisenzio, 33, QE-46
Campiglia Marittima, 36, QA-46
Campiglia Soana, 32, PJ-44
Campillo, 24, MN-49
Campillo de Altobuey, 24, MN-50
Campillo de Aranda, 27, ME-48
Campillo de Arenas, 29, ME-52
Campillo de Dueñas, 24, MN-49
Campillo de Llerena, 29, LS-51
Campillos, 31, MA-52
Campi Salentina, 39, RN-49
Campli, 37, QN-47
Campo, Esp., 24, NA-47
Campo, Port., 28, LJ-51
Campobasso, 37, QS-48
Campobello di Licata, 38, QN-52
Campobello di Mazara, 38, QJ-52
Campo de Caso, 27, LS-47
Campo de Criptana, 29, ME-50
Campodolcino, 32, PS-43
Campofrio, 28, LN-52
Campo Lameiro, 26, LE-47
Campolasta, 33, QE-43
Campo Maior, 28, LJ-50
Campomarino, It., 39, RJ-49
Campomarino, It., 37, RA-48
Campomoro, 35, PN-48
Camporredondo, 27, MA-47
Camporrobles, 24, MN-50
Campos, 25, NN-50
Camposampiero, 33, QJ-44
Campo Tures, 33, QE-43
Çan, 72, TJ-49
Cañada del Hoyo, 24, MN-50
Çanakkale, 72, TE-49
Canale, 32, PJ-45
Cañamero, 29, LS-50
Cañaveral, 28, LN-50
Cañaveras, 24, MJ-49
Canazei, 33, QE-43
Cancale, 17, MN-41
Cancello, 37, QS-48
Cancon, 22, NA-45
Çandarli, 71, TE-51
Candas, 26, LS-46
Candasnos, 24, NA-48
Candé, 17, MS-42
Candela, 37, RA-48
Candeleda, 29, LS-49
Candia Lomellina, 32, PN-44
Canelli, 32, PN-45
Cañete, 24, MN-49
Cañete de las Torres, 29, MA-52
Cañete la Real, 31, LS-53
Canet-Plage, 23, NN-47
Canfranc, 24, MS-47
Cangas, 26, LE-47
Cangas de Nárcea, 26, LN-46
Cangas de Onís, 27, LS-47
Canha, 28, LE-51
Canhestros, 28, LE-51
Canicattì, 38, QN-52
Canicattini Bagni, 38, RA-52
Canino, 36, QE-47
Cañizal, 27, LS-48
Canjáyar, 30, MJ-52
Cannero Riviera, 32, PN-43
Cannes, 21, PJ-46
Canneto, 36, QA-46
Canneto sull Oglio, 32, QA-44
Cannich, 12, MA-32
Cannobio, 32, PN-43
Cannock, 10, MJ-37
Canonbie, 13, MJ-34
Canosa di Puglia, 39, RE-48
Canow, 47, QJ-36
Cantalapiedra, 27, LS-48
Cantalejo, 27, MA-48
Cantalpino, 27, LS-48
Cantanhede, 28, LE-49
Çantavieja, 24, MS-49
Čantavir, 65, RS-44
Cant. Carralzu, 35, PN-49
Canterbury, 11, NE-38
Cantillana, 29, LS-52
Cantoria, 30, MJ-52
Cantu, 32, PS-44
Cany-Barville, 18, NA-40
Caorle, 33, QJ-44
Capaccio, 39, RA-49
Capalbio, 36, QE-47
Capanne, 36, QJ-46
Capannori, 33, QA-46
Capardi, 65, RN-45
Caparevo, 67, SN-48
Caparroso, 24, MN-47
Capbreton, 22, MN-46
Capdella, 24, NA-47
Capellades, 25, NE-48
Capelle sul Tavo, 37, QS-47
Capendu, 23, NJ-46
Capestrano, 37, QN-47
Cap-Ferret, 22, MN-45
Capinha, 28, LJ-49
Capistrello, 36, QN-48
Capitello, 39, RA-49
Capizzi, 38, QS-52
Capljina, 66, RJ-46
Capodacqua, 36, QN-47
Capo di Marina, 35, PS-50
Capodimonte, 36, QE-47
Capo d'Orlando, 38, QS-51
Capo Rizzuto, 39, RJ-51
Capoterra, 35, PN-50
Cappelle, 36, QN-47
Cappoquin, 14, LJ-37
Capracotta, 37, QS-48
Capraia, 36, PS-46
Capranica, 36, QJ-47
Caprarola, 36, QJ-41
Capri, 37, QS-49
Caprino Veronese, 33, QA-44
Captieux, 22, MS-45
Capua, 37, QS-48
Capvern, 22, NA-46
Caracal, 67, SS-45
Caralps, 25, NJ-47
Caraman, 22, NE-46
Caramanico Terme, 37, QS-47
Caransebeș, 59, S-40
Carantec, 17, ME-41
Caravaca, 30, MN-51
Caravaggio, 32, PS-44
Căravarica, 67, SJ-47
Carbajo, 28, LJ-52
Carballedo, 26, LJ-47
Carballino, 26, LE-47
Carballo, 26, LE-46
Carbonara di Bari, 39, RE-48
Carbon-Blanc, 22, MS-45
Carboneras, 30, MN-53
Carboneras de Guadazaón, 24, MN-50
Carbonero, 27, MA-48
Carbonia, 35, PN-50
Carbonin, 33, QJ-43
Carbonne, 22, NE-46
Carcaboso, 28, LN-49
Carcabuey, 29, MA-52
Carcagente, 30, MS-50
Carcans, 22, MN-44
Carcans-Plage, 22, MN-45
Carcare, 32, PN-45
Carcassonne, 23, NJ-46
Carcastillo, 24, MN-47
Carcelén, 30, MN-50
Cárchel, 29, ME-52
Cardano, 33, QE-43
Cardenete, 24, MN-50
Cardhelejo, 31, ME-52
Çardi, 72, TS-50
Cardiff, 10, ME-38
Cardigan, 10, MA-37
Cardona, 25, NE-48
Carei, 59, S-40
Carentan, 17, MN-40
Careri, 39, RE-51
Carev Dvor, 66, SA-48
Carezza al Lago, 33, QE-43
Cargèse, 34, PN-47
Carhaix-Plouguer, 17, ME-41
Caria, 28, LJ-49
Cariati, 39, RE-50
Carignan, 20, PA-40
Carignano, 32, PJ-45
Cariñena, 24, MN-48
Carini, 38, QN-51
Carinola, 37, QN-48
Cark, 15, MJ-35
Carlentini, 38, RA-52
Carlet, 30, MS-50
Carlingford, 14, LN-35
Carlisle, 15, MJ-35
Carloforte, 35, PN-50
Carlow, 14, LN-37
Carloway, 12, LN-31
Carluke, 13, ME-34
Carmarthen, 10, MA-38
Carmaux, 23, NJ-45
Cármenes, 26, LS-47
Carmona, 29, LS-52
Carmonita, 28, LN-50
Carna, 14, LA-36
Carnac, 17, ME-42
Carnaxide, 28, LA-51
Carndonagh, 14, LJ-34
Carnew, 14, LN-37
Carnforth, 15, MJ-35
Carnia, 33, QN-43
Carnlough, 15, LS-35
Carnota, 26, LA-47
Carnoustie, 13, MJ-33
Carnwath, 13, ME-34
Carolinensiel, 46, PJ-36
Carolles, 17, MN-41
Carona, 32, PS-43
Carovigno, 39, RJ-49
Carovilli, 37, QS-48
Carpenedolo, 33, QA-44
Carpentras, 21, PA-45
Carpi, 33, QA-45
Cărpiniș, 65, SA-44
Carpino, 37, RA-48
Carpinone, 37, QS-48
Carpio, 27, LS-48
Carquefou, 17, MN-42
Carragosa, 26, LN-48
Carrara, 32, QA-45
Carrascosa del Campo, 29, MJ-49
Carrazeda de Anciãis, 26, LJ-48
Carrazedo de Montenegro, 26, LJ-48
Carrbridge, 13, ME-32
Carreço, 26, LE-48
Carregado, 28, LE-50
Carregal do Sal, 28, LJ-49
Carreña, 27, MA-46
Carrickart, 14, LJ-34
Carrickfergus, 15, LS-35
Carrickmacross, 14, LN-36
Carrick on Shannon, 14, LE-36
Carrick on Suir, 14, LJ-37
Carrigaholt, 14, LA-37
Carrigallen, 14, LJ-36
Carrión de Calatrava, 29, ME-50
Carrión de los Condes, 27, MA-47
Carrizo de la Ribera, 26, LS-47
Carrizosas, 29, MJ-51
Carrouges, 18, MS-41
Carry-le-Rouet, 21, PA-46
Carsoli, 36, QN-47
Carsphairn, 13, MA-34
Cartagena, 30, MS-52
Cártama, 31, MA-53
Cartaxo, 28, LE-50
Cartaya, 28, LJ-52
Cartelle (Outomuro), 26, LE-47
Cârven, 67, SS-48
Carvin, 18, NJ-39
Casabermela, 31, MA-53
Casa Branca, 28, LJ-51
Casacalenda, 37, QS-48
Casalabate, 39, RN-49
Casalarreina, 27, ME-47
Casalbordino, 37, QS-47
Casal Borsetti, 33, QJ-45
Casalbuttano, 32, PS-44
Casal Cermelli, 32, PN-45
Casal di Principe, 37, QS-49
Casalecchio di Reno, 33, QE-45
Casale Monferrato, 32, PN-44
Casalmaggiore, 33, QA-44
Casalnuovo Monterotaro, 37, RA-48
Casalpusterlengo, 32, PS-44
Casamassima, 39, RE-49
Casarano, 39, RN-49
Casar de Cáceres, 28, LN-50
Casares, 31, LS-53
Casariche, 29, MA-52
Casarsa della Delizia, 33, QJ-44
Casas de Juan Nuñez, 30, MN-50
Casas de Lázaro, 30, MJ-51
Casas del Puerto, 30, MN-51
Casas de Miravete, 29, LS-50
Casas de Uceda, 27, ME-48
Casas Ibáñez, 30, MN-50
Casasimarro, 30, MJ-50
Casas Viejas, 31, LS-53
Casatejada, 29, LS-50
Casavieja, 29, MA-49
Casazza, 32, PS-44
Cascais, 28, LA-51
Cascia, 36, QN-47
Casciana Terme, 36, QA-46
Cascina, 33, QA-46
Cáseda, 24, MN-47
Casekow, 47, QS-36
Casella, 32, PS-45
Caselle in Pittari, 39, RA-49
Caselle Torino, 32, PJ-44
Casemurate, 33, QJ-45
Casenove, 36, QJ-47
Casere, 33, QJ-42
Caserta, 37, QS-48
Cashel, 14, LJ-37
Casillas, 28, LN-49
Casillas de Flores, 26, LN-49
Casina, 33, QA-45
Çasinos, 24, MS-50
Čáslav, 62, RA-40
Casoli, 37, QS-47
Casoria, 37, QS-49
Caspe, 24, MS-48
Cassá de la Selva, 25, MJ-48
Cassagnes-Bégonhès, 23, NJ-45
Cassano allo Ionio, 39, RE-50
Cassano d'Adda, 32, PS-44
Cassano delle Murge, 39, RE-49
Cassel, 18, NJ-39
Cassine, 32, PN-45
Cassino, 37, QN-48
Cassis, 21, PA-46
Cassolnovo, 32, PN-44
Castagneto Carducci, 36, QA-46
Castalla, 30, MS-51
Castañar de Ibor, 29, LS-50
Castanheira de Pêra, 28, LE-50
Casteggio, 32, PS-44
Castejón de Monegros, 24, MS-48
Castejón de Sos, 24, NA-47
Castejón de Valdejasa, 24, MS-48
Castel Bolognese, 33, QE-45
Castelbuono, 38, QS-52
Casteldelfino, 32, PJ-45
Castel del Monte, 36, QN-47
Castel di Sangro, 37, QS-48
Castel di Tora, 36, QN-47
Castelfiorentino, 36, QA-46
Castelfranco Emilia, 33, QE-45
Castelfranco Veneto, 33, QE-44
Castel Gandolfo, 36, QJ-48
Casteljaloux, 22, MS-45
Castell'Alfero, 32, PN-45
Castellammare del Golfo, 38, QJ-51
Castellammare di Stabia, 37, QS-49
Castellamonte, 32, PJ-44
Castellana Grotte, 39, RJ-49
Castellane, 21, PE-46
Castellaneta, 39, RJ-49
Castellar de la Frontera, 31, LS-53
Castellar de Santiago, 29, ME-51
Castel l'Arquato, 32, PS-45
Castellavazzo, 33, QJ-43
Castell d'Ario, 33, QA-44
Castelldefels, 25, NE-48
Castell de Ferro, 31, ME-53
Castelletto Monferrato, 32, PN-45
Castelli, 37, QN-47
Castellina in Chianti, 36, QE-46
Castello d'Annone, 32, PN-45
Castello de Ampurias, 25, NN-47
Castellón de la Plana, 24, NA-49
Castellon de Rugat, 30, MS-51
Castellote, 24, MS-49
Castellucchio, 33, QA-44
Castelluccio Inferior, 39, RE-49
Castelmagno, 32, PJ-45
Castelmassa, 33, QE-44
Castelmauro, 37, QS-48
Castel Mella, 32, PS-44
Castelmoron-s.-Lot, 22, NA-45
Castelnaudary, 22, NE-46
Castelnau-de-Médoc, 22, MS-44
Castelnau-Magnoac, 22, NA-46
Castelnau-Montratier, 22, NE-45
Castelnou, 24, MS-48
Castelnovo ne'Monti, 33, QA-45
Castelnuova di Porto, 36, QJ-47
Castelnuovo Berardenga, 36, QE-46
Castelnuovo della Daunia, 37, RA-48
Castelnuovo di Garfagnana, 33, QA-45
Castelnuovo di Val di Cecina, 36, QA-46
Castelnuovo Don Bosco, 32, PN-44
Castelnuovo Scrivia, 32, PN-44
Castelo Branco, 28, LJ-50
Castelo de Vide, 28, LJ-50
Castelraimondo, 36, QN-46
Castel San Giovanni, 32, PS-44
Castel San Pietro, 33, QE-45
Castelsardo, 35, PN-49
Castelsarrasin, 22, NE-45
Casteltermini, 38, QN-52
Castelvetrano, 38, QJ-52
Castel Volturno, 37, QN-48
Castets, 22, MN-46
Castiglioncello, 36, QA-46
Castiglione Cosenza, 39, RE-50
Castiglione dei Pepoli, 33, QE-45
Castiglione del Lago, 36, QJ-46
Castiglione della Pescaia, 36, QA-47
Castiglione Messer Marino, 37, QS-48
Castiglion Fiorentino, 36, QE-46
Castilblanco, 29, LS-50
Castilblanco de los Arroyos, 28, LN-52
Castilléjar, 29, ME-52
Castillejo de Martín Viejo, 26, LN-49
Castillo (Salvatierra de Miño), 26, LE-47
Castillo de Locubín, 29, ME-52
Castillon, 22, NE-47
Castillon-la-Bataille, 22, MS-45
Castillonnès, 22, NA-45
Castilruiz, 24, MJ-48
Castlebar, 14, LA-36
Castlebay, 13, LJ-33
Castlebellingham, 14, LN-36
Castleblaney, 14, LN-35
Castlebridge, 14, LN-37
Castlecomer-Donaguile, 14, LJ-37
Castle Cove, 14, KS-38
Castlederg, 14, LJ-35
Castledermot, 14, LN-37
Castle Douglas, 13, ME-35
Castlefinn, 14, LJ-35
Castleford, 15, MN-36
Castlegregory, 14, KS-37
Castleisland, 14, LA-37
Castlemaine, 14, LA-37
Castlemartyr, 14, LE-38
Castlepollard, 14, LJ-36
Castlerea, 14, LE-36
Castletown, U.K., 15, MA-35
Castletown, U.K., 12, ME-31
Castletownbere, 14, LA-38
Castletownshend, 14, LA-38
Castlewellan, 15, LS-35
Castres, 23, NJ-46
Castricum, 16, NS-37
Castrocalbón, 26, LS-47
Castro Caldelas, 26, LJ-47
Castrocontrigo, 26, LN-47
Castro Daire, 26, LJ-49
Castro dei Volsci, 36, QN-48
Castro del Rio, 29, MA-52
Castro de Rey, 26, LJ-46
Castrogonzalo, 26, LS-47
Castrojeriz, 27, MA-47
Castro Marim, 28, LJ-52
Castromocho, 27, MA-47
Castromonte, 27, LS-48
Castronuevo, 26, LS-48
Castronuño, 27, LS-48
Castropol, 26, LN-46
Castrop-Rauxel, 46, PJ-38
Castroreale, 38, RA-51
Castro Urdiales, 27, ME-46
Castroverde, Esp., 26, LJ-46
Castro Verde, Port., 28, LE-52
Castroverde de Campos, 27, LS-47
Castrovillari, 39, RE-50
Castuera, 29, LS-51
Çatalca, 72, TN-48
Catania, 38, RA-52
Catanzaro, 39, RE-51
Catanzaro Lido, 39, RE-51
Catarroya, 30, MS-50
Catenanuova, 38, QS-52
Catignano, 37, QN-47
Cattolica, 33, QJ-46
Cattolica Eraclea, 38, QN-52
Catus, 22, NE-45
Caudebec, 18, NA-40
Caudete, 30, MN-51
Caudry, 18, NN-39
Caulnes, 17, MJ-41
Caulonia, 39, RE-51
Caunes, 23, NJ-46
Caussade, 22, NE-45
Cauterets, 22, MS-47
Cava de'Tirreni, 37, QS-49
Cavaglia, 32, PN-44
Cavaillon, 21, PA-46
Cavalaire, 21, PE-46
Cavaleiros, 28, LE-51
Cavalese, 33, QE-43
Cavalière, 21, PE-46
Cavallino, 33, QJ-44
Cavan, 14, LJ-36
Cavarzere, 33, QJ-44
Cave, 33, QN-43
Cave del Predil, 33, ON-43
Cavignac, 22, MS-44
Cavo, 36, QA-47
Cavour, 32, PJ-45
Cavtat, 66, RN-47
Caxton Gibbet, 11, MS-37
Cayeux, 18, NE-39
Caylus, 22, NE-45
Cayrols, 23, NJ-45
Cazalla de la Sierra, 29, LS-52
Cazals, 22, NE-45
Cazaubon, 22, MS-46
Cazères, 22, NE-46
Cazéres-s.-l'Adour, 22, MS-46
Çazin, 64, RA-45
Čazma, 64, RE-44
Cazorla, 30, MJ-52
Cea, 27, LS-47
Ceahlău, 59, T-40
Ceannus (Kells), 14, LN-36
Cebolla, 29, MA-50
Cebreros, 27, MA-49
Ceccano, 36, QN-48
Çece, 43, RN-43
Čechtice, 62, RA-40
Ceclavin, 28, LN-50
Cedegolo, 32, QA-43
Cedeira, 26, LE-46
Cedillo, 28, LJ-50
Cedynia, 60, QS-37
Cefalu, 38, QS-51
Cegama, 27, MJ-47
Cegléd, 43, RS-42
Ceglie Messapico, 39, RJ-49
Cehegin, 30, MN-51
Celades, 24, MN-49
Celákovice, 62, QS-39
Celano, 36, QN-47
Çelanova, 26, LE-47
Čelić, 65, RN-45
Celje, 64, RA-43
Cellat Ist, 71, TJ-51
Celldömölk, 43, RJ-42
Celle, 46, QA-37
Celles, 16, NN-39
Celles-s.-Belle, 19, MS-43
Celorico da Beira, 26, LJ-49
Cenei, 65, SA-44
Çenicero, 27, MJ-47
Čenta, 65, SA-44
Cento, 33, QE-45
Centuripe, 38, QS-52
Cepagatti, 37, QS-47
Cepeda la Mora, 27, LS-49
Cepelare, 67, SS-48
Čepin, 65, RN-44
Čepovan, 64, QN-43
Ceprano, 36, QN-48
Ceranów, 61, SJ-37
Cerans, 19, NA-42
Cercal, Port., 28, LE-50
Cercal, Port., 28, LE-52
Čerčany, 62, QS-40
Cerchiara di Calabria, 39, RE-50
Cerdedo, 26, LE-47
Cerdeira, 26, LN-49
Cerdon, 19, NJ-42
Çerea, 33, QE-44
Čerepovo, 72, TE-48
Ceresole Reale, 32, PJ-44
Céret, 23, NJ-47
Cerezo de Abajo, 27, MA-48
Çerignola, 39, RE-48
Čerikov, 58, U-35
Cérilly, 19, NJ-43
Çerizay, 19, MS-43
Čerkassy, 58, U-40
Çerkesköy, 72, TJ-48
Čerknica, 64, QS-44
Cerkno, 64, QS-43
Çerkwica, 60, RA-36
Čern', 58, V-35
Çerna, 65, RN-44
Čern'akovsk (Insterburg), 58, S-35
Cernavodă, 59, T-45
Cernay, 20, PJ-42
Cerne Abbas, 10, MJ-39
Černičevo, 72, TA-48
Černigov, 58, U-35
Černomorec, 72, TJ-47
Černošin, 62, QJ-40
Černovcy, 59, T-40
Cernovice, 62, QS-40
Cerralbo, 26, LN-49
Cerreto Sannita, 37, QS-48
Cërrik, 66, RS-48
Certaldo, 36, QE-46
Cervatos de la Cueza, 27, MA-47
Červená-Voda, 63, RE-39
Červen Brjag, 67, SS-46
Cervera, 25, NE-48
Cervera de la Cañada, 24, MN-48
Cervera del Maestre, 24, NA-49
Cervera del Río Alhama, 27, MJ-47
Cervera de Pisuerga, 27, MA-47
Cerveteri, 36, QJ-47
Cervia, 33, QJ-45
Cervignano del Friuli, 33, QN-44
Cervinara, 37, QS-48
Cervione, 34, PS-47
Cerv. Kostelec, 62, RE-39
Cervo, 27, LJ-46
Cesarò, 38, QS-52
Cesena, 33, QJ-45
Cesenatico, 33, QJ-45

Cēsis, 57, T-30
Česká Bělá, 62, RA-40
Česká Kamenice, 62, QS-39
Česká Lípa, 62, QS-39
Česká Skalice, 62, RE-39
Česká Třebová, 62, RE-40
České Budějovice, 62, QS-41
Český Brod, 62, QS-39
Český Krumlov, 62, QS-41
Český Těšín, 63, RN-40
Çeşme, 71, TE-51
Cetate, 67, SN-45
Cetin-Grad, 64, RA-44
Cetinje, 66, RN-47
Četirci, 67, SJ-47
Ceuilly, 18, NN-40
Ceuta, 31, LS-54
Ceva, 32, PJ-45
Cevico de la Torre, 27, MA-48
Cevico Navero, 27, MA-48
Cevio, 42, PN-43
Ceyzériat, 21, PA-43
Chaam, 16, NS-38
Chabanais, 22, NA-44
Chabemeste, 57, S-30
Chabeuil, 21, PA-45
Chablis, 19, NN-42
Chabris, 19, NE-42
Chagny, 20, NS-43
Chaillé, 19, MN-43
Chalabre, 23, NJ-47
Chalais, 22, NA-44
Chalamont, 21, PA-44
Chale, 11, MN-39
Chalindrey, 20, PA-42
Challans, 17, MN-43
Challes-les-Eaux, 21, PA-44
Chalonnes, 19, MS-42
Chalon-s.-Saône, 20, NS-43
Châlons-s.-Marne, 20, NS-41
Chālus, 22, NA-44
Cham, B.R.D., 45, QJ-40
Cham, Schw., 42, PN-42
Chamberet, 22, NE-44
Chambéry, 21, PA-44
Chambon-s.-Voueize, 19, NJ-43
Chambord, 19, NE-42
Chamboulive, 22, NE-44
Chamonix, 21, PE-44
Champagne-Mouton, 22, NA-44
Champagney, 20, PE-42
Champagnole, 20, PA-43
Champaubert, 18, NN-41
Champdeniers, 19, MS-43
Champeix, 23, NN-44
Champéry, 42, PE-43
Champigné, 19, MS-42
Champlitte-et-le-Prélot, 20, PA-42
Champorcher, 32, PJ-44
Chamusca, 28, LE-50
Chana, 26, LN-47
Chantada, 26, LJ-47
Chantelle, 19, NN-43
Chantilly, 18, NJ-40
Chantonnay, 17, MN-43
Chaource, 19, NS-41
Chapel en le Frith, 10, MN-36
Chapinería, 29, MA-49
Charches, 31, MJ-52
Chard, 10, MJ-39
Charenton-du-Cher, 19, NJ-43
Char'kov, 58, V-35
Charleroi, 16, NS-39
Charlestown-Bellahy, 14, LE-36
Charleville-Mézières, 20, NS-40
Charlieu, 21, NS-43
Charlottenberg, 50, QJ-30
Charly, 18, NN-41
Charmes, 20, PE-41
Charny, 19, NN-42
Charolles, 21, NS-43
Charost, 19, NJ-43
Charroux, 19, NA-43
Charszewo, 61, RS-37
Chartres, 18, NE-41
Chasseneuil, 22, NA-44
Château-Arnoux, 21, PE-45
Châteaubourg, 17, MN-41
Châteaubriant, 17, MN-42
Château-Chinon, 19, NN-42
Château-d'Oex, 42, PJ-43
Château-du-Loir, 19, NA-42
Châteaudun, 19, NE-41
Châteaugiron, 17, MN-41
Château-Gontier, 19, MS-42
Château-Landon, 19, NJ-41
Château-la-Vallière, 19, NA-42
Châteaulin, 17, MA-41
Châteaumeillant, 19, NJ-43
Châteauneuf, 17, MN-41

Châteauneuf-de-Randon, 23, NN-45
Châteauneuf-du-Faou, 17, ME-41
Châteauneuf-en-Thymerais, 18, NE-41
Châteauneuf-la-Forêt, 22, NE-44
Châteauneuf-s.-Charente, 22, MS-44
Châteauneuf-s.-Cher, 19, NJ-43
Châteauneuf-s.-Loire, 19, NJ-42
Châteauneuf-s.-Sarthe, 19, MS-42
Châteauponsac, 19, NE-43
Château-Porcien, 20, NS-40
Châteaurenard, Fr., 19, NJ-42
Châteaurenard, Fr., 21, NS-46
Château-Renault, 19, NA-42
Châteauroux, 19, NE-43
Château-Salins, 20, PE-41
Château-Thierry, 18, NN-40
Châteauvillain, 20, NS-41
Châtelaillon, 17, MN-43
Châtelaudren, 17, MJ-41
Châtelet, 16, NS-39
Châtel-Guyon, 23, NJ-44
Châtellerault, 19, NA-43
Châtel-Saint-Denis, 42, PE-43
Châtel-s.-Moselle, 20, PE-41
Châtelus-Malvaleix, 19, NJ-43
Châtenois, 20, PA-41
Chatham, 11, NA-38
Châtillon-Coligny, 19, NJ-42
Châtillon-en-Bazois, 19, NN-42
Châtillon-en-Diois, 21, PA-45
Châtillon-s.-Chalaronne, 21, NS-43
Châtillon-s.-Indre, 19, NE-43
Châtillon-s.-Seine, 20, NS-42
Châtillon-s.-Sèvre, 19, MS-43
Chatteris, 11, NA-37
Chaudes-Aigues, 23, NJ-45
Chauffailles, 21, NS-43
Chaumont, 20, PA-41
Chaumont-sur-Loire, 19, NE-42
Chauny, 18, NN-40
Chaussin, 20, PA-43
Chauvigny, 19, NA-43
Chazelles-s.-Lyon, 23, NS-44
Cheadle, 10, MN-37
Cheb, 62, QJ-39
Checiny, 63, SA-39
Chéddar, 10, MJ-38
Chef-Boutonne, 19, MS-43
Cheles, 28, LJ-51
Chelles, 18, NJ-41
Chełm, 61, SN-38
Chełmno, 60, RN-36
Chelmsford, 11, NA-38
Chełmsko Śląskie, 62, RA-39
Chełmża, 60, RN-36
Cheltenham, 10, MJ-38
Chelva, 24, MS-50
Chemazé, 19, MS-42
Chemillé, 19, MS-42
Chemnitz, 45, QJ-39
Chênée, 16, PA-39
Chénérailles, 19, NJ-43
Chenonceaux, 19, NE-42
Chepstow, 10, MJ-38
Cherbourg, 17, MN-40
Chéroy, 19, NN-41
Cherson, 59, U-40
Cherta, 24, NA-49
Chertsey, 11, MS-38
Cheshunt, 11, MS-38
Chesil, 10, MJ-39
Chesinţ, 65, SE-43
Cheste, 24, MS-50
Chester, 15, MJ-36
Chesterfield, 11, MN-36
Chester-le-Street, 15, MN-35
Chevagnes, 19, NN-43
Chevanceaux, 22, MS-44
Chevillon, 20, PA-41
Chevreuse, 18, NJ-41
Chiappera, 32, PJ-45
Chiaravalle Centrale, 39, RE-51
Chiareggio, 32, PS-43
Chiari, 32, PS-44
Chiasso, It., 32, PN-44
Chiasso, Schw., 42, PS-44
Chiávari, 32, PS-45

Chiavenna, 32, PS-43
Chichester, 11, MS-39
Chiclana de la Frontera, 31, LN-53
Chieri, 32, PJ-44
Chiesa in Valmalenco, 32, PS-43
Chieti, 37, QS-47
Chieuti, 37, RA-48
Chiitola, 55, TS-28
Chilivani, 35, PN-49
Chimay, 16, NS-39
Chimeneas, 31, ME-52
Chinchilla de Monte Aragón, 30, MN-51
Chinchón, 27, ME-49
Chinon, 19, NA-42
Chioggia, 33, QJ-44
Chipiona, 31, LN-53
Chippenham, 10, MJ-38
Chipping Norton, 11, MN-38
Chipping Ongar, 11, NA-38
Chipping Sodbury, 10, MJ-38
Chirivel, 30, MJ-52
Chişineu-Criş, 59, S-40
Chiusa di Pésio, 32, PJ-45
Chiusaforte, 33, QN-43
Chiusa Sclafani, 38, QN-52
Chiva, 24, MS-50
Chivasso, 32, PJ-44
Chlewiska, 61, SA-38
Chlewo, 60, RN-38
Chludowo, 60, RE-37
Chlum, 62, QS-41
Chlumčany, 62, QN-40
Chlumec n. Cidlinou, 62, RA-39
Chmel'nickij, 58, T-40
Chmielnik, 63, SA-39
Choceň, 62, RE-39
Chocianów, 60, RA-38
Chociwel, 60, RA-36
Chodaków, 61, SA-37
Chodecz, 61, RS-37
Chodel, 61, SJ-38
Chodów, 61, SJ-37
Chodzież, 60, RE-36
Chojna, 60, QS-37
Chojnice, 60, RJ-36
Chojniki, 58, T-35
Chojnów, 60, RA-38
Cholet, 19, MS-42
Chomérac, 23, NS-45
Chomutov, 62, QN-39
Chorges, 21, PE-45
Chorley, 15, MJ-36
Chorol, 58, U-40
Chorzele, 61, SA-36
Chorzew, 60, RN-38
Chorzów, 63, RN-39
Choszczno, 60, RA-36
Chotěboř, 62, RA-40
Chotimsk, 58, U-35
Chouto, 28, LE-50
Chrast, 62, RA-40
Chrastava, 62, QS-39
Chrastice, 62, QS-40
Christchurch, 11, MN-39
Christiansfeld, 48, PS-34
Chropyně, 63, RJ-40
Chrudim, 62, RA-40
Chrzanów, 63, RS-39
Chudleigh, 10, ME-39
Chulilla, 24, MS-50
Chur, 42, PS-43
Church Stretton, 10, MJ-37
Chust, 59, S-40
Chwaszczyno, 60, RN-35
Chylin, 60, RN-37
Chynorany, 63, RN-41
Chýnov, 62, QS-40
Chynów, 61, SE-38
Ciacova, 65, SE-44
Cianciana, 38, QN-52
Ciazen, 60, RJ-37
Cíborro, 28, LE-51
Ciche, 61, RS-36
Cichy, 61, SJ-35
Cide, 59, UN-48
Cidones, 27, MJ-48
Ciechanów, 61, SA-37
Ciechanowiec, 61, SJ-37
Ciechocinek, 60, RN-37
Ciempozuelos, 27, ME-49
Ciepielów, 61, SE-38
Cieplicesląskiezdrój, 62, RA-39
Cierny Balog, 63, RS-41
Cieszyn, 63, RN-40
Cieza, 30, MN-51
Ciężkowice, Pol., 63, SA-40
Ciężkowice, Pol., 63, RS-39
Ćiflikköy, 72, TE-48
Cifuentes, 27, MJ-49
Ciglano, 32, PJ-44
Cianciano Terme, 36, QE-46
Cill Chainnigh
→ Kilkenny, 14, LJ-37
Cilleros, 28, LN-49
Cilleruelo de Bezana, 27, ME-47
Cillorigo-Castro, 27, MA-46
Cima Gogna, 33, QJ-43
Ciminna, 38, QN-52
Ćimišlija, 59, T-40

Cimochy, 61, SJ-36
Cîmpina, 59, T-40
Cîmpulung, 59, T-40
Cîmpulung Moldovenesc, 59, T-40
Cinarcik, 72, TS-49
Cinctorres, 24, MS-49
Ciney, 16, PA-39
Cinfães, 26, LE-48
Cingoli, 36, QN-46
Cinigiano, 36, QE-47
Cinquefrondi, 39, RE-51
Cintegabelle, 22, NE-46
Cintruénigo, 24, MN-47
Čiperez, 26, LN-49
Ciprovci, 67, SJ-46
Cirencester, 10, MN-38
Cirey, 20, PE-41
Ciria, 24, MN-48
Cirò, 39, RJ-50
Cisneros, 27, MA-47
Cisterna di Latina, 36, QJ-48
Cisternino, 39, RJ-49
Cistierna, 21, LS-47
Čitluk, Jugo., 67, SJ-46
Čitluk, Jugo., 66, RJ-46
Cittadella, 33, QE-44
Città della Pieve, 36, QJ-47
Città del Vaticano, 36, QJ-48
Città di Castello, 36, QJ-46
Cittaducale, 36, QJ-47
Cittanova, 39, RE-51
Ciudadela, 25, NN-50
Ciudad Real, 29, MA-50
Ciudad Rodrigo, 26, LN-49
Ciumeghiu, 65, SE-43
Cividale del Friuli, 33, QN-43
Civita Castellana, 36, QJ-47
Civitanova Marche, 37, QN-46
Civitavecchia, 36, QE-47
Civitella Casanova, 37, QN-47
Civitella del Tronto, 37, QN-47
Civray, 19, NA-43
Clachan, 13, LS-34
Clacton on Sea, 11, NJ-41
Cladich, 13, LS-33
Claggan, 13, LS-33
Clairvaux, 20, PA-43
Clamecy, 19, NN-42
Clane, 14, LN-36
Claonaig, 13, LS-34
Clara, 14, LJ-36
Claremorris, 14, LE-36
Clausthal-Zellerfeld, 46, QA-38
Claviere, 32, PE-45
Claye-Souilly, 18, NJ-41
Cleethorpes, 15, MS-36
Cléguérec, 17, ME-41
Cleobury Mortimer, 10, MJ-37
Clères, 18, NE-40
Clermont, 18, NJ-40
Clermont-en-Argonne, 20, PA-40
Clermont-Ferrand, 23, NJ-44
Clermont-l'Hérault, 23, NN-46
Clerval, 20, PE-42
Clervaux, 20, PE-39
Cléry, 19, NE-42
Cles, 33, QA-43
Clevedon, 10, MJ-38
Clifden, 14, KS-36
Clion, 19, NE-43
Clisson, 17, MN-42
Clitheroe, 15, MJ-36
Cloghan, 14, LJ-36
Clogheen, 14, LJ-37
Clogherhead, 14, LN-36
Clonakilty, 14, LE-38
Clones, 14, LJ-35
Clonmany, 14, LJ-34
Clonmel (Cluain Meala), 14, LJ-37
Clonroche, 14, LN-37
Cloppenburg, 46, PN-37
Clough, 15, LS-35
Cloughjordan, 14, LE-37
Clova, 13, ME-33
Cloyes, 19, NE-42
Cluain Meala
→ Clonmel, 14, LJ-37
Cluj, 59, S-40
Cluj-Napoca, 65, SA-44
Cluny, 21, NS-43
Cluses, 21, PE-43
Clusone, 32, PS-44
Clydebank, 13, MA-34
Clyst Saint Mary, 10, ME-39
Coachford, 14, LE-38
Coalville, 11, MN-37
Coatbridge, 13, MA-34
Coazze, 32, PJ-44
Cobadin, 59, T-45
Cobertelada, 27, MJ-48
Cobh, 14, LE-38
Coburg, 45, QA-39

Coca, 27, MA-48
Cocentaina, 30, MS-51
Cochem, 44, PJ-39
Cockburnspath, 13, MJ-34
Cockermouth, 15, ME-35
Codigoro, 33, QJ-45
Codogno, 32, PS-44
Codos, 24, MN-48
Codroipo, 33, QJ-43
Coesfeld, 46, PJ-38
Coevorden, 16, PE-37
Cofrentes, 30, MN-50
Cogeces del Monte, 27, MA-47
Coggeshall, 11, NA-38
Cognac, 22, MS-44
Cogne, 32, PJ-44
Cogoleto, 32, PN-45
Cogoli, 35, PS-49
Cogollos Vega, 31, ME-52
Cogolludo, 27, ME-49
Coimbra, 28, LE-49
Coin, 31, MA-53
Čoka, 65, SA-44
Col, 64, QN-44
Colbitz, 47, QE-37
Colchester, 11, NA-38
Cold Ashton, 10, MJ-38
Colditz, 47, QJ-38
Coleshill, 11, MN-37
Colico, 32, PS-43
Coligny, 21, PA-43
Colindres, 27, ME-46
Collado-Villalba, 27, ME-49
Collagna, 32, QA-45
Collalbo, 33, QE-43
Collecchio, It., 36, QE-47
Collecchio, It., 32, QA-45
Colledimezzo, 37, QS-48
Colle di Val d'Elsa, 36, QE-46
Colleferro, 36, QJ-48
Collepepe, 36, QJ-47
Collesalvetti, 36, QA-46
Colle Sannita, 37, QS-48
Collesano, 38, QN-52
Collin, 13, ME-34
Collio, 32, QA-44
Colli, 14, LN-36
Collonges, 21, PA-43
Collooney, 14, LE-35
Colmar, 20, PJ-41
Colmars, 21, PE-45
Colmenar, 31, MA-53
Colmenar de la Sierra, 27, ME-48
Colmenar de Oreja, 27, ME-49
Colmenar Viejo, 27, ME-49
Colmnitz, 45, QN-39
Colne, 15, MJ-36
Cologna Veneta, 33, QE-44
Cologne, 22, NA-46
Cologno al Serio, 32, PS-44
Colombey-les-Belles, 20, PA-41
Colombera, 31, ME-52
Colonia de San Jordi, 25, NJ-50
Colorno, 32, QA-45
Colunga, 27, LS-46
Colungo, 24, MN-48
Colwyn Bay, 10, ME-36
Comacchio, 33, QJ-45
Čomakovci, 67, SS-46
Comănești, 59, T-40
Combarros, 26, LN-47
Combe-fontaine, 20, PA-42
Comber, 15, LS-35
Combourg, 17, MN-41
Combronde, 19, NN-44
Comeglians, 33, QJ-43
Comillas, 27, MA-46
Comiso, 38, QS-53
Comloşu Mare, 65, SA-44
Commentry, 19, NJ-43
Commequiers, 17, MN-43
Commercy, 20, PA-41
Como, 32, PS-44
Cómpeta, 31, ME-53
Compiègne, 18, NJ-40
Comporta, 28, LE-50
Comunanza, 36, QN-47
Cona, 33, QE-45
Conca, 33, QE-44
Concarneau, 17, ME-42
Conches, 18, NA-41
Conco, 33, QE-44
Concordia sulla Secchia, 33, QE-45
Condat-en-Féniers, 23, NJ-44
Condé-en-Brie, 18, NN-40
Condeixa, 28, LE-49
Condé-s.-l'Escaut, 18, NN-39
Condé-s.-Noireau, 18, MS-41
Condom, 22, NA-46
Condrieu, 21, NS-44
Conegliano, 33, QJ-44
Confolens, 19, NA-44
Cong, 14, LA-36
Congleton, 15, MJ-36
Conil de la Frontera, 31, LN-53

Coniston, 15, ME-35
Conlie, 19, NA-41
Conliège, 20, PA-43
Connerré, 19, NA-41
Conques, Fr., 23, NJ-45
Conques, Fr., 23, NJ-46
Conquista, 29, MA-51
Conselice, 33, QE-45
Conselve, 33, QE-44
Consett, 15, MN-35
Constância, 28, LE-50
Constanta, 59, T-45
Constantina, 29, LS-52
Consuegra, 29, ME-50
Consuma, 33, QE-46
Contarina, 33, QJ-44
Contigliano, 36, QJ-47
Contres, 19, NE-42
Contrexéville, 20, PA-41
Controne, 39, RA-49
Contursi, 39, RA-49
Conty, 18, NJ-40
Conversano, 39, RJ-49
Conway, 10, ME-36
Cookstown, 14, LN-35
Cootehill, 14, LJ-35
Copertino, 39, RN-49
Copóns, 25, NE-48
Copparo, 33, QE-45
Coppenbrügge, 46, PS-37
Copplestone, 10, ME-39
Corabia, 67, SS-46
Coraci, 39, RE-50
Corato, 39, RE-48
Corbalán, 24, MN-49
Corbeil, 18, NJ-41
Corbie, 18, NJ-40
Corbigny, 19, NN-42
Corbridge, 13, MJ-35
Corby, 11, MS-37
Corcaigh
→ Cork, 14, LE-38
Corconte, 27, ME-46
Corcubión, 26, LA-47
Cordes, 22, NE-45
Córdoba, 29, MA-52
Cordobilla de Lácara, 28, LN-50
Corduente, 24, MJ-49
Corgo, 26, LJ-47
Cori, 36, QJ-48
Coria, 29, LN-52
Coria del Río, 28, LN-52
Corigliano Calabro, 39, RE-50
Corinaldo, 36, QN-46
Coripe, 31, LS-53
Coristanco, 26, LE-46
Cork (Corcaigh), 14, LE-38
Corlay, 17, ME-41
Corleone, 38, QN-52
Corleto Monforte, 39, RA-49
Corleto Perticara, 39, RE-49
Corlu, 72, TJ-48
Cormeilles, 18, NA-40
Cormons, 33, QN-44
Cornago, 27, MJ-47
Cornellana, 26, LN-46
Corniglio, 32, QA-45
Cornïolo, 33, QE-46
Cornomorskoje, 59, U-40
Cornudilla, 27, ME-47
Corofin, 14, LA-37
Čorovodë, 68, SA-49
Corps, 21, PA-45
Corral de Almaguer, 29, ME-50
Corrales, 26, LS-48
Correggio, 33, QA-45
Corrèze, 22, NE-44
Corridonia, 36, QN-46
Corrubedo, 26, LA-47
Corte, 34, PS-47
Corte Brugnatella, 32, PS-45
Corteconcepción, 28, LN-52
Corte de Peleas, 28, LN-51
Cortegada, 27, LE-47
Cortegana, 28, LN-52
Cortemaggiore, 32, PS-44
Cortemilia, 32, PN-45
Cortes de Arenoso, 24, MS-49
Cortes de Baza, 29, MJ-52
Cortes de la Frontera, 31, LS-53
Cortes de Pallás, 30, MS-50
Cortina d'Ampezzo, 33, QE-43
Cortis-Plage, 22, MN-45
Cortkov, 59, T-40
Cortona, 36, QJ-46
Coruche, 28, LE-50
Corvara in Badia, 33, QE-43
Corwen, 10, ME-37
Cosel
→ Koźle, 63, RN-39
Cosenza, 39, RE-50
Cosne, 19, NJ-43
Cosne-d'Allier, 19, NJ-43
Cospeito, 26, LJ-46
Cossato, 32, PN-44
Cossé-le-Vivien, 19, MS-43

Cossonay, 42, PE-43
Costa de Caparica, 28, LA-50
Costelloe, 14, LA-36
Costeşti, 59, S-45
Costigliole Saluzzo, 32, PJ-45
Coswig, D.D.R., 47, QN-38
Coswig, D.D.R., 47, QJ-38
Cottbus, 47, QS-38
Couches, 20, NS-43
Couço, 28, LE-50
Coucy-le-Château Auffrique, 17, MN-42
Couëron, 17, MN-42
Couhé-Vérac, 19, NA-43
Couillet, 16, NS-39
Couiza, 23, NJ-47
Coulanges-la-Vineuse, 19, NN-42
Coulanges-s.-Yonne, 19, NN-42
Coulommiers, 18, NN-41
Coulonges, 19, MS-43
Coupar Angus, 13, ME-33
Courcelles, 16, NS-39
Courcelles-Chaussy, 20, PE-40
Courchevel, 21, PE-44
Cour-Cheverny, 19, NE-42
Courçon, 19, MS-43
Courmayeur, 32, PJ-44
Courpière, 23, NN-44
Cours, 21, NS-43
Coursan, 23, NN-46
Courseulles, 18, MS-40
Courson, 19, NN-42
Courtacon, 18, NN-41
Courtenay, 19, NN-41
Courthézon, 21, NS-45
Courtmacsherry, 14, LE-38
Courtown, 14, LN-37
Courville-s.-Eure, 18, NE-41
Coutances, 17, MN-40
Coutras, 22, MS-44
Couvin, 16, NS-39
Covadonga, 27, MA-46
Covarrubias, 27, ME-47
Cove, 12, LS-32
Coventry, 11, MN-37
Covilhã, 28, LJ-49
Cowbridge, 10, ME-38
Cowdenbeath, 13, ME-33
Cowes, 11, MN-39
Cózar, 29, ME-51
Cozes, 22, MS-44
Craigellachie, 12, ME-32
Craighouse, 13, LS-34
Crail, 13, MJ-33
Crailsheim, 44, QA-40
Craiova, 59, S-45
Cranbrook, 11, NA-38
Craon, 19, MS-42
Craponne-s.-Arzon, 23, NN-44
Crato, 28, LJ-50
Crawley, 11, MS-38
Creagorry, 12, LJ-32
Creciente, 26, LE-47
Crécy-en-Ponthieu, 18, NE-39
Crécy-s.-Serre, 18, NN-40
Crediton, 10, ME-39
Creil, 18, NJ-40
Crema, 32, PS-44
Crémieu, 21, PA-44
Cremona, 32, PS-44
Créon, 22, MS-45
Crépy-en-Valois, 18, NJ-40
Cres, 64, QS-45
Crescentino, 32, PN-44
Crest, 21, PA-45
Créteil, 18, NJ-41
Creußen, 45, QE-40
Crevalcore, 33, QE-45
Crèvecœur-le-Grand, 18, NJ-40
Crevillente, 30, MS-51
Crewe, 10, MJ-36
Crewkerne, 10, MJ-39
Criccieth, 10, MA-37
Crickhowell, 10, ME-38
Cricklade, 10, MN-38
Crieff, 13, ME-33
Crikvenica, 64, QS-44
Crimmitschau, 45, QJ-39
Crinan, 13, LS-33
Cringeni, 67, SS-46
Criquetot-l'Esneval, 18, NA-40
Crissolo, 32, PJ-45
Crivitz, 47, QE-36
Crkvice, 66, RN-47
Crna, 64, QS-43
Crna Trava, 67, SJ-47
Crni Lug, 64, RE-45
Crnjelovo, 65, RS-45
Črnomelj, 64, RA-44
Crocketford, 13, ME-34
Crocq, 23, NJ-44
Croix-de-Vie, 17, MN-43
Cromarty, 13, MA-32
Cromer, 11, NE-37
Crook, 15, MN-35
Crookhaven, 14, LA-38
Crookstown, 14, LE-38
Croom, 14, LE-37

88 Cropalati

Cropalati, 39, RE-50
Cropani, 39, RE-51
Crosby, 15, ME-36
Crossakeel, 14, LJ-36
Crossgar, 15, LS-35
Cross Hands, 10, MA-38
Crosshaven, 14, LE-38
Crossmolina, 14, LA-35
Crotone, 39, RJ-50
Crottendorf, 45, QJ-39
Crowle, 15, MS-36
Croydon, 11, MS-38
Crozon, 17, MA-41
Crumlin, 15, LN-35
Cruseilles, 21, PE-43
Crvenka, 65, RS-44
Csákvar, 43, RN-42
Csanádpalota, 43, SA-43
Csapod, 43, RE-42
Csongrád, 43, SA-43
Csopak, 43, RJ-42
Csorna, 43, RJ-42
Csurgó, 43, RJ-43
Cualedro, 26, LJ-47
Cuatretonda, 30, MS-51
Cuba, 28, LJ-51
Cubel, 24, MN-48
Cubells, 24, NA-48
Cubla, 24, MN-49
Cubo, 27, ME-47
Cubo de la Solana, 27, MJ-48
Cuckfield, 11, MS-38
Cuéllar, 27, MA-48
Cuenca, 24, MJ-49
Cuers, 21, PE-46
Cuerva, 29, MA-50
Cuesmes, 16, NN-39
Cuevas, 26, LN-46
Cuevas del Almanzora, 30, MN-52
Cuevas del Becerro, 31, LS-53
Cuevas de San Marcos, 31, MA-52
Cuevas de Vinromá, 24, MS-49
Cuglieri, 35, PN-49
Čugujev, 58, V-40
Cuiseaux, 21, PA-43
Cuisery, 20, PA-43
Culan, 19, NJ-43
Culdaff, 14, LJ-34
Culemborg, 16, PA-38
Culla, 24, MS-49
Cúllar de Baza, 31, MJ-52
Cullaville, 14, LN-35
Cullen, 12, MJ-32
Cullera, 30, MS-50
Cullompton, 10, ME-39
Culoz, 21, PA-44
Cumali, 72, TE-49
Cumaovasi, 71, TJ-51
Cumbres de Enmedio, 28, LN-51
Cumnock, 13, MA-34
Cuneo, 32, PJ-45
Cunlhat, 23, NN-44
Cuntis, 26, LE-47
Cuorgnè, 32, PJ-44
Cupar, 13, ME-33
Cuprene, 67, SJ-46
Cuprija, 66, SE-46
Curia, 28, LE-49
Curtea de Argeş, 59, S-40
Curtici, 65, SE-43
Curtis, 26, LE-46
Čurug, 65, SA-44
C'urupinsk, 59, U-40
Cushendall, 15, LN-34
Cushendun, 15, LN-34
Cusio, 32, PS-43
Cusset, 19, NN-43
Cutro, 39, RJ-50
Cutrofiano, 39, RN-49
Cuvilly, 18, NJ-40
Cuxhaven, 46, PN-36
Cuzzago, 32, PN-43
Cvikov, 62, QS-39
Cybinka, 60, QS-37
Cyców, 61, SN-38
Cykarzew Stary, 63, RS-39
Cysoing, 18, NN-39
Czaplinek, 60, RE-36
Czarna Dąbrówka, 60, RJ-35
Czarna Woda, 60, RJ-36
Czarne, 60, RE-36
Czarnków, 60, RE-37
Czarnowo, 60, RN-37
Czarny Dunajec, 63, RS-40
Czchów, 63, SA-40
Czechowice Dziedzice, 63, RN-40
Czempiń, 60, RE-37
Czermno, 63, SA-38
Czernichów, 63, RS-39
Czerniejewo, 60, RJ-37
Czerniewice, 61, SA-38
Czernikowo, 60, RN-37
Czersk, 60, RJ-36
Czerwieńsk, 60, RA-37
Czerwony Dwór, 61, SJ-35
Częstochowa, 63, RN-39
Człopa, 60, RE-36
Człuchów, 60, RJ-36
Czorsztyn, 63, SA-40
Czyżew Osada, 61, SJ-37

D

Dabar, 64, RA-45
Dąbie, 60, RN-37
Dăbilja, 67, SJ-48
Dąbki, 60, RE-38
Dâbovo, 72, TA-47
Dąbrowa Białostocka, 61, SN-36
Dąbrowa Biskupia, 60, RN-37
Dąbrowa Chełmińska, 60, RN-36
Dąbrowa Górnicza, 63, RS-39
Dąbrówno, 61, SA-36
Dąbrowa Tarnowska, 63, SA-39
Dabŭleni, 67, SS-46
Dachau, 45, QE-41
Dačice, 62, RA-40
Dädesjö, 49, RA-32
Dafni, 69, SS-49
Dagali, 53, PN-29
Daganzo de Arriba, 27, ME-49
Dagebüll-Hafen, 48, PN-35
Daglösen, 50, QS-30
Dagmersellen, 42, PJ-42
Dahlen, 47, QJ-38
Dahlenburg, 47, QA-36
Dahme, B.R.D., 47, QE-35
Dahme, D.D.R., 47, QN-38
Dahn, 44, PJ-40
Dähre, 47, QA-37
Daimiel, 29, ME-50
Daingean, 14, LJ-36
Dakovica, 66, SA-47
Dal, 53, QE-29
Dala-Järna, 50, QS-29
Dalarö, 51, RN-30
Dalbeattie, 13, ME-35
Dâlbok izvor, 67, TA-47
Dalby, 50, QN-29
Dalby, 49, QN-34
Dalbyn, 50, RA-28
Dale, Nor., 53, PA-29
Dale, Nor., 52, PA-28
Dale, Nor., 52, PJ-28
Dale, Nor., 53, PN-31
Dale, U.K., 10, LS-38
Dalen, Nor., 52, PS-27
Dalen, Nor., 53, PN-30
Dalen, Sve., 50, QE-30
Daleszyce, 63, SA-39
Dalfors, 50, RA-28
Dâlgopol, 72, TJ-46
Dalhem, 51, RN-32
Dalías, 31, MJ-53
Dalj, 65, RN-44
Dalkeith, 13, ME-34
Dalkey, 14, LN-36
Dalmally, 13, MA-33
Dalmellington, 13, MA-34
Dalnashaugh Inn, 12, ME-32
Dalry, 13, MA-34
Dalsbruk, 54, SJ-29
Dalsfjord, 52, PA-27
Dals Högen, 50, QE-31
Dals Långed, 50, QJ-31
Dals Rostock, 50, QJ-31
Dalstuga, 50, RA-28
Dalton-in-Furness, 15, ME-35
Dalum, 48, QA-34
Dalwhinnie, 13, MA-33
Dalyan, 72, TE-50
Damazan, 22, NA-45
Dambaslar, 72, TJ-48
Dambořice, 63, RE-40
Damelevieres, 20, PE-41
Damery, 18, NN-40
Damgan, 17, MJ-42
Dammartin-en-Goële, 18, NJ-40
Damme, 46, PN-36
Dampierre-s.-Salon, 20, PA-42
Damville, 18, NE-41
Damvillers, 20, PA-40
Danderyd, 51, RN-30
Dane, 54, QS-44
Dangé, 19, NA-43
Dangy, 17, MN-40
Danilovgrad, 66, RS-47
Danişment, 72, TJ-50
Dannemarie, 20, PJ-42
Dannemora, 57, R-25
Dannenberg, 47, QE-36
Dannenwalde, 47, QN-36
Danzig → Gdańsk, 60, RN-35
Daone, 33, QA-44
Daoulas, 17, MA-41
Darabani, 59, T-40
Darány, 43, RJ-44
Darda, 65, RN-44
Dardesheim, 47, QA-38
Dardhë, 68, SA-49
Darfo, 32, QA-44
Dargun, 47, QJ-36
Darlington, 15, MN-35
Darłowo, 60, RE-35
Darmstadt, 44, PN-40
Darney, 20, PE-41
Daroca, 24, MN-48
Darque, 26, LE-48
Dartford, 11, NA-38
Dartmouth, 10, ME-39
Daruvar, 64, RJ-44
Darvel, 13, MA-34
Darwen, 15, MJ-36
Daskalovo, 67, SN-47
Dassow, 47, QA-36
Daszyna, 61, RS-37
D'atlovo, 58, T-35
Datteln, 46, PJ-38
Daugavpils, 58, T-30
Daun, 44, PE-39
Davanger, 53, NS-29
Daventry, 11, MN-37
Davidkovo, 67, SS-48
Davik, 52, PA-28
Davle, 62, QS-40
Davos-Platz, 42, PS-43
Davutlar, 71, TJ-52
Dax, 22, MN-46
Deal, 11, NE-38
Deauville, 18, NA-40
Debar, 66, SA-48
Dębe, 61, SA-37
Debelec, 72, TA-46
Dębica, 58, S-35
De Bilt, 16, PA-37
Dęblin, 61, SE-38
Debnevo, 67, SS-47
Dębnica Kaszubska, 60, RE-35
Dębno, 60, QS-37
Debovo, 67, SS-46
Debrc, 65, RS-45
Debrecen, 43, SE-42
Debrzno, 60, RJ-36
Dęby Szlacheckie, 60, RN-37
Dečane, 66, SA-47
Decazeville, 23, NJ-45
Dechtice, 63, RJ-41
Decimomannu, 35, PS-50
Děčín, 62, QS-39
Decize, 19, MN-43
De Cocksdorp, 16, NS-36
Decollatura, 39, RE-50
Deddington, 11, MN-38
Dedelow, 47, QN-36
Dédestapolcsány, 43, SA-41
Deerness, 12, MJ-31
Degaña, 26, LN-47
Degeberga, 49, QS-34
Degerby, 54, SS-29
Degerfors, 50, QS-30
Degerhamn, 51, RE-33
Degernes, 53, QE-30
Deggendorf, 45, QJ-41
Değirmendere, 71, TJ-51
Degnepoll, 52, PA-28
Dego, 32, PN-45
Degučiai, 58, T-30
Dehesa de Montejo, 27, MA-47
Deinze, 16, NN-39
Dej, 59, S-40
Deje, 50, QN-30
De Koog, 16, NS-36
Delary, 49, QS-33
Del'atin, 59, S-40
Delbrück, 46, PN-38
Delčevo, 67, SJ-48
Deleitosa, 29, LS-50
Delémont, 42, PJ-42
Delft, 16, NS-38
Delfzijl, 16, PE-36
Delibiato, 65, SE-45
Deliceto, 37, RA-48
Delitzsch, 47, QJ-38
Delle, 20, PJ-42
Delme, 20, PE-41
Delmenhorst, 46, PN-36
Delnice, 64, QS-44
Delsbo, 57, R-25
Delvin, 14, LJ-36
Delvinë, 68, SA-50
Demidov, 58, U-30
Demirci, 72, TS-50
Demirköy, 72, TJ-48
Demmin, 47, QN-36
Demonte, 32, PJ-45
Denain, 18, NN-39
Denbigh, 10, ME-36
Den Burg, 16, NS-36
Dendermonde, 16, NS-38
Den Haag, 16, NS-37
Den Helder, 16, NS-37
Denia, 30, NA-50
Denklingen, 44, PJ-39
Dennyloanhead, 13, ME-33
Den Oever, 16, PA-37
De Panne, 16, NJ-38
Depoltovice, 62, QJ-39
Derby, 11, MN-37
Derecske, 43, SE-42
Dereköy, 72, TJ-48
Dermanci, 67, SS-46
Dermbach, 44, QA-39
Dermulo, 33, QE-43
Deruta, 36, QJ-47
Derval, 17, MN-42
Derventa, 65, RJ-45
Descargamaria, 28, LN-49
Desenzano del Garda, 33, QA-44
Desio, 32, PS-44
Despotovac, 66, SE-45
Dessau, 47, QJ-38
Destriana, 26, LN-47
Desulo, 35, PS-49
Desvres, 18, NE-39
Deta, 65, SE-44
Detmold, 46, PN-38
Dettelbach, 44, QA-40
Detva, 63, RS-41
Deuborch, 17, ME-42
Deurne, 16, PA-38
Deutschkreutz, 41, RE-42
Deutsch-Krone → Wałcz, 60, RE-36
Deutschlandsberg, 41, RA-43
Deutsch-Wagram, 41, RE-42
Deva, Esp., 27, MJ-46
Deva, Rom., 59, S-40
Dévaványa, 43, SA-42
Deveci konaği, 72, TN-50
Devecser, 43, RJ-42
Develiyenice, 72, TJ-49
Deventer, 16, PE-37
Devils Bridge, 10, ME-37
Devin, 67, SS-48
Devizes, 10, MN-38
Devnja, 72, TJ-46
Dewsbury, 15, MN-36
Deyá, 25, NJ-50
Deza, 24, MN-48
Dháfnai, Ellás, 72, TA-49
Dháfnai, Ellás, 70, SE-51
Dháfni, 70, SJ-52
Dhaimonia, 70, SJ-53
Dhamásion, 69, SJ-50
Dháras, 70, SJ-52
Dhávleia, 69, SJ-51
Dhelfoí, 69, SJ-51
Dhervénion, 70, SJ-51
Dheskáti, 68, SE-50
Dhiakófti, 70, SN-53
Dhiakoptón, 70, SJ-51
Dhiavolítsi, 70, SE-52
Dhidhima, 70, SN-52
Dhidhimóteikhon, 72, TE-48
Dhimitsána, 70, SJ-52
Dhístomon, 69, SJ-51
Dhodhóni, 68, SA-50
Dhoxáton, 69, SS-48
Dhrakótripa, 68, SE-50
Dhriopis, 71, SS-52
Diabaig, 12, LS-32
Diamante, 39, RA-50
Dianalund, 48, QE-34
Diano Marina, 32, PN-46
Dicomano, 33, QE-46
Die, 21, PA-45
Dieburg, 44, PN-40
Diekirch, 20, PE-40
Dienten, 40, QN-42
Diepholz, 46, PN-37
Dieppe, 18, NE-40
Dierdorf, 44, PJ-39
Diesdorf, 47, QA-37
Dießen, 45, QE-42
Diest, Bel., 16, PA-39
Diest, Ned., 16, PA-39
Dietfurt, 45, QE-40
Dietikon, 42, PN-42
Dieulefit, 21, PA-45
Dieuze, 20, PE-41
Diezma, 31, ME-52
Differdange, 20, PA-40
Dignano, 33, QJ-43
Digne, 21, PE-45
Digoin, 19, NN-43
Dijon, 20, PA-42
Dikanäs, 56, R-20
Dikance, 66, SA-47
Dikili, 71, TE-50
Diksmuide, 16, NJ-38
Dilar, 31, ME-52
Dillenburg, 44, PN-39
Dillingen, B.R.D., 45, QA-41
Dillingen, B.R.D., 44, PE-40
Dimaro, 33, QA-43
Dimitrovgrad, Blg., 72, TA-47
Dimitrovgrad, Jugo., 67, SJ-46
Dimovo, 67, SJ-46
Dinan, 17, MJ-41
Dinant, 16, NS-39
Dinard, 17, MJ-41
Dingelstädt, 46, QA-38
Dingelstedt, 47, QA-38
Dingle, Eire, 14, KS-37
Dingle, Sve., 50, QE-31
Dingolfing, 45, QJ-41
Dingwall, 12, MA-32
Dinkata, 67, SS-47
Dinkelsbühl, 45, QA-40
Dinkelscherben, 45, QA-41
Dinklage, 46, PN-37
Dinslaken, 46, PE-38
Dippen, 13, LS-34
Dippoldiswalde, 45, QN-39
Disentis, 42, PN-43
Disna, 58, T-30
Dison, 16, PA-39
Diss, 11, NE-37
Dissen, 46, PN-37
Divača, 64, QN-44
Divdjadovo, 72, TE-46
Dives-s.-Mer, 18, MS-40
Divieto, 38, RA-52
Divjakë, 66, RS-49
Djakovo, 65, RN-44
Djulino, 72, TJ-47
Djupa, 51, RJ-29
Djups, 52, PN-29
Djupvik, 51, RJ-28
Djurås, 50, RA-29
Djursholm, 51, RN-30
Dneprodzeržinsk, 59, U-40
Dnepropetrovsk, 59, V-40
Dno, 57, T-30
Dobanovci, 65, SA-45
Dobbiaco, 33, QJ-43
Dobczyce, 63, SA-40
Döbeln, 47, QN-38
Doberlug-Kirchhain, 47, QN-38
Döbern, 47, QS-38
Dobersberg, 41, RA-41
Dobiegniew, 60, RA-37
Dobieszyn, 61, SE-38
Doboj, 65, RN-45
Dobrá, Česko., 63, RN-40
Dobra, Pol., 60, RA-36
Dobra, Pol., 60, RN-38
Dobre Miasto, 61, SA-36
Dobřichovice, 62, QS-40
Dobri Dol, 67, SN-46
Dobriništa, 67, SN-48
Dobrinja, 65, RN-45
Dobrinovo, 72, TE-47
Dobříš, 62, QS-40
Dobrna, 64, RA-43
Dobrodzień, 63, RN-39
Dobromirka, 67, TA-46
Dobrosloveni, 67, SS-45
Dobroszyce, 60, RJ-38
Dobrovol'sk, 61, SJ-35
Dobruška, 62, RE-39
Dobrzany, 60, RA-36
Dobrzeń, 63, RJ-39
Dobrzyca, 60, RJ-38
Dobrzyków, 61, RS-37
Dobrzyń nad Wisłą, 61, RS-37
Dobšina, 63, SA-41
Dödesberg, 46, PN-38
Doesburg, 16, PE-37
Doetinchem, 16, PE-38
Doğanbey, Tür., 71, TE-51
Doğanbey, Tür., 71, TJ-52
Dogliani, 32, PJ-45
Dohna, 45, QN-39
Dokka, 52, QA-29
Dokkum, 16, PE-36
Doksy, 62, QS-39
Dolce, 33, QA-44
Dolceacqua, 32, PJ-45
Dol-de-Bretagne, 17, MN-41
Dôle, 20, PA-42
Dölemo, 53, PN-31
Dolgellau, 10, ME-37
Dolianova, 35, PS-50
Dolice, 60, RA-36
Dolina, 59, S-40
Dolinskaja, 59, U-40
Dolle, 47, QE-37
Döllstädt, 47, QA-38
Dolna Banja, 67, SN-47
Dolna Dikanja, 67, SN-47
Dolna Mitropolija, 67, SS-46
Dolni Bousov, 62, RA-39
Dolni Čiflik, 72, TJ-47
Dolni Dâbnik, 67, SS-46
Dolni Glavanak, 72, TA-48
Dolni Karlovice, 62, RA-40
Dolni Lom, 67, SJ-46
Dolni Poustevna, 62, QS-39
Dolno Cerovene, 67, SN-46
Dolný Kubín, 63, RS-40
Dolný Turček, 63, RN-41
Dolores, 30, MS-51
Dolovi, 66, RN-46
Dolovo, 65, SA-45
Dolsk, 60, RJ-38
Domačevo, 61, SN-38
Domanevka, 59, U-40
Domaniža, 63, RN-40
Domanoviči, Jugo., 66, RJ-46
Domanoviči, S.S.S.R., 58, T-35
Domašov, Česko., 62, RE-40
Domašov, Česko., 63, RJ-39
Domažlice, 62, QJ-40
Dombås, 52, PS-27
Dombasle, 20, PE-41
Dombegyház, 43, SE-43
Dombóvár, 43, RN-43
Domburg, 16, NN-38
Domfront, 18, MS-41
Dömitz, 47, QE-36
Domme, 22, NE-45
Dommitzsch, 47, QJ-38
Domnovo (Domnau), 61, SA-35
Domodossola, 32, PN-43
Dompierre-s.-Besbre, 19, NN-43
Domrémy-la-Pucelle, 20, PA-41
Domusnovas, 35, PN-50
Domžale, 64, QS-43
Donaghadee, 15, LS-35
Don Alvaro, 28, LN-51
Doña Mencía, 29, MA-52
Donaueschingen, 44, PN-42
Donauwörth, 45, QA-41
Don Benito, 29, LS-51
Doncaster, 11, MN-36
Donegal, 14, LE-35
Dongen, 16, NS-38
Doninos de Salamanca, 26, LS-48
Donja Brezna, 66, RN-47
Donja Dubrava, 64, RE-43
Donji Čaglič, 64, RJ-44
Donji Dusnik, 67, SJ-46
Donji Karin, 64, RA-45
Donji Lapac, 64, RA-45
Donji Miholjac, 65, RN-44
Donji Srb, 64, RE-45
Donji Vakuf, 64, RJ-45
Donji Zemunik, 64, RA-45
Donnemarie-en-Montois, 18, NN-41
Donnersbachwald, 41, QS-42
Donoratico, 36, QA-46
Dont, 33, QJ-43
Donzenac, 22, NE-44
Donzère, 21, NS-45
Donzy, 19, NN-42
Doorn, 16, PA-37
Dorchester, 10, MJ-39
Dordrecht, 16, NS-38
Dores, 12, MA-32
Dorfen, 45, QJ-41
Dorgali, 35, PS-49
Dorking, 11, MS-38
Dormagen, 46, PE-38
Dormans, 18, NN-40
Dornbirn, 40, PS-42
Dornburg, 45, QE-38
Dorndorf, 44, QA-39
Dornoch, 12, MA-32
Dorog, 43, RN-42
Dorogobuž, 58, U-35
Dorohoi, 59, T-40
Dorotea, 51, RE-32
Dorsten, 46, PE-38
Dortmund, 46, PJ-38
Dorum, 46, PN-36
Dörzbach, 44, PS-40
Dos Hermanas, 29, LS-52
Dospat, 67, SS-48
Dos-torres, 29, MA-51
Douai, 18, NN-39
Douarnenez, 17, MA-41
Doudeville, 18, NA-40
Doué, 19, MS-42
Douglas, 15, MA-35
Douglas Mill, 13, ME-34
Doulevant-le-Château, 20, NS-41
Doullens, 18, NJ-39
Doune, 13, MA-33
Dour, 16, NN-39
Douvaine, 21, PE-43
Douvres, 18, MS-40
Dover, 11, NE-38
Doverstorp, 50, RA-31
Dovje, 64, QN-43
Dovre, 52, PS-28
Dovsk, 58, U-35
Downham Market, 11, NA-37
Downpatrick, 15, LS-35
Dračevo, 66, SE-48
Drachten, 16, PE-36
Dragaevo, 67, SJ-48
Drăgăşani-Olt, 59, S-45
Draginac, 65, RS-45
Dragoevo, 72, TE-46
Dragoman, 67, SJ-47
Dragoni, 37, QS-48
Dragonovo, 72, TA-46
Dragør, 48, QJ-34
Dragovac, 67, SE-46
Dragovištica, 67, SJ-47
Dragsfjärd, 54, SJ-29
Dragsvik, 52, PE-28
Draguignan, 21, PE-46
Dralfa, 72, TE-46
Dráma, 69, SS-48
Drammen, 53, QA-30
Drange, 53, PE-31
Drangedal, 53, PS-30
Dransfeld, 46, PS-38
Dranske, 47, QN-35
Draperstown, 14, LN-35
Dravograd, 64, RA-43
Drawno, 60, RA-36
Drawsko Pomorskie, 60, RA-36
Drebkau, 47, QS-38
Drégelypalánk, 43, RS-41
Dreis, 44, PE-39
Drelów, 61, SJ-38
Drenovac, 65, RS-45
Drenovci, 65, RN-45
Drenovec, 67, SJ-46
Dresden, 47, QN-38
Dretun', 58, T-30
Dretyń, 60, RJ-35
Dreux, 18, NE-41
Drevdalen, 50, QJ-28
Drewitz, 47, QJ-37
Drezdenko, 60, RA-37
Driffield, 15, MS-35
Drimoleague, 14, LA-38
Drinjača, 65, RS-45
Drinov, 62, QN-39
Drivstua, 52, PS-27
Drjanovo, 72, TA-47
Drniš, 65, RE-46
Dro, 33, QA-44
Dröbak, 53, QA-30
Drochtersen, 46, PS-36
Drogheda (Droichead Átha), 14, LN-36
Drogobyč, 58, S-40
Drögsnäs, 49, RA-31
Drohiczyn n. B., 61, SJ-37
Droichead Átha → Drogheda, 14, LN-36
Droichead Nua, 14, LN-36
Droitwich, 10, MJ-37
Drołtowice, 60, RJ-38
Dromahair, 14, LE-35
Dromod, 14, LJ-36
Dromore, U.K., 14, LJ-35
Dromore, U.K., 15, LN-35
Dronero, 32, PJ-45
Dronninglund, 48, QA-32
Drosendorf, 41, RA-41
Drosopigi, 68, SE-50
Drottningholm, 51, RJ-30
Droué, 19, NE-41
Dr. Petru Groza, 59, S-40
Druja, 58, T-30
Drumbeg, 12, LS-31
Drumcollogher, 14, LE-37
Drumkeerin, 14, LE-35
Drumlish, 14, LJ-36
Drummore, 13, MA-35
Drumnadrochit, 12, MA-32
Drumquin, 14, LJ-35
Drumshanbo, 14, LE-35
Drušba (Allenburg), 61, SE-35
Drvar, 64, RE-45
Drygały, 61, SJ-36
Drymen, 13, MA-33
Drzewiany, 60, RE-36
Drzewica, 61, SA-38
Drzycim, 60, RN-36
Dub, 66, RS-46
Dubá, 62, QS-39
Dubi, 62, QN-39
Dubica, 64, RE-44
Dublin (Baile Átha Cliath), 15, LN-36
Dubňany, 63, RJ-41
Dubnica, 66, SE-45
Dubnica n. Váhom, 63, RN-41
Dubno, 58, T-35
Dubossary, 59, T-40
Duboštica, 65, RN-45
Dubovac, 65, SE-45
Dubovo, 67, SE-46
Dubrava, 65, RJ-45
Dubravica, 65, SE-45
Dubrovica, 58, T-35
Dubrovnik, 66, RN-47
Ducaj, 66, RS-47
Ducey, Fr., 17, MN-41
Ducey, Fr., 17, MN-41
Duchcov, 62, QN-39
Ducherow, 47, QN-36
Duchovščina, 58, U-30
Duči, 57, S-30
Duclair, 18, NA-40
Dudelange, 20, PE-40
Duderstadt, 46, QA-38
Dudley, 10, MJ-37
Dudweiler, 44, PJ-40
Dueñas, 27, MA-48
Duffel, 16, NS-38
Dufftown, 12, ME-32
Duga Poljana, 66, SA-46
Dugo Selo, 64, RE-44
Duisburg, 46, PE-38
Dukat, 68, RS-49
Dülmen, 46, PJ-38
Dulovo, 59, TJ-46
Dulpetorpet, 50, QJ-29
Dumbarton, 13, MA-34
Dumfries, 13, ME-34
Dun, 19, NJ-43
Dunaalmás, 43, RN-42
Dunaföldvár, 43, RN-43
Dunaharaszti, 43, RS-42
Dunajevcy, 59, T-40
Dunaj Streda, 63, RJ-42
Dunakeszi, 43, RS-42
Dunaújváros, 43, RN-43
Dunavătu, 59, T-45
Dunavci, 67, SJ-46
Dunbar, 13, MJ-34
Dunbeath, 12, ME-31
Dunblane, 13, ME-33
Dundalk (Dún Dealgan), 14, LN-35
Dún Dealgan → Dundalk, 14, LN-35
Dundee, 13, MJ-33
Dunfanaghy, 14, LJ-34
Dunfermline, 13, ME-33
Dungannon, 14, LN-35
Dungarvan, 14, LJ-37
Dungiven, 14, LN-35
Dungloe, 14, LE-35
Dunkeld, 13, ME-33
Dunkerque, 18, NJ-38
Dún Laoghaire, 14, LN-36
Dunleer, 14, LN-36
Dun-le-Palestel, 19, NE-43
Dunmanway, 14, LA-38
Dunmore, 14, LE-36
Dunmore East, 14, LJ-37
Dunnet, 12, ME-31
Dunoon, 13, MA-34
Dunoon, 13, MA-34
Duns, 13, MJ-34
Dunshaughlin, 14, LN-36
Dun-s.-Meuse, 20, PA-40
Dunstable, 11, MS-38
Dunvegan, 12, LN-32
Durakovac, 66, SA-47
Durango, 27, MJ-46
Duras, 22, NA-45

Durban, 23, NJ-47
Dúrcal, 31, ME-53
Durdevac, 64, RJ-43
Durdevića Tara, 66, RS-46
Düren, 44, PE-39
Durham, 15, MN-35
Durlach, 44, PN-40
Durmanec, 64, RA-43
Durness, 12, MA-31
Dürnkrut, 41, RE-41
Durón, 27, MJ-49
Durrës (Durazzo), 66, RS-48
Durrow, 14, LJ-37
Dursley, 10, MJ-38
Durtal, 19, MS-42
Duruelo de la Sierra, 27, MJ-48
Düsseldorf, 46, PE-38
Duszniki, 60, RE-37
Duszniki Zdrój, 62, RE-39
Duved, 56, Q-25
Duvno, 64, RJ-46
Duzi, 66, RJ-47
Dvor, 64, RE-44
Dvorce, 63, RJ-40
Dvůr Králové n. Labem, 62, RA-39
Dyce, 13, MJ-32
Dynów, 58, S-40
Dypvåg, 53, PS-31
Dyranut, 53, PJ-29
Džankoj, 59, U-40
Dziadkowice, 61, SJ-37
Działdowo, 60, RN-35
Działoszyce, 63, SA-39
Działoszyn, 63, RN-38
Dziemiany, 60, RJ-35
Dzierzgoń, 61, RS-31
Dzierzgowo, 61, SA-36
Dzierzoniów
→ Reichenbach, 63, RE-39
Džigolj, 67, SE-46
Dzinovo, 72, TE-47
Dziwnów, 60, QS-35
Džurovo, 67, SS-47
Dzwierzuty, 61, SE-36
Dzwonek, 61, SE-37

E
Earlston, 13, MJ-34
Easington, 15, NA-36
Easingwold, 15, MN-35
Easky, 14, LE-35
Eastbourne, 11, NA-39
East Dereham, 11, NA-37
East Grinstead, 11, MS-38
East Ilsley, 11, MN-38
Eastleigh, 11, MN-39
East Linton, 13, MJ-34
East Retford, 11, MS-36
Eauze, 22, NA-46
Ebbo, 55, TA-29
Ebbs, 40, QJ-42
Ebeleben, 47, QA-38
Ebeltoft, 48, QA-36
Ebene Reichenau, 41, QN-43
Ebenfurth, 41, RE-42
Ebensee, 41, QN-42
Eberbach, 44, PN-40
Ebermannstadt, 45, QE-40
Ebern, 45, QA-39
Eberndorf, 41, QS-43
Ebersbach, 47, QS-38
Ebersberg, 45, QE-41
Eberswalde, 47, QN-37
Ebingen, 44, PS-41
Eboli, 37, RA-49
Ebrach, 45, QA-40
Ebreichsdorf, 41, RE-42
Ebstorf, 46, QA-36
Ecclefechan, 13, ME-34
Eceabat, 72, TE-49
Echalar, 27, MN-46
Echallens, 42, PE-43
Echarri-Aranaz, 27, MJ-47
Echauri, 27, MN-47
Echt, Ned., 16, PA-38
Echt, U.K., 13, MJ-32
Echterdingen, 45, PS-41
Echternach, 20, PE-40
Écija, 29, LS-52
Ečka, 65, SA-44
Eckartsberga, 47, QE-38
Eckernförde, 46, PS-35
Éclaron, 20, NS-41
Écommoy, 19, NA-42
Ecos, 18, NE-40
Écouché, 18, MS-41
Écueillé, 19, NE-42
Ed, 50, QE-31
Edam, 16, PA-37
Edane, 50, QJ-30
Ede, 16, PA-37
Edebäck, 50, QN-29
Ederos, 56, S-20
Edelény, 43, SA-41
Edenderry, 14, LJ-36
Edenkoben, 44, PE-40
Edgware, 11, MS-38
Édhessa, 69, SJ-49
Edinburgh, 13, ME-34
Edincik, 72, TJ-49
Edirne, 72, TE-48
Edland, 53, PJ-30
Edmondbyers, 15, MN-35

Edøy, 52, PJ-27
Edsbro, 51, RN-30
Edsbruk, 49, RE-31
Edsbyn, 50, RA-28
Edshultshall, 50, QE-31
Edzell, 13, MJ-33
Eeklo, 16, NN-38
Eersel, 16, PA-38
Eferding, 41, QS-41
Eforie Sud, 59, T-45
Eftelöt, 53, PS-30
Egeln, 47, QE-38
Eger, 43, SA-42
Egersund, 53, PE-31
Eggedal, 53, PS-29
Eggenburg, 41, RA-41
Eggenfelden, 45, QJ-41
Eggesin, 47, QS-36
Eggmühl, 45, QJ-41
Egham, 11, MS-38
Eghezée, 16, NS-39
Egiertowo, 60, RN-35
Egletons, 23, NJ-44
Egling, 45, QE-42
Egmond aan Zee, 16, NS-37
Egremont, 15, ME-35
Egtved, 48, PS-34
Eguzon, 19, NE-43
Egyek, 43, SA-42
Ehingen, 44, PS-41
Ehra-Lessien, 47, QA-37
Ehrang, 44, PE-40
Ehrenfriedersdorf, 45, QJ-39
Ehrenhausen, 41, RA-43
Eia, 26, LE-48
Eiåsland, 53, PJ-31
Eibar, 27, MJ-46
Eibelshausen, 44, PN-39
Eibenstock, 45, QJ-39
Eibiswald, 41, RA-43
Eichenbarleben, 47, QE-37
Eichenbrunn, 41, RE-41
Eichstätt, 45, QE-41
Eid, Nor., 52, PE-28
Eid, Nor., 52, PJ-27
Eid, Nor., 53, PJ-30
Eidanger, 53, PS-30
Eide, 52, PJ-27
Eidet, 56, Q-35
Eidfjord, 53, PE-29
Eidsberg, 53, QE-30
Eidsdale, 52, PJ-27
Eidsfoss, 53, QA-30
Eidskog, 50, QE-29
Eidsøra, 52, PN-27
Eidstod, 53, PN-30
Eidsvåg, 53, PA-30
Eidsvoll, 53, QE-29
Eikefjord, 52, PA-28
Eikenes, 52, PA-28
Eilenburg, 47, QJ-38
Eilsleben, 47, QE-37
Einavoll, 53, QA-30
Einbeck, 46, PS-38
Eindhoven, 16, PA-38
Einfeld, 46, PS-35
Einsiedeln, 42, PN-42
Eisenach, 47, QA-39
Eisenberg, 45, QE-39
Eisenerz, 41, QS-42
Eisenhüttenstadt, 47, QS-37
Eisenkappel, 41, QS-43
Eisenstadt, 41, RE-42
Eisfeld, 45, QA-39
Eisleben, 47, QE-38
Eislingen, 44, PS-41
Eitorf, 44, PJ-39
Ejby, 48, PS-34
Ejea de los Caballeros, 24, MN-47
Ejstrup, 48, PS-34
Ejulve, 24, MS-49
Ekängen, 50, RA-31
Ekeby, 49, RA-31
Ekenäs, 50, QN-31
Ekenäs, 54, SN-30
Ekeren, 16, NS-38
Ekhínos, 69, SS-48
Eknö, 49, RE-32
Ekshärad, 50, QN-29
Eksingedalen, 52, PA-29
Eksjö, 49, RA-32
Elafohórion, 72, TE-48
Elafótopos, 68, SA-50
Elaía, 70, SJ-49
El Alquián, 30, MJ-53
El Arahal, 29, LS-52
Elassón, 69, SJ-50
Eláteia, 69, SJ-51
Elatoú, 68, SE-51
El Barco de Avila, 26, LS-49
El Barco de Valdeorras, 26, LJ-47
Elbasan, 66, SA-48
Elbeuf, 18, NA-40
Elbigenalb, 40, QA-42
Elbing
→ Elbląg, 61, RS-35
Elbląg (Elbing), 61, RS-35
El Bodón, 26, LN-49
El Bonillo, 30, MJ-51
El Bosque, 31, LS-53
Elburg, 16, PA-37
El Burgo, 31, MA-53

El Burgo de Ebro, 24, MS-48
El Burgo de Osma, 27, MJ-48
El Burgo Ranero, 27, LS-47
El Cabaco, 26, LN-49
El Cabo de Gata, 30, MJ-53
El Campo, 29, LS-50
El Carpio, 29, LS-51
El Carpio del Tajo, 29, MA-50
El Castilo de las Guardas, 28, LN-52
El Cerro de Andevalo, 28, LN-52
Elche, 30, MS-51
Elche de la Sierra, 30, MJ-51
Elcóaz, 24, MN-47
El Coronil, 29, LS-52
El Cubo de Tierra del Vino, 26, LS-48
Elda, 30, MS-51
Eldena, 47, QE-36
Eldforsen, 50, QS-29
Elemir, 65, SA-44
Elena, 72, TA-47
El Escorial, 27, MA-49
El Espinar, 27, MA-49
Elevsís, 70, SN-51
Elevtheroúpolis, 69, SS-49
El Ferrol del Caudillo, 26, LE-46
El Frasno, 24, MN-48
Elgå, 52, QE-27
El Garrobo, 28, LN-52
Elgin, 12, ME-32
Elgóibar, 27, MJ-46
Elgol, 13, LN-32
El Grado, 24, NA-47
El Granado, 28, LJ-52
El Grao, 30, MS-51
El Grove, 26, LE-47
El Hijate, 30, MJ-52
Elhovo, 72, TE-47
Elie, 13, MJ-33
Elikón, 69, SJ-51
Elimäki, 55, TE-29
Elin Pelin, 67, SN-47
Elisenvaara, 55, TS-28
Elizondo, 27, MN-46
Ełk (Łyck), 61, SJ-36
Elken, 53, PJ-31
Ellan, 51, RN-29
Elland, 15, MN-36
Ellesmere, 10, MJ-37
Ellesmere Port, 15, MJ-36
Ellewoutsdijk, 16, NN-38
Ellmau, 40, QJ-42
Ellon, 12, MJ-32
Ellös, 50, QE-31
Ellwangen, 44, QA-41
Elm, 42, PS-43
Elmali, 72, TE-48
El Molinillo, 29, MA-50
El Moral, 30, MJ-52
Elmshorn, 46, PS-36
Elmsta, 51, RN-30
Elne, 23, NJ-47
Eloúnda, 71, TA-54
El Pedernoso, 29, MJ-50
El Pedroso, 29, LS-52
El Perelló, 30, MS-50
Elphin, 14, LE-36
El Picacho, 28, LN-52
El Piñero, 26, LS-48
El Pino, 26, LE-47
El Pobo de Dueñas, 24, MN-49
El Pozuelo, 31, ME-53
El Provencio, 30, MJ-50
El Puente del Arzobispo, 29, LS-50
El Puerto de Santa María, 31, LN-53
El Pueyo, 24, MN-47
El Real de la Jara, 28, LN-52
El Recuenco, 24, MJ-49
El Rocío, 28, LN-52
El Rompido, 28, LJ-52
El Ronquillo, 28, LN-52
El Royo, 27, MJ-48
El Rubio, 29, LS-52
El Saler, 30, MS-50
El Saucejo, 31, LS-52
Elsfleth, 46, PN-36
Elshö, 50, QJ-28
Elspe, 46, PN-38
Elst, 16, PA-38
Elster, 47, QJ-38
Elsterberg, 45, QJ-39
Elsterwerda, 47, QN-38
Eltmann, 45, QA-39
Eltville, 44, PN-39
Elvål, 52, QE-28
Elvas, 28, LJ-51
Elvbrua, 52, QE-28
Elvdal, 50, QE-28
Elve, 53, PE-31
Elven, 17, MJ-42
Elverum, 52, QE-29
El Villar de Arnedo, 27, MJ-47
El Viso, 29, MA-51
El Viso del Alcor, 29, LS-52
Ely, 11, NA-37
Elze, 46, PS-37
Emådalen, 50, QS-28

Embid, 24, MN-48
Embid de Ariza, 24, MN-48
Emboreíon, 71, TA-53
Embrun, 21, PE-45
Emden, 46, PJ-36
Emirali, 72, TJ-49
Emlichheim, 46, PE-37
Emmaboda, 49, RA-33
Emmaste, 57, S-30
Emmeloord, 16, PA-37
Emmen, Ned., 16, PE-37
Emmen, Schw., 42, PN-42
Emmendingen, 44, PJ-41
Emmerich, 46, PE-38
Emmersdorf, 41, RA-41
Emőd, 43, SA-42
Empoli, 33, QA-46
Emsdetten, 46, PJ-37
Émvolon, 69, SJ-49
Enäjärvi, 55, TJ-29
Enånger, 51, RE-28
Enberget, 50, QJ-28
Encinasola, 28, LN-51
Enciso, 27, MJ-47
Enden, 52, QA-28
Endorf, 45, QJ-42
Enebakk, 53, QE-30
Enego, 33, QE-44
Enese, 43, RJ-42
Enez, 72, TE-49
Engdal, 52, PN-27
Engeiskirchen, 46, PJ-38
Engelberg, 42, PN-43
Engelhartstetten, 41, RE-41
Engelhartszell, 41, QN-41
Engen, 44, PN-41
Enger, B.R.D., 46, PN-37
Enger, Nor., 53, QA-29
Engerdal, 52, QE-28
Engesvoll, 52, QE-27
Enghien, 16, NS-39
Engter, 46, PN-37
Enguera, 30, MS-51
Enguídanos, 24, MN-50
Enkhuizen, 16, PA-37
Enköping, 51, RE-30
Enna, 38, QS-52
Ennepetal, 46, PJ-38
Ennezat, 23, NN-44
Enningdal, 53, QA-30
Ennis, 14, LE-37
Enniscorthy, 14, LN-37
Enniskean, 14, LE-38
Enniskillen, 14, LJ-35
Ennistymon, 14, LA-37
Enns, 41, QS-41
Eno, 55, UA-27
Enonkoski, 55, TN-27
Enontekiö, 56, S-20
Enschede, 16, PE-37
Ensisheim, 20, PJ-42
Enskär, 51, RN-29
Enterría?
Entracque, 32, PJ-45
Entraygues-s.-Truyère, 23, NJ-45
Entrevaux, 21, PE-46
Entrèves, 32, PJ-44
Entroncamento, 28, LE-50
Envendos, 28, LJ-50
Envermeu, 18, NE-40
Enviken, 50, RA-29
Enying, 43, RN-43
Enzersdorf, 41, RE-41
Enzingerboden, 40, QJ-42
Épanomí, 69, SJ-49
Epe, B.R.D., 46, PJ-37
Epe, Ned., 16, PA-37
Épernay, 18, NN-40
Épernon, 18, NE-41
Épides, 19, NE-42
Épila, 24, MN-48
Épinal, 20, PE-41
Epitálion, 70, SE-52
Eppenbrunn, 44, PE-40
Eppendorf, 45, QN-39
Epping, 11, NA-38
Eppingen, 44, PN-40
Epsom, 11, MS-38
Eptakhórion, 68, SE-49
Epuisay, 19, NA-42
Epworth, 11, MS-36
Eraclea, 33, QJ-44
Eräjärvi, 54, SS-28
Erateiní, 69, SJ-51
Erba, 32, PS-44
Erbach, 44, PN-40
Erbalunga, 34, PS-47
Erbendorf, 45, QJ-40
Ercsi, 43, RN-42
Erdek, 72, TJ-49
Erdevik, 65, RS-44
Erding, 45, QE-41
Erdut, 65, RS-44
Erenköy, 72, TE-49
Eresfjord, 52, PN-27
Eresós, 71, TA-50
Erétria, Ellás, 69, SJ-50
Erétria, Ellás, 70, SN-51
Erfde, 46, PS-35
Erfjord, 53, PE-30
Erfurt, 45, QE-38
Ergli, 57, T-30
Erice, 38, QJ-51
Ericeira, 28, LA-51
Erikslund, 49, RA-33

Eringsboda, 49, RA-33
Erkelenz, 46, PE-38
Erkner, 47, QN-37
Erl, 40, QJ-42
Erla, 24, MN-47
Erlangen, 45, QE-40
Erli, 32, PN-45
Erlsbach, 40, QA-43
Ermelo, 16, PA-37
Ermenonville, 18, NJ-40
Ermidas, 28, LE-52
Ermióni, 70, SN-52
Ermoúpolis, 71, SS-52
Erndtebrück, 44, PN-39
Ernée, 17, MS-41
Ernestinovo, 65, RN-44
Ernstbrunn, 41, RE-41
Erquy, 17, MJ-41
Errogie, 13, MA-32
Erseke, 68, SA-49
Erstein, 20, PJ-41
Ervalla, 50, RA-30
Ervedal, 28, LJ-50
Ervenik, 64, RA-45
Ervidel, 28, LE-52
Ervik, 52, PA-27
Ervy, 18, NN-41
Erwitte, 46, PN-38
Erxleben, 47, QE-37
Esbjerg, 48, PS-34
Esbo, 55, SS-29
Escairón, 26, LJ-47
Escalada, 27, ME-47
Escalaplano, 35, PS-50
Escalhão, 26, LJ-48
Escalona, 29, MA-49
Escalos de Cima, 28, LJ-50
Escatrón, 24, MS-48
Esch, 44, PN-39
Esch-s.-Alzette, 20, PA-40
Eschede, 46, QA-37
Eschenbach, 45, QE-40
Eschershausen, 46, PS-38
Eschlkam, 45, QJ-40
Eschwege, 46, QA-38
Eschweiler, 44, PE-39
Escombreras, 30, MS-52
Escorca, 25, NJ-50
Escúllar, 30, MJ-52
Esens, 46, PJ-36
Esgos, 26, LJ-47
Esguevillas de Esgueva, 27, MA-48
Eskilstuna, 51, RE-30
Eslared
→ Porsabygget, 49, QN-33
Eslarn, 45, QJ-40
Eslohe, 46, PN-38
Eslöv, 49, QN-34
Espa, 53, QE-29
Espalion, 23, NJ-45
Espedal, 53, PE-31
Espeja, 26, LN-49
Espejo, 29, MA-52
Espenkamp, 46, PN-37
Espera, 31, LS-53
Espéraza, 23, NJ-47
Esperia, 36, QN-48
Espiel, 29, LS-51
Espinama, 27, MA-46
Espinho, 26, LE-48
Espinosa de Cerrato, 27, ME-47
Espinosa de los Monteros, 27, ME-46
Espolla, 25, NN-47
Espoo, 55, SS-29
Esporlas, 26, NJ-50
Esposende, 26, LE-48
Espot, 26, NE-47
Esquedas, 27, MS-47
Esquivias, 29, MA-49
Essen, Bel., 16, NS-38
Essen, B.R.D., 46, PJ-37
Essen, B.R.D., 46, PJ-38
Essenbach, 45, QJ-41
Esslingen, 44, PS-41
Essoyes, 20, NS-41
Estagel, 23, NJ-47
Estaing, 23, NJ-45
Estarreja, 26, LE-49
Estartit, 25, NN-47
Estavayer-le-Lac, 42, PE-43
Este, 33, QE-44
Estella, 27, MN-47
Estepa, 29, MA-52
Estépar, 27, ME-47
Estepona, 31, LS-53
Esternay, 18, NN-41
Esterri d'aneu, 25, NE-47
Estissac, 19, NN-41
Estói, 28, LJ-52
Eston, 15, MN-35
Estoril, 28, LA-51
Estremera, 27, ME-49
Estremoz, 28, LJ-51
Esztergom, 43, RN-42
Étables-s.-Mer, 17, MJ-41
Étain, 20, PA-40
Étampes, 18, NJ-41
Étang, 20, NS-43
Étaples, 18, NJ-39
Etelhem, 51, RN-32
Étrépagny, 18, NE-40
Étretat, 18, NA-40
Ettelbruck, 20, PE-40
Etten-en-Leur, 16, NS-38

Ettlingen, 44, PN-41
Eu, 18, NE-39
Eupen, 16, PE-39
Eura, 54, SE-28
Eurajoki, 54, SE-28
Europoort, 16, NN-38
Eurville, 20, PA-41
Euskirchen, 44, PE-39
Eutin, 47, QA-35
Evanger, 53, PE-29
Évaux-les-Bains, 19, NJ-43
Evergem, 16, NN-38
Everöd, 49, QS-34
Evesham, 10, MN-37
Evian, 21, PE-43
Evie Woodwicd, 12, ME-30
Evijärvi, 54, SN-26
Evisa, 34, PN-47
Évora, 28, LJ-51
Évran, 17, MN-41
Évreux, 18, NE-40
Evron, 19, MS-41
Evry, 18, NJ-41
Exaplátanos, 69, SJ-49
Excideuil, 22, NA-44
Exeter, 10, ME-39
Exmouth, 10, ME-39
Eyciler, 72, TE-50
Eydehavn, 53, PN-31
Eyemouth, 13, MJ-34
Eyguieres, 21, NS-46
Eygurande, 23, NJ-44
Eymet, 22, NA-45
Eymoutiers, 22, NE-44
Eyrans, 22, MS-44
Eze, 23, NS-45
Ezcaray, 27, ME-47
Ezcurra, 27, MN-46
Ezine, 72, TE-50

F
Fåberg, 52, QA-28
Fåborg, 48, QA-34
Fabiano, 36, QJ-46
Fabrizia, 39, RE-51
Facinas, 31, LS-53
Facture, 22, MS-45
Fadón, 26, LN-48
Faedis, 33, QN-43
Faenza, 33, QE-45
Fafe, 26, LE-48
Fagagna, 33, QN-43
Fågåraş, 59, S-40
Fågelfors, 49, RA-32
Fågelsta, 50, RA-31
Fågelsundet, 51, RJ-29
Fågelvik, 49, RE-31
Fågerås, 50, QN-30
Fagerhaug, 52, PS-27
Fagerhult, Sve., 49, RA-32
Fagerhult, Sve., 49, QN-33
Fagernes, 52, PS-28
Fagersanna, 50, QS-31
Fagersta, 50, RA-29
Fagerstrand, 52, PN-28
Fåglavik, 49, QN-31
Fagnano Alto, 36, QN-47
Fahan, 14, LJ-34
Faicchio, 37, QS-48
Faido, 42, PN-43
Faiti, 36, QJ-48
Fakenham, 11, NA-37
Fakija, 72, TJ-47
Faković, 65, RS-45
Fakse, 48, QJ-34
Fakse Ladeplads, 48, QJ-34
Falaise, 18, MS-41
Falces, 24, MN-47
Falcioni, 36, QN-46
Falconara Marittima, 36, QN-46
Falerum, 49, RE-31
Falkenberg, B.R.D., 45, QJ-40
Falkenberg, D.D.R., 47, QN-38
Falkenberg, Sve., 49, QJ-33
Falkensee, 47, QN-37
Falkenstein, 45, QJ-39
Falkenstein, 45, QJ-40
Falkirk, 13, ME-33
Falköping, 49, QN-31
Falkseter, 52, QA-27
Fallersleben, 47, QA-37
Fallet, 53, QE-27
Fallingbostel, 46, PS-37
Fallmore, 14, KS-35
Fållnäs, 51, RJ-31
Falmouth, 10, LS-39
Falset, 24, NA-48
Falsterbo, 49, QJ-34
Falstone, 13, MJ-34
Fălticeni, 59, T-40
Falun, 50, RA-29
Fana, 53, PA-29
Fanárion, 69, TA-49
Fano, 36, QN-46
Fara in Sabina, 36, QJ-47
Fara Novarese, 32, PN-44
Fardella, 39, RE-49
Fareham, 11, MN-39
Farga de Moles, 25, NE-47
Faringdon, 11, MN-38
Faringe, 51, RN-30

Fariza, 26, LN-48
Färjestaden, 51, RE-33
Fårna, 50, RA-30
Farnborough, 11, MS-38
Farnham, 11, MS-38
Faro, 28, LE-52
Faron, 51, RN-32
Fáros, 71, SS-53
Fårösund, 51, RS-32
Farra d'Alpago, 33, QJ-43
Farranfore, 14, LA-37
Fársala, 69, SJ-50
Farsø, 48, PS-33
Farsund, 53, PE-31
Farum, 48, QJ-34
Fasana, 39, RA-44
Fasano, 39, RJ-49
Fastbo, 51, RE-30
Fastnäs, 50, QN-29
Fastov, 58, T-35
Fátima, 28, LE-50
Faucogney, 20, PE-42
Faulquemont, 20, PE-40
Fauske, 56, R-20
Fåvang, 52, QA-28
Favara, 38, QN-52
Faverges, 21, PE-44
Faverney, 20, PE-42
Faversham, 11, NA-38
Favignana, 38, QJ-52
Fay, 23, NS-45
Fayence, 21, PE-46
Fayl-Billot, 20, PA-42
Fayón, 24, NA-48
Fažana, 64, QN-45
Fécamp, 18, NA-40
Feda, 53, PE-31
Fegen, 49, QN-32
Feggesund, 48, PN-33
Feglino, 32, PN-45
Fehrbellin, 47, QJ-37
Fehring, 41, RE-43
Feira, 26, LE-49
Feiring, 53, QE-29
Felanitx, 25, NN-50
Feldbach, 41, RA-43
Feldberg, 47, QN-36
Feldkirch, 40, PS-42
Feldkirchen, 41, QS-43
Feldstetten, 44, PS-41
Felgueiras, 26, LE-48
Felix, 30, MJ-53
Felixstowe, 11, NE-38
Felizzano, 32, PN-45
Fellbach, 44, PS-41
Felletin, 23, NJ-44
Fellingfors, 56, Q-20
Fellingsbro, 50, RA-30
Felnac, 65, SE-43
Felsőszölnök, 43, RE-43
Felsőzsolca, 43, SA-41
Feltre, 33, QE-44
Femø, 48, QE-35
Femundsenden, 52, QE-28
Fenestrelle, 32, PJ-44
Fengersfors, 50, QJ-30
Feodosija, 59, V-40
Feolin Ferry, 13, LN-34
Férai, 72, TE-49
Ferbane, 14, LJ-36
Ferchland, 47, QE-37
Ferdinandea, 39, RE-51
Ferdinandshof, 47, QN-36
Fère-Champenoise, 18, NN-41
Fère-en-Tardenois, 18, NN-40
Ferendia, 65, SE-44
Ferentino, 36, QN-48
Feričanci, 65, RJ-44
Ferlach, 41, QS-43
Fermignano, 36, QJ-46
Fermo, 36, QN-46
Fermoselle, 26, LN-48
Fermoy, 14, LE-37
Fernán-Núñez, 29, MA-52
Ferney-Voltaire, 21, PE-43
Ferns, 14, LN-37
Ferradina, 39, RE-49
Ferrara, 33, QE-45
Ferreira, 26, LJ-46
Ferreira do Alenteo, 28, LE-51
Ferreira do Zêzere, 28, LE-50
Ferrerías, 25, NN-50
Ferreruela, 26, LN-48
Ferriere, 32, PS-45
Ferrières, 19, NJ-41
Fertőszentmiklós, 43, RE-42
Festøy, 52, PE-27
Fet, 53, QE-30
Fetesti, 59, T-45
Fethard, Eire, 14, LJ-37
Fethard, Eire, 14, LN-37
Fetovaia, 36, QA-47
Feucht, 45, QE-40
Feuchtwangen, 45, QA-40
Feurs, 23, NS-44
Ffestiniog, 10, ME-37
Fichtelberg, 45, QE-39
Ficulle, 36, QJ-47
Fidenza, 32, PS-45
Fieberbrunn, 40, QJ-42
Fier, 66, RS-49
Fiera di Primiero, 33, QE-43
Fiesole, 33, QE-46
Figari, 35, PS-48
Figeac, 23, NJ-45

Figeholm, 49, RE-32
Figline Valdarno, 33, QE-46
Figueira da Foz, 28, LE-49
Figueira de Castelo Rodrigo, 26, LE-49
Figueiró dos Vinhos, 28, LE-50
Figueras, 25, NJ-47
Fikhtion, 70, SJ-52
Fiksdal, 52, PE-27
Filadar, 72, TS-49
Filadelfia, 39, RE-51
Filákion, 72, TE-48
Fil'akovo, 63, RS-41
Filaktí, 68, SE-50
Filettino, 36, QN-48
Filey, 13, MS-35
Filía, 69, SJ-50
Filiași, 59, S-45
Filiátai, 68, SA-50
Filiatrá, 70, SE-52
Filicudi Porto, 38, QS-51
Filimon Sîrbu, 59, T-40
Filippiás, 68, SA-50
Filipstad, 50, QS-30
Fillan, 52, PS-26
Filótas, 68, SE-49
Filótion, 71, TA-52
Filottrano, 36, QN-46
Filtvet, 53, QA-30
Filzmoos, 41, QN-42
Finale Emilia, 33, QE-45
Finale Ligure, 32, PN-45
Finby, 54, SJ-29
Findhorn, 12, ME-32
Finisterre, 26, LA-47
Finja, 49, QN-33
Finnentrop, 46, PJ-38
Finnerödja, 50, QS-31
Finnholt, 53, QE-29
Finnilä, 54, SN-26
Finnøy, 53, PJ-30
Finnskog, 50, QJ-29
Finntorp, 50, QJ-30
Finocchio, 36, QJ-48
Finow, 47, QN-37
Fins, 18, NN-39
Finse, 53, PJ-29
Finspång, 50, RA-31
Finsterwalde, 47, QN-38
Finstown, 12, MJ-31
Finström, 54, RS-29
Fintona, 14, LJ-35
Fionnay, 42, PE-43
Fiorenzuola d'Arda, 32, PS-45
Firenze, 33, QE-46
Firenzuola, 33, QE-45
Firlej, 61, SJ-38
Firminy, 23, NS-44
Fischamend, 41, RE-42
Fishguard, 10, MA-38
Fiskårdhon, 68, SA-51
Fiskarheden, 50, QN-28
Fiskebäckskil, 53, QE-31
Fiskevollen, 52, QE-28
Fismes, 18, NN-40
Fiteiai, 68, SE-51
Fitjar, 53, PJ-30
Fiuggi, 36, QN-48
Fiumicino, 36, QJ-48
Fivemiletown, 14, LJ-35
Fivizzano, 32, QA-45
Fjæra, 53, PE-30
Fjågesund, 53, PN-30
Fjällåsen, 56, S-20
Fjällnäs, 57, Q-25
Fjell, 53, PA-29
Fjellerup, 48, QA-33
Fjerritslev, 48, PS-32
Fjöle, 50, QJ-30
Fjörtoft, 52, PE-27
Fjugesta, 50, QS-30
Flå, Nor., 53, PS-29
Flå, Nor., 52, QA-26
Flåbygd, 53, PN-30
Fladungen, 44, QA-39
Flåm, 52, PJ-29
Flamanville, 17, MN-40
Flateland, 53, PJ-30
Flåtestøa, 52, QE-28
Fleetmark, 47, QE-37
Fleetwood, 15, ME-36
Flekkefjord, 53, PE-31
Flen, 51, RE-30
Flensburg, 48, PS-35
Flerohopp, 49, RA-33
Flers, 18, MS-41
Flesberg, 53, PS-30
Flesje, 52, PE-28
Flesland, 53, PA-29
Fleurance, 22, NA-46
Fleuré, 19, NA-43
Fleurier, 42, PE-43
Fleurus, 16, NS-39
Fleurville, 21, NS-43
Fleury-s.-Andelle, 18, NE-40
Fleury-s.-Orne, 18, MS-40
Flims, 40, PS-43
Flimwell, 11, NA-38
Flinsberg, 46, QA-38
Flint, 10, ME-36
Flintberg, 46, QA-35
Flirey, 40, PA-41
Flisa, 50, QJ-29
Fliseryd, 49, RE-32
Flix, 24, NA-48
Flixecourt, 18, NJ-39
Flize, 20, NS-40
Flö, 52, PA-27

Floby, 49, QN-31
Floda, 49, QJ-32
Flöha, 45, QN-39
Flor, 52, NS-28
Florac, 23, NN-45
Florennes, 17, NS-39
Florenville, 20, PA-40
Floridia, 38, RA-52
Flórina, 68, SE-49
Florynka, 63, SA-40
Floß, 45, QJ-40
Flottsund, 51, RJ-30
Fluberg, 53, QA-29
Flumet, 21, PE-44
Fluminimaggiore, 35, PN-50
Flums, 42, PS-42
Flyeryd, 49, RA-33
Flyseter, 52, PN-29
Foča, Jugo., 66, RN-46
Foça, Tür., 71, TE-51
Fochabers, 12, ME-32
Fockbek, 46, PS-35
Focșani, 59, T-40
Fogdö, 51, RE-30
Foggia, 37, RA-48
Fogliano, 36, QJ-48
Fohnsdorf, 41, QS-42
Foiano di Chiana, 36, QE-46
Foinikiá, 71, SS-52
Foix, 22, NE-47
Fojnica, 66, RJ-46
Fokkstua, 52, PS-27
Földes, 43, SE-42
Foldingbro, 48, PN-34
Folégandros, 71, SS-53
Folgaria, 33, QE-44
Foligno, 36, QJ-47
Folkestad, 52, PE-27
Folkestone, 11, NE-38
Folldal, 52, QA-27
Follina, 33, QJ-44
Föllinge, 56, Q-25
Follonica, 36, QA-47
Fondi, 36, QN-48
Fondo, 33, QE-43
Fonfría, Esp., 24, MN-48
Fonfría, Esp., 26, LN-48
Fonn, 52, PE-28
Fonnes, 52, NS-29
Fonni, 35, PS-49
Fonsagrada, 26, LJ-46
Fontaine, 19, MJ-36
Fontaine-Française, 20, PA-42
Fontane, 32, PJ-45
Fontanelice, 33, QE-45
Fonteblanda, 36, QE-47
Fontenay-le-Comte, 19, MS-43
Fontenay-Trésigny, 18, NJ-41
Fontevrault-l'Abbaye, 19, NA-42
Fontfroide, 23, NJ-46
Font-Romeu, 23, NJ-47
Fonyód, 43, RJ-43
Fonz, 24, NA-47
Fonzaso, 33, QE-43
Forbach, B.R.D., 44, PN-41
Forbach, Fr., 20, PE-40
Forcall, 24, MS-49
Forcalquier, 21, PA-46
Forcarey, 26, LE-47
Forchheim, 45, QE-40
Forchtenau, 41, RE-42
Ford, 13, LS-33
Förda, 52, PA-28
Förde, Nor., 52, PE-28
Förde, Nor., 52, PE-28
Förderstedt, 47, QE-38
Fordon, 60, RN-36
Forenza, 39, RA-49
Forfar, 13, MJ-33
Forges-les-Eaux, 18, NE-40
Forio, 37, QN-49
Forlì, 33, QJ-45
Forlimpopoli, 33, QJ-45
Formerie, 18, NE-40
Formia, 36, QN-48
Formigine, 33, QA-45
Fornåsa, 50, RA-31
Fornelli, 35, PN-48
Fornells, 25, NS-49
Forni di Sotto, 33, QJ-43
Forno, 32, PE-44
Forno Alpi Graie, 32, PJ-44
Fornos, 26, LN-48
Fornos de Algodres, 26, LJ-49
Fornovo di Taro, 32, QA-45
Forres, 12, ME-32
Forró, 43, SE-41
Fors, 50, RE-29
Forsa, 56, R-20
Forsand, 53, PE-31
Forsåström, 49, RE-31
Forsbacka, 51, RE-29
Forserum, 49, QS-32
Forshaga, 50, QN-30
Forsheda, 49, QN-31
Förslöv, 49, QJ-33
Forsmark, 51, RN-29
Forsnes, 52, PN-26
Forssa, 54, SN-29
Forst, 47, QS-38
Forsvik, 50, QS-31

Fort Augustus, 15, MA-32
Forte Boqueijón, 26, LE-47
Forte dei Marmi, 32, QA-46
Fortezza, 33, QE-43
Forth, 13, ME-34
Fortrose, 12, MA-32
Fortun, 52, PJ-28
Fortuna, 30, MN-51
Fortuneswell, 10, MJ-39
Fort William, 13, LS-33
Fos, 22, NA-47
Föske, 50, QN-30
Fossano, 32, PJ-45
Fosse, 16, NS-39
Fossombrone, 36, QJ-46
Fotinovo, 67, SN-48
Fouesnant, 17, MA-42
Fougères, 17, MN-41
Fougerolles, 20, PE-42
Fouras, 22, MN-44
Fourchambault, 19, NN-42
Fourmies, 18, NS-39
Fournels, 23, NN-45
Foúrnoi, 71, TE-52
Fours, 19, NN-43
Fowey, 10, MA-39
Foxford, 14, LA-36
Foynes, 14, LA-37
Foz, 26, LJ-46
Foz do Arelho, 28, LA-50
Fozdo Giraldo, 28, LJ-50
Fraccano, 36, QJ-46
Fraddon, 10, MA-39
Fræna, 52, PJ-27
Fraga, 24, NA-48
Frailes, 29, MA-52
Fraize, 20, PE-41
Frameries, 16, NN-39
Framlingham, 11, NE-37
Främlingshem, 51, RE-29
Frammersbach, 44, PS-39
Francardo, 34, PS-47
Francavilla al Mare, 37, QS-47
Francavilla di Sicilia, 38, RA-52
Francavilla Fontana, 39, RJ-49
Francofonte, 38, QS-52
Frändefors, 49, QJ-31
Franeker, 16, PA-36
Frangista, 68, SE-50
Frangóskala, 68, SE-51
Frangy, 21, PA-43
Frankenberg, B.R.D., 46, PN-38
Frankenberg, D.D.R., 45, QN-39
Frankenburg, Öst., 41, QN-41
Frankenmarkt, 41, QN-42
Frankenstein
→ Ząbkowice Śląskie, 63, RE-39
Frankenthal, 44, PN-40
Frankfurt, 44, PN-39
Frankfurt a. d. Oder, 47, QS-37
Františkovy Lázně, 62, QJ-39
Franzburg, 47, QJ-35
Franz-Josefs-Höhe, 40, QJ-42
Frascati, 36, QJ-48
Fraserburgh, 12, MJ-32
Frashër, 68, SA-49
Frasne, 20, PE-43
Frassene, 33, QE-43
Frassineto, 32, QE-45
Frassino, 32, PJ-45
Frauenfeld, 42, PN-42
Frauenmark, 47, QE-36
Frechen, 44, PE-39
Frechilla, 27, MA-48
Frechilla, 27, MA-47
Fredensborg, 48, QJ-34
Fredericia, 48, PS-34
Frederikshavn, 48, QA-32
Frederikssund, 48, QJ-34
Fredersdorf, 47, QN-37
Fredrika, 56, R-25
Fredriksberg, 50, QS-30
Fredrikstad, 53, QE-30
Fredros, 50, QJ-30
Fregenal de la Sierra, 29, LN-52
Fregene, 36, QJ-48
Frei, 52, PJ-27
Freiberg, 45, QN-39
Freiburg
→ Świebodzice, 62, RE-39
Freiburg, 46, PS-36
Freiburg i. Brsg., 44, PJ-42
Freihung, 45, QE-40
Freiland, 41, RA-42
Freilassing, 45, QE-42
Freisen, 44, PJ-40
Freising, 45, QE-41
Freistadt, 41, QS-41
Freixedas, 26, LJ-49
Freixo de Espada á Cinta, 26, LN-48
Fréjus, 21, PE-46
Frenchpark, 14, LE-36

Frenštát p. Radhoštěm, 63, RN-40
Freren, 46, PJ-37
Freshford, 14, LJ-37
Fresna de la Ribera, 26, LS-49
Fresnedo, 26, LN-47
Fresne-St.-Mamès, 20, PA-42
Fresno Alhándiga, 26, LS-49
Fressenneville, 18, NE-40
Fresvik, 52, PE-28
Fretheim, 52, PJ-29
Fretzdorf, 47, QJ-36
Freudenstadt, 44, PN-41
Frévent, 18, NJ-39
Freyburg, 47, QE-38
Freyenstein, 47, QJ-36
Freyung, 45, QN-41
Fribourg, 42, PJ-43
Fridafors, 49, QS-33
Fridingen, 44, PN-41
Friedberg, B.R.D., 44, PN-39
Friedberg, B.R.D., 45, QE-41
Friedberg, Öst. 41, RE-42
Friedburg, 41, QN-41
Friedland, D.D.R., 47, QS-37
Friedland, D.D.R., 47, QN-36
Friedrichroda, 45, QA-39
Friedrichshafen, 44, PS-42
Friedrichskoog, 46, PN-35
Friedrichsort, 46, QA-35
Friedrichstadt, 46, PS-35
Friedrichsthal, 47, PJ-40
Friedrichswalde, 47, QN-36
Friesach, 41, QS-43
Friesack, 47, QJ-37
Friesoythe, 46, PJ-36
Frielas, 28, LA-51
Friockheim, 13, MJ-33
Friol, 26, LJ-46
Fristad, 49, QJ-32
Fritsla, 49, QJ-32
Fritzlar, 46, PS-38
Fröderyd, 49, QS-32
Frodsham, 15, MJ-36
Frogn, 53, QA-30
Frogner, 53, QE-29
Frohnleiten, 41, RA-42
Froland, 53, PN-31
Frombork, 61, RS-35
Frome, 10, MJ-38
Frontenay, 19, MS-43
Fronteira, 28, LJ-50
Frontenay, 19, MS-43
Frontenhausen, 45, QJ-41
Frontignan, 23, NN-46
Fronton, 22, NE-46
Frosinone, 36, QN-48
Frosta, 52, QA-26
Frösthult, 51, RE-30
Frösvidal, 50, QS-30
Frouard, 20, PE-41
Frövi, 50, RA-30
Fröystul, 53, PN-30
Fruges, 18, NJ-39
Frutigen, 42, PJ-43
Frutt, 42, PN-43
Frýdek-Místek, 63, RN-40
Frýdlant, Česko., 63, RN-40
Frýdlant, Česko., 62, RA-39
Fryksta, 50, QN-30
Frymburk, 62, QS-41
Fryšták, 63, RJ-40
Fu, 50, QS-29
Fubine, 32, PN-45
Fucecchio, 33, QA-46
Fuencaliente, 29, MA-50
Fuendetodos, 24, MN-48
Fuengirola, 31, MA-53
Fuenlabrada, 27, ME-49
Fuensanta de Martos, 29, ME-52
Fuente-Álamo, 30, MN-51
Fuente-Álamo de Murcia, 30, MN-52
Fuente de Cantos, 28, LN-51
Fuente del Arco, 29, LS-51
Fuente de Leon, 28, LN-51
Fuente del Maestre, 28, LN-51
Fuente de Piedra, 31, MA-52
Fuente el Fresno, 29, ME-50
Fuente el Sol, 27, MA-48
Fuente la Higuera, 30, MS-51
Fuentelapeña, 27, LS-48
Fuentelespino de Haro, 29, MJ-50
Fuente Obejuna, 29, LS-51
Fuenté Palmera, 29, LS-52
Fuentepinilla, 27, MJ-48
Fuenterrabía, 27, MN-46
Fuentesaúco, 26, LS-48
Fuentes de Andalucía, 29, LS-52

Fuentes de Ebro, 24, MS-48
Fuentespina, 27, ME-48
Fuentidueña de Tajo, 29, ME-49
Fuerte del Rey, 29, ME-52
Fuglebjerg, 48, QE-34
Fuglö, 48, QA-33
Fulda, 44, PS-39
Fulnek, 63, RJ-40
Fulpmes, 40, QE-42
Fulunäs, 50, QJ-28
Fumay, 20, NS-40
Funäsdalen, 57, Q-25
Fundão, 28, LJ-49
Funzie, 12, MS-29
Fur, 49, RA-33
Furadouro Praia, 26, LE-49
Furculești, 67, TA-46
Furnes, 52, QA-29
Fürstenau, 46, PJ-37
Fürstenberg, 47, QN-36
Fürstenfeld, 41, RE-42
Fürstenfeldbruck, 45, QE-41
Fürstenwalde, 47, QS-37
Fürstenwerder, 47, QN-36
Fürstenzell, 45, QN-41
Fürth, 45, QA-40
Furth i. Wald, 45, QJ-40
Furtwangen, 44, PN-41
Furudal, 50, RA-28
Fusa, 53, PA-29
Fuscaldo, 39, RA-50
Fusch, 40, QJ-42
Fuseta, 28, LJ-52
Fushë-Arrëz, 66, SA-48
Fusio, 42, PN-43
Füssen, 45, QA-42
Futog, 65, RS-44
Füzesabony, 43, SA-42
Füzesgyarmat, 43, SE-42
Fužine, 64, QS-44
Fynshav, 48, PS-35
Fyresdal, 53, PN-30

G

Gabare, 67, SN-46
Gabarevo, 67, TA-47
Gabarret, 22, NA-45
Gaber, 67, SJ-47
Gabia la Grande, 31, ME-52
Gąbin, 61, RS-37
Gábrovo, 67, TA-47
Gacé, 18, NA-41
Gacko, 66, RN-46
Gad'ač, 58, U-35
Gäddede, 56, Q-5
Gadderbaum, 46, PN-37
Gadebusch, 47, QE-36
Gador, 30, MJ-53
Găești, 59, T-45
Gaeta, 36, QN-48
Gáfete, 28, LJ-50
Gaggenau, 44, PN-41
Gaggiano, 32, PS-44
Gagliano del Capo, 39, RN-50
Gaildorf, 44, PS-40
Gaillac, 22, NE-46
Gaillimh
→ Galway, 14, LA-36
Gaillon, 18, NE-40
Gainsborough, 11, MS-36
Gaiole in Chianti, 36, QE-46
Gairloch, 12, LS-32
Gaitaninovo, 67, SN-48
Gaj, 64, RJ-44
Gajsin, 59, T-40
Gakovo, 65, RS-44
Galanta, 63, RJ-40
Galaroza, 28, LN-52
Galashiels, 13, MJ-34
Galatás, 70, SN-52
Galatina, 39, RN-49
Galatone, 39, RJ-49
Galaxidhion, 69, SJ-51
Galdácano, 27, MJ-46
Galeata, 33, QE-46
Galera, 29, MJ-52
Galéria, 34, PN-47
Galgamácsa, 43, RS-42
Galiče, 67, SN-46
Galicea Mare, 67, SN-45
Galičnik, 66, SA-48
Gallarate, 32, PN-44
Galliate, 32, PN-44
Gallico, 39, RA-51
Gallipoli, 39, RJ-49
Gällivare, 56, S-20
Gallizien, 41, QS-43
Gallneukirchen, 41, QS-41
Gallur, 24, MN-48
Galtelli, 35, PS-49
Galtseter, 52, QE-28
Galten, 48, QA-33
Galveias, 28, LE-50
Galven, 50, RE-28
Gálvez, 29, MA-50
Galway (Gaillimh), 14, LA-36
Gamaches, 18, NE-40
Gambara, 32, QA-44
Gambarie, 39, RA-51
Gambatesa, 37, QS-48

Gaming, 41, RA-42
Gamla Uppsala, 51, RJ-30
Gamleby, 49, RE-32
Gammelsta, 51, RE-31
Gammertingen, 44, PS-41
Gamvik, 56, T-15
Gan, 22, MS-46
Ganacker, 45, QJ-41
Ganceviči, 58, T-35
Ganderkesee, 46, PN-36
Gandesa, 24, NA-48
Gandía, 30, MS-51
Ganges, 23, NN-46
Gangi, 38, QS-52
Gangkofen, 45, QJ-41
Gannat, 19, NN-43
Gansbach, 41, RA-41
Gänserndorf, 41, RE-41
Gap, 21, PE-45
Garaballa, 24, MN-50
Garadna, 43, SE-41
Garaguso, 39, RE-49
Gara Pirin, 67, SN-48
Garbów, 61, SJ-38
Garching, 45, QJ-41
Garciaz, 29, LS-50
Garda, 33, QA-44
Gardanne, 21, PA-46
Gardelegen, 47, QE-37
Garder, 53, QA-30
Gardhíkion, Ellás, 68, SE-50
Gardhíkion, Ellás, 69, SJ-51
Garding, 46, PN-35
Gardone Riviera, 32, QA-44
Gardone Val Trompia, 32, QA-44
Gárdony, 43, RN-42
Gårdsjö, Sve., 50, QS-31
Gårdsjö, Sve., 50, RA-29
Gårdskär, 51, RJ-29
Gardslosa, 49, RE-33
Gärdslösa, 51, RE-33
Garein, 22, MS-45
Garelochhead, 15, MA-33
Garešnica, 64, RE-44
Garessio, 32, PN-45
Gargaliánoi, 70, SE-52
Gargellen, 40, PS-43
Gargilesse, 19, NE-43
Gargnano, 33, QA-44
Garlasco, 32, PN-44
Garlin, 22, MS-46
Garlstorf, 46, QA-36
Garmisch-Partenkirchen, 45, QE-42
Garphyttan, 50, QS-30
Garray, 27, MJ-48
Garrel, 46, PN-37
Garrison, 14, LE-36
Garrovillas, 28, LN-50
Garrucha, 30, MN-52
Gars, 41, RA-41
Garsdale, 15, MJ-35
Gärsnäs, 49, QS-34
Gartow, 47, QE-36
Gartz, 47, QS-36
Garvagh, 14, LN-35
Garvão, 28, LE-52
Garve, 12, MA-32
Garvín, 29, LS-50
Garwolin, 61, SE-38
Garynahine, 12, LN-31
Garz, 47, QN-35
Gaschuorn, 40, QA-43
Gasen, 41, RA-42
Gasewo, 61, SE-36
Gåsjö, 50, RA-29
Gaşki, 61, SJ-36
Gåsny, 18, NE-40
Gasocin, 61, SA-37
Gástomia, 60, RE-36
Gastoun, 68, RS-50
Gastoúni, 70, SE-52
Gastoúrion, 68, RS-50
Gata de Gorgos, 30, NA-51
Gâtaia, 65, SE-44
Gatčina, 57, T-30
Gatehouse of Fleet, 13, MA-35
Gateshead, 15, MN-35
Gátova, 24, MS-50
Gattendorf, 41, RJ-41
Gattorna, 32, PS-45
Gaucín, 31, LS-53
Gauting, 45, QE-41
Gavá, 25, NJ-48
Gavaloú, 68, SE-51
Gavarnie, 22, MS-47
Gavi, 32, PN-45
Gavirate, 32, PN-44
Gavoi, 35, PS-49
Gavorrano, 36, QA-47
Gavray, 17, MN-41
Gávrion, 71, SS-52
Gaweinstal, 41, RE-41
Gawronjec, 60, RA-36
Gaziköy, 72, TJ-49
Gazoldo d'Ippoliti, 33, QA-44
Gazzuolo, 33, QA-44
Gbelce, 63, RN-42
Gdańsk (Danzig), 60, RN-35
Gdów, 63, SA-40
Gdynia, 60, RN-35

Gebenbach, 45, QE-40
Gedern, 44, PS-39
Gedser, 48, QE-35
Geel, 16, NS-38
Geertruidenberg, 16, NS-38
Geesthacht, 46, QA-36
Gefell, 45, QE-39
Gefrees, 45, QE-39
Geilenkirchen, 46, PE-39
Geilo, 53, PN-29
Geiranger, 52, PJ-27
Geisa, 44, PS-39
Geiselhöring, 45, QJ-41
Geisenfeld, 45, QE-41
Geising, 45, QN-39
Geislingen, 44, PS-41
Geithain, 47, QJ-38
Gela, 38, QS-52
Geldern, 46, PE-38
Geldrop, 16, PA-38
Geleen, 16, PA-39
Gelemenovo, 67, SS-47
Gelibolu, 72, TE-49
Gelnhausen, 44, PS-39
Gelsdorf, 44, PE-39
Gelse, 43, RE-43
Gelsenkirchen, 46, PJ-38
Gelso, 38, RA-51
Gelting, 48, PS-35
Gembloux, 16, NS-39
Gemert, 16, PA-38
Gemlik, 72, TS-49
Gemona del Friuli, 33, QN-43
Gémozac, 22, MS-44
Gemünden, B.R.D., 44, PJ-40
Gemünden, B.R.D., 44, PS-39
Gemünden, B.R.D., 44, PN-39
Genappe, 16, NS-39
Gencay, 19, NA-43
Genêts, 17, MN-41
Genève, 42, PE-43
Gengenbach, 44, PN-41
Genk, 16, PA-39
Gennep, 16, PA-38
Gennes, 19, MS-42
Genola, 32, PJ-45
Genova, 32, PN-45
Genowefa, 60, RN-37
Gent, 16, NN-38
Genthin, 47, QJ-37
Genzano di Lucania, 39, RE-49
Genzano di Roma, 36, QJ-48
Gera, 45, QJ-39
Gera Lario, 32, PS-43
Gérardmer, 20, PE-41
Geras, 41, RA-41
Geratsberg, 45, QJ-41
Gerbstedt, 47, QE-38
Geremeas, 35, PS-50
Gerena, 28, LN-52
Gergal, 30, MJ-52
Gerlos, 40, QJ-42
Germade, 26, LJ-46
Germano Vercellese, 32, PN-44
Germersheim, 44, PN-40
Gërnec, 68, RS-49
Gernrode, 47, QE-38
Gernsbach, 44, PN-41
Gernsheim, 44, PN-40
Gerola Alta, 32, PS-43
Gerolstein, 44, PE-39
Gerolzhofen, 45, QA-40
Gerona, 25, NJ-48
Gerri, 24, NA-47
Gersau, 42, PN-43
Gersfeld, 44, PS-39
Gersthofen, 45, QA-41
Gerstungen, 44, QA-39
Gesäter, 50, QE-31
Geseke, 46, PN-38
Gesunda, 50, QS-29
Geta, 54, RS-29
Getafe, 27, ME-49
Getinge, 49, QJ-33
Gettorf, 46, PS-35
Gevelsberg, 46, PJ-38
Gevgelija, 67, SJ-48
Gex, 21, PE-43
Geyikli, 72, TE-50
Ghedi, 32, QA-44
Gheorgheni, 59, T-40
Gherla, 59, S-40
Ghibullo, 33, QJ-45
Ghilarza, 35, PS-49
Ghisonaccia, 34, PS-47
Ghisoni, 34, PS-47
Giardinetto, 37, RA-48
Giardini, 38, RA-52
Giarre, 38, RA-52
Giat, 23, NJ-44
Giaveno, 32, PJ-44
Giazza, 33, QE-44
Giba, 35, PN-50
Gibellina, 38, QN-52
Gibraleon, 28, LJ-52
Gieboldehausen, 46, QA-38
Gielniów, 61, SA-38
Gien, 19, NJ-42

Giengen, 45, QA-41
Giens, 21, PE-46
Giera, 65, SE-44
Gießen, 44, PJ-40
Gieten, 16, PE-37
Gietrzwald, 61, SA-36
Giffoni Valle Piana, 37, QS-49
Gifford, 13, MJ-34
Gifhorn, 47, QA-37
Gigen, 67, SS-46
Giglio Porto, 36, QA-47
Gignac, 23, NN-46
Gijón, 26, LS-46
Gilford, 12, LN-35
Gilleleje, 48, QJ-33
Gillingham, 11, NA-38
Gilly, 16, NS-39
Gilserberg, 44, PS-39
Gimo, 51, RN-29
Gimont, 22, NA-46
Ginci, 67, SN-46
Gingst, 47, QN-35
Ginosa, 39, RE-49
Ginzo de Limia, 26, LJ-47
Gioia dei Marsi, 37, QN-48
Gioia del Colle, 39, RE-49
Gioia Tauro, 39, RA-51
Giornico, 42, PN-43
Giovinazzo, 39, RE-48
Giraldo, 28, LJ-50
Girifalco, 39, RE-51
Gironda, 26, LJ-48
Gironella, 25, NE-47
Girornagny, 20, PE-42
Girvan, 13, MA-34
Gisburn, 15, MJ-36
Giske, 52, PA-27
Gislaved, 49, QN-32
Gisors, 18, NE-40
Gissi, 37, QS-47
Giswil, 42, PN-43
Giulianova, 37, QS-47
Giurgeni, 59, T-45
Giurgiu, 59, T-45
Give, 48, PS-34
Givet, 20, NS-39
Givors, 21, NS-44
Givry, 20, NS-43
Givry-en-Argonne, 20, NS-41
Gizdavac, 64, RE-46
Gizycko, 61, SE-35
Gjemnes, 52, PJ-27
Gjerpen, 53, PS-30
Gjerstad, 53, PS-31
Gjevdesli, 53, PN-31
Gjevenes, 52, PE-27
Gjeivilvasshytta, 52, PS-27
Gjirokastër, 68, SA-49
Gjöra, 52, PS-27
Gjövåg, 53, PA-29
Gjövdal, 53, PN-31
Gjövik, 52, QA-29
Gjuesevo, 67, SJ-47
Gladbeck, 46, PE-38
Gladenbach, 44, PN-39
Glamis, 13, ME-33
Glamoč, 64, RE-45
Glåmos, 52, QE-27
Glamsbjerg, 48, QA-34
Glandorf, 46, PJ-37
Glane, 17, MN-42
Glarus, 42, PS-42
Glasgow, 13, MA-34
Glashütte, 45, QN-39
Glastonbury, 10, MJ-38
Glattfelden, 42, PN-42
Glatz
→ Kłodzko, 63, RE-39
Glauchau, 45, QJ-39
Glava, 50, QJ-30
Glebock, 61, SA-35
Gleinstätten, 41, RA-43
Gleisdorf, 41, RA-42
Gleiwitz
→ Gliwice, 63, RN-39
Glemmen, 53, QA-30
Glenamaddy, 14, LE-36
Glenarm, 15, LS-35
Glencolumbkille, 14, LE-35
Glenelg, 13, LS-32
Glenfinnan, 13, LS-33
Glengarriff, 14, LA-38
Glenluce, 13, MA-35
Glenties, 14, LE-35
Gleschendorf, 47, QA-35
Gletsch, 42, PN-43
Glifa, 69, SJ-51
Glifáda, 70, SN-52
Glifda, 68, RS-50
Glimåkra, 49, QS-33
Glin, 14, LA-37
Glina, 64, RA-44
Glinde, 47, QA-36
Glinojeck, 61, SA-37
Gliwice (Gleiwitz), 63, RN-39
Glławé, 68, RS-49
Gloggnitz, 41, RA-42
Głogów, 60, RE-38
Głogówek, 63, RJ-39
Glomel, 17, ME-41
Glommen, 49, QS-33
Glommerstråsk, 56, R-20
Glóssa, 69, SN-50
Glossop, 10, MN-36
Glostrup, 48, QJ-34
Gloucester, 10, MJ-38
Glovelier, 42, PJ-42
Głowaczów, 61, SE-38

Główczyce, 60, RJ-35
Głowen, 47, QJ-37
Głowno, 61, RS-38
Głożan, 65, RS-44
Głożene, 67, SS-47
Głubczyce, 63, RJ-39
Głuchołazy, 63, RJ-39
Gluchov, 58, U-35
Głuchów, Pol., 61, SA-38
Głuchów, Pol., 60, RN-38
Głuchowo, 60, RE-37
Glücksburg, 45, PS-35
Glückstadt, 46, PS-36
Glusk, 58, T-35
Głuszyca, 62, RE-39
Glyngøre, 48, PN-33
Gmünd, Öst., 41, QN-43
Gmünd, Öst., 41, RA-41
Gmunden, 41, QN-42
Gnarrenburg, 46, PN-36
Gnesta, 51, RJ-30
Gniew, 60, RN-36
Gniewkowo, 60, RN-37
Gniezno, 60, RJ-37
Gnisvärd, 51, RN-32
Gnjilane, 66, SE-47
Gnoien, 47, QJ-36
Gnosjö, 49, QN-32
Göbel, 72, TN-49
Goce Delčev, 67, SN-48
Goch, 46, PE-38
Gocovo, 63, SA-40
Godačica, 66, SA-46
Godalming, 11, MS-38
Godeč, 67, SN-46
Godegård, 50, RA-31
Goderville, 18, NA-40
Godiasco, 32, PS-45
Godkowo, 61, RS-35
Gôdöllő, 43, RS-42
Godstone, 11, MS-38
Goes, 16, NN-38
Göggingen, 45, QA-41
Goglio, 32, PN-43
Gogolin, 63, RN-39
Gohfeld, 46, PN-37
Göhrde, 47, QA-36
Göhren, 47, QN-35
Góis, 28, LE-49
Goito, 33, QA-44
Goizueta, 27, MN-46
Gójsk, 61, RS-37
Gol, 53, PN-29
Golada, 26, LJ-47
Gołańcz, 60, RJ-37
Gölby, 54, RE-29
Golčův-Jeníkov, 62, RA-40
Golczewo, 60, QS-35
Gołdap, 61, SE-34
Goldbach, 44, PS-39
Goldbeck, 47, QE-37
Goldberg, 47, QJ-36
Goldstream, 13, MJ-34
Golega, 28, LE-50
Golema Rakovica, 67, SN-47
Goleniów, 60, QS-36
Goleniowy, 63, RN-38
Golfo d'Aranci, 35, PS-48
Golina, 60, RN-37
Gölingstorp, 49, QN-32
Goljam Dervent, 67, TE-48
Goljam Manastir, 72, TE-47
Goljamo Belovo, 67, SN-47
Golling, 40, QN-42
Gollombóç, 66, SA-49
Golßen, 47, QN-38
Golspie, 12, ME-32
Golub-Dobrzyń, 61, RS-36
Golubovci, 66, RS-47
Golubovka, 59, V-40
Gołuchów, 60, RJ-38
Golzow, 47, QJ-37
Gómara, 27, MJ-48
Gombo, 32, QA-46
Gomel', 58, U-35
Gomes Aires, 28, LE-52
Gommern, 47, QE-37
Gomulin, 61, RS-38
Gônc, 43, SE-41
Gondo, 42, PN-43
Gondomar, Esp., 26, LE-47
Gondomar, Port., 26, LE-48
Gondrecourt, 20, PA-41
Gönen, 72, TJ-49
Goni, 35, PS-50
Goniadz, 61, SJ-36
Gonnesa, 35, PN-50
Gönyü, 43, RJ-42
Gonzaga, 33, QA-45
Goodwick, 10, MA-38
Goole, 15, MS-36
Goor, 16, PE-37
Göpfritz, 41, RA-41
Göppingen, 44, PS-41
Gor, 31, MJ-52
Góra, Pol., 60, RE-38
Góra, Pol., 61, SA-37
Góra Kalwaria, 61, SE-38
Gorazde, 66, RN-46
Görbeháza, 43, SE-42
Gördalen, 50, QJ-28
Gorey, 14, LN-37
Gorgómilos, 68, SA-50
Gorgonzola, 32, PS-44
Gorinchem, 16, PA-38

Goring, 11, MN-38
Gorino, 33, QJ-45
Gorizia, 33, QN-44
Gorjani, Jugo., 65, RN-44
Gorjani, Jugo., 66, RS-46
Gorki, 58, U-35
Górki Wschodnie, 60, RN-35
Gorleston on Sea, 11, NE-37
Gørlev, 48, QE-34
Gorlice, 63, SE-40
Görlitz
→ Zgorzelec, 60, RA-38
Görlitz, 47, QS-38
Gormin, 47, QN-36
Gorna Orjahovica, 72, TA-46
Gorna Studena, 67, TA-46
Gorni Cibär, 67, SN-46
Gorni Okol, 67, SN-47
Gorni Vadin, 67, SS-46
Gornja Radgona, 64, RA-43
Gornja Rijeka, 64, RE-43
Gornja Tuzla, 65, RN-45
Gornje Morakovo, 66, RS-47
Gornje Ratkovo, 64, RE-45
Gornje Seher, 64, RJ-45
Gornji Dubac, 66, SA-46
Gornji Grad, 64, QS-43
Gornji Humac, 64, RE-46
Gornji Milanovac, 66, SA-45
Gornji Podgradci, 64, RJ-44
Gornj Vakuf, 66, RJ-46
Gorodok, 58, S-40
Górowo Iławeckie, 61, SA-35
Gorron, 18, MS-41
Gort, 14, LE-36
Gorteen, 14, LE-36
Gortin, 14, LJ-35
Görzig, 47, QE-38
Görzke, 47, QJ-37
Gorzkowice, 61, RS-38
Górzno, 61, RS-36
Gorzów Śląski, 63, RN-38
Gorzów Wlkp.
(Landsberg), 60, RA-37
Górzyca, 60, QS-37
Gorzyn, 60, RA-37
Göschenen, 42, PN-43
Gościkowo, 60, RA-37
Gościno, 60, RA-35
Gościszów, 62, RA-38
Gößl, 41, QN-42
Goslar, 45, QA-38
Goślice, 61, RS-37
Gospić, 64, RA-45
Gosport, 11, MN-39
Gossau, 25, PS-42
Gosselies, 16, NS-39
Gostivar, 66, SA-48
Gostków, 61, RS-38
Göstling a. d. Ybbs, 41, QS-42
Gostyń, 60, RJ-38
Gostynin, 61, RS-37
Goszczanowo, 60, RA-37
Göteborg, 49, QE-32
Götene, 50, QN-31
Gotha, 45, QA-39
Gottesburg
→ Boguszów, 62, RE-39
Göttingen, 46, PS-38
Gottskär, 49, QJ-32
Gottwaldov, 63, RJ-40
Gouda, 16, NS-37
Goudswaard, 16, NS-38
Gouménissa, 69, SJ-49
Goúra, 70, SJ-52
Gourdon, 22, NE-45
Gourette, 22, MS-47
Gourin, 17, ME-41
Gournay-en-Bray, 18, NE-40
Gourock, 13, MA-34
Goury, 17, MN-40
Gouveia, 28, LJ-49
Gouzon, 19, NJ-43
Goveźda, 67, SJ-46
Gowarczów, 61, SA-38
Goyaz, 27, MJ-46
Goźa, 61, SN-36
Gózd, 61, SE-38
Gozdnica, 60, RA-38
Graal-Müritz, 47, QJ-35
Grab, 60, RJ-37
Grabau, 47, QE-37
Gråbo, 49, QJ-32
Grabow, D.D.R., 47, QE-36
Grabów, Pol., 60, RN-38
Grabów, Pol., 61, SE-38
Grabów Łeczycki, 61, RS-37
Gračac, 64, RA-45
Gračane, 66, SA-46
Gračanica, 65, RN-45
Gaçay, 19, NE-42
Grad, 64, RE-43
Gradac, Jugo., 65, RJ-47
Gradac, Jugo., 37, RJ-46
Gradac, Jugo., 66, RS-46
Gradačac, 65, RN-45
Gradara, 33, QJ-46

Graddis, 56, R-20
Gräddö, 51, RS-30
Gradec, 72, TE-47
Gradefes, 27, LS-47
Gradešnica, 67, SE-48
Gradevo, 67, SN-48
Grado, Esp., 26, LN-46
Grado, It., 33, QN-44
Gräfelfing, 45, QE-41
Grafenau, 45, QN-41
Gräfenberg, 45, QE-40
Gräfenhainichen, 47, QJ-38
Grafenschlag, 41, RA-41
Grafenwöhr, 45, QE-40
Grahovo, 66, RN-47
Graiguenamanagh-Tinnahinch, 14, LN-37
Grain, 11, NA-38
Graja de Iniesta, 24, MN-50
Grajewo, 61, SJ-36
Gram, 48, PS-34
Gramada, 67, SJ-46
Gramastetten, 41, QS-41
Gramat, 22, NE-45
Gramatikovo, 72, TJ-47
Grammichele, 38, QS-52
Gramsh, 66, SA-49
Gramzow, 47, QN-36
Gran, 53, QA-29
Granåbron, 50, QN-29
Granada, 31, ME-52
Granadella, 24, NA-48
Granadilla, 28, LN-49
Granard, 14, LJ-36
Grandas de Salime, 26, LN-46
Grandcamp-Maisy, 17, MN-40
Grand-Champ, 17, MJ-42
Grand-Couronne, 18, NE-40
Grândola, 28, LE-51
Grandpré, 20, NS-40
Grandrieu, 23, NN-45
Gråne, 21, NS-45
Grañén, 24, MS-48
Grangärde, 50, QS-29
Grängesberg, 50, QS-29
Grånicerí, 65, SE-43
Granja de Torrehermosa, 29, LS-51
Grankulla, 55, SS-29
Grankullavik, 51, RJ-32
Gränna, 49, QS-31
Granne, 61, SJ-37
Granollers, 25, NJ-48
Granowo, 60, RE-37
Gransee, 47, QN-36
Grantham, 11, MS-37
Grantown-on-Spey, 12, ME-32
Granville, 17, MN-41
Granvin, 53, PE-29
Grao de Burriana, 24, MS-50
Grao de Sagunto, 24, MS-50
Gråsala, 50, RA-29
Gräsberg, 50, RA-29
Grassano, 39, RE-49
Grasse, 21, PE-46
Gråsten, 48, PS-35
Gråstorp, 49, QS-31
Gratkorn, 41, RA-42
Graulhet, 22, NE-46
Graus, 24, NA-47
Grávalos, 27, MN-47
Gravarne, 50, QE-31
Gravberget, 50, QJ-29
Grave, 16, PA-38
Gravedona, 32, PS-43
Graveide, 53, PN-29
Gravelines, 18, NJ-38
Gravellona Toce, 32, PN-44
Gravendal, 50, QS-29
Gravesend, 11, NA-38
Graviá, 69, SJ-51
Gravina in Puglia, 39, RE-49
Gray, 20, PA-42
Graz, 41, RA-42
Grazalema, 31, LS-53
Grazawy, 61, RS-36
Grdelica, 67, SJ-47
Great Dunmow, 11, NA-38
Great Malvern, 10, MJ-37
Great Yarmouth, 11, NE-37
Grebbestad, 50, QE-31
Gredstedbro, 48, PN-34
Greenlaw, 13, MJ-34
Greenock, 13, MA-34
Greenwich, 11, NA-38
Greifenberg
→ Gryfice, 60, RA-36
Greifenburg, 40, QN-43
Greiffenberg, 47, QN-36
Greifswald, 47, QN-35
Grein, 41, QS-41
Greipstad, 53, PJ-31
Greiz, 45, QJ-39
Grená, 48, QA-33
Grenade, Fr., 22, MS-46
Grenade, Fr., 22, NE-46
Grenade, Fr., 22, PJ-45
Grenchen, 42, PJ-42

Grense Jakobselv, 56, U-20
Gréoux-les-Bains, 21, PA-46
Gresten, 41, RA-42
Gretna, 12, ME-35
Gretvika, 50, QJ-29
Greußen, 47, QA-38
Greve, 36, QE-46
Greven, 46, PJ-37
Grevená, 68, SE-49
Grevenbroich, 46, PE-38
Grevenmacher, 20, PE-40
Grevesmühlen, 47, QE-36
Grey Abbey, 15, LS-35
Greystones-Delgany, 14, LN-36
Grez-en-Bouère, 19, MS-42
Grezzana, 33, QA-44
Gries, 40, QE-42
Griesbach, 45, QN-41
Griesheim, 44, PN-40
Grieskirchen, 41, QN-41
Grignan, 21, NS-45
Grigno, 33, QE-43
Grignols, 22, MS-45
Grillby, 51, RJ-30
Grimaud, 21, PE-46
Grimma, 47, QJ-38
Grimmen, 47, QN-35
Grimo, 53, PE-29
Grimsby, 15, MS-36
Grimslöv, 49, QS-33
Grimsmyrheden, 50, QN-29
Grimstad, 53, PN-31
Grindelwald, 42, PN-43
Grindsted, 48, PN-34
Grinnemo, 50, QJ-29
Grinstad, 50, QJ-31
Griñón, 27, ME-49
Gripenberg, 49, QS-32
Grisolles, 22, NE-46
Grisslehamn, 51, RN-29
Grivica, 67, SS-46
Gröbming, 41, QN-42
Gröbzig, 47, QE-38
Grocka, 65, SA-45
Gröditz, 47, QN-38
Grodków, 63, RJ-39
Grodno, 58, S-35
Grodziec, 60, RN-37
Grodzisk Mazowiecki, 61, SA-37
Grodzisk Wielkopolski, 60, RE-37
Groenlo, 16, PE-37
Grohote, 64, RE-46
Groitzsch, 47, QJ-38
Groix, 17, ME-42
Grójec, 61, SA-38
Grómitz, 47, QA-35
Gromnik, 63, SA-40
Gromo, 32, PN-44
Gronau, B.R.D., 46, PS-37
Gronau, B.R.D., 46, PJ-37
Grong, 56, Q-25
Grönhögen, 51, RE-33
Groningen, D.D.R., 47, QE-38
Groningen, Ned., 16, PE-36
Grönnes, 52, PJ-27
Grono, 42, PS-43
Gronów, 60, RA-38
Grönskåra, 49, RA-32
Gropparello, 32, PS-45
Großarl, 40, QJ-42
Großbeeren, 47, QN-37
Großenbrode, 47, QE-35
Großenhain, 47, QN-38
Großenkneten, 46, PN-37
Großenzersdorf, 41, RE-41
Groß-Gerau, 44, PN-40
Großgerungs, 41, RA-41
Groß Glienicke, 47, QN-37
Großhansdorf, 47, QA-36
Großhartmannsdorf, 45, QN-39
Großkrut, 41, RE-41
Großoberndorf, 45, QE-39
Grosotto, 32, QA-43
Großpertholz, 41, QS-41
Großpetersdorf, 41, RE-42
Großraming, 41, QS-42
Groß Schönau, 47, QS-39
Groß Schönebeck, 47, QN-37
Grosseto, 36, QE-47
Großweikersdorf, 41, RE-41
Groß Wittensee, 46, PS-35

Grumo Appula, 39, RE-49
Grums, 50, QN-30
Grünau, 41, QN-42
Grünberg, 44, PN-39
Grünberg
→ Zielona Góra, 60, RA-38
Grundsund, 50, QE-31
Grünheide, 47, QN-37
Grunow, 47, QS-37
Grünsfeld, 44, PS-40
Grünstadt, 44, PN-40
Grunwald, 61, SA-36
Grupa Gorna, 60, RN-36
Gruvberget, 50, RE-28
Grüwald, 45, QE-41
Gruyères, 42, PJ-43
Gruža, 66, SA-46
Grybów, 63, SA-40
Grycksbo, 50, RA-29
Gryfice (Greifenberg), 60, RA-36
Gryfino, 60, QS-36
Gryfów Śląski, 62, RA-39
Grykë, 66, RS-49
Grymyr, 53, QA-29
Gryt, 49, RE-31
Grythyttan, 50, QS-30
Grytten, 52, PJ-27
Grzmiaca, 60, RE-36
Gschnitz, 40, QE-42
Gstaad, 42, PJ-43
Gstadt, 45, QJ-42
Gsteig, 42, PJ-43
Guadalajara, 27, ME-49
Guadalcanal, 29, LS-51
Guadalortuna, 31, ME-52
Guadalupe, 29, LS-50
Guadarrama, 27, MA-49
Guadix, 31, ME-52
Guagno, 34, PN-47
Gualdo Tadino, 36, QJ-46
Guarcino, 36, QN-48
Guarda, 26, LJ-49
Guardamar de Segura, 30, MS-51
Guardao, 26, LE-49
Guardea, 36, QJ-47
Guardiagrele, 37, QS-47
Guardias Viejas, 30, MJ-53
Guardiola de Berga, 25, NE-47
Guardo, 27, MA-47
Guareña, 28, LN-51
Guasila, 35, PS-50
Guastalla, 33, QA-45
Gubbio, 36, QJ-46
Gubin, 60, QS-38
Guča, 66, SA-46
Gudavac, 64, RE-45
Gudhjem, 49, QS-34
Gudovac, 64, RE-44
Gudvangen, 52, PE-29
Güéjar-Sierra, 31, ME-52
Güeñes, 27, ME-46
Guer, 17, MJ-42
Guérande, 17, MJ-42
Guéret, 19, NE-43
Guérigny, 19, NN-42
Guernica y Luno, 27, MJ-46
Gueugnon, 19, NN-43
Guéméné-Penfao, 17, MN-42
Guéméné-s.-Scorff, 17, ME-41
Guichen, 17, MN-42
Guidizzolo, 33, QA-44
Guidonia, 36, QJ-47
Guignes-Rabutin, 18, NJ-41
Guijo de Granadilla, 28, LN-49
Guijuelo, 26, LS-49
Guildford, 11, MS-38
Guillaumes, 21, PE-45
Guillestre, 21, PE-45
Guilvinec, 17, MA-42
Guimarāis, 26, LE-48
Guimerá, 25, NE-48
Guines, 18, NE-39
Guingamp, 17, ME-41
Guisona, 25, NE-48
Guitiriz, 26, LJ-46
Guîtres, 22, MS-44
Gulbene, 57, T-30
Guldborg, 48, QE-35
Guldmedshyttan, 50, QS-30
Gulen, 52, PA-28
Gulin, 64, RA-46
Guljanci, 67, SS-46
Gullabo, 49, RA-33
Gullaböás, 49, RA-33
Gullaskruv, 49, RA-33
Gullbrå, 52, PE-29
Gullholmen, 50, QE-31
Gullringen, 49, RA-32
Gullspång, 50, QN-31
Gulpen, 16, PA-39
Gulsvik, 53, PN-29
Gültz, 47, QN-36
Gumiel de Hizán, 27, ME-48
Gummersbach, 46, PJ-38
Gundelfingen, 45, QA-41
Gundelsheim, 44, PS-40

Gundertshausen, 40, QJ-41
Gunnarskog, 50, QJ-30
Guntersdorf, 41, RE-41
Guntín, 26, LJ-47
Günzburg, 45, QA-41
Gunzenhausen, 45, QA-40
Gurahonţ, 59, S-40
Gura Humorului, 59, T-40
Guriezo, 27, ME-46
Gurjevsk, 61, SA-35
Gurk, 41, QS-43
Gurkovo, 72, TJ-47
Gurzuf, 59, U-45
Gusev (Gumbinnen), 58, S-35
Gusinje, 66, RS-47
Gusmar, 68, RS-49
Guspini, 35, PN-50
Güssing, 41, RE-42
Gustavsberg, 51, RN-30
Gustavsfors, Sve., 50, QN-29
Gustavsfors, Sve., 50, QJ-30
Güsten, 47, QE-38
Güstrow, 47, QJ-36
Gusum, 49, RE-31
Gutau, 41, QS-41
Gutcher, 12, MS-29
Gütersloh, 46, PN-38
Guttau, 47, QS-38
Gützkow, 47, QN-36
Gvardejsk, 61, SE-35
Gweedore, 14, LE-34
Gy, 20, PA-42
Gylling, 48, QA-34
Gyoma, 43, SA-43
Gyöngyös, 43, RS-42
Györ, 43, RJ-42
Gysinge, 51, RE-29
Gyula, 43, SE-43

H

Haag, B.R.D., 45, QJ-41
Haag, Öst., 41, QN-41
Haag, Öst., 41, QS-41
Haaksbergen, 16, PE-37
Haan, 46, PJ-38
Haapajärvi, 56, S-25
Haapakimola, 55, TE-29
Haapaniemi, 54, SN-29
Haapsalu, 57, S-30
Haar, 45, QE-41
Haarajoki, 55, TE-27
Haarlem, 16, NS-37
Habay-la Neuve, 20, PA-40
Habelschwerdt
→ Bystrzyca Kłodzka, 63, RE-39
Habo, 49, QS-32
Håbol, 50, QJ-31
Habsheim, 20, PJ-42
Hachenburg, 44, PJ-39
Hacketstown, 14, LN-37
Haddington, 13, MJ-34
Hade, 51, RJ-29
Hademarschen, 46, PS-35
Hadersdorf, 41, RA-41
Haderslev, 48, PS-34
Hadimköy, 72, TN-48
Hadleigh, 11, NA-37
Hadsten, 48, QA-33
Hadsund, 48, QA-33
Hægebostad, 53, PJ-31
Hægeland, Nor., 53, PJ-31
Hægeland, Nor., 53, PJ-31
Håfors, 49, QE-32
Hagen, 46, PJ-38
Hagenow, 47, QE-36
Hagetmau, 22, MS-46
Hagfors, 50, QN-29
Häggebo, 50, RE-34
Haguenau, 20, PJ-41
Haidmühle, 45, QN-41
Hailsham, 11, NA-33
Hailuoto, 56, S-20
Hainburg, 41, RE-41
Hainfeld, 41, RA-41
Hainichen, 45, QN-39
Hajdúböszörmény, 43, SE-42
Hajdúdorog, 43, SE-42
Hajdúnánás, 43, SE-42
Hajnówka, 61, SN-37
Håkantorp, 49, QJ-31
Hakkas, 56, S-20
Hakkenpáá, 54, SE-29
Häkkilä, 55, TJ-27
Halahult, 49, RA-33
Hålandsdal, 53, PA-29
Halberstadt, 47, QE-38
Hald, 48, PS-33
Haldagerlille, 48, QE-34
Halden, 52, QE-30
Haldensleben, 47, QE-37
Halesowen, 10, MJ-37
Halesworth, 11, NE-37
Halfweg, 16, NS-37
Halifax, 15, MN-36
Halkia, 55, TA-29
Halkivaha, 54, SN-28
Halkosaari, 54, SJ-27
Hall, 48, PS-33
Halle, Bel., 16, NS-39

92 Halle

Halle, B.R.D., 46, PN-37
Halle, D.D.R., 47, QE-38
Hälle, Sve., 50, QE-30
Hälleforsnäs, 51, RE-30
Hallein, 40, QN-42
Hallencourt, 18, NE-40
Hällevadsholm, 50, QE-31
Hällevik, 49, QS-33
Hälleviksstrand, 50, QE-31
Halli, 55, SS-28
Hallingby, 53, QA-29
Hällingsjö, 49, QJ-32
Hållnäs, 51, RJ-29
Hallsberg, 50, RA-30
Hallstadt, 45, QA-40
Hallstahammar, 50, RE-30
Hallstatt, 41, QN-42
Hallstavik, 51, RN-29
Halluin, 18, NN-39
Halmstad, 49, QJ-33
Halne, 53, PJ-29
Hals, 48, QA-33
Halsa, 52, PN-27
Halstead, 11, NA-38
Halsua, 54, SS-26
Haltdalen, 52, QE-27
Haltern, 46, PJ-38
Haltvik, 53, PA-29
Haltwhistle, 13, MJ-35
Ham, Fr., 18, NN-40
Ham, U.K., 12, MJ-29
Hamar, 52, QE-29
Hambergen, 46, PN-36
Hamburg, 46, PS-36
Hamburgsund, 50, QE-31
Hämeenkyrö, 54, SN-28
Hämeenlinna, 54, SS-29
Hameln, 46, PS-36
Hamidiye, 72, TE-48
Hamilton, 13, MA-34
Hamina, 55, TJ-29
Hamlagröosen, 53, PA-29
Hamm (Westf.), 46, PJ-38
Hammar, 50, RA-31
Hammarby, 51, RE-29
Hammarland, 54, RS-29
Hammarö, 50, QN-30
Hammarstrand, 57, R-25
Hamme, 16, NS-38
Hammel, 48, PS-33
Hammelburg, 44, PS-39
Hammerdal, 56, R-25
Hammerfest, 56, S-15
Hammershøj, 48, PS-33
Hammerum, 48, PS-33
Hamra, 51, RN-33
Hamrångefjärden, 51, RJ-29
Hamre, 53, PA-29
Hån, 50, QE-30
Hanau, 44, PN-39
Handen, 51, RN-30
Handlová, 63, RN-41
Hanestad, 52, QA-28
Hangö, 54, SJ-30
Hanhivirta, 55, TN-27
Hankamäki, 55, TN-26
Hankasalmi, 55, TE-27
Hankavesi, 55, TE-27
Hankensbüttel, 47, QA-37
Hanko, 53, QA-30
Hanko, 54, SJ-30
Hanley, 10, MJ-36
Hannalanpelto, 55, TN-28
Hannover, 46, PS-37
Hannut, 16, PA-39
Hanö, 49, QS-33
Han Pijesak, 65, RN-45
Hansted, 48, PN-32
Hanušovice, 63, RE-39
Haparanda, 56, S-20
Harads, 56, S-20
Haram, 52, PE-27
Harboøre, 48, PN-33
Harburg, 46, PS-36
Hardenberg, 16, PE-37
Harderwijk, 16, PA-37
Hareid, 52, PA-27
Harelbeke, 16, NN-39
Haren, B.R.D., 46, PJ-37
Haren, Ned., 16, PE-36
Harewood, 15, MN-36
Harfleur, 18, NA-40
Harg, Sve., 51, RN-29
Hargshamn, 51, RN-29
Harinkaa, 55, TE-27
Harjula, 54, SJ-27
Harjumaa, 55, TJ-28
Harkány, 43, RN-44
Harklowa, 63, SA-40
Harlaching, 45, QE-41
Harlech, 10, MA-37
Harleston, 11, NE-37
Harlingen, 16, PA-36
Harlösa, 49, QN-34
Harlow, 11, NA-38
Harmanli, 72, TA-48
Harnäs, 51, RJ-29
Härnösand, 57, R-25
Haro, 27, MJ-47
Harplinge, 49, QJ-33
Harrachov, 62, RA-39
Harrogate, 15, MN-36
Harstad, 56, R-20
Hartberg, 41, RE-41
Hartha, 47, QJ-38
Hartlepool, 15, MN-35
Hartmanice, 62, QN-40
Hartola, 55, TA-28
Harville, 20, PA-40
Harwich, 11, NE-38
Harzgerode, 47, QE-38
Haselünne, 46, PJ-37
Haßfurt, 45, QA-39
Haskovo, 72, TA-48
Hasköy, 72, TE-48
Haslach, 44, PN-41
Hasle, 49, QS-34
Haßleben, 47, QN-36
Haslemere, 11, MS-38
Haslev, 48, QE-34
Haßloch, 44, PN-40
Hasparren, 22, MN-46
Hassel, 46, PS-37
Hasselfelde, 47, QA-38
Hasselfors, 50, QS-30
Hasselt, 16, PA-39
Hasselvik, 52, PS-26
Hässleholm, 49, QN-33
Hasslö, 49, RA-33
Hästbo, Sve., 51, RJ-29
Hästbo, Sve., 51, RE-29
Hastings, 11, NA-39
Hästveda, 49, QN-33
Hasvik, 56, S-15
Hat', 63, RN-40
Hațeg, 59, S-40
Hatfield, 11, MS-38
Hatherleigh, 10, MA-39
Hattem, 16, PE-37
Hattfjelldal, 56, Q-20
Hattingen, 46, PJ-38
Hattula, 54, SS-28
Hattuvaara, 55, UA-26
Hatvan, 43, RS-42
Haubourdin, 18, NJ-39
Haugastöl, 53, PJ-29
Haugesund, 53, PA-30
Haughom, 53, PE-31
Haugsdorf, 41, RE-41
Hauho, 54, SS-28
Haukeligrend, 53, PJ-30
Haukeliseter, 53, PJ-30
Haukimäki, 55, TE-26
Haumont, 18, NN-39
Haunersdorf, 45, QJ-41
Haunstetten, 45, QA-41
Haus, 53, PA-29
Hausjärvi, 55, SS-29
Hausmannstätten, 41, RA-43
Hauteville, 21, PA-44
Hauzenberg, 45, QN-41
Havdhem, 51, RN-32
Havelberg, 47, QJ-37
Haverfordwest, 10, MA-38
Haverhill, 11, NA-37
Håverud, 50, QJ-31
Havířov, 63, RN-40
Hävla, 50, RA-31
Havlíčkův Brod, 62, RA-40
Havstenssund, 50, QE-31
Havza, 72, TE-48
Hawes, 15, MJ-35
Hawick, 13, MJ-34
Haya de Santa María, 28, LN-52
Hayange, 20, PA-40
Hayant, 11, MS-38
Haydon Bridge, 13, MJ-35
Häyhtiönma, 54, SJ-28
Hayle, 10, LS-39
Hayrabolu, 72, TJ-48
Hazebrouck, 18, NJ-39
Heacham, 11, NA-37
Headcorn, 11, NA-38
Headford, 14, LA-36
Heanor, 11, MN-36
Heby, 51, RE-30
Hechingen, 44, PN-41
Hecho, 24, MS-47
Heckelberg, 47, QN-37
Hedal, 53, PS-29
Hede, 57, Q-25
Hedehusene, 48, QJ-34
Hedemora, 50, RE-29
Hedenäset, 56, S-20
Hedensted, 48, PS-34
Hedon, 15, MS-36
Hedrum, 53, QA-30
Heede, 46, PJ-37
Heemstede, 16, NS-37
Heerenveen, 16, PA-37
Heerlen, 16, PA-39
Hegge, 52, PS-28
Hegyeshalom, 43, RJ-42
Heidal, 52, PS-28
Heide, 46, PS-35
Heideck, 45, QE-40
Heidelberg, 44, PN-40
Heidenheim, 44, QA-41
Heidenreichstein, 41, RA-41
Heiderscheid, 20, PA-40
Heilbronn, 44, PS-40
Heiligenblut, 40, QJ-42
Heiligendamm, 47, QE-35
Heiligenhafen, 47, QA-35
Heiligenkreuz, Öst., 41, RE-43
Heiligenkreuz, Öst., 41, RE-41
Heiligenstadt, 46, QA-38
Heiloo, 16, NS-37
Heilsbronn, 45, QA-40
Heimala, 55, TJ-29
Heinäkangas, 55, SS-28
Heinävaara, 55, UA-27
Heinävesi, 55, TN-27
Heinersdorf, 47, QS-37
Heinjoki, 54, SJ-29
Heinola, Suomi, 55, TE-28
Heinola, Suomi, 55, TE-28
Heinsberg, 46, PE-38
Heist, 16, NN-38
Heist-op-den-Berg, 16, NS-38
Heitjärvi, 55, TA-26
Heittola, 54, SJ-28
Heituinlahti, 55, TJ-28
Hejde, 51, RN-32
Hejlsminde, 48, PS-34
Hel, 60, RN-35
Helbra, 47, QE-38
Heldal, 53, PN-31
Heldburg, 45, QA-39
Heldöla, 53, PS-31
Heldrungen, 47, QE-38
Helenenberg, 44, PE-40
Helensburgh, 13, MA-33
Hella, 52, PE-28
Hellandsjo, 52, PN-27
Hellebæk, 48, QE-33
Helleland, 53, PE-31
Hellenthal, 44, PE-39
Hellevik, 52, PA-28
Hellevoetsluis, 16, NS-38
Hellin, 30, MN-51
Helmbrechts, 45, QE-39
Helmond, 16, PA-38
Helmsdale, 12, ME-31
Helmsley, 15, MN-35
Helmstedt, 47, QA-37
Hel'pa, 63, RS-41
Helsingborg, 49, QJ-33
Helsinge, 48, QJ-33
Helsingfors, 55, SS-29
Helsingin Pit Helsinge, 55, SS-29
Helsingør, 48, QJ-33
Helsinki, 55, SS-29
Helsinkinranta, 54, SE-29
Helston, 10, LS-39
Hemau, 45, QE-40
Hemel Hempstead, 11, MS-38
Hemer, 46, PJ-38
Hemfosa, 51, RJ-30
Hemmesjö, 49, QS-33
Hemne, 52, PN-26
Hemnes, 53, QE-30
Hemre, 52, QE-26
Hemse, 51, RN-32
Hemsedal, 52, PN-29
Hemsjö, Sve., 49, QS-33
Hemsjö, Sve., 49, QJ-32
Hen, 52, PJ-27
Henån, 50, QE-31
Hendaye, 22, MN-46
Hendy, 10, MA-38
Henfield, 11, MS-39
Hengelo, 16, PE-37
Hengersberg, 45, QN-41
Heni, 53, QA-29
Henin-Lietard, 18, NN-39
Hennebont, 17, ME-42
Hennef, 44, PJ-39
Hennestrand, 48, PN-34
Hennigsdorf, 47, QN-37
Henrichemont, 19, NJ-42
Henryków, 63, RJ-39
Heppenheim, 44, PN-40
Herad, 53, PS-29
Herbault, 19, NE-42
Herbertstown, 14, LE-37
Herbignac, 17, MJ-42
Herborn, 44, PN-39
Herbrechtingen, 44, QA-41
Herbstein, 44, PS-39
Herby, 63, RN-39
Hercegnovi, 66, RN-47
Herdla, 53, NS-29
Hereford, 10, MJ-37
Herefoss, 53, PN-31
Herencia, 29, ME-50
Herentals, 16, NS-38
Herford, 46, PN-37
Héric, 17, MN-42
Héricourt, 20, PE-42
Heringsdorf, 47, QS-36
Herisau, 42, PS-42
Hérisson, 19, NJ-43
Herleshausen, 44, QA-38
Hermagor, 41, QN-43
Hermanstorp, 49, RA-33
Heřmanův-Městec, 62, RA-40
Herment, 23, NJ-44
Hermeskeil, 44, PE-40
Hermsdorf, 45, QE-39
Hernani, 27, MJ-46
Hernán-Pérez, 28, LN-49
Hernansancho, 27, MA-49
Herne, 46, PJ-38
Herne Bay, 11, NE-38
Herning, 48, PN-33
Heroldsberg, 45, QE-40
Heröy, 52, PA-27
Herräng, 51, RN-29
Herraskylä, 54, SN-27
Herrenalb, 44, PN-41
Herrenberg, 44, PN-41
Herrera, Esp., 29, MA-52
Herrera, Esp., 24, MN-48
Herrera de Alcántara, 28, LJ-50
Herrera del Duque, 29, LS-50
Herrera de Pisuerga, 27, MA-47
Herreruela, 28, LJ-50
Herritslev, 48, QE-35
Herrljunga, 49, QN-31
Hersbruck, 45, QE-40
Herstal, 16, PA-39
Herten, 46, PJ-38
Hertford, 11, MS-38
Hervás, 29, LS-49
Herve, 16, PA-39
Hervik, 53, PA-30
Herzberg, B.R.D., 46, QA-38
Herzberg, D.D.R., 47, QJ-37
Herzberg, D.D.R., 47, QN-38
Herzfelde, 47, QN-37
Herzogenaurach, 45, QA-40
Herzogenbuchsee, 42, PJ-42
Herzogenburg, 41, RA-41
Hesdin, 18, NJ-39
Hesel, 46, PJ-36
Heskestad, 53, PE-31
Hessdalen, 52, QE-27
Hessen, 47, QA-37
Hessenthal, 44, PS-40
Hessisch Lichtenau, 46, PS-38
Hestad, 52, PA-28
Hettstedt, 47, QE-38
Heudeber, 47, QA-38
Heusweiler, 44, PE-40
Heves, 43, SA-42
Hévíz, 43, RJ-43
Hexham, 13, MJ-35
Heyrieux, 21, PA-44
Heysham, 15, MJ-35
Hidinge, 50, QS-30
Hidra, 53, PE-31
Hieflau, 41, QS-42
Higham Ferrers, 11, MS-37
Highbridge, 10, MJ-38
High Wycombe, 11, MS-38
Higuera de Arjona, 29, ME-52
Higuera de la Serena, 29, LS-51
Higuera de la Sierra, 28, LN-52
Higuera de Llerena, 28, LN-51
Higuera de Vargas, 28, LJ-51
Higuera la Real, 28, LN-51
Higueruela, 30, MN-51
Hiirijärvi, 54, SJ-28
Hijar, 24, MS-48
Hildburghausen, 45, QA-39
Hilden, 46, PE-38
Hildesheim, 46, PS-37
Hillared, 49, QN-32
Hillebola, 51, RJ-29
Hillegom, 16, NS-37
Hillerød, 48, QJ-34
Hillerstorp, 49, QN-32
Hillestad, 53, QA-30
Hill of Fearn, 12, ME-32
Hilltown, 15, LN-35
Hilpoltstein, 45, QE-40
Hilvarenbeek, 16, PA-38
Hilversum, 16, PA-37
Himarë, 68, RS-49
Hinckley, 11, MN-37
Hindås, 49, QJ-32
Hindelang, 45, QA-42
Hindenburg → Zarbze, 63, RN-39
Hinnerjoki, 54, SJ-29
Hinneryd, 49, QN-33
Hinojal, 28, LN-50
Hinojos, 28, LN-52
Hinojosa del Duque, 29, LS-51
Hinojosa del Valle, 28, LN-51
Hinojosa de San Vicente, 29, MA-49
Hinterbichl, 40, QJ-42
Hintersee, D.D.R., 47, QS-36
Hintersee, Öst., 41, QN-42
Hinterstoder, 41, QS-42
Hintertux, 40, QE-42
Hîrlău, 59, T-40
Hirsau, 44, PN-41
Hirschau, 45, QE-40
Hirschberg, 45, QE-39
Hirschberg → Jelenia Góra, 62, RA-39
Hirson, 18, NS-40
Hîrsova, 59, T-45
Hirtshals, 48, PS-32
Hirvlax, 54, SJ-26
Hisar, 72, TS-48
Hitchin, 11, MS-38
Hitis Hiittinen, 54, SJ-30
Hitra, 52, PN-26
Hittisau, 40, PS-42
Hitzacker, 47, QE-36
Hjallerup, 48, QA-32
Hjältevad, 49, RA-32
Hjartdal, 53, PN-30
Hjelle, 52, PJ-28
Hjelme, 53, NS-29
Hjelmeland, 53, PE-30
Hjerkinn, 52, PS-27
Hjerting, 48, PN-34
Hjo, 49, QS-31
Hjørring, 48, PS-32
Hjorted, 49, RE-32
Hjortkvarn, 50, RA-31
Hjörundfjord, 52, PE-27
Hjuksebo, 53, PS-30
Hjulbäck, 50, QS-29
Hjulsjö, 50, QS-30
Hjulsta, 51, RJ-30
Hjuvik, 49, QE-32
Hlinsko, 62, RA-40
Hlohovec, 63, RJ-41
Hluboká n. Vltavou, 62, QS-40
Hlučín, 63, RN-40
Hniezdne, 63, SA-40
Hoboken, 16, NS-38
Hobro, 48, PS-33
Hoburgen, 51, RN-33
Höchberg, 44, PS-40
Hochdorf, 42, PN-42
Höchst, 44, PN-40
Höchstadt, 45, QA-40
Hochwolkersdorf, 41, RE-42
Hockenheim, 44, PN-40
Hoddesdon, 11, MS-38
Hodkovice n. Mohelkou, 62, RA-39
Hódmezővásárhely, 43, SA-43
Hodöl, 52, QE-27
Hodonin, 63, RJ-41
Hodoš, 64, RE-43
Hodošan, 64, RE-43
Hoedekenskerke, 16, NN-38
Hoek van Holland, 16, NS-38
Hoenderlo, 16, PA-37
Hoensbroek, 16, PA-39
Hof, B.R.D., 45, QE-39
Hof, Nor., 50, QJ-29
Hofgeismar, 46, PS-38
Hofheim, B.R.D., 45, QA-39
Hofheim, B.R.D., 44, PN-39
Hofors, 50, RE-29
Höganäs, 49, QJ-33
Högboda, 50, QJ-30
Högby, 51, RJ-32
Hogdal, 50, QE-30
Högen, 50, QE-31
Höghult, 49, RE-32
Högsäter, Sve., 50, QJ-31
Högsäter, Sve., 50, QJ-30
Högsäter, 53, QE-31
Högsby, 49, RE-32
Hőgyész, 43, RN-43
Hohenau, 41, RE-41
Hohenberg, 41, RA-42
Hoheneggelsen, 46, QA-37
Hohenlimburg, 46, PJ-38
Hohenlinden, 45, QJ-41
Hohen Neuendorf, 47, QN-37
Hohenschwangau, 45, QA-42
Hohenwarth, 41, RA-41
Hohenwestedt, 46, PS-35
Hohultslätt, 49, RA-33
Hoisko, 54, SN-26
Höjby, 48, QE-34
Höje, 50, QN-30
Højer, 48, PN-35
Hok, 49, QS-32
Hökön, 49, QS-33
Hol, 53, PN-29
Holbæk, 48, QE-34
Holbeach, 11, NA-37
Höle, 53, PA-31
Holešov, 63, RJ-40
Holíč, 63, RJ-41
Holice, 62, RA-39
Holla, 53, PS-30
Hollabrunn, 41, RE-41
Hollenstein a. d. Ybbs, 41, QS-42
Hollfeld, 45, QE-40
Hollola, 55, TA-28
Hollum, 16, PA-36
Höllviksnäs, 49, QJ-34
Holmedal, 53, PA-30
Holmegil, 53, QE-30
Holmestrand, 53, QA-30
Holmfors, 56, R-20
Holmöy, 52, PE-28
Holmsbu, 53, QA-30
Holmsund, 56, S-25
Holmsveden, 51, RE-28
Holöydal, 52, QE-27
Holsbybrunn, 49, RA-32
Holsen, 52, PE-28
Holseter, 52, PS-28
Holsljunga, 49, QN-32
Holstebro, 48, PN-33
Holsted, 48, PN-34
Holsworthy, 10, MA-39
Holt, 11, NE-37
Holtenau, 46, QA-35
Holtet, 50, QJ-29
Holum, 53, PJ-31
Holwerd, 16, PA-36
Holycross, 14, LJ-37
Holyhead, 10, MA-36
Holýšov, 62, QN-40
Holywood, 15, LS-35
Holzhausen, 44, PJ-39
Holzkirchen, 45, QE-42
Holzminden, 46, PS-38
Homberg, B.R.D., 46, PS-38
Homberg, B.R.D., 46, PE-38
Homberg, B.R.D., 44, PN-39
Homburg, B.R.D., 44, PJ-40
Homrogd, 43, SA-41
Hondón de las Nieves, 30, MS-51
Hönefoss, 53, QA-29
Honfleur, 18, NA-40
Høng, 48, QE-34
Höngen, 44, PE-39
Honiton, 10, ME-39
Honkajoki, 54, SJ-28
Honkilahti, 54, SJ-29
Honko, 54, SJ-27
Honkola, 55, TA-27
Honningsvåg, 56, T-15
Hönö, 48, QE-32
Honrubia, 24, MJ-50
Hontalbilla, 27, MA-48
Hontianske-Nemce, 63, RN-41
Hontomín, 27, ME-47
Hontoria del Pinar, 27, ME-48
Hoogerheide, 16, NS-38
Hoogeveen, 16, PE-37
Hoogezand-Sappemeer, 16, PE-36
Hoogstraten, 16, NS-38
Höör, 49, QN-34
Hoorn, 16, PA-37
Hopen, 52, PJ-26
Hopfgarten, 40, QJ-42
Hopsten, 46, PJ-37
Hoptrup, 48, PS-34
Horažďovice, 62, QN-40
Horb, 44, PN-41
Hörby, 49, QN-34
Horcajo de los Montes, 29, MA-50
Horcajo de Santiago, 29, MJ-50
Horcajo-Medianero, 26, LS-49
Horda, Sve., 49, QS-32
Horda, Nor., 53, PE-30
Hordabö, 53, NS-29
Horeb, 10, MA-37
Horezu, 59, S-40
Horg, 52, QA-26
Horgen, 42, PN-42
Horgoš, 65, RS-43
Hořice, 62, RA-39
Horka, 47, QS-38
Hörken, 50, QS-29
Horn, B.R.D., 46, PN-38
Horn, Öst., 41, RA-41
Horn, Sve., 49, RA-32
Hornachos, 28, LN-51
Hornachuelos, 29, LS-52
Horná Mariková, 63, RN-40
Horná Štubňa, 63, RN-41
Hornbæk, 48, QE-33
Hornburg, 47, QA-37
Horncastle, 11, MS-36
Horndal, 50, RE-29
Horne, 48, QA-34
Horneburg, 46, PS-36
Hörnefors, 56, S-25
Horní Benešov, 63, RJ-40
Horní Cerekev, 62, RA-40
Horní Maršov, 62, RA-39
Hornindal, 52, PE-28
Horní Planá, 62, QS-41
Horní Počernice, 62, QS-39
Horní Slavkov, 62, QJ-39
Horní Vltavice, 62, QN-41
Hornnes, 53, PJ-31
Hornos, 29, MJ-51
Hornsea, 15, MS-36
Hornslet, 48, QA-33
Hornu, 16, NN-39
Hörnum, 48, PN-35
Hořovice, 62, QN-40
Horred, 49, QJ-32
Horrmundsbruket, 50, QN-28
Horseleap, 14, LE-36
Horsens, 48, PS-34
Horsey, 11, NE-37
Horsham, 11, MS-38
Hørsholm, 48, QJ-34
Horšovský Tyn, 62, QN-40
Horst, 16, PE-38
Hort, 43, RS-42
Horten, 53, QA-30
Hortigüela, 27, ME-47
Horton, 10, MJ-39
Horvicken, 49, QS-33
Hosanger, 53, PA-29
Hösbach, 44, PS-39
Hospital de Órbigo, 26, LS-47
Hospitalet, 25, NJ-48
Hospitalet del Infante, 24, NA-48
Hossegor, 22, MN-46
Hostel, 52, PA-29
Hotagen, 56, Q-25
Hotavlje, 64, QS-43
Hotel, 13, LS-33
Hoting, 56, R-25
Hötzelsdorf, 41, RA-41
Houdan, 18, NE-41
Houeillès, 22, MS-45
Houffalize, 16, PA-39
Houghton le Spring, 15, MN-35
Hourtin, 22, MN-44
Hourtin-Plage, 22, MN-44
Houtskär, 54, SE-29
Houtskari, 54, SE-29
Hov, Den., 31, LN-52
Hov, Nor., 53, QA-29
Hova, 50, QS-31
Hövag, 53, PN-31
Hovås, 49, QE-32
Hovda, 52, PS-29
Hove, 11, MS-39
Hövelhof, 46, PN-38
Hoven, 48, PN-34
Hovet, 53, PN-29
Hovězí, 63, RN-40
Hovmantorp, 49, RA-33
Hovslätt, 49, QS-32
Howden, 15, MS-36
Howth, 14, LN-36
Höxter, 46, PS-38
Hoy, 12, ME-31
Hoya, 46, PS-37
Hoya-Gonzalo, 30, MN-51
Höyanger, 52, PE-28
Höydal, 52, PE-27
Hoyerswerda, 47, QS-38
Hoyos, 28, LN-49
Hradec, 63, RJ-40
Hradec-Králové, 62, RA-39
Hrádek n. Nisou, 62, QS-39
Hranice, 63, RJ-40
Hranovnica, 63, SA-41
Hřensko, 62, QS-39
Hrhov, 63, SA-41
Hriňová, 63, RS-41
Hrob, 62, QN-39
Hrochův-Týnec, 62, RA-40
Hronov, 62, RE-39
Hronský-Beňadik, 63, RN-41
Hrotovice, 62, RE-40
Hrubieszów, 58, S-35
Hrušovany n. Jevišovkou, 62, RE-41
Hrvaćani, 64, RJ-45
Huben, 40, QJ-43
Hubová, 63, RS-40
Hückelhoven-Ratheim, 46, PE-38
Hückeswagen, 46, PJ-38
Hucknall, 11, MN-36
Huddersfield, 15, MN-36
Huddinge, 51, RJ-30
Hude, 46, PN-36
Hudiksvall, 51, RJ-28
Huelago, 31, ME-52
Huelgoat, 17, ME-41
Huelma, 31, ME-52
Huelva, 28, LJ-52
Huéneja, 31, MJ-52
Huércal-Overa, 30, MJ-52
Huerta del Rey, 27, ME-48
Huerta de Valdecarábanos, 29, ME-50
Huesa, 31, ME-52
Huesca, 24, MS-47
Huéscar, 29, MJ-52
Huete, 29, MJ-49
Hueto Abajo, 27, MJ-47
Hugnerud, 50, QJ-30
Huhtilampi, 55, UA-27
Huittinen, 54, SJ-28
Huizen, 16, PA-37
Hukkala, 55, TS-27
Hulin, 63, RJ-40
Hullaryd, 49, QS-32
Hulls, 15, MS-36
Hulst, 16, NS-38
Hult, Sve., 50, QN-30
Hult, Sve., 49, RA-32
Hultafors, 49, QJ-32
Hultsfred, 49, RA-32
Humada, 27, MA-47
Humlebæk, 48, QJ-34
Humlum, 48, PN-33
Humpolec, 62, RA-40
Humppi, 55, SS-27
Humppila, 54, SN-29
Hundeluft, 47, QJ-38
Hundested, 48, QE-34
Hunedoara, 59, S-40
Hünfeld, 44, PS-39
Hungen, 44, PN-39
Hungerford, 11, MN-38
Hunnebostrand, 50, QE-31
Hunstanton, 11, NA-37
Huntingdon, 11, MS-37
Huntley, 10, MJ-38
Huntly, 12, MJ-32
Hurdal, 53, QA-29
Hurlers Cross, 14, LE-37
Hürth, 44, PE-39
Hurum, Nor., 53, QA-30
Hurum, Nor., 52, PN-28
Hurup, 48, PN-33
Husbands Bosworth, 11, MN-37
Husby, 51, RE-31
Husby-Långhundra, 51, RN-30
Huşi, 59, T-40
Husinish, 12, LJ-32
Huskvarna, 49, QS-32
Hustad, 52, PE-27
Husum, B.R.D., 46, PN-37
Husum, B.R.D., 46, PS-35
Huszlew, 61, SJ-37
Huta Zawadzka, 61, SA-38

I

Hüttenberg, 41, QS-43
Hüttental, 44, PJ-39
Huttwil, 42, PJ-42
Huy, 16, RA-39
Hvaler, 53, QA-30
Hvalpsund, 48, PS-33
Hvalsø, 48, QE-34
Hvar, 37, RE-46
Hvide Sande, 48, PN-34
Hyen, 52, PA-28
Hyères, 21, PE-46
Hylestad, 53, PJ-30
Hyllestad, 52, PA-28
Hynnekleiv, 52, PN-31
Hyrynsatmi, 56, T-25
Hyssna, 49, QJ-32
Hythe, U.K., 11, MN-39
Hythe (Haven), U.K., 11, NE-38
Hyvinkää, 55, SS-29

I

Iam, 65, SE-44
Iaşi, 59, T-40
Iballë, 68, RS-47
Ibarranguelua, 27, MJ-46
Ibbenbüren, 46, PJ-37
Ibeas de Juarros, 27, ME-47
Ibi, 30, MS-51
Ibias, 26, LN-46
Ibiza, 30, NE-51
Ibriktepe, 72, TE-48
Iburg, 46, PN-37
Içera, 72, TE-47
Idanha-a-Nova, 28, LJ-50
Idar-Oberstein, 44, PJ-40
Idhra, 70, SN-52
Idre, 57, Q-25
Idrija, 64, QS-44
Idstein, 44, PN-39
Ieper, 16, NJ-39
Ierápetra, 71, TA-54
Ierissós, 69, SN-49
Ieropiyi, 68, SE-49
Iesi, 36, QN-46
Iesolo, 33, QJ-44
Ifanes, 26, LN-48
Ig, 64, QS-44
Igal, 43, RJ-43
Igalo, 66, RN-47
Igelbäcken, 50, QS-31
Igelfors, 50, RA-31
Iggesund, 51, RJ-28
Iglesias, 35, PN-50
Iğneada, 72, TJ-48
Igoumenítsa, 68, SA-50
Igrane, 64, RJ-46
Igualada, 25, NE-48
Iharosbereny, 43, RJ-43
Ihringen, 44, PJ-41
Ihtiman, 67, SN-47
Iiica, 72, TJ-50
Iitiä, 55, TJ-28
Iittala, 54, SS-28
Iitti, 55, TE-29
IJmuiden, 16, NS-37
IJzendijke, 16, NN-38
Ikaalinen, 54, SN-28
Ikast, 48, PS-33
Ilandža, 65, SA-44
Ilanz, 42, PS-43
Iława, 61, RS-36
Ilchester, 10, MJ-38
Ilfracombe, 10, MA-38
Ílhavo, 26, LE-49
Ilidža, 66, RN-46
Ilijaš, 66, RN-46
Ilirska Bistrica, 64, QS-44
Ilkeston, 11, MN-37
Ilkley, 15, MN-36
Illana, 29, MJ-49
Illano, 26, LN-46
Illertissen, 44, QA-41
Illescas, 27, ME-49
Ille-s.-la-Tet, 23, NJ-47
Illiers, 19, NE-41
Illmitz, 41, RE-42
Illo, 54, SN-28
Íllora, 31, ME-52
Illueca, 24, MN-48
Ilmajoki, 54, SJ-27
Ilmenau, 45, QA-39
Iłok, 65, RS-44
Iłowa, 60, RA-38
Iłowiec, 60, RE-36
Iłowo, 61, SA-36
Ilsalmi, 56, T-25
Ilsenburg, 47, QA-38
Ilvesjoki, 54, SJ-27
Ilz, 41, RA-42
Iłża, 61, SE-38
Imatra, 55, TN-28
Imer, 33, QE-43
Immenstadt, 44, QA-42
Immingham, 13, MS-36
Imola, 33, QE-45
Imotski, 64, RJ-46
Imperia, 32, PN-46
Imranli, 72, TN-49
Imroz, 72, TJ-49
Imsland, 53, PA-30
Imst, 40, QA-42
Ina, 54, SN-26
Inagh, 14, LA-37
Inari, Suomi, 55, UA-26
Inari, Suomi, 56, T-20
Inchigeela, 14, LA-38

Inchnadamph, 12, MA-31
Incisa in Val d'Arno, 33, QE-46
Indija, 65, SA-44
Indre Arna, 53, PA-29
Indre Matre, 53, PE-30
Inebolu, 59, UN-48
Inece, 72, TJ-48
Inecik, 72, TJ-49
Ineu, 59, S-40
Infiesto, 27, LS-46
Ingå, 54, SS-29
Ingelheim, 44, PN-40
Ingelstad, 49, RS-33
Ingolstadt, 45, QE-41
Ingrandes, 19, MS-42
Iniesta, 30, MN-50
Inistioge, 14, LJ-37
Inkeroinen, 55, TE-29
Inkoo, 54, SS-29
Innellan, 13, MA-34
Innertkirchen, 42, PN-43
Innfield, 14, LN-36
Inning, 45, QE-41
Innsbruck, 40, QE-42
Innset, 52, QA-27
Innvik, 52, PE-28
Inowłódz, 61, SA-38
Inowrocław, 60, RN-37
Ins, 42, PJ-42
Inseros, 49, QJ-32
Insjön, 50, RA-29
Ińsko, 60, RA-36
Insuráței, 59, T-45
Interlaken, 42, PJ-43
Intra, 32, PN-44
Inveraray, 13, LS-33
Inverbervie, 13, MJ-33
Invergordon, 12, MA-32
Invermoriston, 13, MA-32
Inverness, 12, MA-32
Inveroran Hotel, 13, MA-33
Inversnaid, 13, MA-33
Inverurie, 13, MJ-32
Inzell, 45, QJ-42
Ioánnina, 68, SA-50
Ios, 71, TA-53
Iphofen, 45, QA-40
Ipsala, 72, TJ-49
Ipswich, 11, NE-37
Iráklela, 69, SN-48
Iráklion Candia, 71, TA-54
Irdning, 41, QE-42
Iregszemcse, 43, RJ-43
Irig, 65, RS-44
Irún, 27, MN-46
Irurzun, 27, MN-46
Irvine, 13, MA-34
Irvinestown, 12, LJ-35
Isaba, 24, MS-47
Isbister, 12, MN-29
Iscar, 27, MA-48
Ischia, 37, QN-49
Isdes, 19, NJ-42
Iselle, 32, PN-43
Iseo, 32, QA-44
Iserlohn, 46, PJ-38
Isernia, 37, QS-48
Ishm, 66, RS-48
Isigny, 17, MN-40
Isili, 35, PN-50
Iskrec, 67, SN-47
Isla Cristina, 28, LJ-52
Islaz, 67, SS-46
Isle of Whithorn, 13, MA-35
Ismaning, 45, QE-41
Isnäs, 55, TA-29
Isny, 44, QA-32
Iso-Evo, 55, TA-28
Isojoki, 54, SE-27
Isola, 21, PJ-45
Isola del Cantone, 32, PN-45
Isola del Gran Sasso d'Italia, 36, QN-47
Isola della Scala, 33, QA-44
Isola del Liri, 36, QN-48
Isola di Capo Rizzuto, 39, RJ-51
Isona, 25, NE-47
Ispica, 38, QS-53
Issime, 32, PJ-44
Issoire, 23, NN-44
Issoudun, 19, NE-43
Is-s.-Tille, 20, PA-42
Istanbul, 72, TN-48
Istha, 46, PS-38
Isthmía, 70, SJ-52
Istiaía, 70, SN-51
Istok, 66, SA-47
Istrana, 33, QJ-44
Istres, 21, PE-46
Istunmäki, 55, TE-27
Itchen, 11, MN-39
Itéa, Ellás, 69, SJ-51
Itéa, Ellás, 69, SJ-50
Itháki, 68, SA-51
Itri, 36, QN-48
Ittiri, 35, PN-49
Itzehoe, 46, PS-36
Ivacevići, 58, V-38
Ivajlovgrad, 72, TE-48
Ivalo, 56, T-20
Ivančice, 62, RA-41
Ivanec, 64, RE-43

Ivangrad, 66, RS-47
Ivanić-Grad, 64, RE-44
Ivanjica, 66, SA-46
Ivanjska, 64, RJ-45
Ivankovo, 65, RN-44
Ivanovo, Blg., 72, TA-48
Ivanovo, S.S.S.R., 58, T-35
Ivanski, 72, TJ-46
Iveland, 53, PJ-31
Ivje, 58, T-35
Ivö, 49, QS-33
Ivrea, 32, PJ-44
Ivybridge, 10, ME-39
Iwiny, 60, RA-38
Ixworth, 11, NA-37
Izbica, 60, RS-35
Izbica Kujawska, 60, RN-37
Izbicko, 63, RN-39
Izegem, 16, NN-39
Izmail, 59, T-46
Izmir, 71, TJ-51
Iznájar, 31, MA-52
Iznalloz, 31, ME-52
Izola, 64, QN-44
Izsák, 43, RS-43
Izvor, Blg., 67, SJ-47
Izvor, Jugo., 67, SE-48

J

Jaala, 55, TE-29
Jabâlkovo, 67, TA-47
Jablanac, 64, QS-45
Jablan-Do, 66, RN-47
Jablanica, Blg., 67, SS-46
Jablanica, Jugo., 66, RJ-46
Jablonec, 62, RA-39
Jablonica, 63, RJ-41
Jabłonka, 63, RN-40
Jabłonna, 61, SJ-37
Jablonné n. Orlici, 62, RE-39
Jablonné v Prodještědí, 62, QS-39
Jabłonowo, 61, RS-36
Jablunkov, 63, RN-40
Jaca, 24, MS-47
Jáchymov, 62, QJ-39
Jäckvik, 56, R-20
Jädraås, 51, RE-29
Jadraque, 27, MJ-49
Jaén, 29, ME-52
Jagodzin, 60, RA-38
Jagsthausen, 44, PS-40
Jajce, 64, RJ-45
Jakabszállás, 43, RS-43
Jakoruda, 67, SN-47
Jalasjärvi, 54, SJ-27
Jaligny, 19, NN-43
Jàlons, 20, NS-40
Jalta, 59, U-45
Jambes, 16, NS-39
Jambol, 72, TE-47
Jameln, 47, QN-38
Jämijärvi, 54, SJ-28
Jäminkipohja, 54, SS-28
Jämjö, 49, RA-33
Jammerda, 50, QJ-29
Jämsä, 55, TA-28
Jämshög, 49, QS-33
Jamu Mare, 65, SE-44
Janakkala, 55, SS-29
Janikowo, 60, RN-37
Janj, 64, RJ-45
Janja, 65, RS-45
Janjevo, 66, SE-47
Janjina, 37, RJ-47
Janki, 61, SA-37
Jankov, 60, PJ-38
Jánoshalma, 43, RS-43
Jánosháza, 43, RJ-42
Janovice n. Úhlavou, 62, QN-40
Janów, Pol., 61, SN-37
Janów, Pol., 61, SN-36
Janów, Pol., 63, RS-39
Janowiec, 60, RJ-37
Janów Lubelski, 58, S-35
Janowo, 61, SA-36
Janville, 19, NE-41
Janzé, 17, MN-42
Jäppila, 55, TJ-27
Jaraba, 24, MN-48
Jaraczewo, 60, RJ-38
Jarafuel, 30, MN-50
Jaraicejo, 29, LS-50
Jaraiz de la Vera, 29, LS-49
Jarandilla de la Verda, 29, LS-49
Järbo, 51, RE-29
Jarczew, 61, SE-38
Järfälla, 51, RJ-30
Jargeau, 19, NJ-42
Jarmen, 47, QN-36
Jarmolincy, 58, T-40
Järna, 51, RJ-30
Jarnac, 22, MS-44
Jarnages, 19, NJ-43
Järnforsen, 49, RA-32
Jarny, 20, PA-40
Jarocin, 60, RJ-38
Jaroměř, 62, RA-39
Jaroměřice n. Rokytnou, 62, RA-40
Jarosław, 58, S-35
Jarosławiec, 60, RE-35
Järpås, 49, QN-31

Järpen, 56, Q-25
Järpliden, 50, QJ-29
Jarrow, 15, MN-35
Järva-Jaani, 57, T-30
Järvenpää, Suomi, 55, TA-29
Järvenpää, Suomi, 54, SE-27
Järvsö, 50, RE-28
Jarzé, 19, MS-42
Jaša Tomić, 65, SA-44
Jasenice, 64, RA-45
Jasenovac, 64, RE-44
Jasenovo, 65, SE-45
Jasień, 60, RA-38
Jasika, 66, SE-46
Jasin'a, 59, S-40
Jasło, 58, S-40
Jasna Poljana, 72, TJ-47
Jastarnia, 60, RN-35
Jastrebarsko, 64, RA-44
Jastrowie, 60, RE-36
Jászapáti, 43, SA-42
Jászárokszállás, 43, RS-42
Jászberény, 43, RS-42
Játiva, 30, MS-51
Jatznick, 47, QN-36
Jauge, 22, MS-45
Jaulnay, 19, NA-43
Jaunay-Clan, 19, NA-43
Jaunjelgava, 57, T-30
Jaunkejpene, 57, T-30
Jaunsarás, 27, MN-46
Jausiers, 21, PE-45
Jávea, 30, NA-51
Jävenitz, 47, QE-37
Javornik, 63, RE-39
Javron, 18, MS-41
Jawor, Pol., 61, SE-38
Jawor, Pol., 62, RE-38
Jaworzno, 63, RS-39
Jaworzyna Śląska, 62, RE-39
Jebel, 65, SE-44
Jedburgh, 13, MJ-34
Jedincy, 59, T-40
Jedlina Zdrój, 62, RE-39
Jedliňsk, 61, SE-38
Jedlnia, 61, SE-38
Jednorožec, 61, SE-37
Jędwabne, 61, SJ-36
Jedwabno, 61, SA-36
Jędrzejów, 63, SA-39
Jēkabpils, 57, T-30
Jelanec, 59, U-40
Jelenia Góra (Hirschberg), 62, RA-39
Jeleśnia, 63, RS-40
Jelgava, 57, S-30
Jelhovo, 67, TA-47
Jelling, 48, PS-34
Jelsa, Jugo., 37, RE-46
Jelsa, Nor., 53, PA-30
Jelšava, 63, SA-41
Jemeppe, 16, PA-39
Jemielnica, 63, RN-39
Jemnice, 62, RC-40
Jemona, 72, TJ-47
Jena, D.D.R., 45, QE-39
Jena, S.S.S.R., 56, U-20
Jenny, 49, RE-32
Jeppo, 54, SJ-26
Jepua, 54, SJ-26
Jerez de la Frontera, 31, LN-53
Jerez de los Caballeros, 28, LN-51
Jergucat, 68, SA-50
Jerichow, 47, QJ-37
Jerka, 60, RE-37
Jerši, 58, U-35
Jerzmanowice, 63, RS-39
Jesenice, Česko., 62, QN-39
Jesenice, Jugo., 64, QS-43
Jesenik, 63, RJ-39
Jesenik n. Odrou, 63, RJ-40
Jessen, 47, QJ-38
Jessheim, 53, QE-29
Jeśtřebi, 62, QS-39
Jever, 46, PJ-36
Jevičko, 63, RE-40
Jevpatorija, 59, U-40
Jezero, 64, RJ-45
Ježewo Stary, 61, SJ-36
Jeziorany, 61, SA-36
Jeziorna, 61, SE-37
Ježów, 61, SA-38
Jičín, 62, RA-39
Jihlava, 62, RA-40
Jijona, 30, MS-51
Jilemnice, 62, RA-39
Jimbolia, 65, SA-44
Jimena de la Frontera, 31, LS-53
Jimramov, 62, RE-40
Jindřichův-Hradec, 62, RA-40
Jirkov, 62, QN-39
Joachimsthal, 47, QN-37
Jobbágyi, 43, RS-42
Jódar, 31, ME-52
Jodoigne, 16, NS-39
Joensuu, 55, TS-27
Joeuf, 20, PE-40
Jõgeva, 57, T-30

Johanngeorgenstadt, 45, QJ-39
Johannisfors, 51, RN-29
Johannisholm, 50, QS-29
John O'Groat's House, 12, ME-31
Jõhstadt, 45, QN-39
Joigny, 19, NN-42
Joinville, 20, PA-41
Jokioinen, 54, SN-29
Jokipii, 54, SJ-27
Jokivarsi, 54, SN-27
Jokkmokk, 56, S-20
Jönåker, 51, RE-31
Jondal, 53, PE-29
Joniny, 63, SE-40
Joniškis, 57, S-30
Jönköping, 49, QS-32
Jonsered, 49, QJ-32
Jonzac, 22, MS-44
Joranger, 52, PJ-28
Jörani, 52, PS-29
Jorba, 25, NE-48
Jordanów, 63, RS-40
Jordbron, 50, QS-30
Jördenstorf, 47, QJ-36
Jordet, 50, QJ-28
Jörn, 56, S-20
Joroinen, 55, TJ-27
Jörpeland, 53, PE-30
Jorquera, 30, MN-50
Jošanička Banja, 66, SA-46
Josipovac, 65, RN-44
Jossa, 44, PS-39
Jössefors, 50, QJ-30
Josselin, 17, MJ-42
Jostedal, 52, PJ-28
Joutsa, 55, TE-28
Joutseno, 55, TN-28
Józefów, 61, SE-37
Jśtebnice, 62, QS-40
Juankoski, 55, TN-26
Juan-les-Pins, 21, PJ-46
Jubarkas, 58, S-35
Juchnov, 58, V-35
Judenburg, 41, QS-42
Juelsminde, 48, PS-34
Juf, 42, PS-43
Jugon-les-Lacs, 17, MJ-41
Juillac, 22, NE-44
Juillan, 22, MS-46
Juist, 46, PE-36
Julita, 50, RE-30
Jumeaux, 23, NN-44
Jumet, 16, NS-39
Jumilhac-le-Grand, 22, NE-44
Jumilla, 30, MN-51
Juminen, 55, TJ-26
Juneda, 24, NA-48
Juniville, 20, NS-40
Junsele, 56, R-25
Juornaankylä, 55, TA-29
Jurjevo, 64, QS-45
Jur pri Bratislave, 63, RJ-40
Jurva, 54, SJ-27
Jussey, 20, PA-42
Jüterbog, 47, QN-38
Jutrosin, 60, RJ-38
Juuka, 55, TS-26
Juupajoki, 54, SS-28
Juva, 54, TJ-28
Juvola, 55, TN-27
Jychvi, 57, T-30
Jyderup, 48, QE-34
Jyväskylä, 55, TA-27

K

Kaamanen, 56, T-20
Kaanaa, 54, SN-28
Kaarßen, 47, QE-36
Kaavi, 55, TN-27
Kabböle, 55, TE-29
Kåbdalis, 56, R-20
Kačanik, 66, SE-47
Kačanovo, 57, T-30
Kachovka, 59, U-40
Kačikol, 66, SE-47
Kaczorów, 62, RA-39
Kaczory, 62, QN-39
Kadań, 62, QN-39
Kadarkút, 43, RJ-43
Kadıköy, 72, TE-49
Kadzidło, 61, SE-36
Kåfalla, 50, RA-30
Kahla, 45, QE-39
Kaibing, 41, RA-42
Kaindorf, 41, RA-42
Kaisersesch, 44, PJ-39
Kaiserslautern, 44, PJ-40
Kajaani, 56, T-25
Kajetanów, 63, SA-39
Kakanj, 65, RN-45
Kąkolewnica, 61, SJ-38
Kákovatos, 70, SE-52
Kakskerta, 54, SJ-29
Kälä, 55, TE-28
Kalajanova, 67, SS-47
Kalajoki, 56, S-25
Kalakoski, 54, SN-27
Kalamariá, 69, SN-49
Kalamáta, 70, SJ-52
Kalambáka, 68, SE-50
Kalambákion, 69, SS-48
Kalándhra, 69, SN-50
Kalanti, 54, SE-29
Kalaraš, 59, T-40

Kälarne, 57, R-25
Kalávrita, 70, SJ-51
Kalbe, 47, QE-37
Kalce, 64, QS-44
Kalčevo, 72, TE-47
Kaldenkirchen, 46, PE-38
Kaleköy, 72, TE-47
Kalela, 54, SJ-29
Kaléntzion, 68, SA-50
Kalérgon, 69, SS-51
Kalesménon, 68, SE-51
Kalety, 63, RN-39
Kalí, 69, SJ-49
Kaliánoi, 70, SJ-52
Kálimnos, 71, TE-53
Kaliningrad, 58, S-35
Kalinkoviči, 58, T-35
Kalinovik, 66, RN-46
Kalinovka, 58, T-40
Kalisz, 60, RN-38
Kalisz Pomorski, 60, RA-36
Kalívai Potoú, 69, SS-49
Kalívia, 68, SE-51
Kalix, 56, S-20
Kalkar, 46, PE-38
Kalkkinen, 55, TA-28
Källa, 51, RJ-32
Källby, 50, QN-31
Kallhäll, 51, RJ-30
Kallinge, 49, RA-33
Kallislahti, 55, TN-28
Kallithéa, Ellás, 69, SN-48
Kallithéa, Ellás, 69, SJ-50
Kallmet, 66, RS-48
Kallóni, Ellás, 71, TA-52
Kallóni, Ellás, 71, TE-50
Kallsedet, 56, Q-25
Källvig, 49, RC-32
Källviksudde, 51, RJ-31
Kalmar, 49, RE-33
Kalmari, 55, TA-27
Kalmarsand, 51, RJ-30
Kalmarsund, 49, RE-33
Kalna, 67, SJ-46
Kalnik, 61, RS-35
Kalocsa, 43, RN-43
Kalofer, 67, SS-47
Kalpákion, 68, SA-50
Kals, 40, QJ-42
Kalsdorf, 41, RA-43
Kaltennordheim, 44, QA-39
Kaluga, 58, V-35
Kalundborg, 48, QE-34
Kaluš, 59, S-40
Kalwaria Zbrzydowska, 63, RS-40
Kám, 43, RE-42
Kamáres, 71, SS-52
Kamariótissa, 69, SJ-49
Kambánis, 69, SJ-49
Kámbos, 71, SN-54
Kamburovo, 72, TE-46
Kamen, Blg., 72, TA-46
Kamen, B.R.D., 46, PJ-38
Kamen', S.S.S.R., 58, T-35
Kamenec-Podol'skij, 59, T-35
Kamenice n. Lípou, 62, RA-40
Kamenický-Šenov, 62, QS-39
Kamenka, 55, TS-29
Kamenka-Bugskaja, 58, S-35
Kamenka-Dneprovskaja, 59, U-40
Kamennogorsk, 55, TS-29
Kameno, 72, TJ-47
Kamenz, 47, QS-38
Kames, 13, LS-34
Kamień, 61, SA-38
Kamienica, 63, SA-40
Kamieniec, 63, RN-39
Kamień Krajeński, 60, RJ-36
Kamienna Góra, 62, RA-39
Kamiennik, 63, RJ-39
Kamień Pomorski, 60, QS-36
Kamieńsk, 61, RS-38
Kamik, 67, SJ-46
Kamion, 61, SA-38
Kammela, 54, SE-29
Kamnik, 64, QS-43
Kampen, B.R.D., 48, PN-35
Kampen, Ned., 16, PA-37
Kamp-Lintfort, 46, PE-38
Kámpos, 70, SJ-52
Kamyk, 63, RS-39
Kanal, 64, QN-43
Kanala, 54, SS-26
Kanália, Ellás, 69, SJ-50
Kanália, Ellás, 68, SE-50
Kanallórci, 66, SE-48
Kándanos, 71, SN-54
Kandel, 44, PN-40
Kandern, 44, PJ-42
Kandersteg, 42, PJ-43
Kandhíla, 70, SJ-52
Kanfanar, 64, QN-44
Kangasala, 54, SS-28
Kangaslampi, 55, TN-27
Kangasniemi, 55, TE-27

Kaninë, 68, RS-49
Kanjiža, 65, SA-43
Kankaanpää, 54, SJ-28
Kankaapää, 54, SJ-28
Kånna, 49, QN-33
Kannonkoski, 55, TA-27
Kan'ov, 58, U-40
Kanturk, 14, LE-37
Kanunki, 54, SN-29
Kapakli, 72, TN-49
Kapellen, 41, RA-41
Kapfenberg, 41, RA-42
Kaplice, 62, QS-41
Kaposvár, 43, RJ-43
Kappel, 44, PJ-39
Kappeln, 48, PS-35
Kappelshamn, 51, RN-32
Kaprun, 40, QJ-42
Kapsorrákhi, 68, SE-51
Kapsukas, 58, S-35
Kapuvar, 43, RJ-42
Karaağac, 72, TN-49
Karabiga, 72, TJ-49
Karaburun, 72, TN-48
Karacabey, 72, TN-49
Karacadağ, 72, TN-48
Karacaköy, 72, TN-48
Karačev, 58, V-35
Karahamza, 72, TN-48
Karakol, 72, TE-49
Karamfil, 72, TA-48
Karamunli, 72, TE-48
Karanovo, 72, TJ-47
Karanti, 72, TJ-49
Karareis, 71, TE-51
Karasjok, 56, T-20
Karatj, 56, R-25
Karavás, 70, SJ-53
Karavelovo, 67, SS-47
Kårböle, 57, R-25
Karcag, 43, SA-42
Karczew, 61, SE-37
Karczów, 63, RJ-39
Kardašova-Řečice, 62, QS-40
Kardhámaina, 71, TJ-53
Kardhámila, 71, TE-51
Kardhitsa, 69, SE-50
Kårdla, 57, S-30
Kårdžali, 67, TA-48
Karesuando, 56, S-20
Kargowa, 60, RA-37
Karhula, 55, TE-29
Kariá, Ellás, 69, SJ-50
Kariá, Ellás, 70, SJ-52
Kariá, 68, SA-51
Kariaí, Ellás, 69, SS-49
Kariaí, Ellás, 70, SJ-52
Kariani, 69, SN-49
Karigasniemi, 56, T-20
Karijoki, 54, SE-27
Karis, 54, SN-29
Karise, 48, OJ-34
Káristos, 71, SS-51
Karjaa, 54, SN-29
Karjala, 54, SJ-29
Karkkila, 54, SS-29
Karkku, 54, SN-28
Karlholm, 51, RJ-29
Karlino, 60, RA-35
Karl-Marx-Stadt, 45, QJ-39
Karlobag, 64, RA-45
Karlovac, 64, RA-44
Karlovo, 67, SS-47
Karlovy Vary, 62, QJ-39
Karlsborg, 50, QS-31
Karlsby, 50, RA-31
Karlshafen, 46, PS-38
Karlshamn, 49, QS-33
Karlskoga, 50, QS-30
Karlskrona, 49, RA-33
Karlsruhe, 44, PN-40
Karlstad, 50, QN-30
Karlstadt, 44, PS-40
Karlstift, 41, QS-41
Karmansbo, 50, RA-30
Karniewo, 61, SE-37
Karnobat, 72, TE-47
Karolinka, 63, RN-40
Karousádhes, 68, RS-50
Karow, 47, QJ-36
Karpacz, 62, RA-39
Kárpathos, 71, TJ-54
Karpenision, 68, SE-51
Karrebæksminde, 48, QE-34
Kärsämäki, 56, T-25
Kärsava, 57, T-30
Karsibór, 60, RE-36
Karsin, 60, RJ-36
Karşiyaka, 71, TJ-51
Karsjö, Sve., 49, RA-33
Karsjö, Sve., 50, RE-28
Karstädt, 47, QE-36
Karttula, 55, TE-27
Kartuzy, 60, RN-35
Karuna, 54, SJ-29
Karungi, 56, S-20
Karup, 48, PS-33
Karvia, 54, SJ-27
Karviná, 63, RN-40
Karvio, 55, TN-27
Karvo, 60, RN-35
Kåseberga, 49, QS-34
Kasejovice, 62, QN-40
Kasinismea, 55, SS-28
Kaskiinkylä, 55, TN-28
Kaskinen, 54, SE-27
Kaskö, 54, SE-27

94 Káspakas

Káspakas, 69, TA-50
Kašperské Hory, 62, QN-40
Kassándhra, 69, SN-49
Kassel, 46, PS-38
Kassiópi, 68, RS-50
Kastanéa, 69, SJ-49
Kastanéai, 72, TE-48
Kastanoússa, 69, SJ-48
Kastav, 64, QS-44
Kastellaun, 44, PJ-39
Kastéllion, Ellás, 71, SN-54
Kastéllion, Ellás, 71, TA-54
Kastl, 45, QE-40
Kastóreion, 70, SJ-52
Kastoría, 68, SE-49
Kastríon, 69, SJ-50
Kástron, 69, TA-50
Kaszczor, 60, RE-38
Katajamäki, 55, TJ-27
Katákolon, 70, SE-52
Katápola, 71, TA-53
Katastárion, 70, SA-52
Kateleiós, 68, SA-51
Kateríni, 69, SJ-49
Katinhäntä, 54, SE-29
Katlanovo, 67, SE-48
Katlanovska Banja, 67, SE-48
Káto Akhaïa, 70, SE-51
Káto Alepokhórion, 70, SN-51
Káto Figáleia, 70, SE-52
Katokhórion, 68, SA-51
Káto Kleitoría, 70, SJ-52
Káto Nevrokópion, 69, SN-48
Káto Trítos, 71, TE-50
Katoúna, 68, SE-51
Káto Vrondoú, 69, SN-48
Katowice, 63, RS-39
Katrineholm, 50, RE-31
Katsikás, 68, SA-50
Kattarp, 49, QJ-33
Kättbo, 50, QS-29
Katthammarsvik, 51, RN-32
Kättilsbyn, 50, QJ-30
Katunci, 67, SN-48
Katunica, 67, SS-47
Katwijk aan Zee, 16, NS-37
Katy Wrocław, 63, RE-38
Kätzhütte, 45, QE-39
Kaufbeuren, 45, QA-42
Kauhajärvi, 54, SJ-27
Kauhajoki, 54, SJ-27
Kauhava, 54, SN-26
Kaukela, 55, TA-28
Kaukelmaa, 54, SN-29
Kaukola, 54, SE-28
Kaunas, 58, S-35
Kauniainen, 55, SS-29
Kaurajärvi, 54, SJ-26
Kaušany, 59, T-40
Kaustinen, 56, S-25
Kautokeino, 56, S-20
Kautzen, 41, RA-41
Kauvatsa, 54, SJ-28
Kavadarci, 67, SE-48
Kavajë, 66, RS-48
Kavak, 72, TE-49
Kavála, 69, SS-49
Kavas, 56, Q-20
Kävlinge, 49, QN-34
Kavos, 68, SA-50
Kavoúsion, 71, TA-54
Kayna, 45, QJ-39
Kazanci, 64, RE-46
Kazanka, 67, TA-47
Kazanlăk, 67, TA-47
Kazatin, 58, T-40
Kazimierza Wielka, 63, SA-39
Kazimierz Biskupi, 60, RN-37
Kazimierz Dolny, 61, SE-38
Kazincbarcika, 43, SA-41
Kaznějov, 62, QN-40
Kazuń Nowy, 61, SA-37
Kbely, 62, QS-39
Kcynia, 60, RJ-37
Kdyně, 62, QN-40
Kéa, 71, SS-52
Keady, 14, LN-35
Kecel, 43, RS-43
Kecskemét, 43, RS-43
Kédainiai, 58, S-30
Kędzierzyn, 63, RN-39
Keel, 14, KS-36
Kéfalos, 71, TE-53
Kefalóvrison, 68, SE-51
Kefatoka, 71, TJ-53
Kegnæs, 48, PS-35
Kehl, 44, PJ-41
Keighley, 15, MN-36
Keillmore, 13, LS-34
Keitele, 55, TE-26
Keith, 12, MJ-32
Kelbra, 47, QE-38
Këlcyrë, 68, SA-49
Kelemér, 43, SA-41
Kelheim, 45, QE-41
Kellenhusen, 47, QE-35
Kellinghusen, 46, PS-36
Kelloselkä, 56, T-20
Kells
→ Ceanannus, 14, LN-36
Kelso, 13, MJ-34
Keltaniemi, 55, TA-28
Kemalpaşa, 71, TJ-51
Kematen, 41, QN-41
Kemberg, 47, QJ-38
Kembs, 20, PJ-42
Kemer, 72, TJ-49
Kemerburgaz, 72, TN-48
Kemi, 56, S-20
Kemijärvi, 56, T-20
Kemiö, 54, SJ-29
Kemnath, 45, QE-40
Kemnitz, D.D.R., 47, QN-37
Kemnitz, D.D.R., 47, QN-35
Kempele, 56, T-25
Kempen, 46, PE-38
Kempten, 45, QA-42
Kemptthal, 42, PN-42
Kendal, 15, MJ-35
Kéndarkhos, 71, SS-52
Kendrikón, 69, SJ-48
Kenilworth, 11, MN-37
Kenmare, 14, LA-38
Kenyeri, 43, RJ-42
Kępno, 60, RN-38
Kepsut, 72, TN-50
Keramítsa, 68, SA-50
Keramoti, 69, SS-49
Kerasóna, 68, SA-50
Kerásovon, 68, SA-49
Keratéa, 70, SN-52
Keratsínion, 70, SN-52
Keratsínion, 70, SN-52
Kerava, 55, TA-29
Kerecsend, 43, SA-42
Kerekegyháza, 43, RS-43
Kerimäki, 55, TS-28
Keríon, 70, SA-52
Kérkira, 68, RS-50
Kerkonkoski, 55, TE-27
Kerkrade, 16, PE-39
Kermen, 72, TE-47
Kernhof, 41, RA-42
Kernovo, 55, TS-30
Kerpen, 44, PE-39
Kerstinbo, 51, RJ-29
Kerteminde, 48, QA-34
Kesälahti, 55, TS-28
Keşan, 72, TE-49
Kesarevo, 72, TA-46
Kesh, 14, LJ-35
Keşirlik, 72, TJ-48
Keswick, 15, ME-35
Keszthely, 43, RJ-43
Ketaniemi, 55, TA-28
Kętrzyn (Rastenburg), 61, SE-35
Ketteli, 54, SE-29
Kettering, 11, MS-37
Kęty, 63, RS-40
Kětzin, 47, QJ-37
Keula, 47, QA-38
Keuruu, 55, SS-27
Kevelaer, 46, PE-38
Keynsham, 10, MJ-38
Kežmarok, 63, SA-40
Khalándrion, 70, SN-51
Khalandrítsa, 70, SE-51
Khalkís, 70, SN-51
Khaniá, 71, SS-54
Khárakas, 71, TA-54
Khersónisos, 71, TA-54
Khíos, 71, TE-51
Khóra, 70, SE-52
Khóra Sfakíon, 71, SS-54
Khordákion, 71, SS-54
Khortiátis, 69, SN-49
Khrísafa, 70, SJ-52
Khrisoúpolis, 69, SS-49
Kiáton, 70, SJ-51
Kibæk, 48, PN-33
Kičevo, 66, SA-48
Kidderminster, 10, MJ-37
Kidwelly, 10, MA-38
Kiefersfelden, 45, QJ-42
Kiel, 46, QA-35
Kielce, 63, SA-39
Kiełpino, 60, RE-36
Kietrz, 63, RJ-39
Kietz, 47, QS-37
Kihelkonna, 57, S-30
Kihniö, 54, SN-27
Kiihtelysvaara, 55, UA-27
Kiikala, 54, SN-29
Kiikka, 54, SJ-28
Kiikoinen, 54, SJ-28
Kije, 63, SA-39
Kijev, 58, U-35
Kikinda, 65, SA-44
Kikół, 61, RS-37
Kikorze, 60, QS-36
Kil, Sve., 50, QN-30
Kil, Sve., 50, RA-30
Kilafors, 50, RE-28
Kilbeggan, 14, LJ-36
Kilberry, 13, LS-34
Kilbride, 13, LJ-32
Kilcar, 14, LE-35
Kilchattan, 13, LS-34
Kilchoan, 13, LN-33
Kilchrenan, 13, LS-33
Kilcock, 14, LN-36
Kilcolgan, 14, LE-36
Kilcormac, 14, LJ-36
Kilcreggan, 13, MA-34
Kilcullen, 14, LN-36
Kildare, 14, LN-36
Kildonan, 13, LS-34
Kildorrery, 14, LE-37
Kildysart, 14, LA-37
Kilfinan, 13, LS-34
Kilgarvan, 14, LA-38
Kilibahir, 72, TE-49
Kilingi Nomme, 57, S-30
Kilkee, 14, LA-37
Kilkeel, 15, LN-35
Kilkelly, 14, LE-36
Kilkenny (Cill Chainnigh), 14, LJ-37
Kilkhampton, 10, MA-39
Kilkís, 69, SJ-49
Killala, 14, LA-35
Killaloe, 14, LE-37
Killarney, 14, LA-37
Killenaule, 14, LJ-37
Killeshandra, 14, LJ-35
Killimor, 14, LE-36
Killin, 13, MA-33
Killiney, 14, LN-36
Killíni, 70, SE-52
Killinkoski, 54, SN-27
Killorglin, 14, LA-37
Killybegs, 14, LE-35
Killyleagh, 15, LS-35
Kilmallock, 14, LE-37
Kilmaluaig, 12, LN-32
Kilmarnock, 15, MA-34
Kilmore Quay, 14, LN-37
Kilnaleck, 14, LJ-36
Kiloaha, 14, LA-37
Kilpisjärvi, 56, S-20
Kilrea, 14, LN-35
Kilronan, 14, LA-36
Kilrush, 14, LA-37
Kilsmo, 50, RA-30
Kilsyth, 13, MA-34
Kilteaiy, 14, LN-37
Kiltimagh, 14, LE-36
Kilwinning, 13, MA-34
Kilyos, 72, TS-48
Kimbolton, 11, MS-37
Kimelford, 13, LS-33
Kími, 71, SS-51
Kimito, 54, SJ-29
Kimo, 54, SJ-26
Kimola, 55, TE-28
Kinavala, 55, TS-28
Kinbrace, 12, ME-31
Kincardine, 13, ME-33
Kindberg, 41, RA-42
Kindelbrück, 47, QE-38
Kingisepp, 57, T-30
Kingsbridge, 10, ME-39
Kingsclere, 11, MN-38
Kingscourt, 14, LN-36
King's Lynn, 11, NA-37
Kingston, U.K., 11, MN-38
Kingston, U.K., 11, MS-38
Kingston, U.K., 12, ME-32
Kington, 10, ME-37
Kingussie, 13, MA-32
Kinik, 71, TJ-50
Kinloch, 13, LN-32
Kinloch Hourn, 15, LS-32
Kinloch Rannoch, 13, MA-33
Kinn, 52, NS-28
Kinna, 49, QJ-32
Kinnared, 49, QN-32
Kinnegad, 14, LJ-36
Kinnitty, 14, LJ-36
Kinnula, 55, SS-26
Kinross, 13, ME-33
Kinsale, 14, LE-38
Kinsarvik, 53, PE-29
Kintore, 13, MJ-32
Kinvara, 14, LE-36
Kiónion, 68, SA-51
Kiparissia, 70, SE-52
Kipen, 57, T-30
Kircasalih, 72, TE-48
Kirchbach, 40, QN-43
Kirchberg, B.R.D., 44, PJ-40
Kirchberg, B.R.D., 44, PS-40
Kirchberg, D.D.R., 45, QJ-39
Kirchberg, Öst., 41, RA-41
Kirchberg a. d. Pielach, 41, RA-41
Kirchberg a. Wagram, 41, RA-41
Kirchdorf, 47, QE-36
Kirchdorf a. d. Krems, 41, QS-42
Kirchenlaibach, 45, QE-40
Kirchenthumbach, 45, QE-40
Kirchhain, 44, PN-39
Kirchhatten, 46, PN-36
Kirchheim, 44, PS-41
Kirchheim-Bolanden, 44, PN-40
Kirchhundem, 46, PN-38
Kirchmöser, 47, QJ-37
Kirchrode, 46, PS-37
Kirchschlag, 41, RE-42
Kirchwerder, 46, QA-36
Kiril metodievo, 72, TA-47
Kirjakkala, 54, SJ-29
Kirjala, 54, SJ-29
Kirkbean, 13, ME-35
Kirkbridge, 15, ME-35
Kirkby Lonsdale, 15, MJ-35
Kirkbymoorside, 15, MS-35
Kirkby Stephen, 15, MJ-35
Kirkcaldy, 13, ME-33
Kirkcolm, 13, LS-35
Kirkcudbright, 15, MA-35
Kirkenær, 50, QJ-29
Kirkenes, 56, U-20
Kirkham, 15, MJ-36
Kírki, 72, TA-49
Kirkintilloch, 13, MA-34
Kirkkonummi, 54, SS-29
Kirklareli, 72, TJ-48
Kirkoswald, 15, MJ-35
Kirkton of Glenisla, 13, ME-33
Kirkwall, 12, MJ-31
Kirn, 44, PJ-40
Kirovograd, 59, U-40
Kirriemuir, 13, ME-33
Kiruna, 56, S-20
Kisa, 49, RA-32
Kisarja, 67, SS-47
Kisbér, 43, RN-42
Kiseljak, 66, RN-46
Kishartyán, 43, RS-41
Kisielice, 61, RS-36
Kisielnica, 61, SJ-36
Kišin'ov, 59, T-40
Kisko, 54, SN-29
Kiskőrös, 43, RS-43
Kiskunfélegyháza, 43, RS-43
Kiskunhalas, 43, RS-43
Kiskunlacháza, 43, RS-42
Kiskunmajsa, 43, RS-43
Kißlegg, 44, PS-42
Kissala, 55, TS-28
Kistanje, 64, RA-46
Kistelek, 43, RS-43
Kisterenye, 43, RS-41
Kistrand, 56, T-15
Kisújszállás, 43, SA-42
Kiszkowo, 60, RJ-37
Kiszombor, 43, SA-43
Kitee, 55, UA-27
Kíthira, 70, SJ-53
Kíthnos, 71, SS-52
Kittilä, 56, S-20
Kittsee, 41, RJ-41
Kitula, 54, SN-29
Kitzbühel, 40, QJ-42
Kitzingen, 44, QA-40
Kiukainen, 54, SJ-28
Kivijärvi, 55, TA-26
Kivik, 49, QS-34
Kivilahti, 55, UA-27
Kivotós, 68, SE-49
Kjellerup, 48, PS-33
Kjenndal, 52, PJ-28
Kjenndalen, 53, PS-30
Kjöpsvik, 56, R-20
Kjustendil, 67, SJ-47
Klaaswaal, 16, NS-38
Klacka-Lerberg, 50, QS-30
Klačno, 63, RN-41
Kladanj, 65, RN-45
Kladno, 62, QS-39
Kladovo, 59, SJ-45
Klagenfurt, 41, QS-43
Klagshamn, 49, QJ-34
Klaipéda, 58, S-30
Klaj, 63, SA-39
Klajićevo, 65, RS-44
Klampenborg, 48, QJ-34
Klanxbüll, 48, PN-35
Klarabro, 50, QS-29
Klašnice, 64, RJ-45
Klášterec n. Ohří, 62, QN-39
Kláštor p. Znievom, 63, RN-41
Klatovy, 62, QN-40
Klaus, 41, QS-42
Klausdorf, 47, QN-35
Kłecko, 60, RJ-37
Kleczew, 60, RN-37
Klein Bademeusel, 47, QS-38
Klein-Glödnitz, 41, QS-43
Klein Plasten, 47, QJ-36
Kleive, 52, PJ-27
Kleivgrend, 53, PJ-30
Klempenow, 47, QN-36
Klenica, 60, RA-37
Klenike, 67, SE-47
Klenjë, 66, SA-48
Klepp, 53, PA-31
Kleszczele, 61, SN-37
Kleve, 46, PE-38
Klevmarken, 50, QE-31
Kliczków, 60, RA-38
Klietz, 47, QJ-37
Klimaszewnica, 61, SJ-36
Klimkovice, 63, RN-40
Klincy, 58, U-35
Klingenbrunn, 45, QN-41
Klingenthal, 45, QJ-39
Klintehamn, 51, RN-32
Klippan, 49, QN-33
Klis, 64, RE-46
Klisura, 67, SS-47
Klitmøller, 48, PN-32
Ključ, 64, RE-45
Kłobuck, 63, RN-39
Klockrike, 50, RA-31
Kłodawa, 60, RN-37
Kłodzko (Glatz), 63, RE-39
Klokoševac, 65, SJ-45
Kłomnice, 63, RS-39
Kłopot, 60, QS-37
Klos, 66, SA-48
Kloster, 50, RE-29
Klösterle, 40, QA-42
Klosterneuburg, 41, RE-41
Klosters, 42, PS-43
Kloten, Schw., 42, PN-42
Kloten, Sve., 50, RA-30
Klötze, 47, QE-37
Kluczbork, 63, RN-39
Kluczewo, 60, RE-36
Kluki, 60, RJ-35
Klukowa, 60, RJ-35
Klupe, 65, RJ-45
Klütz, 47, QE-36
Klwów, 61, SA-38
Knaben, 53, PJ-31
Knäred, 49, QN-33
Knaresborough, 15, MN-35
Knesebeck, 47, QA-37
Kneža, 67, SS-46
Kneževi Vinogradi, 65, RN-44
Kneževo, 65, RN-44
Knić, 66, SA-46
Kničev, 58, U-35
Knidos, 71, TJ-53
Knighton, 10, ME-37
Knightstown, 14, KS-38
Knin, 64, RE-45
Knislinge, 49, QS-33
Knittelfeld, 41, QS-42
Knivsta, 51, RJ-30
Knjaževac, 67, SJ-46
Knocklong, 14, LE-37
Knokke, 16, NN-38
Knottingley, 15, MN-36
Knutby, 51, RN-30
Knutsford, 15, MJ-36
Knyszyn, 61, SJ-36
Kobarid, 64, QN-43
København, 48, QJ-34
Kobern, 44, PJ-39
Kobiór, 63, RN-39
Kobišnica, 67, SJ-45
Koblenz, B.R.D., 44, PJ-39
Koblenz, Schw., 42, PN-42
Kobrin, 58, S-35
Kobylanka, 60, QS-36
Kobylin, 60, RJ-38
Kobyłka, 61, SE-37
Kobylniki, 61, SA-37
Kocaçeşme, 72, TE-49
Kočani, 67, SJ-48
Koceljevo, 65, RS-45
Kočerinovo, 67, SN-47
Kočevje, 64, QS-44
Kochel, 45, QE-42
Kock, 61, SJ-38
Kocsola, 43, RN-43
Koczała, 60, RJ-36
Kodal, 53, QA-30
Kodesjärvi, 54, SJ-27
Kodisjoki, 54, SI-28
Köflach, 41, RA-42
Køge, 48, QJ-34
Koijärvi, 54, SN-29
Koilovci, 67, SS-46
Köinge, 49, QJ-32
Koivulahti, 54, SE-26
Kojetín, 63, RJ-40
Kökar, 54, SA-30
Kokava n. Rimavicou, 63, RS-41
Kokkila, 54, SJ-29
Kókkinon, 69, SN-51
Kokkinopilós, 69, SJ-49
Kokkola, 56, S-25
Kola, Jugo., 64, RJ-45
Kola, S.S.S.R., 56, U-20
Kołacin, 61, RS-38
Kołacze, 61, SN-38
Kolari, Jugo., 65, SA-45
Kolari, Suomi, 56, S-20
Kolárovo, 63, RJ-42
Kolašin, 66, RS-47
Kolbäck, 50, RE-30
Kolberg
→ Kołobrzeg, 60, RA-35
Kolbu, 53, QA-29
Kolbudy, 60, RN-35
Kolby Kås, 48, QA-34
Kołczewo, 60, QS-36
Kołczygłowy, 60, RJ-35
Kolding, 48, PS-34
Kolešovice, 62, QN-39
Kolín, 62, RA-39
Kolka, 57, S-30
Kölleda, 47, QE-38
Kollerschlag, 41, QN-41
Kollínai, 70, SJ-52
Kolmården, 50, RE-31
Kolm-Saigurn, 40, QJ-42
Köln, 44, PE-39
Kołno, 61, SE-36
Koło, 60, RN-37
Kołobrzeg (Kolberg), 60, RA-35
Kolomyja, 59, T-40
Kolsva, 50, RA-30
Koluszki, 61, RS-38
Komádi, 43, SE-42
Komar, 65, RJ-45
Komariči, 58, U-35
Komárno, 63, RN-42
Komárom, 43, RN-42
Kombótion, 68, SE-50
Komen, 64, QN-44
Komiža, 37, RE-46
Komló, 43, RN-43
Komménon, 68, SE-50
Komnes, 53, PS-30
Komorane, 66, SA-47
Komorzno, 63, RN-38
Komotiní, 69, TA-48
Komrat, 59, T-40
Konarzyny, 60, RJ-36
Kończewo, 60, RE-35
Kondiás, 69, TA-50
Kondopoúlion, 69, TA-50
Kondoros, 43, SA-43
Kondratjevo, 55, TN-29
Konga, 49, RA-33
Konginkangas, 55, TA-27
Kongsberg, Nor., 53, PN-29
Kongsberg, Nor., 53, PS-30
Kongsmoen, 56, Q-25
Konice, 63, RE-40
Konie, 61, SA-38
Koniecpol, 63, RS-39
Königsbrück, 47, QN-38
Königsbrunn, 45, QA-41
Königsdorf, 45, QE-42
Königsee, 45, QE-39
Königshofen, 45, QA-39
Königslutter, 47, QA-37
Königssee, 45, QJ-42
Königstein, B.R.D., 44, PN-39
Königstein, D.D.R., 45, QS-39
Königstetten, 41, RE-41
Königswartha, 47, QS-38
Königswiesen, 41, QS-41
Königs Wusterhausen, 47, QN-37
Konin, 60, RN-37
Konispol, 68, SA-50
Kónitsa, 68, SA-49
Köniz, 42, PJ-43
Konjavo, 67, SJ-47
Konjic, 66, RJ-46
Konjice, 64, RA-43
Könnern, 47, QE-38
Konnevesi, 55, TE-27
Konopki, 61, SA-36
Konopnica, 61, SJ-38
Konotop, Pol., 60, RA-38
Konotop, S.S.S.R., 58, U-35
Końskie, 61, SA-38
Konsko, 67, SJ-48
Konsmo, 53, PS-31
Konstantynów, 61, SN-37
Konstantynów Łódzki, 61, RS-38
Konstanz, 44, PS-42
Kontiolathi, 55, TS-27
Konz, 44, PE-40
Koparnes, 52, PA-27
Koparstad, 52, PA-27
Koper, 64, QN-44
Kopervik, 53, PA-30
Kopidlno, 63, RA-39
Köpingsvik, 51, RE-33
Koplik, 66, RS-47
Köpmannebro, 50, QJ-31
Kopparberg, 57, Q-30
Koppom, 50, QJ-30
Koprivlen, 67, SN-48
Koprivnica, 64, RE-43
Koprivštica, 67, SS-47
Kopterón, 69, TA-48
Kopti, 58, U-35
Koraj, 65, RN-45
Korbach, 46, PN-38
Korçë, 66, SA-49
Korcovo, 61, SB-35
Korčula, 37, RJ-47
Korczew, 61, SJ-37
Koreliči, 58, T-35
Korfantów, 63, RJ-39
Korgen, 56, Q-20
Koria, 55, TE-29
Koridhallós, 68, SE-50
Korinth, 48, QA-34
Kórinthos, 70, SJ-52
Korita, 66, RN-46
Köritz, 47, QJ-37
Körmend, 43, RE-42
Korneuburg, 41, RE-41
Kórnik, 60, RJ-37
Kornofoleá, 72, TE-48
Kornstad, 52, PJ-27
Kornwestheim, 44, PS-41
Koromačno, 64, QS-45
Koróni, 70, SE-53
Koronis, 71, TC-52
Koronowo, 60, RJ-36
Koropíon, 70, SN-52
Körösladany, 59, SE-43
Korospohja, 55, TA-28
Korosten', 58, T-35
Korpc, 54, SE-29
Korpi, 54, SE-29
Korpijärvi, 55, TN-26
Korpilahti, 55, TA-27
Korpilombolo, 56, S-20
Korpisel'ka, 57, U-25
Korpivaara, 55, TS-27
Korpoo, 54, SE-29
Korså, 50, RE-29
Korsbakken, 53, QE-29
Korsheden, 50, RA-29
Korsholm, 54, SE-26
Korskrogen, 57, R-25
Korsnäs, Suomi, 54, SE-27
Korsnäs, Sve., 50, RA-29
Korsør, 48, QE-34
Korssjöen, 52, QE-27
Korsze, 61, SE-35
Korten, 72, TA-47
Kortesjärvi, 54, SN-26
Kortfors, 50, QS-30
Kórthion, 71, SS-52
Kortrijk, 16, NN-39
Korvensuu, 54, SE-29
Koryčany, 63, RJ-40
Korycin, 61, SN-36
Korzeniste, 61, SE-36
Kós, 71, TJ-53
Košarevo, 67, SJ-47
Košava, 67, SN-45
Kościan, 60, RE-37
Kościelec, 60, RN-37
Kościernica, 60, RE-35
Kościerzyna, 60, RN-35
Košice, 59, S-40
Kosjerić, 66, RS-46
Koška, 65, RN-44
Koskenkylä, 55, TA-29
Koskenpää, 55, TA-27
Koski, Suomi, 54, SN-29
Koski, Suomi, 55, TA-28
Koskolovo, 57, T-30
Köslin
→ Koszalin, 60, RE-35
Kosmás, 70, SJ-52
Kosovrasti, 66, SA-48
Kosovska Mitrovica, 66, SA-47
Kosów, 61, SJ-37
Kosta, 49, RA-33
Kostajnica, 64, RE-44
Kostanjevica, 64, RA-44
Kostelec na Hané, 63, RJ-40
Kostelec n. Černými Lesy, 62, QS-40
Kostelec n. Orlicí, 62, RE-39
Kostinbrod, 67, SN-47
Kostolac, 65, SE-45
Kostomłoti, 62, RE-38
Kostomłoty, 63, SA-39
Kostopol', 58, T-35
Kostrzyn, Pol., 60, RJ-37
Kostrzyn, Pol., 60, QS-37
Kosturino, 67, SJ-48
Kosula, 55, TN-27
Koszalin (Köslin), 60, RE-35
Koszęcin, 63, RN-39
Kőszeg, 43, RE-42
Koszyce, 63, SA-39
Kothalahti, 55, TS-26
Köthen, 47, QE-38
Kotka, 55, TE-29
Kotor, 66, RN-47
Kotoriba, 64, RE-43
Kotor Varoš, 64, RJ-45
Kotovsk, S.S.S.R., 59, T-40
Kotovsk, S.S.S.R., 59, T-40
Kotowice, 63, RS-39
Kotraža, 66, SA-46
Kótronas, 70, SJ-53
Kotroniá, 72, TE-48
Kötzting, 45, QJ-40
Koúkoura, 69, SJ-51
Kouroútai, 71, SS-54
Koutalás, 71, SS-52
Koutsókheron, 69, SJ-50
Kouvola, Suomi, 54, SJ-28
Kouvola, Suomi, 55, TE-29
Kovačevac, 65, SA-45
Kovačica, Blg., 67, SN-46
Kovačica, Jugo., 65, SA-44
Kovačovo, 72, TE-47
Kovel', 58, S-35
Kovero, 55, UA-27
Kovilj, 65, SA-44
Kovin, 65, SA-45
Kowal, 61, RS-37
Kowale Oleckie, 61, SJ-35
Kowalewo Pomorskie, 60, RN-36
Kowalów, 60, QS-37
Kowary (Schmiedeberg), 62, RA-39
Kowiesy, 61, SJ-37
Köyliö, 54, SJ-28
Kozáni, 68, SE-49
Kozarac, 64, RE-45
Kozica, 64, RJ-46
Koziegłowy, 63, RS-39
Kozienice, 61, SE-38
Kozina, 64, QN-44
Koźle (Cosel), 63, RN-39
Kozlodui, 67, SN-46
Kozlovec, 67, TA-46
Kozlovice, 63, RN-40
Kozłówka, 61, SJ-38
Koźmin, 60, RJ-38
Koźminek, 60, RN-38
Koźminiec, 60, RJ-38
Kożuchów, 60, RA-38
Kragerö, 53, PS-31
Kragi, 60, RE-36
Kragujevac, 66, SA-45
Kraiburg, 45, QJ-41
Krajenka, 60, RE-36
Krajková, 62, QJ-39
Kråkenes, 52, NS-27
Kråklingbo, 51, RN-32
Kraków, 63, SA-39
Krakow a. See, 47, QJ-36
Kråkstad, 53, QA-30
Králiky, 63, RE-39
Kraljevica, 64, QS-44
Kraljevo, 66, SA-46
Kral'ovany, 63, RS-40
Kralovice, 62, QN-40

Kralupy n. Vltavou 95

Kralupy n. Vltavou, 62, QS-39
Kramfors, 57, R-25
Kramolin, 67, TA-46
Krâmvik, 53, PJ-30
Kranéa, 68, SE-50
Kranídhion, 70, SN-52
Kranj, 64, QS-43
Krapina, 64, RA-43
Krapinske Toplice, 64, RA-43
Krapkowice, 63, RJ-39
Krašić, 64, RA-44
Kraslice, 62, QN-39
Krásná Hora n. Vltavou, 62, QS-40
Krasnaja Sloboda, 58, T-35
Krásná Lípa, 62, QS-39
Kraśnik, 58, S-35
Krasno, 64, RA-45
Krasnogorsk, 58, V-30
Krasnograd, 58, V-40
Krasnoje Selo, 55, UA-30
Krasnolesje, 61, SJ-35
Krasnoostrovskij, 55, TN-29
Krasnopolje, 58, U-35
Krasnosielc, 61, SE-36
Krasnovo, 67, SS-47
Krasnystaw, 58, S-35
Kratovo, 67, SJ-47
Kravaře, 63, RN-40
Kreba, 47, QS-38
Krefeld, 46, PE-38
Krememčug, 58, U-40
Kremenek, 58, T-35
Kremenica, 66, SE-49
Kremmen, 47, QN-37
Kremna, 66, RS-46
Krems, 41, RA-41
Kremsmünster, 41, QS-41
Křenov, 62, RE-40
Krępa, 60, RN-38
Krepoljin, 65, SE-45
Krępsko, 60, RE-36
Kreševo, 66, RN-46
Kréstena, 70, SE-52
Kretinga, 58, S-30
Kreuzlingen, 42, PS-42
Kría Vrísi, 69, SJ-49
Kričim, 67, SS-47
Krieglach, 41, RA-42
Kriens, 42, PN-42
Krimml, 40, QJ-42
Křinec, 62, RA-39
Krionéria, 68, SE-51
Kriós, 72, TE-48
Kristdala, 49, RE-32
Kristianopel, 49, RE-33
Kristiansand, 53, PN-31
Kristianstad, 49, QN-33
Kristiansund, 52, PJ-26
Kristiinankaupunki, 54, SE-27
Kristinefors, 50, QJ-29
Kristinehamn, 50, QN-30
Kristinestad, 54, SE-27
Kritsá, 71, TA-54
Kriva Feja, 67, SJ-47
Krivaja, 65, RS-44
Kriváň, 63, RS-41
Kriva Palanka, 67, SJ-47
Krivelj, 67, SJ-45
Krivodol, 67, SN-46
Krivogoštani, 66, SE-48
Krivoj Rog, 59, U-40
Křižanov, 62, RE-40
Križevi, 64, RE-43
Krk, 64, QS-44
Krnjeuša, 64, RE-45
Krnjevo, 65, SE-45
Krnov, 63, RJ-39
Krobia, 60, RJ-38
Kroczyce Stare, 63, RS-39
Kröderen, 53, PS-29
Krödsherad, 53, PS-29
Kröhstorf, 45, QJ-41
Krokeaí, 70, SJ-53
Krokek, 49, RE-31
Krokfors, 50, QJ-30
Krokowa, 60, RN-35
Kroksätra, 50, QJ-28
Krokstad, 50, QE-31
Królowy Most, 61, SN-36
Kroměříž, 63, RJ-40
Krompachy, 63, SA-41
Kronach, 45, QE-39
Kronštadt, 55, TS-30
Kröpelin, 47, QE-35
Kropp, 46, PS-35
Krościenko, 63, SA-40
Krośnice, 60, RJ-38
Krośniewice, 61, RS-37
Krosno, 58, S-40
Krosno Odrz., 60, RJ-37
Krossbu, 52, PJ-28
Krotoszyn, 60, RJ-38
Kruë i Fushës, 66, RS-47
Krujë, 66, RS-48
Kruklanki, 61, SE-35
Krumbach, 45, QA-41
Krumë, 66, SA-47
Krumovgrad, 72, TA-48
Kruopai, 57, S-30
Krupaja, 67, SE-45
Krupa na Vrbasu, 64, RJ-45
Krupanj, 65, RS-45
Krupina, 63, RS-41
Krupište, 67, SJ-48
Krupka, 62, QN-39
Krupnik, 67, SN-48
Kruševac, 66, SE-46
Kruševo, 66, SE-48
Krušovene, 67, SS-46
Kruszwica, 60, RN-37
Kruszyn, 61, RS-37
Kruszyny, 61, RS-36
Krylbo, 50, RE-29
Krylovo, 61, SG-35
Krynica, 63, SA-40
Krynica Morska, 61, RS-35
Krynki, 61, SN-36
Kryry, 62, QN-39
Krzęcin, 60, RA-36
Krzępice, 63, RN-39
Krzepielów, 60, RE-38
Krzeszowice, 63, RS-39
Krzeszyce, 60, RA-37
Krzewica, 61, SJ-37
Krzycko Wielkie, 60, RE-38
Krzynowłoga, 61, SA-36
Krzywiń, 60, RE-38
Krzyż, 60, RA-37
Książ Wielkie, 63, SA-39
Książ Wielkopolski, 60, RJ-37
Księży Lasek, 61, SE-36
Kubrat, 59, TE-46
Kuç, 68, RS-49
Kuciny, 61, RS-38
Kučište, 37, RJ-47
Küçükbahçe, 71, TE-51
Kuczbork, 61, RS-36
Kuddby, 51, RE-31
Kudowa Zdrój, 62, RE-39
Kufstein, 40, QJ-42
Kuggeboda, 49, RA-33
Kühlungsborn, 47, QE-35
Kuhmalahti, 54, SS-28
Kuhmo, 56, T-25
Kuisema, 54, SS-28
Kuitula, 55, TE-28
Kuivaniemi, 56, T-20
Kuivanto, 55, TE-29
Kukës, 66, SA-47
Kukko, 54, SS-27
Kukkola, 55, TS-26
Kuklen, 67, SS-47
Kuklin, 61, SA-36
Kukljica (Gospić), 64, RA-45
Kukurečani, 66, SE-48
Kula, Blg., 67, SJ-46
Kula, Jugo., 65, RS-44
Kulata, 67, SN-48
Kuldīga, 57, S-30
Kulefall, 50, RE-31
Kuleli, 72, TE-48
Kulen Vakuf, 64, RE-45
Kulju, 54, SN-28
Kullaa, 54, SJ-28
Kulmbach, 45, QE-39
Kumanovo, 67, SE-47
Kumkale, 72, TE-49
Kumla, 50, RA-30
Kumlinge, 54, SA-29
Kummelby, 50, RE-31
Kumoinen, 55, TA-28
Kumoniga, 67, TA-48
Kumpumäki, 55, TE-26
Kumrovec, 64, RA-43
Kungälv, 49, QE-39
Kungsängen, 51, RJ-30
Kungsäter, 49, QJ-32
Kungsbacka, 49, QJ-32
Kungsfors, 51, RE-29
Kungsgården, 51, RE-29
Kungshamn, 57, Q-30
Kungslena, 49, QN-31
Kungsör, 50, RE-30
Kunhegyes, 43, SA-42
Kunmadaras, 43, SA-42
Kunszentmiklós, 43, RS-42
Kunžak, 62, RA-40
Künzelsau, 44, PS-40
Kuopio, 55, TJ-27
Kuorevesi, 55, SS-28
Kuortane, 54, SN-27
Kuortti, 55, TE-28
Kupari, 66, RN-47
Kupinovo, 65, SA-45
Kupiškis, 58, T-30
Kurakasim, 72, TE-48
Kurejoki, 54, SN-26
Kuresaare Kingisepp, 57, S-30
Kurgolovo, 55, TN-30
Kurikka, 54, SJ-27
Kurilo, 67, SN-47
Kuřim, 62, RE-40
Kurki, 61, SA-36
Kurkijoki, 55, TS-28
Kurolanlahti, 55, TJ-26
Kurów, 61, SJ-38
Kurowice, 61, RS-38
Kuršenai, 58, S-30
Kursk, 58, V-35
Kuršumlija, 66, SE-46
Kurtbey, 72, TE-48
Kuru, 54, SN-28
Kuşadasi, 71, TJ-52
Kusel, 44, PJ-40
Kusey, 47, QE-37
Küsnacht, 42, PN-42
Küssnacht, 42, PN-42
Kustány, 43, RJ-43
Kustavi, 54, SE-29
Kutina, 64, RE-44
Kutjevo, 65, RJ-44
Kutna-Hora, 62, RA-40
Kutno, 61, RS-37
Kúty, Česko., 63, RJ-41
Kuty, S.S.S.R., 59, T-40
Kuusamo, 56, T-20
Kuusankoski, 55, TE-29
Kuusjoki, 54, SN-29
Kuvaskangas, 54, SE-27
Kuzie, 61, SE-36
Kuzmin, 65, RS-44
Kuznecovka, 57, T-30
Kuźnia Racibórc, 63, RN-39
Kuźnica, 61, SN-36
Kuźnica, 60, RN-35
Kuźnica Czeszycka, 60, RJ-38
Kværndrup, 48, QA-34
Kvalsund, 56, S-15
Kvam, 53, PE-29
Kvam, 52, PS-28
Kvamsöy, 52, PE-28
Kvanndal, 53, PE-29
Kvänum, 49, QN-31
Kvarnamåla, 49, QS-33
Kvarsebo, 51, RE-31
Kvås, 53, PJ-31
Kvedarna, 58, S-30
Kvelde, 53, PS-30
Kvennvær, 52, PN-26
Kvevlax, 54, SE-26
Kvicksund, 50, RE-30
Kvidinge, 49, QN-33
Kvikkjokk, 56, R-20
Kvikne, 52, QA-27
Kvillsfors, 49, RA-32
Kvinesdal, 53, PE-31
Kvinnherad, 53, PE-29
Kvittingen, 53, PE-31
Kwiatkowice, 61, RS-38
Kwidzyn (Marienwerder), 61, RS-36
Kwieciszewo, 60, RN-37
Kwilcz, 60, RE-37
Kybartai, 61, SJ-35
Kyjov, 63, RJ-40
Kyläinpää, 54, SJ-27
Kyleakin, 13, LS-32
Kyle of Lochalsh, 13, LS-32
Kylesku Inn, 12, LS-31
Kylestrome, 12, LS-31
Kylmäkoski, 54, SN-28
Kynšperk, 62, QJ-39
Kyritz, 47, QJ-37
Kyrkhult, 49, QS-33
Kyrkjebö, 52, PA-28
Kyrkslätt, 54, SS-29
Kysucké-Nové Mesto, 63, RN-40
Kyyjärvi, 54, SS-26
Kyynärö, 55, SS-28

L

Laa, 41, RE-41
Laaben, 41, RA-41
Laage, 47, QJ-36
Laajoki, 54, SJ-29
Laakirchen, 41, QN-42
La Alameda, 29, ME-51
La Alberca, 26, LN-49
La Albergueria de Argañán, 26, LN-49
La Albuera, 28, LN-51
La Algaba, 28, LN-52
La Almarcha, 24, MJ-50
La Almolda, 24, MS-48
La Almunia de Doña Godina, 24, MS-48
La Arena, 26, LN-46
Laasala, 54, SS-27
Laasphe, 44, PN-39
La Azohia, 30, MN-52
La Bañeza, 26, LN-47
la Barre-en-Ouche, 18, NA-41
Labasheeda, 14, LA-37
la Bassée, 18, NJ-39
Labastide, 23, NJ-46
la-Bastide-de-Sérou, 22, NE-47
Labastide-Murat, 22, NE-45
la Baule, 17, MJ-42
Łabędy, 63, RN-39
la Bérarde, 21, PE-45
Labes → Łobez, 60, RA-36
La Bienvenida, 29, MA-51
Labin, 64, QS-44
La Bisbal, 25, NN-48
Łabiszyn, 60, RJ-37
Laboe, 46, QA-35
Labouheyre, 22, MS-45
la Bourboule, 23, NJ-44
La Bóveda de Toro, 27, LS-48
Labros, 24, MN-48
Labrugière, 23, NJ-46
Labuništa, 66, SA-48
Läby, Sve., 51, RJ-29
Läby, Sve., 51, RJ-30
Lacalahorra, 31, ME-52
La Calzada de Calatrava, 29, ME-51
La Campana, 29, LS-52
Lacanau, 22, MN-45
Lacanau-Océan, 22, MN-44
La Cañiza, 26, LE-47
la Canourgue, 23, NN-45
la Capelle-en-Thiérache, 18, NN-40
Lacapelle Marival, 22, NE-45
La Caridad, 26, LN-46
La Carlota, 29, LS-52
La Carolina, 29, ME-51
Lacaune, 23, NJ-46
la Cauronne, 22, NA-44
La Cavalerie, 23, NN-46
La Cenia, 24, NA-49
la Chaise-Dieu, 23, NN-44
la Chambre, 21, PE-44
la Chapelaude, 19, NJ-43
la Chapelle-d'Angillon, 19, NJ-42
la Chapelle-la-Reine, 19, NJ-41
la Charité, 19, NN-42
la Chartre, 19, NA-42
la Châtaigneraie, 19, MS-43
la Châtre, 19, NJ-43
La Chaux-de-Fonds, 42, PE-42
Lachdenpochja, 55, UA-28
Lachen, 42, PN-42
la Ciotat, 21, PA-46
Łack, 61, RS-37
Låckeby, 49, RE-33
Łącko, 63, SA-40
la Clayette, 21, NS-43
la Clusaz, 21, PE-44
la Cluse, 21, PA-43
La Codosera, 28, LN-50
Laconi, 35, PS-50
La Coronada, 29, LS-51
La Coruña, 26, LE-46
la Côte-Saint-André, 21, PA-44
la Courtine-le-Trucq, 23, NJ-44
Lacq, 22, MS-46
la Croisière, 19, NE-43
La Cumbre, 28, LN-50
Lad, Magy., 43, RJ-43
Łąd, Pol., 60, RJ-37
Ladbergen, 46, PJ-37
Ladenburg, 44, PN-40
Ladendorf, 41, RE-41
Ladina, 66, RJ-46
Ladóeiro, 28, LJ-50
Laduškin (Ludwigsort), 61, SA-35
L'ady, 58, U-35
Lærdalsöyri, 52, PJ-28
La Escala, 25, NN-47
La Espina, 26, LN-46
La Estrada, 26, LE-47
La Estrella, 29, LS-50
la Fère, 18, NN-40
la Ferrière-en-Parth, 19, MS-43
la Ferté-Alais, 18, NJ-41
la Ferté-Bernard, 19, NA-41
la Ferté-Gaucher, 18, NN-41
la Ferté-Macé, 18, MS-41
la Ferté-s.-Jouarre, 18, NN-41
la Ferté-St.-Aubin, 19, NE-42
Laffrey, 21, PA-44
la Flèche, 19, MS-42
la Flotte, 17, MN-43
Lafrançaise, 22, NE-45
La Fregeneda, 26, LN-48
la Frua, 32, PN-43
La Fuente de San Esteban, 26, LN-49
la Gacilly, 17, MJ-42
Lagádhia, 70, SJ-52
La Gallega, 27, ME-48
Lagan, 49, QN-33
La Garriga, 25, NJ-48
Lage, B.R.D., 46, PN-37
Lage, Esp., 26, LA-46
Lägerdorf, 46, PS-36
Lägern, 49, RA-32
Laggan, 13, MA-32
Läggesta, 51, RJ-30
Łagiewniki, 63, RE-39
La Gineta, 30, MN-50
Lagnieu, 21, PA-44
Lagny, 18, NJ-41
Lago, 33, QJ-44
Lagoa, 28, LE-52
Lagonegro, 39, RA-49
Lágos, Ellás, 69, TA-48
Lagos, Port., 28, LE-52
Łagów, 63, SE-39
Łagów, 60, RA-37
la Grand-Combe, 23, NN-45
la Grave, 21, PE-44
Laguardia, Esp., 27, MJ-47
La Guardia, Esp., 26, LE-48
La Guardia, Esp., 29, ME-50
Laguarres, 24, NA-47
Laguarta, 24, MS-47
La Gudiña, 26, LJ-47
la Guerche, 17, MN-42
la Guerche-s.-l'Aubois, 19, NJ-43
Laguiole, 23, NJ-45
Laguna del Marquesado, 24, MN-49
La Haba, 29, LS-51
la Haye-Descartes, 19, NA-43
la Haye-du-Puits, 17, MN-40
la Haye-Pesnel, 17, MN-41
La Hermida, 27, MA-46
Lahinch, 14, LA-37
Laholm, 49, QJ-33
Lahr, 44, PJ-41
Lahti, 55, TA-29
La Huerce, 27, ME-48
l'Aigle, 18, NA-41
La Iglesuela del Cid, 24, MS-49
Laignes, 20, NS-42
Laigueglia, 32, PN-46
Laihia, 54, SE-27
Lairg, 12, MA-31
Laissac, 23, NJ-45
Laitila, 54, SE-29
Laives, 33, QE-43
la Javie, 21, PE-45
Lajkovac, 65, SA-45
Lajosmizse, 43, RS-42
La Junquera, 25, NJ-47
Łaka, 60, QS-35
Lakócsa, 43, RJ-44
Lakolk, 48, PN-34
Lakšárska Nová Ves, 63, RJ-41
Lakselv, 56, T-15
Laksevåg, 53, PA-30
Laktaši, 64, RJ-45
Lalapaşa, 72, TE-48
Lalar, 66, RS-49
La Lentejuela, 29, LS-52
Lalín, 26, LE-47
Lalinac, 67, SJ-46
Lalinde, 22, NA-45
La Línea, 31, LS-53
la Loupe, 18, NA-41
la Louvesc, 23, NS-44
La Luisiana, 29, LS-52
Laluque, 22, MN-46
Lam, 45, QN-40
la Machine, 19, NN-43
La Maddalena, 35, PS-48
Lama dei Peligni, 37, QS-47
La Madurra, 27, MA-48
La Magdalena, 26, LS-47
la Mailleraye, 18, NA-40
la Malène, 23, NN-45
Lamalou-les-Bains, 23, NJ-46
Lamarche, Fr., 20, PA-41
Lamarche, Fr., 20, PA-42
Lamarosa, 28, LE-50
Lamastre, 23, NS-45
Lambach, 41, QN-41
Lamballe, 17, MJ-41
Lámbeia, 70, SE-52
Lambesc, 21, PA-46
Lamborn, 50, RA-29
Lamego, 26, LJ-48
la Membrolle, 19, NA-42
La Mezquita, 26, LJ-47
Lamía, 69, SJ-51
Lamlash, 13, LS-34
Lamm, 54, SN-26
Lammhult, 49, QS-32
Lammi, 55, TA-28
la Moère, 17, MN-42
la Mothe-Achard, 17, MN-43
la Mothe-St.-Héraye, 19, MS-43
Lamotte-Beuvron, 19, NE-42
la Motte-du Caire, 21, PE-45
Lamperila, 55, TJ-27
Lampertheim, 44, PN-40
Lampeter, 10, MA-37
Lamspringe, 46, PS-38
La Muela, 24, MN-48
la Mure, 21, PA-45
Lana, 33, QE-43
Lanaja, 24, MS-48
Lanark, 13, ME-34
La Nava, 28, LN-52
La Nava de Ricomalillo, 29, MA-50
La Nava de Santiago, 28, LN-50
Lanave, 24, MS-47
Lancaster, 15, MJ-35
Lanciano, 37, QS-47
Landau, 44, PN-40
Landau a. d. Isar, 45, QJ-41
Lande, 56, Q-20
Landeck, 40, QA-42
Landerneau, 17, MA-41
Landeryd, 49, QN-32
Landete, 24, MN-50
Landévant, 17, ME-42
Landivisiau, 17, MA-41
Landivy, 17, MS-41
Landl, 40, QJ-42
Landquart, 42, PS-43
Landrecies, 18, NN-39
Landsberg → Gorzów Wlkp., 60, RA-37
Landsberg, B.R.D., 45, QA-41
Landsberg, D.D.R., 47, QJ-38
Landsbro, 49, QS-32
Landshut, 45, QJ-41
Landskrona, 49, QJ-34
Landstuhl, 44, PJ-40
Landvik, 53, PN-31
Lanesborough-Ballyleague, 14, LE-36
Langå, 48, PS-33
Langadhás, 69, SN-49
Langadhikia, 69, SN-49
Långåminne, 54, SE-27
Långban, 50, QS-30
Långbo, 50, RA-28
Langeac, 23, NN-44
Langeais, 19, NA-42
Långedrag, 49, QE-32
Langeid, 53, PJ-31
Längelmäki, 55, SS-28
Langen, B.R.D., 44, PN-40
Langen, B.R.D., 46, PN-36
Langenargen, 44, PS-42
Langenau, 44, QA-41
Langenburg, 44, PS-40
Langenfeld, B.R.D., 46, PE-38
Längenfeld, Öst., 40, QA-42
Langenhagen, 46, PS-37
Langenhorn, 46, PS-36
Langenselbold, 44, PS-39
Langenthal, 42, PJ-42
Langenzenn, 45, QA-40
Langeoog, 46, PJ-36
Langeskov, 48, QA-34
Langesund, 53, PS-31
Långflon, 50, QJ-28
Långhed, 50, RA-28
Langhirano, 32, QA-45
Langholm, 13, ME-34
Langnau, 42, PJ-43
Langogne, 23, NN-45
Langon, 22, MS-45
Langport, 10, MJ-38
Långrådna, 49, RE-31
Langres, 20, PA-42
Langset, 53, QE-29
Långshyttan, 50, RE-29
Langstedt, 48, PS-35
Languidic, 17, ME-42
Långvind, 51, RJ-28
Łanieta, 61, RS-37
Länkipohja, 55, SS-28
Lanmeur, 17, ME-41
Lannemezan, 22, NA-46
Lannilis, 17, MA-41
Lannion, 17, ME-41
Lanouaille, 22, NE-44
Lanškroun, 62, RE-40
Lanslebourg, 21, PE-44
Lanusei, 35, PS-50
Lanvollon, 17, ME-41
Lanzo Torinese, 32, PJ-44
Laon, 18, NN-40
La Paca, 30, MN-52
Lapalisse, 19, NN-43
la Pallice, 17, MN-43
La Palma del Conado, 28, LN-52
Łapanów, 63, SA-40
La Parra, 28, LN-51
Lápas, 70, SE-51
La Peraleja, 27, MJ-49
la Petite-Pierre, 20, PJ-41
Lapinjärvi, 55, TE-29
Lapinlahti, 55, TJ-26
Lapinlathi, 55, TS-27
La Plaza, 26, LN-46
La Pobla de Lillet, 25, NE-47
La Pola de Gordón, 26, LS-47
la Possonniere, 19, MS-42
Lapovo, 66, SE-45
Lappajärvi, 54, SN-26
Läppe, 50, RA-30
Lappeenranta, 55, TN-28
Lappfiärd, 54, SE-27
Lappi, 54, SE-28
Lappträsk, 55, TE-29
la Preste, 23, NJ-47
la Primaube, 23, NJ-45
Lapseki, 72, TE-49
Lapua, 54, SN-27
La Puebla, 25, NN-50
La Puebla de Cazalla, 29, LS-52
La Puebla de los Infantes, 29, LS-52
La Puebla de Montalbán, 29, MA-50
La Puebla de Valdavia, 27, MA-47
La Puerta de Segura, 29, MJ-51
Lapunmaki, 55, TE-27
Lapus, 57, S-25
Lapväärtti, 54, SE-27
Łapy, 61, SJ-36
Laqueuille, 23, NJ-44
L'Aquila, 36, QN-47
Laracha, 26, LE-46
Laragh, 14, LN-36
Laragne, 21, PA-45
La Rambla, 29, MA-52
l'Arbresle, 21, NS-44
Lärbro, 51, RN-32
Larçay, 19, NA-42
Larceveau, 22, MN-46
Lårdal, 53, PN-30
Lardaro, 33, QA-44
Laredo, 27, ME-46
Laren, 16, PA-37
la Réole, 22, MS-45
Långard, 52, PS-28
Largentière, 23, NS-45
Largs, 13, MA-34
La Riba, 25, NE-48
La Rinconada, 29, LS-52
Larino, 37, QS-48
Larionovo, 55, UA-28
Lárisa, 69, SJ-50
la Rivière-Thibouville, 18, NA-40
Larne, 15, LS-35
La Robla, 26, LS-47
La Roca de la Sierra, 28, LN-50
la Rochebeaucourt-et-Argentine, 22, NA-44
la Roche-Bernard, 17, MJ-42
la Roche-Chalais, 22, NA-44
la Roche-de-Rame, 21, PE-45
La Roche-en-Ardenne, 16, PA-39
la Rochefoucauld, 22, NA-44
la Rochelle, 19, MN-43
la Roche-Posay, 19, NA-43
la Roche-s.-Foron, 21, PE-43
la Roche-s.-Yon, 17, MN-43
Larochette, 20, PE-40
la Rocnette, 21, PE-44
La Roda, Esp., 30, MJ-50
La Roda, Esp., 31, MA-52
Laroquebrou, 23, NJ-45
Laroque-d'Olmes, 22, NE-47
Larraga, 27, MN-47
Larraona, 27, MJ-47
Larrau, 22, MS-46
La Rua, 26, LJ-47
Laruns, 22, MS-46
Larv, 49, QN-31
Larvik, 53, PS-30
La Salceda, 27, ME-48
Las Cabezas de San Juan, 31, LN-52
Las Cruces, 26, LE-47
La Serna del Monte, 27, ME-48
la Seyne-s.-Mer, 21, PA-46
La Silva, 26, LE-46
Łasin, 61, RS-36
Łask, 61, RS-38
Łaskarzew, 61, SE-38
Laško, 64, RA-43
Las Mesas, 29, MJ-50
Las Navas de la Concepción, 29, LS-52
Las Negras, 30, MN-53
La Solana, 29, ME-51
la Souterraine, 19, NE-43
Łasówka, 62, RS-39
Las Pajanosas, 28, LN-52
Laspaúles, 24, NA-47
Las Pedroñeras, 29, MJ-50
Las Pedrosas, 24, MS-47
La Spezia, 32, PS-45
Las Presas, 25, NJ-47
Laspuña, 24, NA-47
Las Rozas, 27, ME-46
Las Rozas de Madrid, 27, ME-49
Lassan, 47, QN-36
Lassay, 18, MS-41
Lassigny, 18, NJ-40
la Storta, 36, QJ-48
Lastovo, 37, RE-47
Lastra a Signa, 33, QA-46
Lastukoski, 55, TN-26
la Suze, 19, MS-42
Las Veguillas, 26, LS-49
Łaszczów, 58, S-35
Laterza, 39, RE-49
la Teste-de-Buch, 22, MN-45
Lathen, 46, PJ-37
Latheron, 12, ME-31
La Thuile, 32, PJ-44
Latiano, 39, RJ-49
Latina, 36, QJ-48
Latisana, 33, QN-44
La Torresaviñán, 27, MJ-49
la Tour-d'Auvergne, 23, NJ-44
Latour-de-France, 23, NJ-47
la Tour-du-Pin, 21, PA-44
la Tour-Fondue, 21, PE-46
Latowicz, 61, SE-37
la Tranche, 17, MN-43
la Tremblade, 22, MN-44
la Trimouille, 19, NE-43
la Trinité-Porhoët, 17, MJ-41
Latronico, 39, RE-49
Latronquière, 23, NJ-45
Laubach, 44, PN-39
Lauban → Lubań, 62, RA-38
Lauchhammer, 47, QN-38

Lauchstädt, 47, QE-38
Lauda, 44, PS-40
Laudal, 53, PJ-31
Lauder, 13, MJ-34
Lauenburg
→ Łebork, 60, RJ-35
Lauenburg, 44, QA-36
Lauf, 45, QE-40
Laufen, 42, PJ-42
Lauffen, 44, PS-40
Lauhala, 54, SJ-27
Lauingen, 45, QA-41
Laujar de Andarax, 31, MJ-52
Laukaa, 55, TA-27
Laukala, 55, TE-26
Laukeland, 52, PA-28
Launceston, 10, MA-39
La Unión, 30, MS-52
Launonen, 54, SS-29
Laupheim, 45, PS-41
Laureana di Borrello, 39, RE-51
Laurencekirk, 13, MJ-33
Laurenzana, 39, RE-49
Lauria, 39, RA-49
Laurière, 19, NE-43
Lauritsala, 55, TN-28
Lausanne, 42, PE-43
Lauscha, 45, QE-39
Lauta, 47, QS-38
Lautaporras, 54, SN-29
Lauter, 45, QJ-39
Lauterbach, 44, PS-39
Lauterbourg, 20, PN-41
Lauterbrunnen, 42, PJ-43
Lauterecken, 44, PN-40
Lauttakylä, 54, SJ-28
Lauzun, 22, NA-45
Laval, 19, MS-41
Lavamünd, 41, QS-43
Lávara, 72, TE-48
Lavardac, 22, NA-45
Lavaur, 22, NE-46
La Vecilla, 27, LS-47
La Vega, 54, LN-47
La Vega de Liébana, 27, MA-46
Lavelanet, 22, NE-47
La Vellés, 26, LS-48
Lavello, 39, RA-48
Laveno, 32, PN-44
Lavéra, 21, NS-46
la Verpillière, 21, PA-44
Lavezzola, 33, QE-45
Lavia, 54, SJ-28
Laviana, 26, LS-46
La Vid, 27, ME-48
Lavik, 52, PA-28
La Villa de Don Fadrique, 29, ME-50
Lavit, 22, NA-46
la Voulte, 21, NS-45
Lavoûte-Chilhac, 23, NN-44
Lavre, 28, LE-51
Lávrion, 71, SS-52
la Wantzenau, 20, PJ-41
Laxå, 50, QS-30
Laxenburg, 41, RE-41
Laxne, 51, RJ-30
Laxvik, 49, QJ-33
Laza, 26, LJ-47
Lazarevac, 65, SA-45
Lazarevo, 65, SA-44
Lazaropole, 66, SA-48
Lazdijai, 61, SN-35
Lázi, 43, RJ-42
Lazise, 33, QA-44
Łazy, 63, RS-39
Leatherhead, 11, MS-38
Łeba, 60, RJ-35
Lebach, 44, PE-40
Lebane, 67, SE-47
le Barp, 22, MS-45
le Beausset, 21, PA-46
le Blanc, 19, NE-43
le Bleymard, 23, NN-45
Łebno, 60, RN-35
Łebork (Lauenburg), 60, RJ-35
le Boulou, 23, NJ-47
le Bourg-d'Oisans, 21, PA-44
le Bourget, Fr., 21, PA-44
le Bourget, Fr., 18, NJ-41
Le Brassus, 42, PE-43
Lebrija, 31, LN-53
le Bugue, 22, NA-45
Lebus, 47, QS-37
le Cannet, 21, PE-46
le Castella, 39, RJ-51
le Cateau, 18, NN-39
Lecce, 39, RN-49
le Cellier, 17, MN-42
Lécera, 24, NS-48
Lečevica, 64, RE-46
Lech, 40, QA-42
le Chambon-s.-Lignon, 23, NS-44
le Chapus, 22, MN-44
le Château, 22, MN-44
le Châtelet, 19, NJ-43
le Châtelet-en-Brie, 18, NJ-41
Lechenich, 44, PE-39
le Chesne, 20, NS-40
le Cheylard, 23, NS-45
Lechlade, 11, MN-38
Leck, 48, PN-35

le Conquet, 17, MA-41
le Creusot, 20, NS-43
le Croisic, 17, MJ-42
le Crotoy, 18, NE-39
le Curtillard, 21, PE-44
Łęczna, 61, SJ-38
Lęczyca, 61, RS-37
Lédaňa, 30, MN-50
Ledbury, 10, MJ-37
Ledeč n. Sázavou, 62, RA-40
Ledenické-Rovné, 63, RN-40
le Désert, 21, PE-45
Ledesma, 26, LN-48
Lédignan, 23, NS-46
Ledigos, 27, MA-47
le Donjon, 19, NN-43
le Dorat, 19, NE-43
Ledyczek, 60, RJ-36
Leeds, 15, MJ-36
Leek, 10, MJ-36
Leenane, 14, LA-36
Leende, 16, PA-38
Leer, 46, PJ-36
Leerdam, 16, PA-38
Leeuwarden, 16, PA-36
le Faou, 17, MA-41
le Faouet, 17, ME-41
le Fayet, 21, PE-44
le Fousseret, 22, NE-46
le Fuilet, 17, MN-42
Légé, 17, MN-43
Legienowo, 61, SA-37
Legnago, It., 33, QE-44
Legnano, It., 32, PN-44
Legnica (Leignitz), 60, RE-38
Legrad, 64, RE-43
le Grand-Bourg, 19, NE-43
le-Grand-Fougeray, 17, MN-42
le Grand-Lemps, 21, PA-44
le Grand-Lucé, 19, NA-42
le Grand-Pressigny, 19, NA-43
le Grau-du-Roi, 23, NS-46
Léguevin, 22, NE-46
le Havre, 18, NA-40
Lehmonaho, 55, TS-27
Lehnin, 47, QJ-37
Lehre, 47, QA-37
Lehrte, 46, PJ-37
Lehtimäki, 54, SN-27
Leibnitz, 41, RA-43
Leicester, 11, MN-37
Leiden, 16, NS-37
Leidschendam, 16, NS-37
Leigh, 15, MJ-36
Leighlinbridge, 14, LN-37
Leighton Buzzard, 11, MS-38
Leignitz
→ Legnica, 60, RE-38
Leikanger, Nor., 52, PE-28
Leikanger, Nor., 52, PA-27
Leikong, 52, PA-27
Leinefelde, 46, QA-38
Leinestölen, 53, PJ-29
Leipalingis, 61, SN-35
Leipojärvi, 56, S-20
Leipzig, 47, QJ-38
Leiria, 28, LE-50
Leiro, 26, LE-47
Leirvassbu, 52, PN-28
Leirvik, Nor., 52, PA-28
Leirvik, Nor., 53, PA-30
Leisi, 57, S-30
Leisnig, 47, QJ-38
Leitzkau, 47, QE-37
Leivonmäki, 55, TE-28
Leiza, 27, MN-46
Lejkówko, 60, RE-35
Lekáni, 69, SJ-48
Łękawa, 61, RS-38
Łękhaina, 70, SE-52
Lekhyttan, 50, QS-30
Leknes, 56, PE-27
Leknica, 60, RS-38
Leksand, 50, RA-29
Leksvik, 52, QA-26
Lekvattnet, 50, QJ-29
le Lauzet, 21, PE-45
le Lavandou, 21, PE-46
Lel'čicy, 58, T-35
le Lion-d'Angers, 19, MS-42
le Lioran, 23, NJ-44
Lelkowo, 61, SA-35
Lelów, 63, RS-39
le Luc, 21, PE-46
le Lude, 19, NA-42
Lelystad, 16, PA-37
le Malzieu, 23, NN-45
le Mans, 19, NA-42
le Mas-d'Azil, 22, NE-46
le Mayet-de-Montagne, 19, NN-43
Lembach, 47, QJ-38
Lembèye, 22, MS-46
Lembruch, 46, PN-37
le Mêle-s.-Sarthe, 18, NA-41
le Merlerault, 18, NA-41
Lemgo, 46, PN-37
Lemi, 55, TJ-28
Lemmer, 16, PA-37

le Monastier-s.-Gazeille, 23, NS-45
le Monêtier, 21, PE-45
le Mont-Dore, 19, NJ-44
le Mont-St.-Michel, 17, MN-41
Lempäälä, 54, SN-28
Lempdes, 23, NN-44
Lemppy, 55, TJ-27
Lemu, 54, SE-29
le Muy, 21, PE-46
Lemvic, 48, PN-33
Lena, Esp., 26, LS-46
Lena, Nor., 53, QA-29
Lenart, 64, RA-43
Lencloîtreu, 19, NA-43
Lend, 40, QN-42
Lendava, 64, RE-43
Lendinara, 33, QE-44
Le Neubourg, 18, NA-40
Lengerich, 46, PJ-37
Lenggries, 45, QE-42
Lenhovda, 49, RA-33
Leningrad, 55, UA-30
Lenk, 42, PJ-43
Lenkovcy, 58, T-35
Lennartsfors, 50, QE-30
Leno, 32, QA-44
Lenovo, 67, TA-48
Lens, 18, NJ-39
Lensvik, 52, PS-26
Lentini, 38, QS-52
Lenzen, 47, QE-36
Lenzerheide (Lai), 42, PS-43
Leoben, 41, RA-42
Leogang, 40, QJ-42
Leominster, 10, MJ-37
León, Esp., 26, LS-47
León, Fr., 22, MN-46
Leonberg, 44, PS-41
Leoncel, 21, PA-45
Leonessa, 36, QN-47
Leonforte, 38, QS-52
Leonídhion, 70, SJ-52
Leonstein, 41, QS-42
Leontárion, 70, SJ-52
Léopoldsburg, Bel., 16, PA-38
Leopoldsburg, Ned., 16, PA-38
Leopoldshafen, 44, PN-40
le Palais, 17, ME-42
Lepe, 28, LJ-52
le Péage, 21, NS-44
Lepel', 58, T-35
le Pellerin, 17, MN-42
le Petit-Quevilly, 18, NA-40
Lepin, 21, PA-44
le Poiré-s.-Vie, 17, MN-43
le Pontet, 21, NS-46
le Portel, 18, NE-39
le Pouldu, 17, ME-42
le Pouliguen, 17, MJ-42
Lépoura, 71, SS-51
Leppäkoski, 55, SS-28
Leppävirta, 55, TJ-27
Lepsény, 43, RN-42
Leptokariá, 69, SJ-49
le Puy, 23, NN-44
Lequeitio, 27, MJ-46
le Quesnoy, 18, NN-39
Lercara Friddi, 38, QN-52
Lerici, 32, PS-45
Lérida, 24, NA-48
Lerin, 27, MN-47
Lerma, 27, ME-47
Lermoos, 40, QA-42
Lerum, 49, QJ-32
Lerwick, 12, MN-29
les Abrets, 21, PA-44
Lesaca, 27, MN-46
Lesanka, 20, NS-42
les Aix-d'Angillon, 19, NJ-42
le Salvetat, 23, NJ-46
les Andelys, 18, NE-40
les Aubiers, 19, MS-43
les Baux-de-Provence, 21, NS-46
les Bézards, 19, NJ-42
Lesbury, 13, MN-34
les Cabannes, 22, NE-47
Lescar, 22, MS-46
les Contamines-Montjoie, 21, PE-44
les Echarmeaux, 21, NS-43
les Echelles, 21, PA-44
Lesegno, 32, PJ-45
Le Sepey, 42, PJ-43
les Essarts, 17, MN-43
les Eyzies, 22, NA-45
les Gets, 21, PE-43
les Halles, 23, NS-44
les Herbiers, 19, MS-43
Lesičevo, 67, SS-47
Lesina, 37, RA-48
Lesja, 52, PN-27
Lesjaverk, 52, PN-27
Lešje, 66, SE-46
Lesjöfors, 50, QS-30
Leskovac, 67, SE-47
Leskovik, 68, SA-49
les Laumes, 20, NS-42
Leslie, 13, ME-33
les Maisons-Blanches, 19, NA-43
les Mées, 21, PE-45
les Menuires, 21, PE-44

Lesná, Česko., 62, RA-41
Lesná, Pol., 62, RA-38
Lesneven, 17, MA-41
Leśnica, Jugo., 65, RS-45
Leśnica, Pol., 63, RN-39
Lesogorskij, 55, TN-28
Lesozavodskij, 56, U-20
Lesparre-Médoc, 22, MS-44
les-Ponts-de-Cé, 19, MS-42
les Quatre-Chemins, 17, MN-43
les Riceys, 20, NS-42
les Rosiers, 19, MS-42
les Rousses, 21, PE-43
les Sables-d'Olonne, 17, MN-43
Lessach, 41, QN-42
les-Saintes-Maries-de-la-Mer, 21, NS-46
Lessay, 17, MN-40
Lessebo, 49, RA-33
Lessines, 16, NN-39
les Sorinières, 17, MN-42
Lesti, 55, SS-26
Lestijärvi, 56, S-25
Leszkowice, 61, SJ-38
Leszno, Pol., 61, SJ-37
Leszno, Pol., 60, RE-38
l'Étape, 20, PE-41
Letchworth, 11, MS-38
le Teich, 22, MS-45
le Teil, 21, NS-45
le Teilleul, 18, MS-41
le Temple, 22, MS-45
Letenye, 43, RE-43
le Thillot, 20, PE-42
Letino, 37, QS-48
Letnica, 67, TA-46
Letovice, 62, RE-40
le Trayas, 21, PE-46
le Tréport, 18, NE-39
Letschin, 47, QS-37
Letterfrack, 14, LA-36
Letterkenny, 14, LJ-35
Letur, 30, MJ-51
Letzlingen, 47, QE-37
Leu, 67, SS-45
Leuca, 39, RN-50
Leucate-Plage, 23, NN-47
Leuk, 42, PJ-43
Leukerbad, 42, PJ-43
Leuna, 47, QJ-38
Leutkirch, 44, QA-42
Leutschach, 41, RA-43
Leuven, 16, NS-39
Leuze, 16, NN-39
Levádheia, 69, SJ-51
le Val-André, 17, MJ-41
l'île-Bouchard, 19, NA-42
le Val-Dahon, 20, PE-42
le Val-Saulxures s.-Moselotte, 20, PE-42
Levanger, 56, Q-25
Levanto, 32, PS-45
Levanzo, 38, QJ-52
Leveld, 53, PN-29
Leven, U.K., 15, MS-36
Leven, U.K., 13, ME-33
Levene, 49, QN-31
Levens, 21, PJ-44
Levenwick, 14, MN-30
Leverkusen, 46, PE-38
Levet, 19, NJ-43
Levice, 63, RN-41
Levico, 33, QE-43
Levídhion, 70, SJ-52
Levie, 35, PS-48
Levier, 20, PE-43
le Vigan, 23, NN-46
le Ville, 36, QJ-47
Levkadhítion, 69, SJ-51
Levkás, 68, SA-51
Levkímmi, 68, SA-50
Levkóyeia, 69, SN-48
Levoča, 63, SA-40
Levroux, 19, NE-43
Levski, 67, TA-46
Levunovo, 67, SN-48
Lewes, 11, MS-39
Lewin Brzeski, 63, RJ-39
Leyburn, 15, MN-35
Leysdown-on-Sea, 11, NA-38
Lezay, 19, NA-43
Lezhë, 66, RS-48
Lézignan, 23, NJ-46
Lezoux, 23, NN-44
Lhéry, 18, NN-40
l'Hospitalet-près-l'Andorre, 22, NE-47
Liabygd, 52, PJ-27
Liapádhes, 68, RS-50
Liatorp, 49, QS-33
Liavassoset, 52, PJ-28
Libán, 62, RA-39
Libčhov, 62, QS-39
Liberadz, 61, SA-37
Liberec, 62, RA-39
Libiąż Wielko, 63, RS-39
Libochovice, 62, QS-39
Libohovë, 68, SA-49
Libomyšl, 62, QS-40
Libourne, 22, MS-45
Librazhd, 66, SA-48
Librilla, 30, MN-52

Licata, 38, QN-52
Lich, 44, PN-39
Lichfield, 11, MN-37
Lichtenau, 46, PN-38
Lichtenfels, 45, QE-39
Lichtenstein, 45, QJ-39
Ličke Jesenice, 64, RA-45
Lickershamn, 51, RN-32
Lički Osik, 64, RA-45
Ličko Petrovo Selo, 64, RA-45
Licodia Eubea, 38, QS-52
Licola, 37, QS-49
Lid, 51, RE-31
Lida, 58, T-35
Lidhorikion, 69, SJ-51
Lidhult, 49, QN-33
Lidingö, 51, RN-30
Lidköping, 50, QN-31
Lidzbark, 61, RS-36
Lidzbark Warmiński, 61, SA-35
Liebenau, 41, QS-41
Liebenwalde, 47, QN-37
Lieberose, 47, QS-38
Liedenpohja, 54, SN-27
Liège, 16, PA-39
Liège, 16, PA-39
Lieksa, 55, UA-26
Lieksavoisenaho, 55, UA-26
Lienz, 40, QJ-43
Liepāja, 57, S-30
Lier, Bel., 16, NS-38
Lier, Nor., 53, QA-30
Liesjärvi, 54, SS-27
Liestal, 42, PJ-42
Liešti, 59, T-40
Liétor, 30, MN-51
Lietsa, 54, SS-29
Lievestuore, 55, TE-27
Liévin, 18, NJ-39
Liezen, 41, QS-42
Liffol-le-Grand, 20, PA-41
Lifford, 14, LJ-35
Liffré, 17, MN-41
Lignano Sabbiadoro, 33, QN-44
Ligneres, 19, NJ-43
Ligniéux, 18, NA-40
Lisij Nos, 55, UA-29
Lisjö, 50, RE-30
Liskeard, 10, MA-39
l'Isle-Adam, 18, NJ-40
l'Isle-Jourdain, Fr., 19, NA-43
l'Isle-Jourdain, Fr., 22, NE-46
l'Isle-s.-la-Sorgue, 21, PA-46
l'Isle-s.-le-Doubs, 20, PE-42
l'Isle-s.-Serein, 19, NS-42
Lismore, 14, LJ-37
Lisnarick, 14, LJ-37
Lisburn, 15, LN-35
Lisdoonvarna, 14, LA-36
Liselund, 48, PJ-34
Lisia Góra, 63, SA-39
Lisieux, 18, NA-40
Likavka, 63, RS-40
Ligoúrion, 70, SN-52
Ligueil, 19, NA-42
Lihme, 48, PN-33
Lihue, 19, NJ-43
Likenäs, 50, QN-29
Lika, 24, MS-50
Likeia, 70, SJ-52
Lidgingö, 51, RN-30
Lijar, 49, QJ-32

Lindesnäs, 50, QS-29
Lindfors, 50, QN-30
Lindome, 49, QJ-32
Lindow, 47, QJ-37
Linė, 62, QN-40
Lingbo, 51, RE-28
Lingen, 46, PJ-37
Linghed, 50, RA-29
Linguaglossa, 38, RA-52
Linia, 60, RJ-35
Linköping, 50, RA-31
Linkuva, 58, S-30
Linlithgow, 13, ME-34
Linneryd, 49, QS-33
Linnes, 50, QJ-28
Linsell, 57, Q-25
Lintzel, 46, QA-37
Linz, B.R.D., 44, PJ-39
Linz, Öst., 41, QS-41
Lipa, 64, RE-45
Lido di Copanello, 39, RE-51
Lido, 33, QJ-44
Lido di Iesolo, 33, QJ-44
Lido di Ostia, 36, QJ-48
Lido di Tarquinia, 36, QE-47
Lidzbark, 61, RS-36
Liebana, 41, QS-41
Liedipany, 63, SA-40
Lipari, 38, QS-51
Liperi, 55, TS-27
Lipiany, 60, RA-36
Lipik, 64, RJ-44
Lipka, 60, RJ-36
Lipljan, 66, SE-47
Lipnica, Pol., 60, RJ-36
Lipnica, Pol., 61, RS-36
Lipnica, Pol., 60, RE-37
Lipnik n. Bečvou, 63, RJ-40
Lipno, 61, RS-37
Lipolist, 65, RS-45
Lipova, 59, S-40
Lipovac, 65, RS-44
Lipowina, 61, SA-35
Lippstadt, 46, PN-38
Lipsko, 61, SE-38
Liptovská Osada, 63, RS-41
Liptovská-Teplička, 63, SA-41
Liptovský Hrádok, 63, RS-40
Liptovský-Mikuláš, 63, RS-40
Liria, 24, MS-50
Lirkeia, 70, SJ-52
Lisboa, 28, LA-51
Lindenberg, B.R.D., 44, PS-42
Lindenberg, D.D.R., 47, QS-37
Lindenfels, 44, PN-40
Lindenhof, 45, QA-42
Lindern, 46, PJ-37
Linderöd, 49, QN-34
Lindesberg, 50, RA-30
Lindau, 44, PS-42

Ljubija, 64, RE-45
Ljubimec, 72, TE-48
Ljubinje, 66, RN-47
Ljubiš, 65, RS-46
Ljubljana, 64, QS-43
Ljubno, 64, QS-43
Ljubojno, 66, SA-49
Ljubovija, 66, RS-45
Ljubuški, 66, RJ-46
Ljugarn, 51, RN-32
Ljuljakovo, 72, TJ-47
Ljung, 49, QN-31
Ljungaverk, 57, R-25
Ljungby, 49, QN-33
Ljungbyhed, 49, QN-33
Ljungbyholm, 49, RE-33
Ljungskile, 49, QE-31
Ljur, 49, QJ-32
Ljusdal, 57, R-25
Ljusfallshammar, 50, RA-31
Ljusnarsberg, 50, QS-30
Ljusne, 51, RE-28
Ljutomer, 64, RE-43
Lladurs, 25, NE-47
Llagostera, 25, NJ-48
Llandaff, 10, ME-38
Llandeilo, 10, ME-38
Llandovery, 10, ME-38
Llandrindod Wells, 10, ME-37
Llandudno, 10, ME-36
Llanelly, 10, MA-38
Llanerchymedd, 10, MA-36
Llanes, 27, MA-46
Llanfyllin, 10, ME-37
Llangefni, 10, MA-36
Llangollen, 10, ME-37
Llangurig, 10, ME-37
Llangynog, 10, ME-37
Llanidloes, 10, ME-37
Llanrwst, 10, ME-36
Llansá, 25, NJ-47
Llantrisant, 10, ME-38
Llanwrda, 10, ME-38
Llavorsi, 25, NE-47
Llera, 28, LN-51
Llerena, 28, LN-51
Llubi, 25, NN-50
Lluchmayor, 25, NJ-50
Llyswen, 10, ME-37
Lnáře, 62, QN-40
Löa, 50, RA-30
Loano, 32, PN-45
Loarre, 24, MS-47
Löbau, 47, QS-38
Lobenstein, 45, QE-39
Łobez (Labes), 60, RA-36
Löbnitz, 47, QJ-36
Lobón, 28, LN-51
Loburg, 47, QJ-37
Łobżenica, 60, RJ-36
Locarno, 42, PN-43
Lochaline, 13, LJ-32
Lochboisdale, 13, LJ-32
Lochcarron, 12, LS-32
Lochdonhead, 13, LJ-33
Lochearnhead, 13, MA-33
Lochem, 16, PE-37
Loches, 19, NE-42
Loch Garman
→ Wexford, 14, LN-37
Lochgilphead, 13, LS-33
Lochinver, 12, LS-31
Lochmaddy, 12, LJ-32
Łochów, 61, SE-37
Lochranza, 13, LS-34
Lochvica, 58, U-35
Lištica, 66, RJ-46
Listowel, 14, LA-37
Listerby, 49, RA-33
Liszki, 63, RS-39
Lit, 57, Q-25
Litakovo, 67, SN-47
Litava, 63, RS-41
Lithakiá, 70, SA-52
Lithínai, 71, TA-54
Lithion, 71, TA-51
Litomb, 44, PN-39
Liti, 69, SJ-49
Litija, 64, QS-43
Litke, 43, RS-41
Litledal, 52, PN-27
Litókhoron, 69, SJ-49
Litomb, 44, PN-39
Litomĕřice, 62, QS-39
Litomĕřice, 62, QS-39
Litomyšl, 62, RE-40
Litovel, 63, RJ-40
Littlehampton, 11, MS-39
Littleport, 11, NA-37
Litvínov, 62, QN-39
Liumseter, 52, PS-28
Livádhion, 69, SJ-49
Livarot, 18, NA-40
Livered, 49, QJ-31
Liverpool, 15, MJ-36
Livet, 21, PA-44
Livigno, 32, QA-43
Livno, 64, RJ-46
Livorno, 36, QA-46
Livorno Ferraris, 32, PN-44
Lívota, 68, SA-50
Livron, 21, NS-45
Lixoúrion, 68, SA-51
Lizard Town, 10, LS-40
Lizy-s.-Ourcq, 18, NJ-40
Lizzano in Belvedere, 33, QA-45
Ljaskovec, 72, TA-46
Ljig, 66, SA-45
Ljördal, 50, QJ-28
Ljosland, 53, PJ-31
Ljubaništa, 66, SA-49

Ljubija, 64, RE-45
Ljubimec, 72, TE-48
Ljubinje, 66, RN-47
Ljubiš, 65, RS-46
Ljubljana, 64, QS-43
Ljubno, 64, QS-43
Ljubojno, 66, SA-49
Ljubovija, 66, RS-45
Ljubuški, 66, RJ-46
Ljugarn, 51, RN-32
Ljuljakovo, 72, TJ-47
Ljung, 49, QN-31
Ljungaverk, 57, R-25
Ljungby, 49, QN-33
Ljungbyhed, 49, QN-33
Ljungbyholm, 49, RE-33
Ljungskile, 49, QE-31
Ljur, 49, QJ-32
Ljusdal, 57, R-25
Ljusfallshammar, 50, RA-31
Ljusnarsberg, 50, QS-30
Ljusne, 51, RE-28
Ljutomer, 64, RE-43
Lladurs, 25, NE-47
Llagostera, 25, NJ-48
Llandaff, 10, ME-38
Llandeilo, 10, ME-38
Llandovery, 10, ME-38
Llandrindod Wells, 10, ME-37
Llandudno, 10, ME-36
Llanelly, 10, MA-38
Llanerchymedd, 10, MA-36
Llanes, 27, MA-46
Llanfyllin, 10, ME-37
Llangefni, 10, MA-36
Llangollen, 10, ME-37
Llangurig, 10, ME-37
Llangynog, 10, ME-37
Llanidloes, 10, ME-37
Llanrwst, 10, ME-36
Llansá, 25, NJ-47
Llantrisant, 10, ME-38
Llanwrda, 10, ME-38
Llavorsi, 25, NE-47
Llera, 28, LN-51
Llerena, 28, LN-51
Llubi, 25, NN-50
Lluchmayor, 25, NJ-50
Llyswen, 10, ME-37
Lnáře, 62, QN-40
Löa, 50, RA-30
Loano, 32, PN-45
Loarre, 24, MS-47
Löbau, 47, QS-38
Lobenstein, 45, QE-39
Łobez (Labes), 60, RA-36
Löbnitz, 47, QJ-36
Lobón, 28, LN-51
Loburg, 47, QJ-37
Łobżenica, 60, RJ-36
Locarno, 42, PN-43
Lochaline, 13, LJ-32
Lochboisdale, 13, LJ-32
Lochcarron, 12, LS-32
Lochdonhead, 13, LJ-33
Lochearnhead, 13, MA-33
Lochem, 16, PE-37
Loches, 19, NE-42
Loch Garman
→ Wexford, 14, LN-37
Lochgilphead, 13, LS-33
Lochinver, 12, LS-31
Lochmaddy, 12, LJ-32
Łochów, 61, SE-37
Lochranza, 13, LS-34
Lochvica, 58, U-35
Lockenhaus, 41, RE-42
Lockerbie, 13, ME-34
Löcknitz, 47, QS-36
Locmaria, 17, ME-42
Locmariaquer, 17, MJ-42
Locminé, 17, MJ-42
Loco, 32, PS-45
Locorotondo, 39, RJ-49
Locri, 39, RE-51
Locronan, 17, MA-41
Loctudy, 17, MA-42
Löddesöl, 53, PN-31
Loddon, 11, NE-37
Lodè, 35, PS-49
Lodève, 23, NN-46
Lodi, 32, PS-44
Lödingen, 56, R-20
Lodosa, 27, MJ-47
Lödöse, 49, QJ-31
Lodoso, 27, ME-47
Łódź, 61, RS-38
Loeches, 27, ME-49
Loen, 52, PE-27
Loerdalsöyra, 52, PJ-28
Lofer, 40, QJ-42
Loftus, 15, MS-35
Logroño, 27, MJ-47
Logrosán, 29, LS-50
Loguivy, 17, MJ-41
Løgstør, 48, PS-33
Løgumkloster, 48, PN-34
Lohals, 48, QA-34
Lohikoski, 55, TN-28
Lohja, 54, SS-29
Lohne, 46, PN-37
Lohnsburg, 41, QN-41
Lohnsfeld, 44, PJ-40
Lohr, 44, PS-39
Lohsa, 47, QS-38
Lohtaja, 56, S-21
Loimaa, 54, SN-29
Loiron, 19, MS-41
Loitz, 47, QN-36
Loja, 31, MA-52

Lojaasema, 55, SS-29
Lojo, 54, SS-29
Loka brunn, 50, QS-30
Lokakylä, 44, SE-29
Lokca, 63, RS-40
Löken, 53, QE-30
Lokeren, 16, NS-38
Loket, 62, QJ-39
Løkken, Dan., 48, PS-32
Lökken, Nor., 52, PS-26
Lökösháza, 63, SE-43
Lokve, 64, QS-44
Lom, Blg., 67, SN-46
Lom, Nor., 52, PN-28
Łomazy, 61, SN-38
Lombez, 22, NA-46
Lomen, 52, PN-28
Lomma, 49, QN-34
Lommatzsch, 47, QN-38
Lommel, 16, PA-38
Lomnica, 66, SE-46
Lomnice n. Popelkou, 62, RA-39
Lomonosov, 55, TS-30
Łomża, 61, SJ-36
Lonate Pozzolo, 32, PN-44
Lonato, 33, QA-44
Londinières, 18, NE-40
London, 11, MS-38
Londonderry, 14, LJ-35
Longá, 70, SE-53
Longaníkos, 70, SJ-52
Longares, 24, MN-48
Longarone, 33, QJ-43
Long Eaton, 11, MN-37
Longeau, 20, PA-42
Longega, 33, QE-43
Longford, 14, LJ-36
Longjumeau, 18, NJ-41
Longny-au-Perche, 18, NA-41
Longobucco, 39, RE-50
Longridge, 15, MJ-36
Long Sutton, 11, NA-37
Longtown, 15, MJ-34
Longué, 19, MS-42
Longueville-s.-Scie, 18, NE-40
Longuyon, 20, PA-40
Longwy, 20, PA-40
Lonigo, 33, QE-44
Löningen, 46, PJ-37
Lönsboda, 49, QS-33
Lönset, 52, PS-27
Lons-le-Saunier, 20, PA-43
Lønstrup, 48, PS-32
Looe, 10, MA-39
Loon op Zand, 16, PA-38
Lopar, 64, QS-45
Lopare, 65, RN-45
Lopera, 29, MA-52
Loppersum, 16, PE-36
Loppi, 54, SS-29
Lopud, 66, RJ-47
Łopuszno, 63, SA-39
Lora del Río, 29, LS-52
Lorca, 30, MN-52
Lorch, B.R.D., 44, PJ-39
Lorch, B.R.D., 44, PS-41
Lörenskog, 53, QA-30
Lorenzana, 26, LJ-46
Loreo, 33, QJ-44
Loreto, 36, QN-46
Lorgues, 21, PE-46
Lorient, 17, ME-42
Lõrinci, 43, SE-42
Loriol-s.-Drôme, 21, NS-45
Lormes, 19, NN-42
Lörrach, 44, PJ-42
Lorris, 19, NJ-42
Lorsch, 44, PN-40
Los, 50, RA-28
Losacino, 26, LN-48
Los Alcázares, 30, MS-52
Los Arcos, 27, MJ-47
Los Ausines, 27, ME-47
Los Barrios, 31, LS-52
Los Caños de Meca, 31, LN-53
Los Corrales de Buelna, 27, MA-46
Los Dolores, 30, MS-52
Loset, 52, QE-28
Losheim, 44, PE-40
Los Hinojosos, 29, MJ-50
Loshult, 49, QS-33
Łosice, 61, SJ-37
Los Isidros, 30, MN-50
Los Lobos, 30, MN-52
Los Navalmorales, 29, MA-50
Los Palacios y Villafranca, 28, LN-52
Los Santos de Maimona, 28, LN-51
Losser, 16, PJ-37
Lossiemouth, 12, MJ-32
Los Villares, 29, ME-52
Lostwithiel, 10, MA-39
Los Yébenes, 29, ME-50
Löten, 52, QE-29
Lothiers, 19, NE-43
Lotorp, 50, RA-31
Löttorp, 51, RE-32
Lotyñ, 60, RE-36
Loudéac, 17, MJ-41
Loudun, 19, NA-43

Louestault, 19, NA-42
Loughborough, 11, MN-37
Loughrea, 14, LE-36
Louhans, 20, PA-43
Louisburgh, 14, LA-36
Loulay, 19, MS-43
Loulé, 28, LJ-52
Louny, 62, QN-39
Lourdes, 22, MS-46
Loures, 28, LA-51
Loures-Barousse, 22, NA-47
Lourinhã, 28, LA-50
Loúros, 68, SA-50
Lousã, 28, LE-49
Lousada, 26, LE-48
Louth, 11, MS-36
Loutrá, 71, SS-52
Loutrá Aidhipsoú, 70, SN-51
Loutrá Eleytherón, 69, SS-49
Loutrá Irmínis, 70, SE-51
Loutrá Killínis, 70, SE-52
Loutrákion, Ellás, 70, SJ-52
Loutrákion, Ellás, 68, SE-51
Loútsa, 71, SN-52
Louviers, 18, NE-40
Louvigne-du-Désert, 17, MN-41
Lövänger, 56, S-25
Loveč, 67, SE-46
Lovere, 32, QA-44
Loviisa, 55, TE-29
Lovinobaña, 63, RS-41
Lovios, 26, LE-48
Lovisa, 55, TE-29
Lövnäs, 50, QN-28
Lövnidol, 67, TA-47
Lövö, 43, RE-42
Lovosice, 62, QS-39
Lovran, 64, QS-44
Lovrin, 65, SA-44
Lövsjön, 50, QS-29
Lövstabruk, 51, RJ-29
Löwenberg, 47, QN-37
Löwendorf, 46, PS-38
Löwenstein, 44, PS-40
Lowestoft, 11, NE-37
Łowicz, 61, RS-37
Łowin, 60, RN-36
Łoż, 64, QS-44
Lozarevo, 72, TE-47
Lozen, 67, SN-47
Loznica, 65, RS-45
Lozovaja, 58, V-40
Lozovik, 65, SE-45
Lozoya, 27, ME-49
Lozoyuela, 27, ME-49
Luarca, 26, LN-46
Lubaczów, 58, S-35
Lubań (Lauban), 62, RA-38
Lubartów, 61, SJ-38
Lubasz, 60, RE-37
Lubawa, 61, RS-36
Lubawka, 62, RA-39
Lübbecke, 46, PN-37
Lübben, 47, QN-38
Lübbenau, 47, QN-38
Lübeck, 47, QA-36
Lubenec, 62, QN-39
Lubersac, 22, NE-44
Lubián, 26, LN-47
Łubianka, Pol., 60, RN-36
Łubianka, Pol., 60, RA-37
Lubichowo, 60, RN-36
Lubicz, 60, RN-36
Lubień, Pol., 63, SA-40
Lubień, Pol., 61, RS-37
Lubin, 60, RE-38
Łubin Kościelny, 61, SN-37
Lublin, 61, SJ-38
Lubliniec, 63, RN-39
Lubmin, 47, QN-35
Lubnica, 66, RS-47
Lubniewice, 60, RA-37
Łubno, 60, RJ-35
Lubny, 58, U-40
Lubochnia, 61, SA-38
Lubomino, 61, SA-35
Luboń, 60, RE-37
Lubomierz, 62, RA-38
Lubrín, 30, MJ-52
Lubsko, 60, QS-38
Lübtheen, 47, QE-36
Lübz, 47, QJ-36
Lucan-Doddsborough, 14, LN-36
Lucca, 33, QA-46
Lucena, Esp., 29, MA-52
Lucena, Esp., 31, LN-52
Lucena del Cid, 24, MS-49
Lučenec, 63, RS-41
Lucens, 42, PE-43
Lüchow, 47, QE-37
Lúciana, 29, MA-50
Lučivna, 63, SA-40
Luck, 58, T-35
Luckau, 47, QN-38
Luckenwalde, 47, QN-37
Lúčky, 63, RS-40
Luco de Jiloca, 24, MN-48
Luçon, 17, MN-43

Lucquy, 20, NS-40
Ludbreg, 64, RE-43
Lüdenscheid, 46, PJ-38
Lüderitz, 47, QE-37
Lüdinghausen, 46, PJ-38
L'udinovo, 58, U-35
Ludlow, 10, MJ-37
Ludomy, 60, RE-37
Ludus, 59, S-40
Ludvika, 50, RA-29
Ludwigsburg, 44, PS-41
Ludwigshafen, B.R.D., 44, PN-40
Ludwigshafen, B.R.D., 44, PS-42
Ludwigslust, 47, QE-36
Ludwigsstadt, 45, QE-39
Luga, 57, T-30
Lugano, 42, PN-43
Lugar Nuevo, 30, MS-51
Luggau, 40, QJ-43
Lugnås, 50, QN-31
Lugo, Esp., 26, LJ-46
Lugo, It., 33, QE-45
Lugoj, 59, S-40
Lugros, 31, ME-52
Luhačovice, 63, RJ-40
Luhalahti, 54, SN-28
Luhanka, 55, TA-28
Luhtikylä, 55, TA-29
Luikonlahti, 55, TN-27
Luimneach
  → Limerick, 14, LE-37
Luino, 32, PN-43
Luka, Jugo., 67, SJ-45
Luka, Jugo., 66, RN-46
Lukavica, 65, RN-45
Lukovit, 67, SS-46
Lukovo, 67, SE-44
Lukovo Šugarje, 64, RA-45
Łuków, 61, SJ-38
Łukowice, 63, RJ-39
Łukta, 61, SA-36
Lula, 35, PS-49
Luleå, 56, S-20
Lüleburgaz, 72, TJ-48
Lumbarda, 37, RJ-47
Lumbier, 24, MN-47
Lumbrales, 26, LN-49
Lumbreras, 27, MJ-44
Lumbres, 18, NJ-39
Lumio, 34, PN-47
Lummelunda, 51, RN-32
Lumparland, 54, SA-29
Lumsden, 13, MJ-32
Lun, 64, QS-45
Lunamatrona, 35, PN-50
Lund, 49, QN-34
Lunde, Nor., 53, PA-29
Lunde, Nor., 52, PE-28
Lundeborg, 48, QA-34
Lundebywollen, 50, QJ-29
Lunden, 46, PN-35
Lunderseter, 50, QJ-29
Lunderskov, 48, PS-34
Lundsberg, 50, QS-30
Lundsbrunn, 50, QN-31
Lüneburg, 46, QA-36
Lunel, 23, NS-46
Lünen, 46, PJ-38
Lunéville, 20, PE-41
Lungro, 39, RE-50
Luninec, 58, T-35
Lunz a. See, 41, RA-42
Luomajärvi, 54, SN-28
Luopa, 54, SJ-27
Luopioinen, 55, SS-28
Luque, 29, MA-52
Lurcy-Lévis, 19, NJ-43
Lure, 20, PE-42
Lurgan, 14, LN-35
Lušci Palanka, 64, RE-45
Lushnjë, 66, RS-49
Lusignan, 19, NA-43
Luso, 28, LE-49
Luson, 33, QE-43
Luspebryggan, 56, R-20
Luss, 13, MA-33
Lussac-les-Châteaux, 19, NA-43
Lusta, 12, LN-32
Lustenau, 40, PS-42
Łuszczów, 61, SJ-38
Luthapohja, 55, UA-27
Lütjenburg, 47, QA-35
Lutol Suchy, 60, RA-37
Lutomiersk, 61, RS-38
Luton, 11, MS-38
Lutry, 61, SA-35
Lutterworth, 11, MN-37
Lututów, 60, RN-38
Lützen, 47, QJ-38
Lützow, 47, QE-36
Luukkosenkylä, 55, TN-28
Luumäki, 55, TJ-29
Luvia, 54, SE-28
Luvozero, 56, U-25
Luxembourg, 20, PE-40
Luxeuil, 20, PE-42
Luz, 22, NA-47
Luže, 62, RE-40
Luzern, 42, PN-42
Luzino, 60, RN-35
Luzy, 19, NN-43
L'vov, 58, S-36
Łówek, 60, RE-37
Lwówek Śląski, 62, RA-38
Lybster, 12, ME-31
Lychen, 47, QN-36

Lyck
  → Ełk, 61, SJ-36
Lyckeby, 49, RA-33
Lycksele, 56, R-25
Lydd, 11, NA-39
Lydney, 10, MJ-38
Lylyvaara, 55, UA-27
Lyme Regis, 10, MJ-39
Lymington, 11, MN-39
Lyndhurst, 11, MN-39
Lyngdal, Nor., 52, PS-30
Lyngdal, Nor., 53, PJ-31
Lyngseidet, 56, R-20
Lynton, 10, ME-38
Lyon, 21, NS-44
Lyrestad, 50, QN-31
Lysá n. Labem, 62, QS-39
Lysá p. Makytou, 63, RN-40
Lysekil, 50, QE-31
Lyss, 42, PJ-42
Lysvik, 50, QN-29
Lyszkowice, 61, RS-38
Lytchett Minster, 10, MJ-39
Lytham Saint Annes, 15, ME-36

M

Maalahti, 54, SE-27
Maaninka, 55, TJ-26
Maarianhamina, 54, RS-29
Maaseik, 16, PA-38
Maassluis, 16, NS-38
Maastricht, 16, PA-39
Mablethorpe, 11, NA-36
Macão, 28, LE-50
Macchie, 36, RN-49
Macclesfield, 15, MJ-36
Macduff, 12, MJ-32
Maceda, 26, LE-47
Macedo de Cavaleiros, 26, LN-48
Mcensk, 58, V-35
Macerata, 36, QN-46
Macerata Feltria, 33, QJ-46
Machrie, 13, LS-34
Machrihanish, 13, LS-34
Machynlleth, 10, ME-37
Macieira, 26, LJ-49
Maciejowa, 63, SA-40
Măcin, 59, T-40
Macomer, 35, PN-49
Mâcon, 21, NS-43
Macotera, 27, LS-49
Macroom, 14, LE-38
Macugnaga, 32, PJ-44
Madan, 67, SS-48
Maddaloni, 37, QS-48
Madona, 57, T-30
Madonna, 33, QA-43
Madonna Campiglio, 33, QA-43
Madonna di Tirano, 32, PS-43
Mâdrec, 72, TE-47
Madrid, 27, ME-49
Madridejos, 29, ME-50
Madrigal de las Atlas Torres, 27, MA-48
Madrigal de la Vera, 29, LS-49
Madrigalejo, 29, LS-50
Madrigueras, 30, MN-50
Madrona, 27, MA-49
Madroñera, 29, LS-50
Maël-Carhaix, 17, ME-41
Maella, 24, NA-48
Mælum, 53, PS-30
Mafra, 28, LA-51
Magaña, 27, MJ-48
Magasa, 33, QA-44
Magaz, 27, MA-48
Magdeburg, 47, QE-37
Magenta, 32, PN-44
Magerholm, 52, PE-27
Magescq, 22, MN-46
Maghera, 14, LN-35
Magherafelt, 14, LN-35
Magierowa Wola, 61, SE-38
Magione, 36, QJ-46
Maglaj, 65, RN-45
Magliana, 36, QA-44
Magliano in Toscana, 36, QE-47
Maglie, 39, RN-49
Mágliž, 72, TA-47
Magnac-Laval, 19, NE-43
Magnuszew, 61, SE-38
Magny-en-Vexin, 18, NE-40
Maguilla, 29, LS-51
Maguire's Bridge, 14, LJ-35
Magyarnándor, 43, RS-42
Magyarszombatfa, 43, RE-43
Mahide, 26, LN-48
Mahlu, 55, TA-27
Mahón, 25, NS-50
Mahora, 30, MN-50
Mähring, 45, QJ-40
Maiche, 20, PE-42
Maida, 39, RE-51
Maidenhead, 11, MS-38

Maiden Newton, 10, MJ-39
Maidstone, 11, NA-38
Mailing, 45, QE-41
Maillezais, 19, MS-43
Mailly-le-Camp, 20, NS-41
Mainburg, 45, QE-41
Mainhardt, 44, PS-40
Maintenon, 18, NE-41
Mainz, 44, PN-39
Mairena del Alcor, 29, LS-52
Mairena del Aljarafe, 28, LN-52
Maisons-Laffitte, 18, NJ-41
Majados, 27, MA-48
Majaelrayo, 27, ME-48
Majavatn, 56, Q-20
Majkić Japra, 64, RE-45
Makarska, 64, RJ-46
Makkola, 55, TN-28
Maklár, 43, SA-42
Makó, 43, SA-43
Makocevo, 67, SN-47
Makoszyce, 63, RJ-39
Mąkov, 63, RN-40
Mąków, 61, SA-38
Mąków Mazowiecki, 61, SA-37
Maków Podhalanski, 63, RS-40
Makrakómi, 69, SJ-51
Mákri, 72, TA-49
Makrikhórion, 69, SS-48
Makrinítsa, 69, SJ-50
Makrirrákhi, Ellás, 69, SN-50
Makrirrákhi, Ellás, 69, SJ-50
Malá, Esp., 31, ME-52
Malá, Sve., 56, R-20
Malacky, 63, RJ-41
Málaga, 31, MA-53
Malagón, 29, ME-50
Malahide, 14, LN-36
Malaja Viska, 59, U-40
Malalbergo, 33, QE-45
Malangen, 56, R-20
Malanów, 60, RN-38
Målaskog, 49, QS-33
Malaucène, 21, PA-45
Malaunay, 18, NE-40
Malax, 54, SE-27
Malbork (Marienburg), 61, RS-35
Malbuisson, 20, PE-43
Malcesine, 33, QA-44
Malchin, 47, QJ-36
Malching, 45, QN-41
Malchow, 47, QJ-36
Malczyce, 60, RE-38
Maldegem, 16, NN-38
Maldon, 11, NA-38
Małdyty, 61, RS-36
Malechowo, 60, RE-35
Maleme, 71, SN-54
Malente, 47, QA-35
Målerås, 49, RA-33
Malesherbes, 19, NJ-41
Malesina, 69, SN-51
Malestroit, 17, ME-42
Malevo, 72, TA-48
Malfa, 38, QS-51
Malgrat, 25, NJ-48
Mália, 71, TA-54
Malicorne-s.-Sarthe, 19, MS-42
Målilla, 49, RA-32
Mali Lošinj, 64, QS-45
Malin, 62, RA-40
Malingsbo, 50, RA-30
Malinówka, 61, SN-38
Malinska, 64, QS-44
Maliq, 66, SA-49
Maljiševo, 66, SA-47
Maljkovo, 64, RE-46
Malkara, 72, TE-48
Małkinia Gorna, 61, SJ-37
Malkizror, 72, TA-48
Malkkila, 55, TN-27
Malko Gradište, 72, TA-48
Malko Tărnovo, 72, TJ-48
Mallaig, 13, LS-32
Mallaranny, 14, LA-36
Mallén, 24, MN-48
Mallersdorf, 45, QJ-41
Mallies Venosta, 33, QA-43
Mallnitz, 40, QN-43
Mållongstad, 50, RA-28
Mallow, 14, LE-37
Mallwyd, 10, ME-37
Malmbäck, 49, QS-32
Malmberget, 56, S-20
Malmesbury, 10, MJ-38
Malmi, 55, TA-29
Malmköping, 51, RE-30
Malmö, 49, QJ-34
Malmslätt, 50, RA-31
Malo, 33, QE-44
Małogoszcz, 63, SA-39
Maloja, 42, PS-43

Maiden Newton, 10, MJ-39
Malicorne-s.-Sarthe, 19, MS-42
Malpartida de Cáceres, 28, LN-50
Malpartida de Plasencia, 28, LN-50
Malpica, Esp., 29, MA-50
Malpica, Port., 28, LJ-50
Malpica de Bargantiños, 26, LE-46
Malsjö, 50, QJ-30
Målsryd, 49, QN-32
Malton, 15, MS-35
Maluenda, 24, MN-48
Malung, 50, QN-29
Malungen, 53, QE-29
Malva, 26, LS-48
Malvik, 52, QA-26
Mamaia-Băi, 59, T-45
Mamers, 19, MS-41
Mammola, 39, RE-51
Mamoiada, 35, PS-49
Mamonovo (Heiligenbeil), 61, RV-35
Mamurras, 66, RS-48
Manacor, 25, NN-50
Manastrica, 72, TE-46
Mancha Real, 31, ME-52
Manchester, 15, MJ-36
Manciano, 36, QE-47
Mancuso, 39, RE-50
Mandal, 53, PJ-31
Mandas, 35, PS-50
Mandello del Lario, 32, PS-44
Manderscheid, 44, PE-39
Mandhrákion, 71, TJ-53
Mandoúdhion, 70, SN-51
Mándra, 70, SN-51
Mandrica, 72, TE-48
Manduria, 39, RJ-49
Manerbio, 32, QA-44
Manětín, 62, QN-39
Maneviči, 58, T-35
Manfredonia, 37, RA-48
Mangalia, 59, T-45
Mángana, 69, SS-49
Mångsbodarna, 50, QN-28
Mangualde, 26, LJ-49
Maniago, 33, QJ-43
Manisa, 71, TJ-51
Mank, 41, RA-41
Manlleu, 25, NJ-47
Mannersdorf, 41, RE-42
Mannheim, 44, PN-40
Manolovo, 67, TA-47
Manoppello, 37, QS-47
Manorhamilton, 14, LE-35
Manosque, 21, PA-46
Manowo, 60, RE-35
Manresa, 25, NE-48
Mansfeld, 47, QE-38
Mansfield, 11, MN-36
Mansilla, 27, MJ-47
Mansilla de las Mulas, 27, LS-47
Mansle, 22, NA-44
Manteigas, 28, LJ-49
Mantes-la-Jolie, 18, NE-41
Manthelan, 19, NA-42
Mantova, 33, QA-44
Mäntsälä, 55, TA-29
Mänttä, 55, SS-27
Mäntyharju, 55, TE-28
Mäntyluoto, 54, SE-28
Manulla, 14, LA-36
Manyas, 72, TJ-49
Manzanares, 29, ME-50
Manzanera, 24, MS-49
Manzat, 19, NJ-44
Manziana, 36, QJ-47
Maqueda, 29, MA-49
Maracena, 31, ME-52
Maranchon, 24, MJ-48
Marano di Napoli, 37, QS-49
Marans, 19, MS-43
Marateca, 28, LE-51
Marathón, 70, SN-51
Marathópolis, 70, SE-52
Marbach, B.R.D., 44, PS-41
Marbach, Öst., 41, RA-41
Mârbacka, 50, QN-30
Marbella, 31, MA-53
Marburg, 44, PN-39
Marcali, 43, RJ-43
Marcaltő, 43, RJ-42
Marcaria, 33, QA-44
Mârčevo, 67, SN-46
March, 11, NA-37
Marche-en-Famenne, 16, PA-39
Marchegg, 41, RE-41
Marchena, 29, LS-52
Marciac, 22, NA-46
Marciana Marina, 36, QA-47
Marcianise, 37, QS-48
Marcigny, 21, NS-43
Marcillac Vallon, 23, NJ-45
Marcillat, 19, NJ-43
Marcolsheim, 20, PJ-41
Marco, 33, QA-44
Marco de Canaveses, 26, LE-48
Marennes, 22, MN-44
Mareuil, 22, NA-44
Mareuil-s.-Lay, 17, MN-43
Mareuil-s.-Ourcq, 18, NN-40
Marganec, 59, U-40

Margarition, 68, SA-50
Margate, 11, NE-38
Margaux, 22, MS-44
Margecany, 63, SE-41
Margherita di Savoia, 39, RE-48
Margone, 32, PJ-44
Margonin, 60, RJ-37
Margretelund, 51, RN-30
Margretetorp, 49, QJ-33
Marguina, 27, MJ-46
María, 30, MJ-52
Mariager, 48, PS-33
Mariana, 24, MJ-49
Mariannelund, 49, RA-32
Mariano Comense, 32, PS-44
Mariánské-Lázně, 62, QJ-40
Maria Saal, 41, QS-43
Maria Wörth, 41, QS-43
Mariazell, 41, RA-42
Maribo, 48, QE-35
Maribor, 64, RA-43
Marica, 72, TA-47
Maridalen, 53, QA-29
Mariedamm, 50, RA-31
Mariefred, 51, RJ-30
Mariehamn, 54, RS-29
Marieholm, 49, QN-39
Marielyst, 48, QE-35
Marienberg, 45, QN-39
Marienburg
  → Malbork, 61, RS-35
Marienwerder
  → Kwidzyn, 61, RS-36
Mariestad, 50, QN-31
Marignane, 21, PA-46
Marigny, 17, MN-40
Marigny-le-Châtel, 18, NN-41
Marija Bistrica, 64, RE-43
Marín, 26, LE-47
Marina di Amendolara, 39, RE-50
Marina di Badolato, 39, RE-51
Marina di Camerota, 39, RA-50
Marina di Campo, 36, QA-47
Marina di Carrara, 32, QA-45
Marina di Caulonia, 39, RE-51
Marina di Cecina, 36, QA-46
Marina di Ginosa, 39, RE-49
Marina di Gioiosa Ionica, 39, RE-51
Marina di Grosseto, 36, QA-47
Marina di Orosei, 35, PS-49
Marina di Pietrasanta, 32, QA-46
Marina di Pisa, 32, QA-46
Marina di Ragusa, 38, QS-53
Marina di Ravenna, 33, QJ-45
Marina di San Vito, 37, QS-47
Marinella, 38, QJ-52
Marineo, 38, QN-52
Marines, 18, NJ-40
Maringues, 23, NN-44
Marinha das Ondas, 28, LE-49
Marinha Grande, 28, LE-50
Marino, 36, QJ-48
Mariotto, 39, RE-48
Märjamaa, 57, S-30
Markaryd, 49, QN-33
Markby, 54, SJ-26
Markdorf, 44, PS-42
Market Deeping, 11, MS-37
Market Drayton, 10, MJ-37
Market Harborough, 11, MS-37
Markethill, 14, LN-35
Market Rasen, 11, MS-36
Market Weighton, 15, MS-36
Markgrafneusiedl, 41, RE-41
Marki, 61, SE-37
Märkisch Buchholz, 47, QN-37
Markneukirchen, 45, QJ-39
Markópoulon, 70, SN-52
Markovac, 66, SE-45
Markranstädt, 47, QJ-38
Marksuhl, 44, QA-39
Marktheidenfeld, 44, PS-40
Markt Indersdorf, 45, QE-41
Marktl, 45, QJ-41
Marktleuthen, 45, QE-39
Marktoberdorf, 45, QA-42
Marktredwitz, 45, QJ-39
Markt Schwaben, 45, QE-41
Marl, 46, PJ-38
Marlborough, 11, MN-38
Marle, 18, NN-40

Marlieux, 21, PA-43
Marlow, D.D.R., 47, QJ-35
Marlow, U.K., 11, MS-38
Marma, 51, RJ-29
Marmande, 22, NA-45
Marmara, 72, TJ-49
Marmaraereğlisi, 72, TJ-49
Marmárion, 71, SS-51
Marmaverken, 51, RE-28
Marmelete, 28, LE-52
Marmolejo, 29, MA-51
Marmore, 36, QJ-47
Marmoutier, 20, PJ-41
Marnäs, 50, RA-29
Marnay, 20, PA-42
Marne, 46, PS-36
Marnitz, 47, QE-36
Marolles-les-Braults, 19, NA-41
Maromme, 18, NE-40
Maróneia, 72, TA-49
Marostica, 33, QE-44
Marotta, 36, QN-46
Márpissa, 71, TA-52
Marquise, 18, NE-39
Marradi, 33, QE-45
Marsala, 38, QJ-52
Marsciano, 36, QJ-47
Marseillan, 23, NN-46
Marseille, 21, PA-46
Marseille-en-Beauvaisis, 18, NJ-40
Marsico Nuovo, 39, RA-49
Marsillagues, 23, NS-46
Marsjö, 50, RA-31
Märsta, 51, RJ-30
Marstal, 48, QA-35
Marstrand, 50, QE-32
Martel, 22, NE-45
Martelange, 20, PA-40
Martigné-Briand, 19, MS-42
Martigné Ferchaud, 17, MN-42
Martigny-Ville, 42, PJ-43
Martigues, 21, PA-46
Martim Longo, 28, LJ-52
Martin, 63, RN-40
Martina, 42, QA-43
Martina Franca, 39, RJ-49
Martingança, 28, LA-50
Martín-Muñz de las Posadas, 27, MA-48
Martínon, 69, SN-51
Martinsberg, 41, RA-41
Martis, 35, PN-49
Martofte, 48, QA-34
Martonvásár, 43, RN-42
Martorell, 26, NE-48
Martos, 29, ME-52
Martres-Tolosane, 22, NA-46
Martrou, 22, MS-44
Marttila, 54, SJ-29
Marvão, 28, LJ-50
Marvejols, 23, NN-45
Marynin, 61, SN-38
Maryport, 15, ME-35
Marzahna, 47, QJ-37
Masa, 27, ME-47
Masamagrell, 24, MS-50
Masevaux, 20, PE-42
Masfjorden, 52, PA-29
Masham, 15, MN-35
Masku, 54, SJ-29
Masloc, 65, SE-43
Masone, 32, PN-45
Masquefa, 25, NE-48
Massa, 32, QA-45
Massafra, 39, RJ-49
Massa Lombarda, 33, QE-45
Massa Marittima, 36, QA-46
Massanet de Cabrenys, 25, NJ-47
Massarosa, 32, QA-46
Massat, 22, NE-47
Masseube, 22, NA-46
Massiac, 23, NN-44
Mässvik, 50, QN-30
Mastikhárion, 71, TJ-53
Mastki, 61, RE-37
Mastocka, 49, QN-33
Maszewo, Pol., 60, QS-37
Maszewo, Pol., 60, RA-36
Matamala, 27, MJ-48
Matapozuelos, 27, MA-48
Mataró, 25, NJ-48
Mataruška Banja, 66, SA-46
Matelica, 36, QN-46
Matera, 39, RE-49
Mateševo, 66, RS-47
Mátészalka, 43, SJ-42
Matha, 22, MS-44
Matignon, 17, MJ-41
Matka, 66, SE-48
Matlock, 11, MP-36
Matosinhos, 26, LE-48
Matre, 52, PA-29
Matrei, 40, QJ-43
Mattarello, 33, QE-44
Mattersburg, 41, RE-42
Mattighofen, 40, QN-41
Mattinata, 37, RE-48
Mattinella, 37, RA-49
Mattsbo, 50, RA-29
Mattsee, 40, QN-42
Mattsmyra, 50, RA-28

Maubeuge, 18, NN-39
Maubourguet, 22, NA-46
Mauchline, 13, MA-34
Mauerkirchen, 40, QN-41
Maulbronn, 44, PN-40
Mauléon-Licharre, 22, MS-46
Maulévrier, 19, MS-42
Maum, 14, LA-36
Maure, 17, MN-42
Mauriac, 23, NJ-44
Mauron, 17, MJ-41
Maurs, 23, NJ-45
Maury, 23, NJ-47
Mautern, Öst., 41, RA-41
Mautern, Öst., 41, QS-42
Mauterndorf, 41, QN-42
Mauthausen, 41, QS-41
Mauthen, 40, QJ-43
Mauvezin, 22, NA-46
Mauzé, 19, MS-43
Mavrovi Hanovi, 66, SA-48
Maxwelltown, 13, ME-34
Mayals, 24, NA-48
Maybole, 13, MA-34
Mayen, 44, PJ-39
Mayenne, 19, MS-41
Mayet, 19, NA-42
Maynooth, 14, LN-36
Mayorga, 27, LS-47
Mayrhofen, 40, QE-42
Mäyry, 54, SN-27
Mazagón, 28, LN-52
Mazagran, 20, NS-40
Mazamet, 23, NJ-46
Mazara del Vallo, 38, QJ-52
Mazarakiá, 68, SA-50
Mazarele, 24, MJ-48
Mazarrón, 30, MN-52
Mažeikiai, 57, S-30
Mazères, 22, NE-46
Mazzarino, 38, QS-52

Mc
→ Mac 00, -

Mchowo, 61, SA-36
Mdzewo, 61, SA-37
Mealhada, 28, LE-49
Méan, 16, PA-39
Meana Sardo, 35, PS-50
Meathas Truim, 14, LJ-36
Meaux, 18, NJ-41
Meåvoll, 52, QE-27
Mechelen, 16, NS-38
Mechernich, 44, PE-39
Mecidiye, 72, TE-49
Mecina Bombarón, 31, ME-53
Meda, It., 32, PS-44
Meda, Port., 26, LJ-49
Mede, 32, PN-44
Mededa, 66, RS-46
Medelim, 28, LJ-49
Medemblik, 16, PA-37
Medevi brunn, 50, QS-31
Medgyesegyháza, 43, SE-43
Mediana de Aragon, 24, MS-48
Mediano, 24, NA-47
Medicina, 33, QE-45
Mediña, 25, NJ-47
Medinaceli, 27, MJ-48
Medina del Campo, 27, MA-48
Medina de Ríoseco, 27, LS-48
Medina-Sidonia, 31, LN-53
Medkovez, 67, SN-46
Medrzechów, 63, SA-39
Medulin, 64, QN-45
Meduno, 33, QJ-44
Medveda, 67, SE-47
Medvida, 64, RA-45
Medyn', 58, V-35
Meerane, 45, QJ-38
Meersburg, 44, PS-42
Méga Dhéreion, 72, TE-48
Méga Khorión, 68, SE-50
Megála Kalívia, 68, SE-50
Megáli Stérna, 69, SJ-48
Megallón, 24, MN-48
Megálokhorión, 68, SE-50
Megála Khorión, 71, TJ-53
Megalópolis, 70, SJ-52
Mégara, 70, SN-51
Megard, 53, PN-29
Megève, 21, PE-44
Megyaszó, 43, SE-42
Mehedeby, 51, RJ-29
Mehun-s.-Yèvre, 19, NJ-42
Meinerzhagen, 45, QA-39
Meira, 26, LJ-46
Meiringen, 42, PN-43
Meißen, 47, QN-38
Meisingset, 52, PN-27
Meitingen, 45, QA-41
Melalahti, 55, TN-27
Meland, 53, PA-29
Melás, 68, SE-49
Melbu, 56, Q-20
Meldal, 52, PS-26
Meldola, 33, QJ-45
Meldorf, 46, PS-35
Melegnano, 32, PS-44
Melenci, 65, SA-44
Melgaço, 26, LE-47

Melgar de Fernamental, 27, MA-47
Melhus, 52, QA-26
Melides, 28, LE-51
Meligalás, 70, SE-52
Melilla, 31, MJ-54
Melilli, 38, RA-52
Melinicos, 30, MJ-51
Melíti, 68, SE-49
Melito di Porto Salvo, 39, RA-52
Melitopol', 59, V-40
Melívoia, 69, SS-50
Melk, 41, RA-41
Melksham, 10, MJ-38
Mellau, 40, PS-42
Melle, B.R.D., 46, PN-37
Melle, Fr., 19, MS-43
Mellendorf, 46, PS-37
Mellerud, 50, QJ-31
Mellid, 26, LJ-47
Mellilä, 54, SJ-29
Mellösa, 51, RE-30
Mellrichstadt, 45, QA-39
Melnik, Blg., 67, SN-48
Mělník, Česko., 62, QS-39
Mel'nikovo, 55, TS-29
Melres, 26, LE-48
Melrose, 13, MJ-34
Mels, 42, PS-42
Melsetter, 12, ME-31
Melsungen, 46, PS-38
Meltola, 55, TN-28
Melton Mowbray, 11, MS-37
Melun, 18, NJ-41
Melvaig, 12, LS-32
Mélykút, 43, RS-43
Membrilla, 29, ME-51
Membrío, 28, LJ-50
Memmingen, 44, QA-41
Memprechtshofen, 44, PN-41
Menaggio, 32, PS-43
Menai Bridge, 10, MA-36
Menasalbas, 29, MA-50
Mende, 23, NN-45
Menden, 46, PJ-38
Mendrisio, 42, PN-43
Menemen, 71, TJ-51
Menen, 16, NN-39
Menetou-Salon, 19, NJ-42
Menfi, 38, QJ-52
Mengara, 36, QJ-46
Mengen, 44, PS-41
Mengíbar, 29, ME-52
Mennetou, 19, NE-42
Mens, 21, PA-45
Menthon, 21, PE-44
Menton, 21, PJ-46
Méntrida, 29, MA-49
Meppel, 16, PE-37
Meppen, 46, PJ-37
Mequinenza, 24, NA-48
Mer, 19, NE-42
Meråker, 52, QE-26
Merano, 33, QE-43
Mercadal, 25, NS-50
Mercatino Conca, 33, QJ-46
Mercatale, 33, QJ-46
Mercato San Severino, 37, QS-49
Mercēz, 66, SE-46
Mercuès, 22, NE-45
Merdrignac, 17, MJ-41
Merefa, 58, V-40
Méribel-les-A., 21, PE-44
Meriç, 72, TE-48
Meričleri, 72, TA-47
Mérida, 28, LN-51
Merikarvia, 54, SE-27
Mérikhas, 71, SS-52
Merimasku, 54, SE-29
Měřín, 62, RA-40
Mering, 45, QE-41
Merkendorf, 45, QA-40
Merkine, 58, S-35
Mern, 48, QE-35
Mernye, 43, RJ-43
Mers, 18, NE-39
Mersch, 20, PE-40
Merseburg, 47, QE-38
Mèrsrage, 57, S-30
Merthyr Tydfil, 10, ME-38
Mértola, 28, LJ-52
Méru, 18, NJ-40
Merville, 18, NJ-39
Méry-s.-Seine, 18, NN-41
Merzig, 44, PE-40
Mesa, 36, QN-48
Mesagne, 39, RJ-49
Mesagrós, 70, SN-52
Mesão Frio, 26, LE-48
Meschede, 46, PN-38
Meschers, 22, MS-44
Meßkirch, 44, PS-41
Mesklá, 71, SN-54
Meslay-du-Maine, 19, MS-42
Mesocco, 42, PS-43
Mesola, 33, QJ-45
Mesolónaion, 68, SE-51
Mesón del Viento, 26, LE-46
Messac, 17, MN-42
Messejana, 28, LE-52
Messina, 38, RA-51
Messíni, 70, SE-52
Mestanza, 29, MA-51

Mestilä, 54, SJ-28
Mestlin, 47, QE-36
Mestre, 33, QJ-44
Mestrino, 33, QE-44
Metaxádes, 72, TE-48
Meliki, 69, SJ-49
Methóni, 70, SE-53
Methven, 13, ME-33
Metković, 66, RJ-46
Metlika, 64, RA-44
Metnitz, 41, QS-43
Metsäaho, 54, SE-27
Metsämaa, 54, SN-29
Métsovon, 68, SE-50
Mettlach, 44, PE-40
Mettmann, 46, PE-38
Metz, 20, PE-40
Metzingen, 44, PS-41
Meulan, 18, NE-40
Meulebeke, 16, NN-39
Meung, 19, NE-42
Meuselwitz, 47, QJ-38
Mevagissey, 10, MA-39
Méximieux, 21, PA-44
Meyenburg, 47, QJ-36
Meymac, 23, NJ-44
Meyrargues, 21, PA-46
Meyrueis, 23, NN-45
Mezdra, 67, SN-46
Mèze, 23, NN-46
Mezek, 72, TE-48
Mézel, 21, PE-46
Mezenin, 61, SJ-36
Mežgorje, 59, S-40
Mézidon, 18, MS-40
Mézières-s.-Issoire, 19, NA-43
Meziměstí, 62, RE-39
Mézin, 22, NA-45
Mezöberény, 43, SE-43
Mezöcsát, 43, SA-42
Mezöfalva, 43, RN-43
Mezöhegyes, 43, SA-43
Mezökeresztes, 43, SA-42
Mezökövesd, 43, SA-42
Mezötúr, 43, SA-43
Mezquita de Jarque, 24, MS-49
Mezzaselva, 33, QE-43
Mezzoiuso, 38, QN-52
Mezzolombardo, 33, QA-43
Miajadas, 29, LS-50
Mianowice, 60, RJ-35
Miastko, 60, RJ-36
Miastkowo, 61, SE-36
Michalovce, 59, S-40
Michałowo, 61, SN-36
Michelstadt, 44, PS-40
Michów, 61, SJ-38
Mičurin, 72, TJ-47
Mid Calder, 13, ME-34
Mid'dle, 28, LE-50
Middelbeers, 16, PA-38
Middelburg, 16, NN-38
Middelfart, 48, PS-34
Middelharnis, 16, NJ-38
Middelkerke, 16, NJ-38
Middlesbrough, 35, MN-35
Middleton in Teesdale, 15, MJ-35
Middletown, 14, LN-35
Middlewich, 15, MJ-36
Midhurst, 11, MS-39
Midleton, 14, LE-38
Midtgulen, 52, PA-28
Midye, 72, TN-48
Miechów, 63, RN-39
Miedes, 24, MN-48
Międzybórz, 60, RJ-38
Międzychód, 60, RJ-37
Międzylesie, 63, RE-39
Międzyrzec Podlaski, 61, SJ-38
Międzyrzecz, 60, RA-37
Międzywodzie, 60, QS-35
Międzyzdroje, 60, QS-36
Miehikkälä, 55, TJ-29
Miélan, 22, NA-46
Mielec, 58, S-35
Mielęcin, 60, RE-36
Mielno, 60, RA-35
Miercurea Ciuc, 59, T-40
Mieres, 26, LE-46
Mieroszów, 62, RE-39
Miers, 22, NE-45
Mierzyn, 60, RN-38
Miesbach, 45, QE-42
Miejcisko, 60, RJ-37
Mieste, 47, QE-37
Miesterhorst, 47, QE-37
Miettilä, 55, TS-28
Mifol, 66, RS-49
Migliarino, It., 32, QA-46
Migliarino, It., 33, QE-45
Miglionico, 36, QA-46
Miguel Esteban, 29, ME-50
Migueltura, 29, ME-51
Mihályháza, 43, RN-42
Mihajlovgrad, 67, SN-46
Mihajlovo, Blg., 72, TA-47
Mihajlovo, Blg., 67, SN-46
Mihla, 46, QA-38
Mijas, 31, MA-53
Mikkanen, 55, TE-28
Mikkeli, 55, TJ-28

Mikolajki Pomorskie, 61, RS-36
Mikolów, 63, RN-39
Mikonos, 71, TA-52
Mikoszewo, 61, RS-35
Mikre, 67, SS-46
Mikríkampos, 69, SJ-49
Mikrón Dhéreion, 72, TE-48
Mikrón Khorion, 68, SE-51
Mikrópolis, 69, SN-48
Mikrothívai, 69, SJ-50
Mikróvalton, 68, SE-49
Mikstat, 60, RN-38
Mikulov, 52, RE-41
Mikulovice, 63, RJ-39
Milakowo, 61, RS-35
Milano, Esp., 26, LN-48
Milano, It., 32, PS-44
Milano Marittima, 33, QJ-45
Milazzo, 38, RA-51
Mildenhall, 11, NA-37
Miléai, 69, SN-50
Milejewo, 61, RS-35
Milestone, 14, LE-37
Mileto, 39, RE-51
Milevsko, 62, QS-40
Milford Haven, 10, LS-38
Milíci, 65, RS-45
Milicz, 60, RJ-38
Milín, 62, QS-40
Milis, 35, PN-49
Militello in Val di Catania, 38, QS-52
Miljevina, 66, RN-46
Milkowice, 60, RN-38
Millares, 30, MS-50
Millas, 23, NJ-47
Millau, 23, NN-45
Mill en Sint Hubert, 16, PA-38
Millesimo, 32, PN-45
Millford, 14, LJ-34
Millom, 15, ME-35
Millstatt, 41, QN-43
Millstreet, 14, LA-37
Milly, 18, NJ-41
Milmarcos, 24, MN-48
Milmersdorf, 47, QN-36
Milna, 64, RE-46
Milogórze, 61, SA-35
Miłomłyn, 61, RS-36
Milos, 71, SS-53
Miłosław, 60, RJ-37
Milovaig, 12, LN-32
Milow, 47, QJ-37
Milówka, 63, RS-40
Miltach, 45, QJ-40
Miltenberg, 44, PS-40
Milton Haynes, 11, MS-37
Miltown Malbay, 14, LA-37
Mil'utino, 57, T-30
Mimizan, 22, MN-45
Mimizan-Plage, 22, MN-45
Mimoň, 62, QS-39
Mina de Santo Domingos, 28, LJ-52
Minas de Ríotinto, 28, LN-52
Minas de Rodalquilar, 30, MN-53
Minaya, 30, MJ-50
Minde, 28, LE-50
Mindelheim, 45, QA-41
Minden, 46, PN-37
Mindin, 17, MJ-42
Mindszent, 43, SA-43
Minehead, 10, ME-38
Mineo, 38, QS-52
Mineralui Bani, 67, TA-48
Minerbe, 32, QE-44
Minervino Murge, 39, RE-48
Minglanilla, 24, MN-50
Mingorria, 27, MA-49
Minićevo, 67, SJ-46
Minkowice Olawskie, 63, RJ-38
Miño, 26, LE-46
Minsk, 58, T-35
Mińsk Mazowiecki, 61, SE-37
Minticchio, 37, RA-49
Mintlaw, 12, MN-32
Minturno, 37, QN-48
Mionica, 65, SA-45
Mir, 58, T-35
Mira, Esp., 24, MN-50
Mira, It., 33, QJ-44
Mira, Port., 28, LE-49
Mirabel, 28, LN-50
Mirabella Eclano, 37, RA-48
Mirabello, 33, QE-45
Miraflores de la Sierra, 27, ME-49
Miramas, 21, PA-46
Mirambeau, 22, MS-44
Miramont, 22, NA-45
Miranda de Ebro, 27, ME-47
Miranda do Corvo, 28, LE-49
Mirande, 22, NA-46
Mirandela, 26, LJ-48
Mirando do Douro, 26, LN-48
Mirandola, 33, QE-45
Mirano, 33, QJ-44
Miravci, 67, SJ-48

Miré, 19, MS-42
Mirebeau, 19, NA-43
Mirebeau, 20, PA-42
Mirecourt, 20, PE-41
Mirepoix, 22, NE-46
Miribel, 21, NS-44
Mironovka, 58, U-40
Miroslav, 62, RE-41
Miroslawiec, 60, RA-36
Mirosov, 62, QN-40
Mirotice, 62, QS-40
Mirovice, 62, QS-40
Mirow, 47, QJ-36
Mirsk, 62, RA-39
Mirto Crosia, 39, RE-50
Mírtos, 71, TA-54
Misburg, 46, PS-37
Miševsko, 67, TA-48
Misilmeri, 38, QN-51
Miskolc, 43, SA-41
Mistelbach, 41, RE-41
Misterbianco, 38, QS-52
Misteyná, 71, TE-50
Mistretta, 38, QS-52
Misurina, 33, QJ-43
Mitandersfors, 50, QJ-29
Mitchelstown, 14, LE-37
Míthimna, 71, TE-50
Mítikas, 68, SA-51
Mitilíni, 71, TE-50
Mittelberg, Öst., 40, QA-42
Mittelberg, Öst., 40, QA-43
Mittelwald, 45, QE-42
Mittelwalde, 47, QN-37
Mitterding, 41, QN-41
Mitterndorf, 41, RA-41
Mitterndorf, 41, QN-42
Mittersill, 40, QJ-42
Mitterteich, 45, QJ-40
Mittweida, 45, QJ-39
Mjåvatn, 53, PN-31
Mjöbäck, 49, QJ-32
Mjölby, 49, RA-31
Mjölfjell, 53, PE-29
Mjörlund, 53, QA-29
Mladá Boleslav, 62, QS-39
Mladá-Vožice, 62, QS-40
Mladinovo, 72, TE-48
Mława, 61, SA-36
Mlekarevo, 72, TA-47
Mliništa, 64, RE-45
Młogoszyn, 61, RS-37
Mnichovice, 62, QS-40
Mnichovo Hradiště, 62, RA-39
Mnímoria, 72, TA-49
Mniów, 63, SA-38
Mníšek n. Hnilcom, 63, SA-41
Mníšek p. Brdy, 62, QS-40
Mniszek, 61, SA-38
Mniszków, 61, SA-38
Mo, Nor., 53, QE-29
Mo, Nor., 53, PN-31
Mo, Nor., 53, PJ-30
Mo, Sve., 50, QE-31
Moan, 52, QA-27
Moaña, 26, LE-47
Moate, 14, LJ-36
Moča, 63, RN-42
Mocejón, 29, ME-50
Mochowo, 61, RS-37
Mochy, 60, RE-37
Möckern, 47, QE-37
Möckmühl, 44, PS-40
Moclín, 31, ME-52
Modane, 21, PE-44
Modena, 33, QA-45
Modica, 38, QS-53
Modigliana, 33, QE-45
Mödling, 41, RE-41
Modliszewko, 60, RJ-37
Modra, 63, RJ-41
Modrava, 62, QN-40
Modriča, 65, RN-45
Modugno, 39, RE-48
Modum, 53, QA-30
Moelv, 52, QA-29
Moen, 56, R-20
Moena, 33, QE-43
Moers, 46, PE-38
Moffat, 13, ME-34
Mogadouro, 26, LN-48
Mogente, 30, MS-51
Mogielnica, 61, SA-38
Mogilany, 63, RN-39
Mogilno, 60, RJ-37
Mogil'ov, 58, U-35
Mogil'ov-Podol'skij, 59, T-40
Moglia, 33, QA-45
Mogliano Veneto, 33, QJ-44
Moglicë, 66, SA-49
Moguer, 28, LN-52
Mohács, 43, RN-44
Mohed, 51, RE-28
Moheda, 49, QS-33
Mohedas, 28, LN-49
Mohelnice, 63, RE-40
Mohill, 14, LJ-36
Moholm, 50, QS-31
Moi, 53, PE-31
Moimenta da Beira, 26, LJ-49
Moira, 15, LN-35
Moírai, 71, SS-54

Moi Rana, 56, Q-20
Moirans, 21, PA-43
Moissac, 22, NE-45
Moita, Port., 28, LJ-49
Moita, Port., 28, LE-51
Mokra Gora, 66, RS-46
Mokre, 60, RJ-37
Mokrin, 65, SA-44
Mokronog, 64, RA-44
Mökster, 53, PA-29
Mol, Bel., 16, PA-38
Mol, Jugo., 65, SA-44
Mola di Bari, 39, RJ-48
Moláoi, 70, SJ-53
Molat, 64, QS-45
Mold, 10, ME-36
Moldava n. Bodvou, 63, SE-41
Molde, 52, PJ-27
Moldova Nouă, 59, S-45
Molétai, 58, T-30
Molezuelas de la Carballeda, 26, LN-47
Molfetta, 39, RE-48
Molières, 22, NE-45
Molina Aterno, 36, QN-47
Molina de Aragón, 24, MN-49
Molina de Segura, 30, MN-51
Molinella, 33, QE-45
Molíns de Rey, 25, NJ-48
Moliterno, 39, RA-49
Molkom, 50, QN-30
Mölle, 49, QJ-33
Möllenbeck, 47, QN-36
Mollerusa, 24, NA-48
Mollet, 25, NJ-48
Mollina, 31, MA-52
Mölln, 47, QA-36
Mollo, 25, NJ-47
Mölltorp, 50, QS-31
Mölnbo, 51, RJ-30
Mölndal, 49, QJ-32
Mölneby, 49, QN-32
Molodečno, 58, T-35
Mólos, 69, SJ-51
Molsheim, 20, PJ-41
Molveno, 33, QA-43
Mombuey, 26, LN-47
Momčilgrad, 67, TA-48
Momino, 72, TJ-46
Mommark, 48, QA-35
Mommola, 54, SJ-28
Monaco, 21, PJ-46
Monaghan, 14, LN-35
Monäs, 54, SJ-26
Monasterace Marina, 39, RE-51
Monasterevan, 14, LJ-36
Monasterio de Rodilla, 27, ME-47
Monastir, 35, PS-50
Monastirákion, 68, SA-51
Moncalieri, 32, PJ-45
Monção, 26, LE-47
Moncarapacho, 28, LJ-52
Monceau-sur-Sambre, 16, NS-39
Mončegorsk, 56, U-20
Mönchdorf, 41, QS-41
Mönchengladbach, 46, PE-38
Mönchhof, 41, RE-42
Monchique, 28, LE-52
Moncontour, Fr., 19, MS-43
Moncontour, Fr., 17, MJ-41
Moncorvo, 26, LJ-48
Moncoutant, 19, MS-43
Monda, 31, MA-53
Mondariz, 26, LE-47
Mondéjar, 27, ME-49
Mondello, 38, QN-51
Mondim de Basto, 26, LJ-48
Mondolfo, 36, QN-46
Mondoñedo, 26, LJ-46
Mondorf-les-Bains, 20, PE-40
Mondoubleau, 19, NA-42
Mondovì, 32, PJ-45
Mondragón, Esp., 27, MJ-46
Mondragon, Fr., 21, NS-45
Mondragone, 37, QN-48
Mondsee, 41, QN-42
Moneglia, 32, PS-45
Monegrillo, 24, MS-48
Monein, 22, MS-46
Monemvasía, 70, SN-53
Moneo, 27, ME-47
Monesi, 32, PJ-45
Monesterio, 28, LN-51
Monestier-de-Clermont, 21, PA-45
Moneygall, 14, LJ-37
Moneymore, 14, LN-35
Monfalcone, 33, QN-44
Monflanquin, 22, NA-45
Monflorite, 24, MS-47
Monforte, 28, LJ-50
Monforte da Beira, 28, LJ-50
Monforte de Lemos, 26, LJ-47
Monfortinho et Termas de Monfortinho, 28, LN-50

Monfort-l'Amaury, 18, NE-41
Monghidoro, 33, QE-45
Monguelfo, 33, QJ-43
Monheim, 45, QA-41
Monistrol, Fr., 23, NN-45
Monistrol, Fr., 23, NS-44
Mönkebude, 47, QN-36
Moński, 61, SJ-36
Monmartin, 17, MN-40
Monmouth, 10, MJ-38
Mönni, 55, UA-27
Monnikendam, 16, PA-37
Monninkylä, 55, TA-29
Monopello, 37, QS-47
Monopoli, 37, RJ-49
Monor, 43, RS-42
Mónosbél, 43, SA-41
Monóvar, 30, MS-51
Monpazier, 22, NA-45
Monreal, 24, MN-47
Monreal del Campo, 24, MN-49
Monreale, 38, QN-51
Monroy, 28, LN-50
Mons, 16, NN-39
Monschau, 44, PE-39
Monségur, 22, NA-45
Monselice, 33, QE-44
Monserrato, 35, PS-52
Monster, 16, NS-37
Mönsterås, 49, RE-32
Montabaur, 44, PJ-39
Montagnac, 23, NN-46
Montagnana, 33, QE-44
Montaigu, 17, MN-43
Montaigut, 19, NJ-43
Montalbán, 24, MS-49
Montalbano di Elicona, 38, RA-51
Montalbano Ionico, 39, RE-49
Montalbo, 29, MJ-50
Montalcino, 36, QE-46
Montalegre, 26, LJ-48
Montalieu-Vercieu, 21, PA-44
Montalto di Castro, 36, QE-47
Montalto Uffugo, 39, RE-50
Montalvão, 28, LJ-50
Montamarta, 26, LS-48
Montana Vermala, 42, PJ-43
Montánchez, 28, LN-50
Montanejos, 24, MS-49
Montargil, 28, LE-50
Montargis, 19, NJ-42
Montauban, Fr., 22, NE-45
Montauban, Fr., 17, MJ-41
Montbard, 20, NS-42
Montbazens, 23, NJ-45
Montbazon, 19, NA-42
Montbéliard, 20, PE-42
Montblanch, 25, NE-48
Montbozon, 20, PE-42
Montbrison, 23, NN-44
Montbron, 22, NA-44
Montceau-les-Mines, 20, NS-43
Montcenis, 20, NS-43
Montcornet, 18, NS-40
Montcuq, 22, NE-45
Mont-de-Marsan, 22, MS-46
Montdidier, 18, NJ-40
Monteagudo de las Vicarías, 27, MJ-48
Montealegre, 27, MA-48
Montealegre del Castillo, 30, MN-51
Montebello Ionico, 39, RA-52
Montebelluna, 33, QJ-44
Montebourg, 17, MN-40
Monte Carlo, 21, PJ-46
Montecatini-Terme, 33, QA-46
Montecchio, 33, QJ-46
Montecchio Emilia, 32, QA-45
Montecchio Maggiore, 33, QE-44
Montecorvino Rovella, 37, QA-48
Montederramo, 26, LJ-47
Montedinove, 36, QJ-47
Montefalco, 36, QJ-47
Montefiascone, 36, QJ-47
Montefrio, 31, MA-52
Montegiordano Marina, 39, RE-49
Montehermoso, 28, LN-49
Montejicar, 31, ME-52
Montelavar, 28, LA-51
Montel-de-Gelat, 23, NJ-44
Monteleone d'Orvieto, 36, QJ-47
Montelepre, 38, QN-51
Montélimar, 21, NS-45
Montella, 37, QS-49
Montellano, 31, LS-53
Montemaggiore Belsito, 38, QN-52
Montemayor de Pililla, 27, MA-48
Montemitro, 37, QS-48
Montemonaco, 36, QN-47
Montemor-o-Novo, 28, LE-51

Montemor-o-Velho, 28, LE-49
Montendre, 22, MS-44
Montenegro de Cameros, 27, ME-47
Montepulciano, 36, QE-46
Montereale, 36, QN-47
Montereau, 18, NN-41
Monte Redondo, 28, LE-50
Monterotondo, 36, QE-47
Monterrey, 26, LJ-47
Monterroso, 26, LJ-47
Monterrubio de la Serena, 29, LS-51
Monte San Giovanni Campano, 36, QN-48
Monte San Savino, 36, QE-46
Monte Sant'Angelo, 37, RA-48
Montesarchio, 37, QS-48
Montescaglioso, 39, RE-49
Montesilvano Marina, 37, QS-47
Montespertoli, 36, QA-46
Montespluga, 32, PS-43
Montesquieu, 22, NE-46
Montevarchi, 33, QE-46
Montevecchio Marina, 35, PN-50
Montezemolo, 32, PN-45
Montfaucon, 17, MN-42
Montfaucon, 23, NS-44
Montfoort, 16, NS-37
Montfort, 17, MN-41
Montfort-en-Chalosse, 22, MS-46
Montgomery, 10, ME-37
Montguyon, 22, MS-44
Monthermé, 20, NS-40
Monthey, 42, PE-43
Monthureux, 20, PE-41
Monti, 35, PS-49
Montichiari, 33, QA-44
Monticiano, 36, QE-46
Montiel, 29, MJ-51
Montier-en-Der, 20, NS-41
Montignac, 22, NE-44
Montigny-le-Roi, 20, PA-42
Montigny-s.-Aube, 20, NS-42
Montijo, Esp., 28, LN-51
Montijo, Port., 28, LE-51
Montilla, 29, MA-52
Montivilliers, 18, NA-40
Montizón, 29, ME-51
Montjean-s.-Loire, 19, MS-42
Montlieu, 22, MS-44
Mont-Louis, 23, NJ-47
Montluçon, 19, NJ-43
Montluel, 21, PA-44
Montmarault, 19, NJ-43
Montmédy, 20, PA-40
Montmélian, 21, PE-44
Montmirail, 18, NN-41
Montmoreau, 22, NA-44
Montmorillon, 19, NA-43
Montodine, 32, PS-44
Montoir, 17, MJ-42
Montoire, 19, NA-42
Montoiri, 25, NJ-50
Montorio al Vomano, 36, QN-47
Montoro, 29, MA-51
Montpellier, 23, NN-46
Montpezat-de-Quercy, 22, NE-45
Montpezat-s.-Bauzon, 23, NS-45
Montpon, 22, NA-45
Montréal, 22, NA-46
Montréjeau, 22, NA-46
Montrésor, 19, NE-42
Montresta, 35, PN-49
Montreuil, 18, NE-39
Montreuil-Bellay, 19, MS-42
Montreux, 42, PE-43
Montrevault, 17, MN-42
Montrevel-en-Bresse, 21, PA-43
Montrichard, 19, NE-42
Montrond-les-Bains, 23, NS-44
Montrose, 13, MJ-33
Montroy, 30, MS-50
Montsauche, 19, NS-42
Montsurs, 19, MS-41
Mont-s.-Vaudrey, 20, PA-43
Montuenga, 27, MA-48
Monza, 32, PS-44
Monzon, 24, NA-48
Monzón de Campos, 27, MA-47
Moordorf, 46, PJ-36
Moosburg, 45, QE-41
Mór, 43, RN-42
Mora, Esp., 29, ME-50
Mora, Port., 28, LJ-50
Mora, Sve., 50, QS-29
Mora de Rubielos, 24, MS-49
Morąg, 61, RS-36
Mórahalom, 43, RS-43
Mora la Nueva, 24, NA-48
Moral de Calatrava, 29, ME-51

Moraleja, 28, LN-49
Moraleja del Vino, 26, LS-48
Moralina, 26, LN-48
Morano Calabro, 39, RE-50
Mörarp, 49, QJ-33
Moras, 26, LJ-46
Morata de Tajuña, 27, ME-49
Moratalla, 30, MN-51
Moraviţa, 65, SE-44
Moravská Třebová, 63, RE-40
Moravské Budějovice, 62, RA-40
Moravské Lieskové, 63, RJ-41
Moravský Krumlov, 62, RE-40
Morawica, 63, SA-39
Morawin, 60, RN-38
Morbach, 44, PJ-40
Morbegno, 32, PS-43
Morcenx, 22, MS-45
Morciano di Romagna, 33, QJ-46
Morcillo, 28, LN-49
Morcone, 37, QS-48
Mordelles, 17, MN-41
Mordoğan, 71, TE-51
Mordy, 61, SJ-37
Morecambe, 15, MJ-35
Mörel, 42, PN-43
Morella, 24, MS-49
Mores, 35, PN-49
Morestel, 21, PA-44
Moret, 18, NJ-41
Moretonhampstead, 10, ME-39
Moreton-in-Marsh, 11, MN-38
Moretta, 32, PJ-45
Moreuil, 18, NJ-40
Morez, 21, PE-43
Morgat, 17, MA-41
Morges, 42, PE-43
Morhange, 20, PE-41
Moringen, 46, PS-38
Mörkret, 50, QJ-28
Morlaas, 22, MS-46
Morlaix, 17, ME-41
Mörlanda, 49, QN-31
Mörlunda, 49, RA-32
Mormanno, 39, RE-50
Mormant, 18, NJ-41
Morón de Almazán, 27, MJ-48
Morón de la Frontera, 29, LS-52
Morozzo, 32, PJ-45
Morpeth, 13, MN-34
Mörrum, 49, QS-33
Morsbach, 44, PJ-39
Morskoga, 50, RA-30
Mortagne-au-Perche, 18, NA-41
Mortagne-s.-Sèvre, 19, MN-43
Mortágua, 28, LE-49
Mortain, 18, MS-41
Mortara, 32, PN-44
Mortas, 31, ME-53
Morteau, 20, PE-42
Mortegliano, 33, QN-44
Morvah, 10, LS-39
Moryń, 60, QS-37
Mosås, 50, RA-30
Mosbach, 44, PS-40
Mošćenice, 64, QS-44
Mosina, 60, RE-37
Mosjöen, 56, Q-20
Moskva, 58, V-30
Moslavina, 65, RJ-44
Moso in Passiria, 33, QE-43
Mosonmagyaróvár, 43, RJ-42
Mosonszentjános, 43, RJ-42
Mošorin, 65, SA-44
Mosqueruela, 24, MS-49
Moss, 53, QA-30
Mossingen, 44, PS-41
Most, 62, QN-39
Mostar, 66, RJ-46
Moste, 64, QS-43
Moster, 53, PA-30
Mostkowo, Pol., 61, SA-36
Mostkowo, Pol., 60, RA-37
Móstoles, 29, ME-49
Mostowo, 60, RE-35
Mota del Cuervo, 29, MJ-50
Mota del Marqués, 27, LS-48
Motala, 50, QS-31
Motarzyno, 60, RJ-35
Motherwell, 13, ME-34
Motilla del Palancar, 24, MN-50
Motjärnshyttan, 50, QN-30
Motovun, 64, QN-44
Motril, 31, ME-53
Motta di Livenza, 33, QJ-44
Motta Visconti, 32, PN-44
Mottola, 39, RJ-49
Mouchard, 20, PA-43
Moúdhros, 69, TA-50
Moudon, 42, PE-43
Mouflers, 18, NJ-39

Mouhijärvi, 54, SN-28
Moulins, 19, NN-43
Moulins-Engilbert, 19, NN-43
Moulins-la-Marche, 18, NA-41
Moulismes, 19, NA-43
Moulle, 18, NJ-39
Mountain Ash, 10, ME-38
Mount Bellew, 14, LE-36
Mountmellick, 14, LJ-36
Mountrath, 14, LJ-36
Moura, 28, LJ-51
Mourão, 28, LJ-51
Mourikion, 69, SN-51
Mouscron, 16, NN-39
Moustiers-Ste.-Marie, 21, PE-46
Moutier, 42, PJ-42
Moutier-d'Ahun, 19, NJ-43
Moutiers, 21, PE-44
Moutiers-les-Mauxfaits, 17, MN-43
Moutnice, 63, RE-40
Mouy, 18, NJ-40
Mouzákion, Ellás, 70, SE-52
Mouzákion, Ellás, 68, SE-50
Mouzon, 20, PA-40
Moville, 14, LJ-34
Moy, 12, MA-32
Moyá, 25, NJ-48
Moyeuvre, 20, PE-40
Moyne, 14, LJ-36
Mozirje, 64, QS-43
Mozyr', 58, T-35
Mprálos, 69, SJ-51
Mragowo (Sensburg), 61, SE-36
Mrakovica, 64, RE-44
Mrčajevci, 66, SA-46
Mrežičko, 67, SE-48
Mrkonjić Grad, 64, RJ-45
Mrkonjići, 66, RN-47
Mrkopalj, 64, QS-44
Mrocza, 60, RJ-36
Mroczeń, 60, RJ-38
Mrzeżyno, 60, RA-35
Mšené-lázně, 62, QS-39
Mšeno, 62, QS-39
Mstislavl', 58, U-35
Mszana Dolna, 63, SA-40
Mszczonów, 61, SA-38
Muć, 64, RE-46
Muccia, 36, QJ-47
München, 47, QE-38
Muchówka, 63, SA-40
Much Wenlock, 10, MJ-37
Mucientes, 27, MA-48
Muda, 33, QJ-43
Mudanya, 72, TN-49
Mudau, 44, PS-40
Müden, 46, QA-37
Muel, 24, MN-48
Muge, 28, LE-50
Mügeln, 47, QN-38
Muggia, 33, QN-44
Mugia, 26, LA-46
Mugron, 22, MS-46
Mühlacker, 44, PN-41
Mühlberg, 47, QN-38
Mühldorf, 45, QJ-41
Mühleberg, 42, PJ-43
Mühlhausen, B.R.D., 44, PN-40
Mühlhausen, D.D.R., 46, QA-38
Mühltroff, 45, QE-39
Muhos, 56, T-25
Muhova, 67, SN-47
Muirkirk, 13, MA-34
Mula, 30, MN-51
Mulazzo, 32, PS-45
Mulda, 45, QN-39
Mülheim a. d. Ruhr, 46, PE-38
Mulhouse, 20, PJ-42
Mullan, 14, LJ-35
Müllheim, 44, PJ-42
Mullhyttan, 50, QS-30
Mullinavat, 14, LJ-37
Mullingar, 14, LJ-36
Mullion, 10, LS-39
Müllrose, 47, QS-37
Mullsjö, 49, QN-32
Multamäki, 55, TJ-28
Multasilta, 55, TJ-29
Multia, 55, SS-27
Mumbles, 10, MA-38
Muñana, 27, MA-49
München, 45, QE-41
Münchberg, 45, QE-39
Müncheberg, 47, QS-37
Münchenstein, 42, PJ-42
Münden, 46, PS-38
Mundesley, 11, NE-37
Mundford, 11, NA-37
Mundheim, 53, PA-29
Munébrega, 24, MN-48
Munera, 29, MJ-50
Munguía, 27, MJ-46
Muñico, 27, LS-49
Muniesa, 24, MS-48
Munka-Ljungby, 49, QN-33
Munkedal, 50, QE-31
Munkfors, 50, QN-30
Münnerstadt, 44, QA-39
Munsala, 54, SJ-26
Münsingen, B.R.D., 44, PS-41

Münsingen, Schw., 42, PJ-43
Munsö, 51, RJ-30
Munster, B.R.D., 46, QA-37
Münster, Westf., B.R.D., 46, PJ-38
Munster, Fr., 20, PJ-41
Münstereifel, 44, PE-39
Münzkirchen, 41, QN-41
Muodoslompolo, 56, S-20
Muonio, 56, S-20
Muotathal, 42, PN-43
Murakeresztúr, 43, RE-43
Mural, 23, NJ-44
Muráň, 63, SA-41
Murat, 23, NJ-44
Muratli, 72, TJ-48
Murau, 41, QS-42
Muravera, 35, PS-50
Murça, 26, LJ-48
Murcia, 30, MN-52
Mur-de-Barrez, 23, NJ-45
Mur-de-Bretagne, 17, ME-41
Murcine, 63, RE-40
Mur-de-Sologne, 19, NE-42
Mureck, 41, RA-43
Mürefte, 72, TJ-49
Muret, 22, NE-46
Murgeni, 59, T-40
Murguia, 27, MJ-47
Muri, 42, PN-42
Murias de Paredes, 26, LN-47
Murillo de Gallego, 24, MS-47
Murina, 66, RS-47
Murlaggan, 13, LS-33
Murmansk, 56, U-20
Murmaši, 56, U-20
Murnau, 45, QE-42
Muro, 34, PN-47
Muro de Aloey, 30, MS-51
Muro Lucano, 37, RA-49
Muros, 26, LA-47
Murowana Goślina, 60, RJ-37
Murré, 66, SA-46
Murrhardt, 44, PS-41
Murska Sobota, 64, RE-43
Mursko Središče, 64, RE-43
Murta, 67, SN-45
Murten, 42, PJ-43
Murtosa, 26, LE-49
Murvica, 64, RA-45
Murviel, 23, NN-46
Mürzsteg, 41, RA-42
Mürzzuschlag, 41, RA-42
Musqetë, 66, RS-48
Musselburgh, 13, ME-34
Mussidan, 22, NA-44
Mussomeli, 38, QN-52
Mussy, 20, NS-42
Mustafa-Kemalpasa, 72, TN-49
Mustajärvi, 54, SN-27
Mustamaa, 54, SN-26
Mustasaari, 54, SE-26
Mustinlahti, 55, TN-27
Mustio, 54, SN-29
Mustvee, 57, T-30
Muszaki, 61, SA-36
Muszyna, 63, SJ-40
Mutějovice, 62, QN-39
Muurajärvi, 55, TA-27
Muurame, 55, TA-27
Muurla, 54, SN-29
Muuruvesi, 55, TN-26
Muzillac, 17, MJ-42
Muzzana del Turgnano, 33, QN-44
Myking, 53, PA-29
Mykland, 53, PN-31
Myllymäki Kvarnbacka, 55, SS-27
Mynämäki, 54, SE-29
Myrdal, 53, PJ-29
Myrkky, 54, SE-27
Myrmoen, 52, QE-27
Myrskylä, 55, TA-29
Mysen, 53, QE-30
Myślenice, 63, SA-40
Myślibórz, 60, QS-37
Myślice, 61, RS-36
Myślinów, 62, RE-38
Mysłowice, 63, RS-39
Myszków, 63, RS-39
Myszyniec, 61, SE-36
Mýto, 62, QN-40

N

Nå, 53, PE-29
Naantali, 54, SJ-29
Naarajärvi, 55, TA-26
Naarden, 16, PA-37
Naas, 14, LM-36
Nabburg, 45, QJ-40
Načeradec, 62, QS-40
Náchod, 62, RE-39
Nacka, 51, RN-30
Nådab, 65, SE-43
Nadarzyn, 61, SA-37
Nadela, 26, LJ-46
Nádlac, 65, SA-43
Nadromanija, 66, RN-46
Nádudvar, 43, SE-42

Næs, 48, PN-33
Næstved, 48, QE-34
Näfels, 42, PS-42
Nagłowice, 63, RS-39
Nagold, 44, PN-41
Nagu, 54, SE-29
Nagyatád, 43, RJ-43
Nagybajom, 43, RJ-43
Nagybaracska, 43, RS-44
Nagybátony, 43, RS-42
Nagyigmánd, 43, RJ-42
Nagykanizsa, 43, RE-43
Nagykáta, 43, RS-42
Nagykőrös, 43, RS-42
Nagykörü, 43, SA-42
Naharros, 29, MJ-49
Naila, 45, QE-39
Naipli, 72, TJ-50
Nairn, 12, ME-32
Najac, 22, NE-45
Nájera, 27, MJ-47
Nakkila, 54, SJ-28
Nakło nad Notecia, 60, RJ-36
Nakovo, 65, SA-44
Nakskov, 48, QE-35
Nalęczów, 61, SJ-38
Nalliers, 19, MN-43
Nambroca, 29, ME-50
Namdos, 56, Q-25
Namná, 50, QJ-31
Nämpnäs, 54, SE-27
Namur, 16, NS-39
Namysłów, 63, RJ-38
Nancy, 20, PE-41
Nangis, 18, NN-41
Nannestad, 53, QA-29
Nans-les-Pins, 21, PA-46
Nant, 23, NN-45
Nanterre, 18, NJ-41
Nantes, 17, MN-42
Nanteuil-le-Haudouin, 18, NJ-40
Nantiat, 19, NE-43
Nantua, 21, PA-43
Náousa, Ellás, 69, SJ-49
Náousa, Ellás, 71, TA-52
Napajedla, 63, RJ-40
Napierki, 61, SA-36
Napoli, 37, QS-49
Náquera, 24, MS-50
Narberth, 10, MA-38
Narbonne, 23, NN-46
Nardò, 39, RJ-49
Narečenski Bani, 67, SS-48
Narew, 61, SN-37
Narewka, 61, SN-37
Narni, 36, QJ-47
Naro, 38, QN-52
Naro-Fominsk, 58, V-30
Narón, 26, LE-46
Närpes, 54, SE-27
Närpiö, 54, SE-27
Närsäkkälä, 55, UA-28
Narva, S.S.S.R., 57, T-30
Narva, Suomi, 54, SN-28
Närvijoki, 54, SE-27
Narvik, 56, R-20
Narzole, 32, PJ-45
Nås, 50, QS-29
Näs, 51, RE-29
Na. Sa. do Cabo, 28, LA-51
Näsåker, 56, R-25
Näsberget, 50, QN-29
Nasbinals, 23, NN-45
Našice, 65, RN-44
Nasielsk, 61, SA-37
Naso, 38, QS-51
Nassereith, 40, QA-42
Nässjö, 49, QS-32
Nastola, 55, TA-29
Näsviken, 51, RE-28
Natalinci, 66, SA-46
Nättraby, 49, RA-33
Naturno, 33, QA-43
Naucelle, 23, NJ-45
Nauders, 40, QA-43
Nauen, 47, QJ-37
Naul, 14, LN-36
Naumburg, 47, QE-38
Naustdal, 52, PA-28
Nauvo, 54, SE-29
Nava, Esp., 26, LS-46
Nava, It., 32, PJ-45
Navacepeda, 27, LS-49
Navaconcejo, 29, LS-49
Nava de la Asunción, 27, MA-48
Nava del Rey, 27, LS-48
Navahermosa, 29, MA-50
Naval, 24, NA-47
Navalcán, 29, LS-49
Navalcarnero, 27, MA-49
Navalmanzano, 27, MA-48
Navalmoral de la Mata, 29, LS-50
Navalperal de Pinares, 27, MA-49
Navalucillos, 29, MA-50
Navalvillar de Pela, 29, LS-50
Navarrenx, 22, MS-46
Navarrés, 30, MS-50
Navarrete, 24, MN-47
Navas de Estena, 29, MA-50

Navas del Madroño, 28, LN-50
Navas de Oro, 27, MA-48
Navatalgordo, 27, MA-49
Nave, 32, QA-44
Nävekvarn, 51, RE-31
Navelsaker, 52, PA-28
Näverkärret, 50, RA-30
Naverstad, 50, QE-31
Navia, 26, LN-46
Navia de Suarna, 26, LN-46
Navl'a, 58, U-35
Návpaktos, 68, SE-51
Návplion, 70, SJ-52
Nävragöl, 49, RA-33
Náxos, 71, TA-52
Nayland, 11, NA-38
Nazaré, 28, LA-50
Ndrejaj, 66, RS-47
Néa Ankhialos, 69, SJ-50
Néa Epidhavros, 70, SN-52
Néa Fókaia, 69, SN-49
Néa Ionía, 70, SN-51
Néa Kallikráteia, 69, SN-49
Neap, 12, MN-29
Néa Péramos, 69, SS-49
Néa Plávia, 69, SN-49
Neápolis, Ellás, 70, SN-53
Neápolis, Ellás, 68, SE-48
Neápolis, Ellás, 71, TA-54
Néa Poteídhaia, 69, SN-49
Néa Skióni, 69, SN-50
Neath, 10, ME-38
Néa Zíkhni, 69, SN-48
Nebra, 47, QE-38
Nebušice, 62, QS-39
Neckargemünd, 44, PN-40
Neckarsulm, 44, PS-40
Neda, 26, LE-46
Nedaški, 58, T-35
Nederbrakel, 16, NN-39
Nedjalsko, 72, TE-47
Nedlitz, 47, QJ-37
Nedreberg, 52, QE-28
Nedre Eiker, 53, QA-30
Nedstrand, 53, PA-30
Nedvědice, 62, RE-40
Neede, 16, PE-37
Needham Market, 11, NE-37
Neermoor, 46, PJ-36
Nees, 48, PN-33
Nefyn, 10, MA-37
Negádhes, 68, SA-50
Negotin, 67, SJ-45
Negotino, 67, SJ-48
Negredo, 27, MJ-48
Negreira, 26, LE-47
Nègrepelisse, 22, NE-45
Negreşti, 59, T-40
Negru Vodă, 59, T-45
Negva, 52, PJ-27
Neheim-Hüsten, 46, PJ-38
Neiße
  → Nysa, 63, RJ-39
Nejdek, 62, QJ-39
Nejdek, 62, QJ-39
Nekla, 60, RJ-37
Nekso, 49, RA-34
Nelas, 26, LJ-49
Neméa, 70, SJ-52
Nemirov, 59, T-40
Nemours, 19, NJ-41
Nemšová, 63, RN-41
Nenagh, 14, LE-37
Nénita, 71, TE-51
Nenovo, 72, TJ-46
Nenzing, 40, PS-42
Neokhórion, Ellás, 68, SE-50
Neokhórion, Ellás, 68, SE-51
Neoneli, 35, PS-49
Néon Karlovásion, 71, TE-52
Néon Monastírion, 69, SJ-50
Néon Petrítsion, 69, SN-48
Nepi, 36, QJ-47
Nepomuk, 62, QN-40
Nérac, 22, NA-45
Neratovice, 62, QS-39
Nereeto, 37, QN-47
Nerežišća, 64, RE-46
Néris, 19, NJ-43
Nerja, 31, ME-53
Nérondes, 19, NJ-43
Nerpio, 30, MJ-51
Nerva, 28, LN-52
Nervi, 32, PS-45
Nes, Ned., 16, PA-36
Nes, Nor., 52, QA-29
Nes, Nor., 53, QE-29
Nes, Nor., 53, PN-30
Nes, Nor., 52, PE-28
Nesbyen, 53, PS-29
Nesebăr, 72, TJ-47
Nesflaten, 53, PJ-30
Nesland, 53, PJ-30
Nesle, 18, NJ-40
Nesna, 56, Q-20
Nesoddtangen, 53, QA-30
Nesselwang, 45, QA-42
Nesset, 52, PN-27
Nestáni, 70, SJ-52
Nestelbach, 41, RA-42

Nesterov, 61, SJ-35
Neston, 15, ME-36
Nestórion, 68, SE-49
Nestun, 53, PA-29
Nesviž, 58, T-35
Nesvollberget, 50, QJ-28
Netolice, 62, QS-40
Nettuno, 36, QJ-48
Neualbenreuth, 45, QJ-40
Neuberg, 41, RA-42
Neubrandenburg, 47, QN-36
Neubukow, 47, QE-35
Neuburg a. d. Donau, 45, QE-41
Neuchâtel, 42, PE-43
Neudau, 41, RE-42
Neudorf, 44, PN-40
Neuenhagen, 47, QN-37
Neuerburg, 44, PE-39
Neufahrn, 45, QJ-41
Neuf-Brisach, 20, PJ-41
Neufchâteau, Bel., 20, PA-40
Neufchâteau, Fr., 20, PA-41
Neufchâtel, 18, NE-40
Neufchâtel-s.-Aisne, 18, NN-40
Neufelden, 41, QS-41
Neuhaus, B.R.D., 46, PN-38
Neuhaus, D.D.R., 47, QA-36
Neuhaus a. I., 45, QN-41
Neuhausen, 44, PS-41
Neuhof, 44, PS-39
Neuhofen, 41, QS-41
Neuillé-Pont-Pierre, 19, NA-42
Neuilly-l'Évêque, 20, PA-42
Neu-Isenburg, 44, PN-39
Neukalen, 47, QJ-36
Neukirch, 47, QS-38
Neukirchen, 44, PS-39
Neukloster, 47, QE-36
Neulengbach, 41, RA-41
Neu Lübbenau, 47, QN-37
Neum, 37, RE-49
Neumagen, 44, PE-40
Neumarkt, B.R.D., 45, QE-40
Neumarkt, Öst., 41, QN-42
Neumarkt, Öst., 41, QS-41
Neumarkt i. d. Steiermark, 41, QS-42
Neumarkt-Sankt Veit, 45, QJ-41
Neumünster, 46, PS-35
Neunburg vorm Wald, 45, QJ-40
Neung-s.-Beuvron, 19, NE-42
Neunkirch, 42, PN-43
Neunkirchen, B.R.D., 44, PJ-40
Neunkirchen, Öst., 41, RE-42
Neuötting, 45, QJ-41
Neupölla, 41, RA-41
Neurode
→ Nowa Ruda, 62, RE-39
Neuruppin, 47, QJ-37
Neusalz
→ Nowa Sól, 60, RA-38
Neusiedl a. See, 41, RE-42
Neuss, 46, PE-38
Neustadt, B.R.D., 47, QA-35
Neustadt, B.R.D., 45, QA-40
Neustadt, B.R.D., 45, AE-39
Neustadt, B.R.D., 44, PN-42
Neustadt, B.R.D., 44, PN-40
Neustadt
→ Prudnik, 63, RJ-39
Neustadt, D.D.R., 45, QE-39
Neustadt, D.D.R., 47, QS-38
Neustadt a. d. Donau, 45, QE-41
Neustadt a. d. Waldnaab, 45, QJ-40
Neustadt a. Rübenberge, 46, PS-37
Neustadt-Glewe, 47, QE-36
Neustettin
→ Szczecinek, 60, RE-36
Neustrelitz, 47, QN-36
Neutrebbin, 47, QS-37
Neu-Ulm, 44, QA-41
Neuvic, 22, NA-44
Neuvic-d'Ussel, 23, NJ-44
Neuville, Fr., 21, NS-44
Neuville, Fr., 19, NA-43
Neuville-aux-Bois, 19, NJ-41
Neuvottoma, 55, TJ-29
Neuvy-s.-Barangeon, 19, NJ-42
Neuvy-St.-Sépulchre, 19, NE-43

Neuwied, 44, PJ-39
Neuwirtshaus, 44, PS-39
Neuzelle, 47, QS-37
Nevel', 58, T-30
Nevers, 19, NN-43
Nevesinje, 66, RN-46
Neviges, 46, PJ-38
Nevoy, 19, NJ-42
Nevša, 72, TJ-46
Newark, 11, MS-36
Newbiggin-by-the-Sea, 13, MN-34
Newbliss, 14, LJ-35
Newburgh, U.K., 13, ME-33
Newburgh, U.K., 12, MJ-32
Newbury, 11, MN-38
Newby Bridge, 15, MJ-35
Newcastle, Éire, 14, LA-34
Newcastle, U.K., 15, LS-35
Newcastle Emlyn, 10, MA-37
Newcastleton, 13, MJ-34
Newcastle-under-Lyme, 10, MJ-36
Newcastle upon Tyne, 13, MN-35
New Cumnock, 13, MA-34
New Deer, 12, MJ-32
New Galloway, 13, MA-34
Newhaven, 11, NA-39
New Holland, 15, MS-36
Newmarket, Éire, 14, LA-37
Newmarket, U.K., 11, NA-37
New Pitsligo, 12, MJ-32
Newport, Éire, 14, LE-37
Newport, Éire, 14, LA-36
Newport, U.K., 10, MJ-38
Newport, U.K., 10, MJ-38
Newport, U.K., 10, MJ-38
Newport, U.K., 11, MN-39
Newport-on-Tay, 13, MJ-33
Newport Trench, 14, LN-35
New Quay, U.K., 10, MA-37
Newquay, U.K., 10, LS-38
New Radnor, 10, ME-37
New Romney, 11, NA-39
New Ross, 14, LN-37
Newry, 14, LN-35
New Tolsta, 12, LN-31
Newton, 10, ME-37
Newton Abbot, 10, ME-39
Newton Aycliff, 13, MN-35
Newton Butler, 14, LJ-35
Newtonmore, 13, MA-32
Newton Mount Kennedy-Killadreenan, 14, LN-36
Newton Stewart, 13, MA-35
Newtownards, 15, LS-35
Newtown Hamilton, 14, LN-35
Newtown Stewart, 14, LJ-35
Nexon, 22, NE-44
Neyland, 10, MA-38
Nezamyslice, 63, RJ-40
Nežin, 58, U-35
Nibe, 48, PS-33
Nicastro, 39, RE-51
Nice, 21, PJ-46
Nichelino, 32, PJ-45
Nicolosi, 38, RA-52
Nicosia, 38, QS-52
Nicotera, 39, RA-51
Nidda, 46, PN-39
Nidzica, 61, SA-36
Niebla, 28, LN-52
Nieborów, 61, SA-37
Niebüll, 48, PN-35
Niedalino, 60, RE-35
Niederaula, 44, PS-39
Niederbipp, 42, PJ-42
Niederbronn, 20, PJ-41
Nieder-Fellabrunn, 41, RE-41
Nieder-Haverbeck, 46, PS-36
Niederlahnstein, 44, PJ-39
Niedermarsberg, 46, PN-38
Niederselters, 44, PN-39
Niederwölz, 41, QS-42
Niederzissen, 44, PJ-39
Niedrzwica Duża, 61, SJ-38
Niekłań, 61, SA-38
Niemcza, 63, RE-39
Niemegk, 47, QJ-37
Niemisel, 56, S-20
Niemodlin, 63, RJ-39
Nienburg, B.R.D., 46, PS-37
Nienburg, D.D.R., 47, QE-38
Niepołomice, 63, SA-39
Nierstein, 44, PN-40
Niesky, 47, QS-38
Nieszawa, 60, RN-37
Nieszczoyce, 60, QA-28
Nieuwe-Schans, 46, PJ-36
Nieuwpoort, 16, NJ-38
Nieuwpoort-Bad, 16, NJ-38

Niewwe-Schans, 46, PJ-36
Nigríta, 69, SN-49
Niilinmäki, 55, TN-27
Nijar, 30, MJ-53
Nijemci, 65, RS-44
Nijkerk, 16, PA-37
Nijmegen, 16, PA-38
Nikaia, 69, SJ-50
Níki, 68, SE-49
Nikifóros, 69, SS-48
Nikítas, 69, SN-49
Nikolaevo, 72, TA-47
Nikolajev, 59, U-40
Nikolajewo, 57, T-30
Nikopol, Blg., 67, SS-46
Nikopol', S.S.S.R., 59, U-40
Nikšic, 66, RN-47
Nikudin, 61, SN-48
Nilsby, 50, QN-30
Nilsiä, 55, TN-26
Nîmes, 23, NS-46
Nin, 64, RA-45
Ninemilehouse, 14, LJ-37
Ninove, 16, NS-39
Niort, 19, MS-43
Niš, 67, SE-46
Nisa, 28, LJ-50
Niscemi, 38, QS-52
Niška Banja, 67, SJ-46
Niskapietilä, 55, TS-28
Nisko, 58, S-35
Nissedal, 53, PN-30
Nitra, 63, RN-41
Nittenau, 45, QJ-40
Nittkvarn, 50, QS-29
Nivala, 56, S-25
Nivelles, 16, NS-39
Nivenskoje, 61, SC-35
Nižná Slaná, 63, SA-41
Nizza Monferrato, 32, PN-45
Noáin, 27, MN-47
Noblejas, 29, ME-49
Nocera Inferiore, 37, QS-49
Nocera Umbra, 36, QJ-46
Noceto, 32, QA-45
Nochten, 47, QS-38
Noci, 39, RJ-49
Nociglia, 39, RN-49
Nódalo, 27, ME-48
Noepoli, 39, RE-49
Noeux-les-Mines, 18, NJ-39
Nogales, 28, LN-51
Nogara, 33, QE-44
Nogaro, 22, NA-46
Nogent-en-Bassigny, 20, PA-41
Nogent-le-Roi, 18, NE-41
Nogent-le-Rotrou, 19, NA-41
Nogent-s.-Seine, 18, NN-41
Nogersund, 49, QS-34
Nógrádszakál, 43, RS-41
Noicattaro, 39, RJ-48
Noirétable, 23, NN-44
Noirmoutier, 17, MJ-42
Noja, 27, ME-46
Nojewo, 60, RE-37
Nokia, 54, SN-28
Nol, 49, QJ-32
Nola, 37, QS-49
Nolay, 20, NS-43
Nolmyra, 51, RJ-29
Nomeny, 20, PE-41
Nómia, 70, SN-53
Nonancourt, 18, NE-41
Nonantola, 33, QA-45
Nonaspe, 24, NA-48
Nontron, 22, NA-44
Nonza, 34, PS-47
Noordwijk aan Zee, 16, NS-37
Noormarkku, 54, SE-28
Noppikoski, 50, QS-28
Nora, 50, RA-30
Nora, 50, RE-31
Noragugume, 35, PN-49
Norberg, 50, RA-29
Norcia, 36, QN-47
Nordanholen, 50, QS-29
Nord-Aukra, 52, PE-27
Nord-Aurdal, 52, PS-28
Nordborg, 48, PS-34
Nordby, Dan., 48, QA-34
Nordby, Dan., 48, PN-34
Norddal, 52, PJ-27
Norddeich, 46, PJ-36
Norddorf, 48, PN-35
Norden, 46, PJ-36
Nordenham, 46, PN-36
Norderhaken, 46, PN-35
Norderhov, 53, QA-29
Norderney, 46, PJ-36
Nordfjordeid, 52, PA-28
Nordhalben, 45, QE-39
Nordhausen, 47, QA-38
Nordhorn, 46, PJ-37
Nördlingen, 45, QA-41
Nordmaling, 56, R-25
Nordre Osen, 52, QE-28
Nord-Odal, 53, QE-29
Nord-Vågsøy, 52, PA-27
Nordwalde, 46, PJ-37
Noresund, 53, PS-29

Norg, 16, PE-36
Norga, 51, RJ-30
Norinkylä, 54, SJ-27
Norje, 49, QS-33
Norn, 50, RA-29
Nornäs, 50, QN-28
Norra Finnskoga, 50, QJ-29
Norrahammar, 49, QS-32
Norrköping, 50, RE-31
Norra Möckleby, 51, RE-33
Norrboda, 51, RN-29
Nørre Aby, 48, PS-34
Nørre Alslev, 48, QE-35
Nørre Nebel, 48, PN-34
Nørre Snede, 48, PS-34
Nørresundby, 48, PS-32
Nørre Vorupør, 48, PN-33
Norrhult, 49, RA-32
Norrköping, 50, RE-31
Norrsundet, 51, RJ-29
Norrtälje, 51, RN-30
Norrtorp, 51, RE-31
Norsholm, 50, RA-31
Norsjö, 56, R-25
Northallerton, 15, MN-35
Northampton, 11, MS-37
North Berwick, 13, MJ-33
Northeim, 46, PS-38
Northleach, 10, MN-38
North Queensferry, 13, ME-33
North Walsham, 11, NE-37
Northwich, 15, MJ-36
Nortorf, 46, PS-35
Nort-s.-Erdre, 17, MN-42
Norum, 52, PJ-28
Norwich, 11, NE-37
Norwick, 12, MS-29
Nos, 52, PE-28
Nossebro, 49, QJ-31
Nossen, 47, QN-38
Nossentiner Hütte, 47, QJ-36
Nostra Señora de la Cabeza, 29, MA-51
Nötesund, 50, QE-31
Noto, 38, RA-53
Notodden, 53, PS-30
Nötsch, 41, QN-43
Nøtterøy, 53, QA-30
Nottingham, 11, MN-37
Nottuln, 46, PJ-38
Nouan-le-Fuzelier, 19, NJ-42
Nova, 43, RE-43
Nová Baňa, 63, RN-41
Nová Bystřice, 62, RA-40
Novaci, Jugo., 66, SE-48
Novaci, Rom., 59, S-40
Novafeltria, 33, QJ-46
Nova Gorica, 64, QN-44
Nova Gradiška, 64, RJ-44
Novaja Odessa, 59, U-40
Novaja Ušica, 59, T-40
Novakovići, 66, RS-46
Nováky, 63, RN-41
Novalja, 64, QS-45
Nová Paka, 62, RA-39
Novara, 32, PN-44
Novara di Sicilia, 38, RA-51
Novate Mezzola, 32, PS-43
Nova Varoš, 66, RS-46
Nova Zagora, 72, TE-47
Nové Hrady, 62, QS-41
Novelda, 30, MS-51
Novellara, 33, QA-45
Nové Město na Moravě, 62, RE-40
Nové Město n. Metují, 62, RE-39
Nové Mesto n. Váhom, 63, RJ-41
Noventa Vicentina, 33, QE-44
Novés, 29, MA-49
Nové Zámky, 63, RN-42
Novgorodka, 57, T-30
Novgorod-Severskij, 58, U-35
Novi, 64, QS-44
Novi Bečej, 65, SA-44
Novi di Modena, 33, QA-45
Novi Dojran, 67, SJ-48
Novi Grad, Jugo., 64, QN-44
Novigrad, Jugo., 64, QN-44
Novigrad, Jugo., 64, RA-45
Novigrad Podravski, 64, RE-43
Novi Han, 67, SN-47
Novi Kneževac, 65, SA-43
Novi Ligure, 32, PN-45
Novi Marof, 64, RE-43
Novion-Porcien, 20, NS-40
Novi Pazar, Blg., 72, TJ-46
Novi Pazar, Jugo., 66, SA-46
Novi Sad, 65, RS-44
Novi Seher, 65, RN-45
Novi Slankamen, 65, SA-44

Novi Travnik, 65, RJ-45
Novograd-Volynskij, 58, T-35
Novogrudok, 58, T-35
Novo Korito, 67, SJ-46
Novoli, 33, QE-46
Novo Mesto, 64, RA-44
Novo Miloševo, 65, SA-44
Novoržev, 57, T-30
Novo Selo, Blg., 67, SS-47
Novo Selo, Jugo., 67, SJ-48
Novo-Selo Zaimovo, 66, SA-47
Novoukrainka, 59, U-40
Novska, 64, RN-44
Nový Bohumín, 63, RN-40
Nový Bor, 62, QS-39
Nový Bydžov, 62, RA-39
Novyj Bug, 59, U-40
Nový Jičín, 63, RN-40
Nový Knín, 62, QS-40
Nový Sedlo, 62, QJ-39
Nowa Huta, 63, SA-39
Nowa Karczma, 60, RN-35
Nowa Miasto Lubawskie, 61, RS-36
Nowa Ruda (Neurode), 62, RE-39
Nowa Sól (Neusalz), 60, RA-38
Nowa Warpno, 60, QS-36
Nowa Wieś Wielkie, 60, RN-37
Nowe, 60, RN-36
Nowe Miasteczko, 60, RA-38
Nowe Miasto, Pol., 60, RJ-37
Nowe Miasto, Pol., 61, SA-37
Nowe Miasto nad Pilicą, 61, SA-38
Nowogard, 60, QS-36
Ober-Ramstadt, 44, PN-40
Nowogród, 61, SE-36
Nowogród Bobrzański, 60, RA-38
Nowogrodziec, 60, RA-38
Nowy Dwór Gdański, 61, RS-35
Nowy Dwór Mazowiecki, 61, SA-37
Nowy Korczyn, 63, SA-39
Nowy Sącz, 63, SA-40
Nowy Staw, 60, RN-35
Nowy Targ, 63, SA-40
Nowy Tomyśl, 60, RE-38
Noya, 26, LE-47
Noyant, 19, NA-42
Noyers, 19, NS-42
Noyon, 18, NN-40
Nozay, 17, MN-42
Nuaillé, 19, MS-42
Nuestra Señora del Pilar, 30, NE-51
Nueva-Carteya, 29, MA-52
Nuévalos, 24, MN-48
Nuevo Baztán, 27, ME-49
Nuia, 57, T-30
Nuijamaa, 55, TN-29
Nuits-St.-Georges, 20, NS-42
Nukari, 55, SS-29
Nules, 24, MS-50
Nulles, 25, NE-48
Nulvi, 35, PN-49
Numana, 36, QN-46
Nummi, 54, SN-29
Nummijärvi, 54, SJ-27
Nuneaton, 11, MN-37
Nunziatella, 36, QE-47
Nuoramoinen, 55, TA-28
Nuoro, 35, PS-49
Nuova Gravisca, 36, QE-47
Nur, 61, SJ-37
Nurallao, 35, PS-50
Nüdernes, 53, PN-31
Nurmaa, 55, TE-28
Nurmes, 56, T-25
Nurmijärvi, 55, SS-29
Nurmo, 54, SJ-27
Nürnberg, 45, QE-40
Nurri, 35, PS-50
Nürtingen, 44, PS-41
Nus, 32, PJ-44
Nusnäs, 50, QS-29
Nuštar, 65, RN-44
Nyborg, 48, QA-34
Nybro, 49, RA-33
Nydala, 49, QS-32
Nyékládháza, 43, SA-41
Nyhammar, 50, QS-29
Nyirbátor, 59, SJ-42
Nyiregyháza, 59, SE-42
Nykøbing, Dan., 48, QE-35
Nykøbing, Dan., 48, QE-34
Nykøbing, Dan., 48, PN-33
Nyköping, 51, RJ-31
Nykrogen, 50, RE-29
Nykvarn, 51, RJ-30
Nymburk, 62, RA-39
Nymindegrab, 48, PN-34
Nynäshamn, 51, RN-31
Nyon, 42, PE-43
Nyons, 21, PA-45
Nýřany, 62, QN-40

Nyíregyháza, 43, SE-42
Nyrsko, 62, QN-40
Nyrud, 56, T-20
Nysa (Neiße), 63, RJ-39
Nysäter, 50, QJ-30
Nyseter, 52, PN-27
Nysted, 48, QE-35

O

Oakengates (Telford), 15, MJ-37
Oakham, 11, MS-37
Oban, 13, LS-33
Obbnäs, 54, SS-29
Obdach, 41, QS-42
Obedinenie, 72, TA-46
Oberammergau, 45, QE-42
Oberdrauburg, 40, QJ-43
Oberei, 42, PJ-43
Oberentfelden, 42, PN-42
Obergrafendorf, 41, RA-41
Obergünzburg, 45, QA-42
Obergurgl, 40, QJ-43
Oberhausen, 46, PE-38
Oberkail, 44, PE-39
Oberkaufungen, 46, PS-38
Oberkirch, 44, PN-41
Oberlahnstein, 44, PJ-39
Obermünchen, 45, QE-41
Obernai, 20, PJ-41
Obernburg, 44, PS-40
Oberndorf, B.R.D., 44, PN-41
Oberndorf, Öst., 40, QJ-42
Obernzell, 45, QN-41
Oberpleis, 44, PJ-39
Oberpullendorf, 41, RE-42
Oberschleißheim, 45, QE-41
Oberstaufen, 44, QA-42
Oberstdorf, 45, QA-42
Obertauern, 41, QN-42
Obertrauibling, 45, QJ-41
Oberuhldingen, 44, PS-42
Oberursel, 44, PN-39
Obervellach, 40, QN-43
Oberviechtach, 45, QJ-40
Oberwald, 42, PN-43
Oberwart, 41, RE-42
Oberwesel, 44, PJ-39
Oberwiesenthal, 45, QJ-39
Oberwölz, 41, QS-42
Óbidos, 28, LA-50
Obing, 45, QJ-41
Objat, 22, NE-44
Öblarn, 41, QS-42
Obnova, 67, SS-46
Obojan', 58, V-35
Oborniki, 60, RE-37
Oborniki Śląskie, 60, RE-38
Obornjača, 65, RS-44
Obrenovac, 65, SA-45
Obrež, 66, SE-46
Obrovac, 64, RA-45
Obrzycko, 60, RE-37
Óbuda, 43, RS-42
Ocaña, 29, ME-50
Occhiobello, 33, QE-45
Ochagavía, 24, MN-47
Ochotnica Dolna, 63, SA-40
Ochsenfurt, 44, QA-40
Ochtrup, 46, PJ-37
Öckelbo, 51, RE-29
Ócsa, 43, RS-42
Odda, 53, PE-29
Odder, 48, QA-34
Oddernes, 53, PN-31
Oddesund, 48, PN-33
Oddstrand, 52, PS-26
Odeceixe, 28, LE-52
Odeleite, 28, LJ-52
Odemira, 28, LE-52
Odensbacken, 50, RA-30
Odense, 48, QA-34
Oderberg, 47, QS-37
Oderljunga, 49, QN-33
Oderzo, 33, QJ-44
Ödeshög, 49, QS-31
Odessa, 59, U-40
Ödestugu, 49, QS-32
Odiveias, 28, LE-51
Odolanów, 60, RJ-38
Odorhei, 59, T-40
Odry, 63, RJ-40
Odrzywół, 61, SA-38
Ödsköld, 50, QS-30
Odžaci, 65, RS-44
Odžak (Modriča), 65, RN-44
Oebisfelde, 47, QA-37
Oederan, 45, QN-39
Oeiras, 28, LA-51
Oelde, 46, PN-38
Oelsnitz, 45, QJ-39
Oesede, 46, PN-37
Oeventrop, 46, PN-38
Offenbach, 44, PN-39
Offenburg, 44, PJ-41
Offida, 36, QN-47
Oforsen, 50, QS-30
Ofte, 53, PN-30

Oftringen, 42, PJ-42
Ogna, 53, PA-31
Ogošte, 67, SE-47
Ogrodniki, Pol., 61, SE-37
Ogrodniki, Pol., 61, SN-35
Ogrodzieniec, 63, SA-39
Ogulin, 64, RA-44
Ohey, 16, PA-39
Ohrdruf, 45, QA-39
Ohrid, 66, SA-48
Öhringen, 44, PS-40
Óia, 71, TA-53
Oisemont, 18, NE-40
 Öitilon, 70, SJ-53
Öja, 51, RN-32
Ojrzeń, 61, SA-37
Öjung, 50, RA-28
Öjvallberget, 50, QN-28
Okalewo, 61, RS-36
Okcular, 72, TJ-49
Okehampton, 10, ME-39
Okeroinen, 55, TA-29
Okkelberg, 52, QE-26
Oklali, 72, TN-48
Økland, 53, PA-30
Okonek, 60, RE-36
Okop, 72, TE-47
Okruglica, 67, SJ-47
Oksby, 48, PN-34
Öksendal, 52, PN-27
Öksfjord, 56, S-15
Okt'abr'skoje, 59, U-40
Okučani, 64, RJ-44
Okuniew, 61, SE-37
Oława, 63, RJ-39
Oławnik, 61, SE-35
Olberhnau, 45, QN-39
Olbersdorf, 45, QS-39
Olbia, 35, PS-49
Oldcastle, 14, LJ-36
Oldebroek, 16, PA-37
Oldeidet, 52, PA-28
Olden, 52, PE-28
Oldenburg, B.R.D., 47, QA-35
Oldenburg, B.R.D., 46, PN-36
Oldendorf, 46, PN-37
Oldenzaal, 16, PE-37
Olderdalen, 56, S-20
Oldham, 15, MJ-36
Oldisleben, 47, QE-38
Oldmeldrum, 12, MJ-32
Olecko, 61, SJ-35
Oledo, 28, LJ-50
Oleggio, 32, PN-44
Oleiros, Esp., 26, LE-46
Oleiros, Port., 28, LJ-50
Ölen, 53, PA-30
Olesa, 25, NE-48
Oleśnica, 60, RJ-38
Olesno, 63, RN-39
Olette, 23, NJ-47
Ølgod, 48, PN-34
Olhalvo, 28, LA-50
Olhao, 28, LJ-52
Oliana, 25, NE-47
Olib, 64, QS-45
Oliena, 35, PS-49
Ólimbos, 71, TJ-54
Olite, 24, MN-47
Oliva, 30, MS-51
Oliva de la Frontera, 28, LN-51
Oliva de Mérida, 28, LN-51
Olivares, 24, MJ-50
Oliveira de Azeméis, 26, LE-49
Oliveira de Bairro, 28, LE-49
Oliveira de Frades, 26, LE-49
Oliveira de Hospital, 28, LJ-49
Olivenza, 28, LJ-51
Olivet, 19, NE-42
Olivone, 42, PN-43
Olkusz, 63, RS-39
Ollasta, 35, PN-50
Olleta, 24, MN-47
Ollergues, 23, NN-44
Ollioules, 21, PA-46
Olmedilla de Alarcón, 24, MJ-50
Olmedo, 27, MA-48
Olmeto, 35, PN-48
Olofström, 49, QS-33
Ologi, 67, TA-46
Olomouc, 63, RJ-40
Olonzac, 23, NJ-46
Oloron-Ste.-Marie, 22, MS-46
Olot, 25, NJ-47
Olovi, 62, QJ-39
Olovo, 65, RN-45
Olpe, 46, PJ-38
Olšany, Česko., 63, RJ-40
Ol'sany, S.S.S.R., 58, V-35
Olsäter, 50, QN-30
Olsberg, 46, PJ-38
Ölsboda, 50, QS-30
Olseröd, 49, QS-34
Olsztyn, Pol., 63, RS-39
Olsztyn (Allenstein), Pol., 61, SA-36
Olsztynek, 61, SA-36
Olten, 42, PJ-42
Oltenita, 59, T-45
Oltre il Colle, 32, PS-44

Ölve, 53, PA-29
Olvenstedt, 47, QE-37
Olvera, 31, LS-53
Omagh, 14, LJ-35
Omegna, 32, PN-44
Omiš, 64, RE-46
Omišalj, 64, QS-44
Ommen, 16, PE-37
Omoljica, 65, SA-45
Ömossa, 54, SE-27
Omurtag, 72, TE-46
Oña, 27, ME-47
Onarheim, 53, PA-30
Oñate, 27, MJ-46
Onda, 24, MS-50
Ondara, 30, MS-51
Ondárroa, 27, MJ-46
Onești, 59, T-40
Onich, 13, LS-33
Onsöy, 53, QA-30
Onstwedde, 16, PJ-36
Onteniente, 30, MS-51
Oombergen, 16, NN-39
Oostburg, 16, NN-38
Oostende, 16, NJ-38
Oosterburen, 16, PE-36
Oosterend, 16, PA-36
Oosterhout, 16, NS-38
Oosterwolde, 16, PE-37
Oostmahorn, 16, PE-36
Oostmalle, 16, NS-38
Oost-Vlieland, 16, PA-36
Opalenica, 60, RE-37
Opan, 72, TA-47
Oparić, 66, SE-46
Opatija, 64, QS-44
Opatov, 62, RE-40
Opatówek, 60, RN-38
Opava, 63, RJ-40
Opera, 32, PS-44
Opi, 37, QN-48
Opicina, 33, QN-44
Opladen, 44, PJ-38
Opletnja, 67, SN-46
Opmeer, 16, NS-37
Opočka, 57, T-30
Opoczno, 61, SA-38
Opole (Oppeln), 63, RJ-39
Opole Lubelskie, 61, SE-38
Opovo, 65, SA-44
Oppach, 47, QS-38
Oppdal, 52, PS-27
Oppeano, 33, QE-44
Oppegård, 53, QA-30
Oppegarden, 53, QA-30
Oppeln
  → Opole, 63, RJ-39
Oppenheim, 44, PN-40
Oppido Mamertina, 39, RE-51
Oppstryn, 52, PE-28
Oprtalj, 64, QN-44
Opuzen, 37, RJ-46
Ora, 33, QE-43
Oradea, 59, S-40
Oradour-s.-Vayres, 22, NA-44
Orahovac, 66, SA-47
Orahovica, 65, RJ-44
Orahovičko Polje, 65, RJ-45
Oraison, 21, PA-46
Orange, 21, NS-45
Oranienbaum, 47, QJ-38
Oranienburg, 47, QN-37
Oranmore, 14, LE-36
Oravainen, 54, SJ-26
Oravais, 54, SJ-26
Oravská-Lesná, 63, RS-40
Orba, 30, MS-51
Orbais, 18, NN-41
Orbassano, 32, PJ-45
Orbe, 42, PE-43
Orbec, 18, NA-40
Orbetello, 36, QE-47
Orbetello Scalo, 36, QE-47
Ørby, 48, QA-33
Örbyhus, 51, RJ-29
Orcena, 29, MJ-51
Orchies, 18, NN-39
Orciéres, 21, PE-45
Ordenes, 26, LE-46
Ording, 46, PN-35
Orduña, 27, ME-46
Orebić, 37, RJ-47
Örebro, 50, RA-30
Öregrund, 51, RN-29
Orehoved, 48, QE-35
Orellana la Vieja, 29, LS-50
Orense, 26, LJ-47
Orestias, 72, TE-48
Orford, 11, NE-37
Organá, 25, NE-47
Orgaz, 29, ME-50
Orgejev, 59, T-40
Orgelet, 21, PA-43
Orhaneli, 72, TS-50
Orhaniye, 72, TE-49
Oria, Esp., 30, MJ-52
Oria, It., 39, RJ-49
Origny-Ste.-Benoîte, 18, NN-40
Orihuela, 30, MN-51
Orihuela del Tremedal, 24, MN-49
Oriola, 28, LJ-51
Oriolo, 39, RE-49

Öripää, 54, SJ-29
Orisaare, 57, S-30
Oristano, 35, PN-50
Öriszentpéter, 43, RE-43
Orivesi, 54, SS-28
Orizare, 72, TJ-47
Orjahovo, Blg., 67, TE-46
Orjahovo, Blg., 67, SN-46
Örje, 53, QE-30
Orjiva, 31, ME-53
Orkanger, 52, PS-26
Ørkdal, 52, PS-26
Örkelljunga, 49, QN-33
Örkény, 43, RS-42
Orkland, 52, PS-26
Orlamünde, 45, QE-39
Örland, 56, P-25
Orlane, 66, SE-47
Orlate, 66, SA-47
Orléans, 19, NE-42
Orlová, 63, RN-40
Orlovat, 65, SA-44
Örma, 69, SE-49
Ormanli, 72, TN-48
Ormaryd, 49, QS-32
Ormemyr, 53, PS-30
Ormília, 69, SN-49
Örmos, 71, SS-52
Ormož, 64, RE-43
Ormskirk, 15, MJ-36
Ornans, 20, PE-42
Ornäs, 50, RA-29
Orneta, 61, SA-35
Ørnhøj, 48, PN-33
Örnsköldsvik, 57, R-25
Orol, Esp., 26, LJ-46
Or'ol, S.S.S.R., 58, V-35
Orológion, 71, SS-51
Oron-la-Ville, 42, PE-43
Oropesa, 29, LS-50
Orosei, 35, PS-49
Orosháza, 43, SA-43
Oroszlány, 43, RN-42
Orotelli, 35, PS-49
Orozco, 27, MJ-46
Orre, 53, PA-31
Orrefors, 49, RA-33
Orrskog, 51, RJ-29
Orša, 58, U-35
Orsa, 50, QS-28
Orsara di Puglia, 37, RA-48
Örsebo, 49, RA-31
Örskog, 52, PE-27
Orsnes, 52, PE-27
Orsogna, 37, QS-47
Örsova, 59, S-45
Örsta, 52, PE-27
Örsundsbro, 51, RJ-30
Orta, 32, PN-44
Ortacaköy, 72, TJ-48
Ortaklar, 71, TJ-52
Orta Nova, 37, RA-48
Orth, B.R.D., 47, QE-35
Orth, Öst., 41, RA-41
Orthez, 22, MS-46
Ortigueira, 26, LJ-46
Ortisei, 33, QE-43
Ortişoara, 65, SE-44
Ortona, 37, QS-47
Ortrand, 47, QN-38
Ortucchio, 37, QN-48
Orune, 35, PS-49
Orvalho, 28, LJ-50
Orvieto, 36, QJ-47
Orvinio, 36, QJ-47
Ør Vrå, 48, QA-32
Orzesze, 63, RN-39
Orzinuovi, 32, PS-44
Orzysz, 61, SE-36
Os, 53, PA-29
Osa de la Vega, 29, MJ-50
Osbruk, 49, QS-32
Osby, 49, QN-33
Oschatz, 47, QN-38
Oschersleben, 47, QE-37
Oschiri, 35, PS-49
Ościsłowo, 61, SA-37
Øse, 48, PN-34
Osebol, 50, QN-29
Osečina, 65, RS-45
Osek, 62, RA-40
Osera de Ebro, 24, MS-48
Osie, 60, RN-36
Osieczna, 60, RE-38
Osijek, 65, RN-44
Osilo, 35, PN-49
Osimo, 36, QN-46
Osipaonica, 65, SE-45
Osipoviči, 58, T-35
Osjaków, 60, RN-38
Oskarshamn, 49, RE-32
Oskarström, 49, QN-33
Oslo, 53, QA-30
Ošm'any, 58, T-35
Osmo, 51, RJ-31
Osmolin, 61, RS-37
Osno, 60, QS-37
Osoppo, 33, QN-43
Osorno, 27, MA-47
Osor, 64, QS-45
Osowa, 61, SN-38
Osowiec, 61, SJ-36
Osowo, 60, RE-35
Ospedaletti, 32, PJ-46
Oss, 16, PA-38
Óssa, 69, SN-49
Ossa de Montiel, 29, MJ-51

Össjö, 49, QS-33
Östaná, 50, QJ-29
Östanberg, 54, SJ-30
Östansjö, Sve., 51, RE-28
Östansjö, Sve., 50, RA-30
Östaszewo, 61, RS-35
Ostavall, 57, R-25
Östavik, 51, RE-29
Östbjörka, 50, RA-29
Östby, 50, QJ-28
Ostellato, 33, QE-45
Øster Assels, 48, PN-33
Osterburg, 47, QE-37
Österby, Dan., 48, QE-35
Østerby, Dan., 48, QE-32
Österbybruk, 51, RJ-29
Österbymo, 49, RA-32
Österfärnebo, 51, RE-29
Österforse, 57, R-25
Osterhofen, 45, QN-41
Osterholz-Scharmbeck, 46, PN-36
Osteria del Gatto, 36, QJ-46
Osterild, 48, PN-32
Österkorsberga, 49, RA-32
Ostermiething, 40, QJ-41
Osterode, 46, QA-38
Osterode
  → Ostróda, 61, RS-36
Östersund, 57, Q-25
Östersundom, 55, TA-29
Östervåla, 51, RJ-29
Osterwiek, 47, QA-38
Ostesevo, 66, SA-49
Östfora, 51, RJ-36
Östhammar, 51, RN-29
Osthofen, 44, PN-40
Ostia Antica, 36, QJ-48
Ostiano, 32, QA-44
Ostiglia, 33, QE-44
Östmark, 50, QJ-29
Ostra, 36, QN-46
Ostrach, 44, PS-42
Östra Ljungby, 49, QN-33
Ostrava, 63, RN-40
Ostravice, 63, RN-40
Östre Toten, 53, QA-29
Ostritz, 47, QS-38
Ostróda (Osterode), 61, RS-36
Ostrog, 58, T-35
Ostroh, 63, RJ-41
Ostrołeka, 61, SE-36
Ostromer, 62, RA-39
Ostrorog, 60, RE-37
Ostrošickij Gorodok, 58, T-35
Ostrov, Česko., 62, QN-39
Ostrov, S.S.S.R., 57, T-30
Ostrov na Oslavou, 62, RA-40
Ostrówek, 60, RN-38
Ostrowiec Świętokrzyski, 58, S-35
Ostrowite, 61, RS-36
Ostrów Lubelski, 61, SJ-38
Ostrów Mazowiecka, 61, SE-37
Ostrów Wilkopolski, 60, RJ-38
Ostrožac, 66, RJ-46
Ostryna, 58, S-35
Ostrzeszów, 60, RJ-38
Ostuni, 39, RJ-49
Osuna, 29, LS-52
Oswestry, 10, ME-37
Oświecim, 63, RS-39
Otero de Bodas, 26, LN-48
Othery, 10, MJ-38
Oti, 50, RA-30
Otivar, 31, ME-53
Otley, 15, MN-36
Otmet, 63, RN-39
Otmuchów (Ottmachau), 63, RJ-39
Otočac, 64, RA-45
Otok, 65, RN-44
Otoka, 64, RE-45
Otranto, 39, RN-49
Otricoli, 36, QJ-47
Otrokovice-Kvítkovice, 63, RJ-40
Otøry, 52, PE-27
Ottana, 35, PS-49
Ottenby, 51, RE-33
Ottendorf-Okrilla, 47, QN-38
Ottenhöfen, 44, PN-41
Ottenschlag, 41, RA-41
Ottensheim, 41, QS-41
Otterbäcken, 50, QN-31
Otterndorf, 46, PN-36
Ottersberg, 46, PN-36
Otterstad, 50, QN-31
Otterup, 48, QA-34
Ottestad, 53, QE-29
Ottignies, 16, NS-39
Öttingen, 45, QA-41
Ottmachau
  → Otmuchów, 63, RJ-39
Ottobeuren, 45, QA-42
Ottobrunn, 45, QE-41
Ottone, 32, PS-45
Ottweiler, 44, PJ-40
Otwock, 61, SE-37

Ötz, 40, QA-42
Oucques, 19, NE-42
Ouddorp, 16, NN-38
Oudenaarde, 16, NN-39
Oudeschild, 16, NS-36
Ouffet, 16, PA-39
Oughterard, 14, LA-36
Ougrée, 16, PA-39
Oulainen, 56, S-25
Oulu, 56, T-20
Oundle, 11, MS-37
Ourique, 28, LE-52
Outokumpu, 55, TN-27
Ouville-la-Rivière, 18, NA-40
Ouzouer-le-Marché, 19, NE-42
Ouzouer-s.-Loire, 19, NJ-42
Ovada, 32, PN-45
Ovar, 26, LE-49
Ovča Mogila, 67, TA-46
Ovčar Banja, 66, SA-46
Overath, 44, PJ-39
Överbygd, 56, R-20
Övergård, 56, R-20
Overijse, 16, NS-39
Överkalix, 56, S-20
Overmark, 54, SE-27
Övertorneå, 56, S-20
Oviedo, 26, LS-46
Övindoli, 36, QN-47
Övre Eiker, 53, PS-30
Övre Rendal, 52, QE-28
Ovruč, 58, T-35
Oxberg, 50, QS-28
Oxelösund, 51, RJ-31
Oxford, 11, MN-38
Oxilithos, 71, SS-51
Øy, 53, PN-31
Oya, 26, LE-47
Oyarzun, 27, MN-46
Øye, Nor., 52, PN-28
Øye, Nor., 52, PE-27
Øyer, 52, QA-28
Oykel Bridge, 12, MA-32
Oyonnax, 21, PA-43
Øyslebø, 53, PJ-31
Øystese, 53, PE-29
Øyvassosen, 52, PS-28
Ożarów, 61, SA-37
Özd, 43, SA-41
Ozieri, 35, PN-49
Ozimek, 63, RN-39
Ozorków, 61, RS-38
Oz'orsk, 61, SJ-35
Ozzano Monferrato, 32, PN-44

P

Pääjärvi, 55, SS-27
Paattinen, 54, SJ-29
Päätye, 55, SS-27
Pabianice, 61, RS-38
Pacanów, 63, SE-39
Paceco, 38, QJ-52
Pachino, 38, RA-53
Pack, 41, QS-43
Paços de Ferreira, 26, LE-48
Pacov, 62, RA-40
Pacy, 18, NE-40
Paczków, 63, RJ-39
Padankoski, 55, SS-28
Padasjoki, 55, TA-28
Padborg, 48, PS-35
Padea, 67, SN-45
Paderborn, 46, PN-38
Padeš, 67, SN-48
Padina, 65, SA-44
Padova, 33, QE-44
Padria, 35, PN-49
Padrington, 15, MS-36
Padrón, 26, LE-47
Padru, 35, PS-49
Padstow, 10, MA-39
Padul, 31, ME-52
Pag, 64, RA-45
Paganica, 36, QN-47
Paganico, 36, QE-47
Pagóndas, 71, TE-52
Pai, 33, QA-44
Paignton, 10, ME-39
Paimbœuf, 17, MN-42
Paimio, 54, SJ-29
Paimpol, 17, MJ-41
Paisley, 13, MA-34
Pajala, 56, S-20
Pajęczno, 63, RN-38
Pajukylä, 55, TE-26
Pakość, 60, RN-37
Pakosław, 60, RJ-38
Pakosławice, 63, RJ-39
Pakosze, 61, RS-35
Pakrac, 64, RE-44
Paks, 43, RN-43
Palafrugell, 25, NN-48
Palagiano, 39, RJ-49
Palagonia, 38, QS-52
Palaiá Epídhavros, 70, SN-52
Palaiá Kavála, 69, SS-48
Palaikastron, 71, TE-54
Palaiokhóra, 71, SN-54

Palaiópirgos, Ellás, 68, SE-51
Palaiópirgos, Ellás, 68, SE-50
Pálairos, 68, SA-51
Palaiseau, 18, NJ-41
Palamás, 69, SJ-50
Palamós, 25, NN-48
Palárikovo, 63, RN-40
Palas de Rey, 26, LJ-47
Palasë, 68, RS-49
Palasios del Sil, 26, LN-47
Palata, 37, QS-48
Palau, 35, PS-48
Palazzo Adriano, 38, QN-52
Palazzolo Acreide, 38, QS-52
Palazzolo sull'Oglio, 32, PS-44
Palazzo San Gervasio, 39, RE-49
Palazzuolo, 36, QE-46
Pale, 66, RN-46
Palencia, 27, MA-47
Paleópolis, 71, SS-52
Palermo, 38, QN-51
Palestrina, 36, QJ-48
Pálháza, 43, SE-41
Palheiros de Mira, 28, LE-49
Paliano, 36, QN-48
Palić, 65, RS-43
Palidoro, 36, QJ-48
Palinges, 20, NS-43
Palinuro, 39, RA-49
Paliokastritsa, 68, RS-50
Palioúrion, 69, SN-50
Paliseul, 20, PA-40
Pälkäne, 54, SS-28
Palkino, 57, T-30
Pallarés, 28, LN-51
Palluau, 17, MN-43
Palma Camp, 37, QS-49
Palma del Rio, 29, LS-52
Palma de Mallorca, 25, QN-52
Palma di Montechiard, 38, QN-52
Palmanova, 33, QN-44
Palmar, 30, MN-52
Palmela, 28, LE-51
Palmi, 39, RA-51
Palo, 36, QJ-48
Palo del Colle, 39, RE-48
Palojoensuu, 56, S-20
Palomares del Campo, 29, MJ-50
Palomas, 28, LN-51
Palombara Sabina, 36, QJ-47
Palos, 30, MS-52
Palos de la Frontera, 28, LN-52
Pálsboda, 50, RA-30
Paltamo, 56, T-25
Paluzza, 33, QN-43
Pamiers, 22, NE-46
Pamiętowo, 60, RJ-36
Pamparato, 32, PJ-45
Pampilhosa da Serra, 28, LJ-49
Pamplona, 27, MN-47
Panagjurište, 67, SS-47
Panayia, 69, SS-49
Pančevo, 65, SA-45
Pancorbo, 27, ME-47
Pandelys, 58, T-30
Pandino, 32, PS-44
Pandrup, 48, PS-32
Panevežys, 58, S-30
Panicale, 36, QJ-46
Panki, 63, RN-39
Pankow, 47, QN-37
Pánormos, 71, SS-54
Pánormos, 71, TA-52
Päntäne, 54, SE-27
Pantón, 26, LJ-47
Paola, 39, RE-50
Pápa, 43, RE-42
Papasidero, 39, RA-50
Papenburg, 46, PJ-36
Paplin, 61, SE-37
Paprotnia, Pol., 61, SA-37
Paprotnia, Pol., 61, SJ-37
Parabita, 39, RN-49
Paracín, 66, SE-46
Parád, 43, SA-42
Parada del Sil, 26, LJ-47
Paradas, 29, LS-52
Paradela, 26, LE-48
Paradyż, 61, SA-38
Parainen, 54, SJ-29
Parákoila, 71, TE-50
Paralía, 69, SJ-47
Paralía Thermis, 71, TE-50
Parálion Ástros, 70, SJ-52
Paramithiá, 68, SA-50
Paranéstion, 69, SS-48
Paravóla, 68, SE-51
Paray-le-Monial, 21, NS-43
Parchim, 47, QE-36
Parcice, 60, RN-38
Parczew, 61, SJ-38
Pardubice, 62, RA-39
Paredes, 26, LE-48
Paredes de Nava, 27, MA-47
Paredes de Sigüenza, 27, MJ-48

Pedrosa del Rey, Esp., 27, LS-48
Pedrosillo de los Aires, 26, LS-48
Peebles, 13, ME-34
Peel, 15, MA-35
Peenemünde, 47, QN-35
Pegau, 47, QJ-38
Peggau, 41, RA-42
Pegnitz, 45, QE-40
Pego, 30, MS-51
Pegões, 28, LE-51
Pehčevo, 67, SJ-48
Pehlivanköy, 72, TE-48
Pehto, 54, SE-29
Peine, 46, QA-37
Peio, 33, QA-43
Peipohja, 54, SJ-28
Peiß, 45, QE-42
Peißenberg, 45, QE-42
Peiting, 45, QA-42
Peitz, 47, QS-38
Pełczyce, 60, RA-36
Pełczyn, 60, RE-38
Pelhřimov, 62, RA-40
Pellesmäki, 55, TJ-27
Pellizzano, 33, QA-43
Pello, 56, S-20
Peloche, 29, LS-50
Pelovo, 67, SS-46
Pelplin, 60, RN-36
Pélussin, 21, NS-44
Pembroke, 10, MA-38
Pembroke Dock, 10, MA-38
Peñacerrada, 27, MJ-47
Penacova, 28, LE-49
Peñafiel, Esp., 27, MA-48
Penafiel, Port., 26, LE-48
Peñaflor, 29, LS-52
Peñalsordo, 29, LS-51
Penalva do Castelo, 26, LJ-49
Penamacor, 28, LJ-49
Peñaranda de Bracamonte, 27, LS-49
Peñaranda de Duero, 27, ME-48
Peñarroya de Tastavins, 24, NA-49
Peñarroya-Pueblonuevo, 29, LS-51
Peñarrubia, 31, MA-53
Penarth, 10, ME-38
Peñas de San Pedro, 30, MJ-51
Peñausende, 26, LS-48
Pendálofos, Ellás, 72, TE-48
Pendálofos, Ellás, 68, SE-49
Pendeli, 70, SN-51
Penedono, 26, LJ-48
Penela, 28, LE-49
Pénestin, 17, MJ-42
Peniche, 28, LA-50
Penicuik, 13, ME-34
Penig, 45, QJ-39
Peñíscola, 24, NS-49
Penkovci, 67, SJ-47
Penkun, 47, QS-36
Penmarc'h, 17, MA-42
Pennabilli, 33, QJ-46
Pennan, 12, MJ-32
Penne, 37, QN-47
Penne-d'Agenais, 22, NA-45
Pennedepie, 18, NA-40
Pennes, 33, QE-43
Penrith, 15, MJ-35
Penryn, 10, LS-39
Penzance, 10, LS-39
Penzberg, 45, QE-42
Penzlin, 47, QN-36
Pepowo, 60, RJ-38
Pëqin, 66, RS-48
Peraía, 68, SE-49
Perakhóra, 70, SJ-51
Peraleda de Zaucejo, 29, LS-51
Peralejos de las Truchas, 24, MN-49
Perales de Alfambra, 24, MN-49
Perales de Tajuña, 27, ME-49
Peralta, 24, MN-47
Peralta de Alcofea, 24, MS-48
Pérama, 71, SS-54
Perarolo di Cadore, 33, QJ-43
Peräseinäjoki, 54, SN-27
Perast, 66, RN-47
Perat, 68, SA-49
Perchtoldsdorf, 41, RE-41
Percy, 17, MN-41
Perdasdefogu, 35, PS-50
Pérdhika, Ellás, 68, SA-50
Pérdhika, Ellás, 70, SN-52
Peredo, 26, LN-48
Pereira, 28, LJ-52
Pereiro de Aguiar, 26, LJ-47
Perelazy, 58, U-35
Pereló, 24, NA-49
Peretu, 67, TA-45
Perg, 41, QS-41
Pergine Valsugana, 33, QE-43
Pergola, 36, QJ-46
Perho, 54, SS-26

Periana, 31, MA-53
Périers, 17, MN-40
Périgueux, 22, NA-44
Perino, 32, PS-45
Peristerá, 69, SN-49
Peristérion, 70, SN-51
Peristeróna, 69, SN-49
Perkupa, 43, SA-41
Perleberg, 47, QE-36
Perlez, 65, SA-44
Pérmet, 68, SA-49
Pernå, 55, TE-29
Pernaa, 54, SJ-26
Pernaja, 55, TE-29
Pernegg, 41, RA-42
Pernes, Fr., 21, PA-45
Pernes, Port., 28, LE-50
Pernik, 67, SN-47
Pernink, 62, QJ-39
Periñó, 54, SN-29
Pernitz, 41, RA-42
Péronne, 18, NJ-40
Perosa Argentina, 32, PJ-45
Pérouges, 21, PA-44
Perouládhes, 68, RS-50
Perpignan, 23, NJ-47
Perranporth, 10, LS-39
Perros-Guirec, 17, ME-41
Peršaj, 58, T-35
Persan, 18, NJ-40
Pershore, 10, MJ-37
Perstorp, 49, QN-33
Perth, 13, ME-33
Pertisau, 40, QE-42
Pertteli, 54, SN-29
Pertuis, 21, PA-46
Pertusa, 24, MS-47
Peruc, 62, QS-39
Perugia, 36, QJ-46
Perušić, 64, RA-45
Peruštica, 67, SS-47
Pervomajsk, 59, T-40
Pervomajskoje, 55, TS-29
Pesaro, 33, QJ-46
Pescara, 37, QS-47
Peschici, 37, RE-48
Peschiera del Garda, 33, QA-44
Pescia, 33, QA-46
Pescina, 36, QN-47
Peshkopi, 68, SA-48
Pesmes, 20, PA-42
Pesočani, 66, SA-48
Pesočnyj, 55, UA-29
Pêso da Régua, 26, LJ-48
Pesquera, 26, MA-46
Pesquera de Duero, 27, MA-48
Pessac, 22, MS-45
Pessinetto, 32, PJ-44
Peštera, 67, SS-47
Petäjämäki, 55, TE-26
Petäjävesi, 55, TA-27
Petalax, 54, SE-27
Petalídhion, 70, SE-53
Pétas, 68, SE-50
Peterborough, 11, MS-37
Peterhead, 12, MN-32
Petersfield, 11, MS-38
Pétervására, 43, SA-41
Petilia Policastro, 39, RE-50
Petolahti, 54, SE-27
Petra, 25, NN-50
Petralia Sottana, 38, QS-52
Petrella Tifernina, 37, QS-48
Petreto, 34, PN-48
Petrič, 67, SN-48
Petrijanec, 64, RE-43
Petrinja, 64, RE-44
Petrodvorec, 55, TS-30
Pétrola, 30, MN-51
Petronell, 41, RE-41
Petroşeni, 59, S-40
Petrotá, 72, TE-48
Petrovac, 66, RN-47
Petrovac, 65, SE-45
Pettigo, 14, LJ-35
Pettorano sul Gizio, 37, QS-48
Petworth, 11, MS-39
Peuerbach, 41, QN-41
Pewsum, 46, PJ-36
Peyrat-le-Château, 22, NE-44
Peyrehorade, 22, MN-46
Peyriac-Minervois, 23, NJ-46
Peyrolles, 21, PA-46
Peyruis, 21, PA-45
Pézenas, 23, NN-46
Pezinok, 63, RJ-41
Pfaffenhofen, 45, QE-41
Pfäffikon, 42, PN-42
Pfarrkirchen, 45, QJ-41
Pforzheim, 44, PN-41
Pfullendorf, 44, PS-42
Pfullingen, 44, PN-41
Pfungstadt, 44, PN-40
Phalsbourg, 20, PJ-41
Philippeville, 16, NS-39
Philippsreut, 45, QN-41
Piacenza, 32, PS-44
Piadena, 32, QA-44
Piaggine, 39, RA-49
Piana, 34, PN-47
Piana Crixia, 32, PS-45
Piana degli Albanesi, 38, QN-52

Piancastagnaio, 36, QE-47
Pian d'Alma, 36, QA-47
Pian della Mussa, 32, PJ-44
Pianoro, 33, QE-45
Pianosa, 36, QA-47
Pianottoli-Caldarello, 35, PS-48
Pias, Port., 28, LJ-51
Pias, Port., 28, LJ-51
Piaseczno, 61, SA-38
Piaski, 61, SJ-38
Piaszczyna, 60, RJ-35
Piątek, 61, RS-37
Piątra Neamţ, 59, T-40
Piazza al Serchio, 32, QA-45
Piazza Armerina, 38, QS-52
Piazza Brembo, 32, PS-44
Piazze, 36, QE-47
Piazzola sul Brenta, 33, QE-44
Pičan, 64, QS-44
Picerno, 39, RA-49
Pickering, 15, MS-35
Pico, 36, QN-48
Piecki, 61, SA-36
Piedicroce, 34, PS-47
Piedimonte d'Alife, 37, QS-48
Piedipaterno, 36, QJ-47
Piedrabuena, 29, MA-50
Piedrafita, 26, LN-47
Piedrahita, 27, LS-49
Piedras Albas, 28, LN-50
Piegaro, 36, QJ-47
Pieksämäki, 55, TJ-27
Pieniężno, 61, SA-35
Pieńsk, 60, RA-38
Pierowall, 12, ME-30
Pierre-Buffière, 22, NE-44
Pierre-de-Bresse, 20, PA-43
Pierrefeu-du-Var, 21, PE-46
Pierrefitte-Nestalas, 22, MS-47
Pierrefonds, 18, NJ-40
Pierrefort, 23, NJ-45
Pierrelatte, 21, NS-45
Pierroton, 22, MS-45
Pierzchnica, 63, SA-39
Pieski, 60, RA-37
Piešt'any, 63, RJ-41
Pietarsaari, 56, S-25
Pietracuta, 33, QJ-46
Pietralunga, 36, QJ-46
Pietraperzia, 38, QS-52
Pietrasanta, 32, QA-46
Pietrowice, 63, RJ-39
Pieve al Toppo, 36, QE-46
Pieve di Cadore, 33, QJ-43
Pieve di Solingo, 33, QJ-44
Pievepelago, 33, QA-45
Pieve San Stefano, 36, QJ-46
Pigna, 32, PJ-45
Pihkainmäki, 55, TJ-27
Pihlajavesi, 55, SS-27
Pihlava, 54, SE-28
Pihtipudas, 55, TA-26
Piikkiö, 54, SJ-29
Pila, It., 32, PJ-44
Piła, Pol., 60, RE-36
Pilai, 71, TJ-54
Pilanë, 66, RS-48
Pilas, 28, LN-52
Pile, 60, RE-36
Píli, 69, SN-51
Pilica, 63, RS-39
Piliscsaba, 43, RN-42
Pílos, 70, SE-53
Pilštanj, 64, RA-43
Pina, 24, MS-48
Pinarhisar, 72, TJ-48
Pincehely, 43, RN-43
Pińczów, 63, SA-39
Pinedo, 33, QJ-43
Pinerolo, 32, PJ-45
Pineto, 37, QS-47
Piney, 20, NS-41
Pinhal Novo, 28, LE-51
Pinhão, 26, LJ-48
Pinhel, 26, LJ-48
Pinilla de Molina, 24, MN-49
Pinilla de Toro, 27, LS-48
Pinipaju, 54, SE-29
Pinkafeld, 41, RE-42
Pinneberg, 46, PS-36
Pino del Rio, 26, LE-47
Pino de Val, 26, LE-47
Pinofranqueado, 28, LN-49
Pinoso, 30, MN-51
Pinos-Puente, 31, ME-52
Pinsk, 58, T-35
Pinsoro, 24, MN-47
Pinto, 27, ME-49
Pinzano al Tagl., 33, QJ-43
Pinzolo, 33, QA-43
Piobbico, 36, QJ-46
Piode, 32, PJ-44
Piombino, 36, QA-47
Pionki, 61, SE-38
Pionsat, 19, NJ-43
Piotrków, 60, RN-37

Piotrków Trybunalski, 61, SA-38
Piove di Sacco, 33, QJ-44
Pipriac, 17, MN-42
Piraiévs, 70, SN-52
Piran, 64, QN-44
Pir'atin, 58, U-35
Pirciato, 38, QS-51
Pirdop, 67, SS-47
Pirgion, 71, TA-51
Pírgoi, 69, SS-48
Pírgos, Ellás, 71, TE-52
Pírgos, Ellás, 71, TA-54
Pírgos, Ellás, 69, SJ-49
Pírgos, Ellás, 70, SE-52
Pírgos, Tür., 72, TA-49
Piriac, 17, MJ-42
Pirin, 67, SN-48
Pirkkala, 54, SE-27
Pirmasens, 44, PJ-40
Pirna, 45, QN-39
Pirot, 67, SJ-46
Pirovac, 64, RA-46
Pirttikylä, 54, SE-27
Pirttimäki, 55, TE-27
Pirttivaara, 55, UA-27
Pisa, 33, QA-46
Pisarovina, 64, RA-44
Pischelsdorf, 41, QN-43
Piscia, 65, SE-44
Pisciatello, 34, PN-48
Pisciotta, 39, RA-49
Pisek, 62, QS-40
Pisogne, 32, QA-44
Pisoniano, 36, QJ-48
Pissos, 22, MS-45
Pisticci, 39, RE-49
Pistoia, 33, QA-46
Pisz, 61, SE-36
Piteå, 56, S-20
Piteşti, 59, S-45
Pithagóreion, 71, TE-52
Pithiviers, 19, NJ-41
Pitigliano, 36, QE-47
Pitkälahti, 55, TJ-27
Pitlochry, 13, ME-33
Pitomača, 64, RJ-44
Pivka, 64, QS-44
Piwniczna, 63, SA-40
Pizarra, 31, MA-53
Pizzighettone, 32, PS-44
Pizzo, 39, RE-51
Pjatigorsk, 65, RN-45
Pjätteryd, 49, QN-33
Plagiá, 69, TA-48
Pláka, 69, TA-51
Plan, 24, NA-47
Planá, 62, QJ-40
Plancoët, 17, MJ-41
Plan-d'Orgon, 21, NS-46
Planina, 64, QS-44
Plasencia, 28, LN-49
Plaški, 64, RA-44
Plassen, 50, QJ-28
Plasy, 62, QN-40
Platamona Lido, 35, PN-49
Plátanos, 71, SN-54
Plati, 39, RE-51
Platičevo, 65, RS-45
Platikambos, 69, SJ-50
Plattling, 45, QJ-41
Plau, 47, QJ-36
Plaue, 47, QJ-37
Plauen, 45, QJ-39
Plav, 66, RS-47
Plaveč, 63, SA-40
Plaviņas, 57, T-30
Plavno, 64, RE-45
Plavsk, 58, V-35
Pléaux, 23, NJ-44
Pleine-Fougères, 17, MN-41
Plélan-le-Grand, 17, MJ-41
Plencia, 27, ME-46
Pléneuf, 17, MJ-41
Pleniţa, 67, SN-45
Pleščenicy, 58, T-35
Plestin, 17, ME-41
Pleszew, 60, RJ-38
Pleternica, 65, RJ-44
Plettenberg, 46, PJ-38
Pleubian, 17, ME-41
Pleumartin, 19, NA-43
Pleurtuit, 17, MJ-41
Pleven, 67, SS-46
Pleyben, 17, ME-41
Pliego, 30, MN-52
Plitra, 70, SJ-53
Plitvička Jezera, 64, RA-45
Plitvički Leskovac, 64, RA-45
Pljevlja, 66, RS-46
Ploče, 37, RJ-46
Płock, 61, RS-37
Plodovoje, 55, UA-29
Ploemeur, 17, ME-42
Ploërmel, 17, MJ-42
Ploieşti, 59, T-45
Plomárion, 71, TE-51
Plombières, 20, PE-42
Plomin, 64, QS-44
Plonéour-Lanvern, 17, MA-42
Płońsk, 61, SA-37
Płońsko, 60, RA-36
Płoty, 60, RA-36
Plouaret, 17, ME-41
Plouay, 17, ME-42
Ploubalay, 17, MJ-41

Ploudalmézeau, 17, MA-41
Plouescat, 17, MA-41
Plougonven, 17, ME-41
Plouha, 17, MJ-41
Plovdiv, 67, SS-47
Plumb Bridge, 14, LJ-35
Pluméliau, 17, ME-42
Pluszkiejmy, 61, SJ-35
Pluvigner, 17, MJ-42
Plužine, 66, RN-46
Plymouth, 10, MA-39
Plymptom, 10, MA-39
Plzeň, 62, QN-40
Pnevno, 58, T-35
Pniewy, 60, RE-37
Pobĕžovice, 62, QJ-40
Pobiedziska, 60, RJ-37
Pobikry, 61, SJ-37
Pobla de Ciérvoles, 24, NA-48
Pobla de Segur, 24, NA-47
Pobožje, 66, SE-47
Počátky, 62, RA-40
Počen, 58, U-35
Pöchlarn, 41, RA-41
Pocking, 45, QN-41
Pocklington, 15, MS-36
Podbořany, 62, QN-39
Poddebice, 60, RN-38
Poděbrady, 62, RA-39
Podensac, 22, MS-45
Podgora, 64, RJ-46
Podgorač, Jugo., 65, RN-44
Podgorac, Jugo., 67, SE-46
Podgorac, Jugo., 67, SE-46
Podgori, 66, SA-49
Podgorodnoje, 59, V-40
Podgrad (Rijeka), 64, QS-44
Podkoren, 64, QN-43
Podkova, 67, TA-48
Podlapac, 64, RA-45
Podolinec, 63, SA-40
Podol'sk, 58, V-30
Podorašje, 65, RN-45
Podprag, 64, RA-45
Podravska Slatina, 65, RJ-44
Podromanija, 66, RN-46
Podujevo, 66, SE-47
Podwilk, 63, RS-40
Poëles, 17, MN-41
Poggiardo, 39, RN-49
Poggibonsi, 36, QE-46
Poggio a Caiano, 33, QA-46
Poggio Cancelli, 36, QN-47
Poggio Mirteto, 36, QJ-47
Poggio Rusco, 33, QE-45
Pöggstall, 41, RA-41
Pogno, 32, PN-44
Pogoanele, 59, T-45
Pogoniani, 68, SA-49
Pogorzela, 60, RJ-38
Pogradec, 66, SA-49
Pohja, Suomi, 55, SS-28
Pohja, Suomi, 54, SN-29
Pohjaslahti, 54, SS-27
Pohorelá, 63, RS-41
Pohořelice, 62, RE-41
Poiana Mare, 67, SN-46
Poibrene, 67, SS-47
Poikelus, 54, SN-28
Poirino, 32, PJ-45
Poissons, 20, PA-41
Poitiers, 19, NA-43
Poix, 18, NJ-40
Poix-Terron, 20, NS-40
Pojate, 66, SE-46
Pojo, 54, SN-29
Pokój, 63, RJ-39
Polače, 37, RJ-47
Pola de Allande, 26, LN-46
Pola de Siera, 26, LN-46
Polajewo, 60, RE-37
Polán, 29, MA-50
Polanica Zdrój, 62, RE-39
Polanów, 60, RE-35
Pol'arnyj, 56, U-26
Półczyn Zdrój, 60, RE-36
Polgár, 43, SE-42
Polgárdi, 43, RN-42
Polhov Gradec, 64, QS-43
Poliçan, 68, SA-49
Police, 60, QS-36
Poličná, 61, SE-38
Polička, 62, RE-40
Policzna, 61, SE-38
Polignano a Mare, 39, RJ-48
Poligny, 20, PA-43
Polikastron, 69, SJ-48
Polikhnitos, 71, TE-50
Polistena, 39, RE-51
Politiká, 70, SN-51
Políyiros, 69, SN-49
Polizzi Generosa, 38, QN-52
Poljana, 65, SE-45
Poljice, 66, RN-47
Polkowice, 60, RA-38
Pöllau, 41, RA-42

Polle, 45, PE-38
Pollenben, 47, QE-38
Pollensa, 25, NJ-50
Pollfoss, 52, PJ-28
Polná, 62, RA-40
Polock, 58, T-30
Polomka, 63, RS-41
Polos, 72, TJ-48
Polperro, 10, MA-39
Polska, 55, TS-27
Polvela, 55, TS-27
Polverina, 36, QN-46
Polvijärvi, 55, TS-26
Pomarance, 36, QA-46
Pomarkku, 54, SJ-28
Pombal, 28, LE-50
Pómbia, 71, SS-54
Pomeroy, 14, LN-35
Pomigliano d'Arco, 37, QS-49
Pomorie, 72, TJ-47
Pompei, 37, QS-49
Pomposa, 33, QJ-45
Poncin, 21, PA-43
Pondokeraséa, 69, SN-48
Pondokómi, 68, SE-49
Poniatowa, 61, SJ-38
Poniec, 60, RE-38
Ponikiew Mała, 61, SE-37
Ponikovica, 66, SA-46
Pons, Esp., 25, NE-48
Pons, Fr., 22, MS-44
Ponsa, 55, SS-28
Ponsacco, 36, QA-46
Pont, 32, PJ-44
Pontacq, 22, MS-46
Pontailler, 20, PA-42
Pont-à-Mousson, 20, PE-41
Pontão, 28, LE-50
Pontarion, 19, NE-44
Pontarlier, 20, PE-43
Pontassieve, 33, QE-46
Pontaubault, 17, MN-41
Pont-Audemer, 18, NA-40
Pontaumur, 23, NJ-44
Pont-Aven, 17, ME-42
Pont Canaveise, 32, PJ-44
Pontcharra, 21, PE-44
Pontcnâteau, 17, MJ-42
Pont-Croix, 17, MA-41
Pont-d'Ain, 21, PA-43
Pont-de-Chèruy, 21, PA-44
Pont-de-Dore, 23, NN-44
Pont-de-l'Arche, 18, NE-40
Pont-de-Roide, 20, PE-42
Pont-de-Salars, 23, NJ-45
Pont de Suert, 24, NA-47
Pont-de-Vaux, 21, PA-43
Pont-de-Veyle, 21, NS-43
Pont-du-Château, 23, NN-44
Ponte a Tressa, 36, QE-46
Pontebba, 33, QN-43
Pontecagnano Faiano, 37, QS-49
Pontecorvo, 37, QN-48
Ponte da Barca, 26, LE-48
Pontedecimo, 32, PN-45
Ponte de Lima, 26, LE-48
Pontedera, 33, QA-46
Ponte di Barbarano, 33, QE-44
Ponte di Legno, 33, QA-43
Ponte di Piave, 33, QJ-44
Pontefract, 15, MN-36
Ponte Galeria, 36, QJ-48
Ponte Leccia, 34, PS-47
Pontelandolfo, 37, QS-48
Ponte-Leccia, 34, PS-47
Pontelongo, 33, QJ-44
Ponte nell' Alpi, 33, QJ-43
Ponte Nossa, 32, PS-44
Pont-en-Royans, 21, PA-44
Pontepetri, 33, QA-45
Ponte San Giovanni, 36, QJ-46
Ponte San Pietro, 32, PS-44
Pontestura, 32, PN-44
Ponte Tresa, 42, PN-44
Pontevedra, 26, LE-47
Pontevico, 32, PS-44
Pont-Faverger, 20, NS-40
Pontgibaud, 23, NJ-44
Ponti, 32, PN-45
Ponticino, 36, QE-46
Pontigny, 19, NN-42
Pontivy, 17, MJ-41
Pontoise, 18, NJ-40
Pontóns, 25, NE-48
Pontonx-s.-l'Adour, 22, MS-45
Pontorson, 17, MN-41
Pontremoli, 32, PS-45
Pontresina, 42, PS-43
Pontrieux, 17, ME-41
Pont Saint Martin, 32, PJ-44

Pont-Ste.-Maxence, 18, NJ-40
Pont-St.-Esprit, 21, NS-45
Pont-s.-Yonne, 19, NN-41
Pontypool, 10, ME-38
Pontypridd, 10, ME-38
Poole, 10, MJ-39
Poolewe, 14, LS-32
Pool of Muckart, 13, ME-33
Poperinge, 16, NJ-39
Popinci, 67, SS-47
Popoli, 37, QN-47
Popovača, 64, RE-44
Popovica, Blg., 67, TA-47
Popovica, Jugo., 67, SJ-45
Popovjane, 67, SN-47
Poprad, 63, SA-40
Populonia, 36, QA-46
Porąbka, 63, RS-40
Poraj, 63, RS-39
Poratak, 66, RN-46
Porchov, 57, T-30
Porcuna, 29, MA-52
Pordenone, 33, QJ-44
Pordim, 67, SS-46
Poreč, 64, QN-44
Pori, 54, SE-28
Porjus, 56, S-20
Porlezza, 32, PS-43
Pornainen, 55, TA-29
Pornic, 17, MJ-42
Pornichet, 17, MJ-42
Póros, 70, SN-52
Porosholo, 43, SA-42
Porozina, 64, QS-44
Pórpi, 69, TA-48
Porquerolles, 21, PE-47
Porras, 54, SN-29
Porrentruy, 42, PJ-42
Porreras, 25, NN-50
Porretta Terme, 33, QE-45
Porriño, 26, LE-47
Porsabygget, 49, QN-33
Porsgrunn, 53, PS-30
Porta, 22, NE-47
Portadown, 14, LN-35
Portaferry, 15, LS-35
Portalegre, 28, LJ-50
Portalrubio, 24, MS-49
Portarlington, 14, LJ-36
Port Askaig, 13, LN-34
Portbail, 17, MN-40
Port Bou, 25, NN-47
Port Charlotte, 13, LN-34
Port-d'Atelier, 20, PA-42
Port-de-Piles, 19, NA-43
Portegrandi, 33, QJ-44
Portel, 28, LJ-51
Port Ellen, 13, LN-34
Port-en-Bessin, 18, MS-40
Port'Ercole, 36, QE-47
Port Erin, 15, MA-35
Port Erroll, 12, MN-32
Port-Eynon, 10, MA-38
Portezuelo, 28, LN-50
Port Glasgow, 13, MA-34
Portglenone, 14, LN-35
Porthcawl, 10, ME-38
Portici, 37, QS-49
Portico di Romagna, 33, QE-45
Portillo, 27, MA-48
Portimão, 28, LE-52
Portishead, 10, MJ-38
Port-Joinville, 17, MJ-43
Port Láirge
  → Waterford, 14, LJ-37
Port-la-Nouvelle, 23, NN-47
Port Laoise, 14, LJ-36
Port-Louis, 17, ME-42
Portmadoc, 10, MA-37
Portmahomack, 12, ME-32
Port-Maubert, 22, MS-44
Portnacroish, 13, LS-33
Portnaguiran, 12, LN-31
Portnahaven, 13, LN-34
Port nan Long, 12, LJ-32
Porto, Fr., 34, PN-47
Porto, Port., 26, LE-48
Porto Azzurro, 36, QA-47
Porto Bottè, 35, PN-50
Porto Ceresio, 32, PN-44
Porto Cesareo, 39, RJ-49
Porto Colón, 25, NN-50
Porto Conte, 35, PN-49
Porto Cristo, 25, NN-50
Porto d'Ascoli, 37, QN-47
Porto de Lagos, 28, LE-52
Porto de Mós, 28, LE-50
Porto de Somessira, 27, ME-48
Porto di Levante, 38, RA-51
Porto Empedocle, 38, QN-52
Portoferraio, 36, QA-47
Portofino, 32, PS-45
Pont-l'Abbé, 17, MA-42
Pont-l'Évêque, 18, NA-40
Portogruaro, 33, QJ-44
Portokhélion, 70, SN-52
Pörtom, 54, SE-27
Portomaggiore, 33, QE-45
Portomouro
  (Entrepuentes), 26, LE-47
Portopalo, 38, RA-53

Porto Recanati, 37, QN-46
Portorož, 64, QN-44
Porto San Giorgio, 37, QN-46
Porto Santo Stefano, 36, QA-47
Portoscuso, 35, PN-50
Porto Tolle, 33, QJ-45
Porto Torres, 35, PN-49
Porto-Vecchio, 35, PS-48
Portovenere, 32, PS-45
Portpatrick, 13, LS-35
Portree, 12, LN-32
Portrush, 14, LN-34
Portsalon, 14, LJ-34
Pörtschach, 41, QS-43
Portsmouth, 11, MN-39
Portsoy, 12, MJ-32
Port-s.-Saône, 20, PE-42
Port-Ste.-Marie, 22, NA-45
Portstewart, 14, LN-34
Port-St.-Louis, 21, NS-46
Port-St.-Père, 17, MN-42
Port Talbot, 10, ME-38
Portugalete, 27, MJ-46
Portumna, 14, LE-36
Port-Vendres, 23, NN-47
Port William, 13, MA-35
Porvoo, 55, TA-29
Porz, 44, PJ-39
Porzuna, 29, MA-50
Posada, 35, PS-49
Posadas, 29, LS-52
Poschiavo, 42, QA-43
Posio, 56, T-20
Positano, 37, QS-49
Posta, 36, QN-47
Postal, 33, QE-43
Postire, 64, RE-46
Postojna, 64, QS-44
Postoloprty, 62, QN-39
Postomino, 60, RE-35
Postvåg, 52, PA-29
Posušje, 64, RJ-46
Potamoí, 69, SS-48
Potegowo, 60, RJ-35
Potenza, 39, RA-49
Potes, 27, MA-46
Potigny, 18, MS-41
Potoci, 66, RJ-46
Potočnica, 72, TA-48
Potsdam, 47, QN-37
Potters Bar, 11, MS-38
Pöttmes, 45, QE-41
Potworów, 61, SA-38
Pouancé, 17, MN-42
Pougues-les-Eaux, 19, NN-42
Pouilly, Fr., 21, NS-43
Pouilly, Fr., 19, NN-42
Pouilly-en-Auxois, 20, NS-42
Poulgrom Bridge, 14, LA-38
Poúlithra, 70, SJ-52
Pourcy, 18, NN-40
Pouzauges, 19, MS-43
Považská Bystrica, 63, RN-40
Poviglio, 33, QA-45
Povija, 66, RN-47
Póvoa, 28, LJ-51
Póvoa de Lanhoso, 26, LE-48
Póvoa de Varzim, 26, LE-48
Póvoa e Meadas, 28, LJ-50
Powodów, 61, RS-38
Poyntzpass, 14, LN-35
Pöyry, 55, TE-28
Poysdorf, 41, RE-41
Pöytyä, 54, SJ-29
Poza de la Sal, 27, ME-47
Požarevac, 65, SE-45
Požega, 66, SA-46
Poznan, 60, RJ-37
Pozoblanco, 29, MA-51
Pozocañada, 30, MN-51
Pozohondo, 30, MN-51
Pozondón, 24, MN-49
Pożrzadlo Wielkie, 60, RA-36
Pozuela de Calatrava, 29, ME-51
Pozuelo, Esp., 30, MJ-51
Pozuelo, Esp., 24, MN-48
Pozuelo de Alarcón, 27, ME-49
Pozuelo del Páramo, 26, LS-47
Pozuelo de Zarzón, 28, LN-49
Pozzallo, 38, QS-53
Pozzolengo, 33, QA-44
Pozzolo-Formigaro, 32, PN-45
Pozzomaggiore, 35, PN-49
Pozzuoli, 37, QS-49
Prabuty, 61, RS-36
Prachatice, 62, QN-40
Pradelles, 23, NN-45
Prádena del Rincón, 27, ME-49
Prades, 23, NJ-47
Pradła, 63, RS-39
Pradoluengo, 27, ME-47
Præstø, 48, QJ-34
Pragelato, 32, PJ-45
Pragersko, 64, RA-43
Praha, 62, QS-39

Prahecq, 19, MS-43
Praia a Mare, 39, RA-50
Praia de Pedrógão, 28, LA-50
Praia de Santa Cruz, 28, LA-50
Praia de Vieira, 28, LA-50
Praia de São Pedro de Muel, 28, LA-50
Pralognan-la-V, 21, PE-44
Pralong, 42, PJ-43
Praszka, 63, RN-38
Prat de Llobregat, 25, NJ-48
Prato, 33, QE-46
Pratola Peligna, 37, QN-47
Pratola Serra, 37, QS-49
Prats de Llusanés, 25, NE-47
Prats-de-Mollo-la-Preste, 23, NJ-47
Pravdinsk (Friedland), 61, SE-35
Pravec, 67, SN-47
Pravia, 26, LN-46
Praviště, 67, SS-47
Précy-s.-Thil, 20, NS-42
Predazzo, 33, QE-43
Predejane, 67, SJ-47
Predlitz, 41, QN-42
Predosa, 32, PN-45
Pré-en-Pail, 18, MS-41
Preetz, 46, QA-35
Préfailles, 17, MJ-42
Pregarten, 41, QS-41
Pregrada, 64, RA-43
Preinai, 58, S-35
Preko, 64, RA-45
Preljina, 66, SA-46
Prelog, 64, RE-43
Přelouč, 62, RA-39
Prémery, 19, NN-42
Premnitz, 47, QJ-37
Prenzlau, 47, QN-36
Přerov, 63, RJ-40
Prerow, 47, QJ-35
Pré Saint Didier, 32, PE-44
Preševo, 67, SE-47
Presicce, 39, RN-50
Preslav, 72, TE-46
Prešov, 59, S-40
Pressath, 45, QE-40
Přeštice, 62, QN-40
Preston, 15, MJ-36
Prestseter, 52, QA-28
Prestwick, 13, MA-34
Pretara, 36, QN-47
Prettin, 47, QJ-38
Pretzsch, 47, QJ-38
Preuilly-s.-Claise, 19, NA-43
Préveza, 68, SA-51
Priboj, Jugo., 65, RN-45
Priboj, Jugo., 66, RS-46
Příbor, 63, RN-40
Příbram, 62, QN-40
Přibyslav, 62, RA-40
Priego, 24, MJ-49
Priego de Córdoba, 29, MA-52
Priekopa, 63, RN-40
Prien, 45, QJ-42
Prievidza, 63, RN-41
Prijeboj, 64, RA-45
Prijedor, 64, RE-45
Prijepolje, 66, RS-46
Prilep, 67, SE-48
Prilike, 66, SA-46
Priluka, 64, RE-46
Priluki, 58, U-35
Prima Porta, 36, QJ-47
Primel-Trégastel, 17, ME-41
Primolano, 33, QE-44
Primorsk, 55, TN-29
Primorsk (Fischhausen), 61, SA-35
Primorsko, 72, TJ-47
Primorskoje, 55, TJ-29
Primošten, 64, RA-46
Princes Risborough, 11, MS-38
Prioz'orsk, 55, UA-28
Priština, 67, SE-47
Pritzerbe, 47, QJ-37
Pritzier, D.D.R., 47, QE-36
Pritzier, D.D.R., 47, QN-35
Pritzwalk, 47, QJ-36
Privas, 23, NS-45
Priverno, 36, QN-48
Prizren, 67, SA-47
Prizzi, 38, QN-52
Prnjavor, 65, RS-45
Prnjavor, 65, RJ-45
Probstella, 45, QE-39
Probszczewice, 61, RS-37
Procchio, 36, QA-47
Prochowice, 60, RE-38
Procida, 37, QN-49
Prodo, 36, QJ-47
Proença-a-Nova, 28, LE-50
Prokuplje, 67, SE-46
Prolaz, 72, TE-46
Prolog, 64, RE-46
Prómakhoi, 69, SJ-48
Promírion, 69, SN-50
Promontogno, 42, PS-43
Prosek, 66, RS-48
Prosenik, 72, TJ-47

Prosilion, 69, SJ-51
Prósimna, 70, SJ-52
Prosotsáni, 69, SN-48
Prossedi, 36, QN-48
Prostki, 61, SJ-36
Prostějov, 63, RJ-40
Prószków, 63, RJ-39
Proszowice, 63, SA-39
Protivin, 62, QS-40
Prötzel, 47, QN-37
Provadija, 72, TJ-46
Provins, 18, NN-41
Provo, 66, RE-46
Prozor, 66, RJ-46
Prozorok, 58, T-30
Prudnik (Neustadt), 63, RJ-39
Prüm, 44, PE-39
Pruna, 31, LS-53
Prunéřov, 62, QN-39
Prunetta, 33, QA-46
Prusice, 60, RE-38
Pruszcz, 60, RJ-36
Pruszcz Gdański, 60, RN-35
Pruszków, 61, SA-37
Prutz, 40, QA-42
Pružany, 58, S-35
Przasnysz, 61, SA-36
Przechlewo, 60, RJ-36
Przechowo, 60, RN-36
Przedbórz, 63, RS-38
Przedecz, 60, RN-37
Przemków, 60, RA-38
Przemyśl, 58, S-40
Przewodowo, 61, SA-37
Przewóz, 60, QS-38
Przodkowo, 60, RN-35
Przybiernów, 60, QS-36
Przyborów, 60, RA-38
Przyborowice, 61, SA-37
Przyjmy, 61, SE-37
Przykona, 60, RN-38
Przyłęg, 60, RA-37
Przysucha, 61, SA-38
Przytoczno, 61, SJ-38
Przytuły, 61, SJ-36
Przytyk, 61, SA-38
Przywidz, 60, RN-35
Psaknná, 70, SN-51
Psará, 71, TA-51
Psarai, 70, SE-52
Psie Pole, 63, RJ-38
Pskov, 57, T-30
Pszczew, 60, RA-37
Pszczółki, 60, RN-35
Pszczyna, 63, RS-39
Pszów, 63, RN-39
Ptuj, 64, RA-43
Ptujska Gora, 64, RA-43
Puchaczów, 61, SJ-38
P'uchalepa, 57, S-30
Puchałowo, 61, SA-36
Puchberg, 41, RA-42
Púchov, 63, RN-40
Pučišća, 64, RE-46
Puck, 60, RN-35
Pudasjärvi, 54, SN-26
Puebla de Albortón, 24, MS-48
Puebla de Alcocer, 29, LS-51
Puebla de Almenara, 29, MJ-50
Puebla de Beleña, 27, ME-49
Puebla de Benifasar, 24, NA-49
Puebla de Don Fadrique, 30, MJ-52
Puebla de Don Rodrigo, 29, MA-50
Puebla de Guzmán, 28, LJ-52
Puebla de la Calzada, 28, LN-51
Puebla de la Reina, 28, LN-51
Puebla del Caramiñal, 26, LA-47
Puebla de Lillo, 26, LS-46
Puebla de Obando, 28, LN-50
Puebla de Sanabria, 26, LN-47
Puebla de Trives, 26, LJ-47
Puebla de Valverde, 24, MS-49
Puebla-Tornesa, 24, MS-49
Pueblonuevo, 29, LS-51
Puente, 26, LS-47
Puenteareas, 26, LE-47
Puente-Caldelas, 26, LE-47
Puente-Ceso, 26, LA-46
Puente de Domingo Flórez, 26, LN-47
Puente de Génave, 29, MJ-51
Puentedeume, 26, LA-46
Puente-Genil, 29, MA-52
Puente la Reina, 24, MN-47
Puentes de García Rodríguez, 26, LJ-46
Puente-Viesgo, 27, ME-46
Puertas, 26, LE-47
Puerto de la Selva, 25, NN-47

Puerto de Mazarron, 30, MN-52
Puerto de Pollensa, 25, NN-50
Puerto de Santa Cruz, 29, LS-50
Puerto de San Vicente, 29, LS-50
Puerto de Sóller, 25, NJ-50
Puerto Lápice, 29, ME-50
Puertollano, 29, MA-51
Puerto Lumbreras, 30, MN-52
Puertomarín, 26, LJ-47
Puerto Real, 31, LN-53
Puerto Seguro, 26, LN-49
Puerto Serrano, 31, LS-53
Puget-Théniers, 21, PE-46
Puhos, 55, TS-27
Puig, 24, MS-50
Puigcerdá, 25, NE-47
Puigreig, 25, NE-48
Puisieux, 18, NJ-40
Puissalicon, 23, NJ-46
Puisserguier, 23, NJ-46
Pukë, 66, RS-47
Pukkila, 55, TA-29
Pula, It., 35, PN-50
Pula, Jugo., 64, QN-45
Pulaj, 66, RS-48
Puławy, 61, SE-38
Pulborough, 11, MS-39
Pulfero, 33, QN-43
Pulkau, 41, RA-41
Pulkkila, 56, T-25
Pulpi, 30, MN-52
Pulsano, 39, RJ-49
Pulsnitz, 47, QS-38
Pułtusk, 61, SA-37
Pumpenai, 58, S-30
Punkaharju, 55, TS-28
Punkalaidun, 54, SN-28
Puntas de Calnegre, 30, MN-52
Puolanka, 56, T-25
Puračić, 65, RN-45
Purchena, 30, MJ-52
Purias, 30, MN-52
Purkersdorf, 41, RE-41
Purmerend, 16, NS-37
Purmojärvi, 54, SN-26
Purola, 55, TE-29
Purujosa, 24, MN-48
Purullena, 31, ME-52
Puškin, 57, U-30
Püspökladány, 43, SE-42
Pustelnik, 61, SE-37
Pustoška, 57, T-30
Pusula, 54, SN-29
Puszczykowo, 60, RE-37
Pusztaszabolcs, 43, RN-42
Putaja, 54, SJ-28
Putanges, 18, MS-41
Putbus, 47, QN-35
Putignano, 39, RJ-49
Putila, 59, T-40
Putineiu, 67, SS-46
Putlitz, 47, QJ-36
Putnok, 43, SA-41
Putte, 16, NS-38
Puttelange-les-Farschwillers, 20, PE-40
Puttgarden, 47, QE-35
Püttlingen, 44, PE-39
Putula, 54, SN-27
Puumala, 55, TN-28
Puutikkala, 55, SS-28
Puy-Guillaume, 19, NN-44
Puylaurens, 22, NE-46
Puy-l'Evèque, 22, NE-45
Puyoô, 22, MS-46
Pwllheli, 10, MA-37
Pyhäjoki, 54, SJ-28
Pyhältö, 55, TJ-29
Pyhämaa, 54, SE-29
Pyhäntä, 56, T-25
Pyhäranta, 54, SE-29
Pyhäsalmi, 56, T-25
Pyheselkä, 55, TS-27
Pyhtää, 55, TE-29
Pylkönmäki, 55, SS-27
Pyntäinen, 54, SE-28
Pyrzyce, 60, QS-36
Pyskowice, 63, RN-39
Pyttis, 55, TE-29
Pyyrinlahti, 55, TA-27
Pyzdry, 60, RJ-37

Q

Quadri, 37, QS-48
Quakenbrück, 46, PJ-37
Qualiano, 37, QN-49
Quarteira, 28, LE-52
Quartu Sant'Elena, 35, PS-50
Quedlinburg, 47, QE-38
Queensbury, 15, MN-36
Queensferry, 13, ME-34
Queipo de Llano, 28, LN-52
Quelle, 46, PN-37
Quercianella Sonnino, 36, QA-46
Querenca, 28, LE-52
Querfurt, 47, QE-38
Quero, 29, ME-50
Quesada, 31, ME-52
Questembert, 17, MJ-42

Quettehou, 17, MN-40
Quiberon, 17, ME-42
Quickborn, 46, PS-36
Quillan, 23, NJ-47
Quillebeuf, 18, NA-40
Quimper, 17, ME-42
Quimperlé, 17, ME-42
Quingey, 20, PA-42
Quintana de la Serena, 29, LS-51
Quintana del Castilla, 26, LN-47
Quintana del Puente, 27, MA-47
Quintana-Martín Galíndez, 27, ME-47
Quintanaortuño, 27, ME-47
Quintanar de la Orden, 29, MJ-50
Quintanar de la Sierra, 27, MJ-47
Quintin, 17, MJ-41
Quinto, 24, MS-48
Quinto Vercellese, 32, PN-44
Quiroga, 26, LJ-47
Quissac, 23, NS-46
Qukës, 66, SA-48
Qytet Stalin (Kuçovë), 66, RS-49

R

Råå, 49, QJ-34
Raab, 41, QN-41
Raabs, 41, RA-41
Raahe, 56, S-25
Rääkkylä, 55, TS-27
Raalte, 16, PE-37
Rab, 64, QS-45
Rabac, 64, QS-44
Rábade, 26, LJ-46
Rábafüzes, 43, RE-43
Rabastens, 22, NE-46
Rabastens-de-Bigorre, 22, NA-46
Rabino, 60, RA-36
Rabka, 63, SA-40
R'abovo, 55, TN-29
Rabrovo, 65, SE-45
Rača, 66, SA-45
Racalmuto, 38, QN-52
Racconigi, 32, PJ-45
Raciąż, 61, SE-37
Racibórc (Ratibor), 63, RN-39
Raciechowice, 63, SA-40
Rackwick, 12, ME-31
Racławice, 63, SA-39
Raconica, 67, SJ-46
Rădăuți, 59, T-40
Radda in Chianti, 36, QE-46
Råde, 53, QA-30
Radeberg, 47, QN-38
Radeburg, 47, QN-38
Radeče, 64, RA-43
Radechov, 58, S-35
Radegast, 47, QJ-38
Radenci, 64, RE-43
Radenthein, 41, QN-43
Radevormwald, 46, PJ-38
Radievo, 72, TA-47
Radiumbad Brambach, 45, QJ-39
Radkersburg, 41, RE-43
Radków, 62, RE-39
Radlin, 63, RN-39
Radlje ob Dravi, 64, RA-43
Radłów, Pol., 63, SA-39
Radłów, Pol., 61, RN-39
Radmer a. d. Hasel, 41, QS-42
Radnevo, 72, TA-47
Radnice, 62, QN-40
Radolfzell, 44, PN-42
Radom, 61, SE-38
Radomice, 61, RS-37
Radomir, 67, SE-47
Radomsko, 63, RS-38
Radomyšl, 58, T-35
Radovanu, 67, SS-46
Radovec, 72, TE-48
Radoviš, 67, SJ-48
Radovljica, 64, QS-43
Radovnica, 67, SJ-47
Radowo Wielkie, 60, RA-36
Radstadt, 41, QN-42
Radstock, 10, MJ-38
Radun', 58, T-35
Radzanów, 61, RS-37
Radziejów, 60, RN-37
Radziwiłłówka, 61, SJ-37
Radzymin, 61, SA-37
Radzyń Chełmiński, 60, RN-36
Radzyń Podlaski, 61, SJ-38
Raesfeld, 46, PE-38
Ráfales, 24, NA-49
Raffadali, 38, QN-52
Rafína, 71, SS-51
Ragusa, 38, QS-53
Rahden, 46, PN-37
Rahula, 55, TJ-28
Rain, 45, QA-41

Raippaluoto, 54, SE-26
Raisio, 54, SJ-29
Raivala, 54, SJ-28
Rajalampi, 54, SN-29
Rajec, 63, RN-40
Rájec-Jestřebí, 62, RE-40
Rajgród, 61, SJ-36
Rakaca, 43, SA-41
Rakoniewice, 60, RE-37
Rakovnik, 62, QN-39
Rakovica, 64, RA-45
Rakvere, 57, T-30
Ralja, 65, SA-45
Ram, 65, SE-45
Ramacca, 38, QS-52
Ramales de la Victoria, 27, ME-46
Rambervillers, 20, PE-41
Rambouillet, 18, NE-41
Ramhäll, 51, RJ-29
Ramnäs, 50, RE-30
Ramnes, 53, QA-30
Rams, 53, QE-42
Ramsau, 45, QJ-42
Ramsele, 56, R-25
Ramsey, U.K., 11, MS-37
Ramsey, U.K., 15, MA-35
Ramsgate, 11, NE-38
Råmshyttan, 50, RA-29
Ramsjö, 57, R-25
Råmsöö, 54, SN-28
Ramundberget, 52, QJ-27
Ranalt, 40, QE-42
Rance, 16, NS-39
Ranchio, 33, QJ-46
Randaberg, 53, PA-31
Randan, 19, NN-43
Randanne, 23, NJ-44
Randazzo, 38, QS-52
Randegg, 41, QS-41
Randers, 48, QA-33
Randsverk, 52, PN-28
Rånea, 56, S-20
Rangsby, 54, SE-27
Rangsdorf, 47, QN-37
Rankweil, 40, PS-42
Rånnalen, 50, RA-29
Rantasalmi, 55, TN-27
Ranua, 56, T-20
Raossi, 33, QE-44
Rapallo, 32, PS-45
Raphoe, 14, LJ-35
Råpina, 57, T-30
Rapla, 57, S-30
Rapness, 12, MJ-30
Raposa, 28, LE-50
Räppe, 49, QS-33
Rappottenstein, 41, RA-41
Rapsáni, 69, SJ-50
Raša, 64, QS-44
Rascafria, 27, ME-49
Raseiniai, 58, S-30
Raška, 64, SA-46
Rasovo, 67, SN-46
Raspenava, 62, RA-39
Rasquera, 24, NA-48
Rastatt, 44, PN-41
Rastede, 46, PN-36
Rastenburg
  → Ketrzyn, 61, SE-35
Rastenfeld, 41, RA-41
Rastiště, 66, RS-46
Rastu, 67, SN-46
Rasueros, 27, LS-48
Raszków, 60, RJ-38
Rátangen, 14, LN-36
Rathangan, 14, LN-36
Rathcormac, 14, LE-37
Rathdowney, 14, LJ-37
Rathdrum, 14, LN-37
Rathenow, 47, QJ-37
Rathfryland, 15, LN-35
Rathkeale, 14, LE-37
Rathmelton, 14, LJ-34
Rathmore, 14, LA-37
Rathmullen, 14, LJ-34
Rathoven, 14, LJ-36
Ratibor
  → Racibórc, 63, RN-39
Ratingen, 46, PE-38
Ratno, 58, S-35
Ratten, 41, RA-42
Rattenberg, 40, QE-42
Rättvik, 50, RA-29
Ratzeburg, 47, QE-36
Raucourt-et-Flaba, 20, NS-40
Raufoss, 53, QA-29
Rauland, 53, PJ-30
Rauma, 54, SE-28
Rauris, 40, QJ-42
Rautalampi, 55, TE-27
Rautjärvi, 55, TS-28
Ravanusa, 38, QN-52
Ravels, 16, NS-38
Ravensburg, 44, PS-42
Ravijoki, 55, TJ-29
Ravna, 49, QJ-32
Ravna Banja, 67, SE-47
Ravna Dubrava, 67, SJ-46
Ravna Gora, 64, QS-44
Ravne, 64, QS-43
Ravno, 66, RJ-47
Rawa Mazowiecka, 61, SA-38
Rawicz, 60, RE-38
Rayleigh, 11, NA-38

Ražana, 66, RS-45
Ražanac, 64, RA-45
Ražanj, 66, SE-46
Razboj, 64, RJ-44
Razdrto, 64, QS-44
Razgrad, 59, T-45
Razlog, 67, SN-47
Razvor, 67, QJ-36
Reading, 11, MS-38
Reafirth (MidYell), 12, MN-29
Réalmont, 23, NJ-46
Realp, 42, PN-43
Reay, 12, ME-31
Rébénacq, 22, MS-46
Reboly, 56, U-25
Rebordelo, 26, LJ-48
Reç, 66, SA-48
Recanati, 36, QN-46
Reçane, 66, SA-48
Recaş, 65, SE-44
Recco, 32, PS-45
Recey, 20, NS-42
Rechlin, 47, QJ-36
Rečica, 58, U-35
Recke, 46, PJ-37
Recklinghausen, 46, PJ-38
Recoaro Terme, 33, QE-44
Recogne, 20, PA-40
Recsk, 43, SA-42
Recz, 60, RA-36
Reczno, 61, RS-38
Rêda, 60, RN-35
Redange-s.-Attert, 20, PA-40
Redcar, 15, MN-35
Redditch, 10, MN-37
Redefin, 47, QE-36
Redhill, 11, MS-38
Redipuertas, 26, LS-46
Redlo, 60, RA-36
Redon, 17, MJ-42
Redondela, 26, LE-47
Redondo, 28, LJ-51
Red Point, 12, LS-32
Redruth, 10, LS-39
Reersø, 48, QE-34
Rees, 46, PE-38
Reeth, 15, MN-35
Reetz, 47, QE-36
Reftele, 49, QN-32
Regalbuto, 38, QS-52
Regéc, 43, SE-41
Regen, 45, QN-41
Regenjo (Mos), 26, LE-47
Regensburg, 45, QJ-40
Regenstauf, 45, QJ-40
Reggello, 33, QE-46
Reggio di Calabria, 39, RA-51
Reggio nell'Emilia, 33, QA-45
Rehau, 44, QJ-39
Rehefeld, 45, QN-39
Rehna, 47, QE-36
Reichenau, Schw., 42, PS-43
Reichenau, Öst., 41, QS-41
Reichenau, Öst., 41, RA-42
Blair Atholl, 12, ME-33
Reichenbach, D.D.R., 47, QS-38
Reichenbach, D.D.R., 45, QJ-39
Reichenbach
  → Dzierzoniów, 63, RE-39
Reichertshofen, 45, QE-41
Reichshoffen, 20, PJ-41
Reidenbach, 42, PJ-43
Reigate, 11, MS-38
Reila, 54, SE-28
Reims, 18, NS-40
Reinach, 42, PN-42
Reinbek, 46, QA-36
Reinberg, 47, QN-35
Reinfeld, 47, QA-36
Reinli, 52, PS-29
Reinosa, 27, MA-46
Reinsvoll, 53, QA-29
Reiss, 12, ME-31
Reit i. Winkl, 45, QJ-42
Rejmyre, 50, RA-31
Rejowiec, 61, SN-38
Rekovac, 66, SE-46
Rekuby, 54, SJ-30
Relleu, 30, MS-51
Relovo, 58, SN-47
Rémalard, 18, NA-41
Rembrandt, 20, PE-41
Remich, 20, PE-40
Rémilly, 20, PE-40
Remiremont, 20, PE-41
Remolins, 21, NS-46
Remouchamps, 16, PA-39
Remscheid, 46, PJ-38
Rena, Egy., 29, LS-50
Rena, Nor., 52, QE-28
Renazé, 17, MN-42
Rende, 39, RE-50
Rendína, 69, SJ-50
Rendsburg, 46, PS-35
Renfrew, 13, MA-34

Renko, 54, SS-29
Renkum, 16, PA-38
Rennebu, 52, PS-27
Rennerod, 44, PN-39
Rennes, 17, MN-41
Rennesøy, 53, PA-30
Rennweg, 41, QN-42
Rentería, 27, MN-46
Répáshuta, 43, SA-41
Repino, 55, TS-29
Replot, 54, SE-26
Repvåg, 56, T-15
Requejo, 26, LN-47
Requena, 24, MN-50
Rerik, 47, QE-35
Resana, 33, QJ-44
Resen, 66, SE-48
Resia, 33, QA-43
Reşiţa, 59, S-40
Resko, 60, RA-36
Resna, 66, RN-47
Reszel, 61, SE-35
Retamal, 29, LS-51
Rethel, 20, NS-40
Rethem, 46, PS-37
Réthimnon, 71, SS-54
Rétiers, 17, MN-42
Retournac, 23, NS-44
Rétság, 43, RS-42
Retuerta del Bullaque, 29, MA-50
Retz, 41, RA-41
Retzbach, 44, PS-40
Reugny, 19, NJ-43
Reuilly, 19, NE-42
Reus, 25, NE-48
Reutlingen, 44, PS-41
Reutte, 40, QA-42
Revel, 23, NJ-46
Revholt, 50, QJ-29
Revigny, 20, PA-41
Revin, 20, NS-40
Ŕevnice, 62, QS-40
Revničov, 62, QN-39
Revò, 33, QE-43
Rewal, 60, QS-35
Rexbo, 50, RA-29
Rezala, 66, SA-47
Rēzekne, 57, T-30
Rezovo, 72, TN-48
Rezzato, 32, QA-44
Rezzoaglio, 32, PS-45
Rgotina, 67, SJ-45
Rhayader, 10, ME-37
Rheda, 46, PN-38
Rheden, 16, PE-37
Rheine, 46, PJ-37
Rheinfelden, B.R.D., 44, PJ-42
Rheinfelden, Schw., 42, PJ-42
Rheinhausen, 46, PE-38
Rheinsberg, 47, QJ-36
Rhenen, 16, PA-38
Rheydt, 46, PE-38
Rhiconich, 12, MA-31
Rhinow, 47, QJ-37
Rho, 32, PN-44
Rhondda, 10, ME-38
Rhosneigr, 10, MA-36
Rhossilli, 10, MA-38
Rhyl, 10, ME-36
Riaillé, 17, MN-42
Rianjo, 26, LE-47
Riaño, 27, LS-47
Rians, 21, PA-46
Riaza, 27, ME-48
Ribadavia, 26, LE-47
Ribadeo, 26, LJ-46
Riba de Saelices, 24, MJ-49
Ribadesella, 27, LS-46
Ribaflecha, 27, ME-47
Ribarska Banja, 66, SE-46
Ribas de Freser, 25, NJ-47
Ribe, 48, PN-34
Ribeauville, 20, PJ-41
Ribemont, 18, NN-40
Ribera, 38, QN-52
Ribérac, 22, NA-44
Ribera del Fresno, 28, LN-51
Ribesalbes, 24, MS-48
Ribnica, 64, QS-44
Ribnitz-Damgarten, 47, QJ-35
Ribolla, 36, QA-47
Ricamarie, 23, NS-44
Ŕíčany, 62, QS-40
Riccia, 37, QS-48
Riccio, 36, QA-47
Riccione, 33, QJ-45
Richelieu, 19, NA-42
Richmond, U.K., 15, MN-35
Richmond, U.K., 11, MS-38
Rickling, 46, QA-35
Ricklingen, 46, PS-37
Ricla, 24, MN-48
Ricobayo, 26, LN-48
Ridderkerk, 16, NS-38
Riec-s.-Belon, 17, ME-42
Ried, Öst., 41, QN-41
Ried, Öst., 40, QE-42
Riedau, 41, QN-41
Riedenburg, 45, QE-41
Riedlingen, 44, PS-41
Riegel, 44, PJ-41

Riego del Camino, 26, LS-48
Riesa, 47, QN-38
Riesi, 38, QS-52
Rieti, 36, QJ-47
Rietschen, 47, QS-38
Rieumes, 22, NE-46
Rieupeyroux, 23, NJ-45
Rieux, 22, NE-46
Riez, 21, PE-46
Rīga, 57, S-30
Riglasreuth, 45, QE-40
Rignac, 23, NJ-45
Rihtniemi, 54, SE-28
Riihimäki, 55, SS-29
Rijeka, 64, QS-44
Rijeka-Crnojevica, 66, RS-47
Rijssen, 16, PE-37
Rila, 67, SN-47
Rilland, 16, NS-38
Rillé, 19, NA-42
Rilski Manastir, 67, SN-47
Rima, 32, PN-44
Rimavská Sobota, 63, SA-41
Rimbo, 51, RN-30
Rimforsa, 49, RA-31
Rimini, 33, QJ-45
Rîmnicu Sărat, 59, T-40
Rîmnicu Vîlcea, 59, S-40
Rimske Toplice, 64, RA-43
Rincón de la Victoria, 31, MA-53
Rincón de Soto, 24, MN-47
Rindal, 52, PS-26
Ringe, 48, QA-34
Ringebu, 52, QA-28
Ringelia, 53, QA-29
Ringhals, 49, QJ-32
Ringkøbing, 48, PN-33
Ringsaker, 52, QA-28
Ringsted, 48, QE-34
Ringstorp, 50, RA-31
Ringwood, 11, MN-39
Rinteln, 46, PS-37
Riobianco, 33, QE-43
Rioca, 66, RN-46
Río de Losa, 27, ME-47
Río de Minhos, 28, LE-50
Riofrío de Aliste, 26, LN-48
Riom, 23, NN-44
Riomaggiore, 32, PS-45
Rio Maior, 28, LE-50
Rio Marina, 36, QA-47
Riom ès Montagnes, 23, NJ-44
Ríon, Ellás, 70, SE-51
Rion, Fr., 22, MS-46
Rionero in Vulture, 39, RA-49
Riópar, 29, MJ-51
Riosa, 26, LS-46
Riotorto, 26, LJ-46
Rioveggio, 33, QE-45
Rioz, 20, PE-42
Ripanj, 65, SA-45
Ripley, 11, MN-36
Ripoll, 25, NJ-47
Ripon, 15, MN-35
Riposto, 38, RA-52
Riquewihr, 20, PJ-41
Riŝ, 72, TE-47
Risan, 66, RN-47
Risca, 10, ME-38
Riscle, 22, MS-46
Risinge, 50, RA-31
Risnes, 52, PA-28
Risør, 53, PS-31
Rissa, 52, PS-26
Ristalachti, 55, UA-28
Risteys, 55, SS-27
Risti, 57, S-30
Ristiina, 55, TJ-28
Ristna, 57, S-30
Ritíni, 69, SJ-49
Ritsemjokk, 56, R-20
Ritsóna, 69, SN-51
Riva, 33, QA-44
Rivaköy, 72, TS-48
Rivanazzano, 32, PS-45
Rivarolo Canavese, 32, PJ-44
Rive-de-Gier, 23, NS-44
Rivergaro, 32, PS-45
Rivesaltes, 23, NJ-47
Rivignano, 33, QN-44
Rivoli, 32, PJ-44
Rjånes, 52, PE-27
Rjukan, 53, PN-30
Rōa, 50, QJ-28
Roa de Duero, 27, ME-48
Roadside, 12, MJ-30
Roanne, 23, NS-43
Robbio, 32, PN-44
Röbel, 47, QJ-36
Robledo, 29, MJ-51
Robledo de Cojos, 26, LS-49
Robliza de Cojos, 26, LS-49
Robres, 24, MS-48
Robres del Castillo, 27, MJ-47
Rocamadour, 22, NE-45
Roca Vecchia, 39, RN-49

Roccadaspide, 39, RA-49
Roccamonfina, 37, QN-48
Roccanova, 39, RE-49
Rocca Priora, 36, QJ-47
Roccaraso, 37, QN-48
Rocca San Casciano, 33, QE-45
Roccasecca, 37, QN-48
Roccastrada, 36, QE-47
Rochdale, 15, MJ-36
Rochechouart, 22, NA-44
Rochefort, Bel., 16, PA-39
Rochefort, Fr., 22, MN-44
Rochefort-en-Terre, 17, MJ-42
Rocheservière, 17, MN-43
Rochester, 11, NA-38
Rochford, 11, NA-38
Rochfortbridge, 14, LJ-36
Rochlitz, 47, QJ-38
Rociana, 28, LN-52
Rockenhausen, 44, PJ-40
Rockesholm, 50, QS-30
Rockhammar, 50, RA-30
Rockneby, 49, RE-33
Rocroi, 20, NS-40
Rodach, 45, QA-39
Rodalben, 44, PJ-40
Rodareš, 67, SJ-48
Rødby, 48, QE-35
Rødby Havn, 48, QE-35
Rødding, 48, PS-34
Rødeby, 49, RA-33
Rodeiro, 26, LJ-47
Rødekro, 48, PS-34
Rodel, 12, LN-32
Rodellar, 24, MS-47
Rödelmaier, 45, QA-39
Rodenkirchen, 46, PN-36
Rodewisch, 45, QJ-39
Rodez, 23, NJ-45
Rodholívos, 69, SN-49
Rodhópolis, 69, SN-48
Rodhopós, 71, SN-54
Rodi Garganico, 37, RA-48
Roding, 45, QJ-40
Rødje, 51, RJ-29
Rödsund, 53, QA-30
Rødvig, 48, QJ-34
Roermond, 16, PE-38
Roeschwoog, 20, PJ-41
Roeselare, 16, NN-39
Roetgen, 44, PE-39
Röfors, 50, QS-31
Rogačica, 66, RS-45
Rogaška Statina, 64, RA-43
Rogatec, 64, RA-43
Rogatica, 66, RN-46
Rogatin, 58, S-40
Rogätz, 47, QE-37
Roggiano Gravina, 39, RE-50
Rogliano, Fr., 34, PS-47
Rogliano, It., 39, RE-50
Rogowo, 60, RJ-37
Rogoznica, 64, RA-46
Rogoznik, 62, RE-38
Rogoźno, 60, RE-37
Roguszyn, 61, SE-37
Rohan, 17, MJ-41
Rohrbach, Fr., 20, PJ-40
Rohrbach, Öst., 41, QS-41
Rohrberg, 47, QE-37
Rohr i. Gebirge, 41, RA-42
Roitzsch, 47, QJ-38
Röjdåfors, 50, QJ-29
Rojewo, 60, RN-37
Rök, 49, QS-31
Rokiciny, 61, RS-38
Rokitki, 60, RA-38
Rokitno, 58, T-35
Rokke, 52, QE-30
Rökkum, 52, PN-27
Rokycany, 62, QN-40
Rolampont, 20, PA-42
Rolle, 42, PE-43
Rolfstorp, 49, QJ-32
Roma, 36, QJ-48
Romagnano Sesia, 32, PN-44
Romakloster, 51, RN-32
Roman, Blg., 67, SN-46
Roman, Rom., 59, T-40
Romans, 21, PA-44
Romanshorn, 42, PS-42
Romarheim, 53, PA-29
Romedal, 53, QE-29
Romeral, 29, ME-50
Romfo, 52, PN-27
Romford, 11, NA-38
Römhild, 45, QA-39
Romilly, 18, NN-41
Romme, 50, RA-29
Rommenäs, 50, QE-30
Rommerskirchen, 46, PE-38
Romny, 58, U-35
Romont, 42, PE-43
Romorantin, 19, NE-42
Romppala, 55, TN-27
Romsey, 11, MN-38
Roncade, 33, QJ-44
Roncesvalles, 24, MN-46
Ronchamp, 20, PE-42
Ronciglione, 36, QJ-47
Ronda, 31, LS-53
Rønde, 48, QA-33
Ronehamn, 51, RN-32

Rong, 53, PE-29
Rõngu, 57, T-30
Ronketorpet, 50, QJ-29
Rönning, 50, QE-32
Rönnbacken, 50, RE-29
Rønne, 49, QS-34
Ronneburg, 45, QJ-39
Ronneby, 49, RA-33
Ronnebyhamn, 49, RA-33
Rønninge, 51, RJ-30
Ronse, 16, NN-39
Roosendaal, 16, NS-38
Ropeid, 53, PA-30
Ropotovo, 66, SE-48
Roquebillière, 21, PJ-45
Roquefort, 22, MS-45
Roquemaure, 21, NS-45
Roquetas de Mar, 30, MJ-53
Roquevaire, 21, PA-46
Rörbäcksnäs, 50, QJ-28
Röros, 52, QE-27
Rorschach, 42, PS-42
Rosa, 33, QE-44
Rosal el Frontera, 28, LJ-52
Rosans, 21, PA-45
Rosário, 28, LE-52
Rosarno, 39, RA-51
Rosas, 25, NN-47
Rosbach, B.R.D., 44, PJ-39
Roßbach, B.R.D., 45, QJ-40
Roscoff, 17, ME-41
Roscommon, 14, LE-36
Roscrea, 14, LJ-37
Roßdorf, 44, PJ-40
Rosell, 24, NA-49
Rosenbach, 41, QS-42
Rosendaël, 18, NJ-38
Rosenheim, 45, QJ-42
Rosenthal, 45, QS-39
Roseto degli Abruzzi, 37, QS-47
Roseto Valfortore, 37, RA-48
Rosheim, 20, PJ-41
Rosia, 36, QE-46
Rosice, 62, RA-39
Rosières, 18, NJ-40
Rosignano, 36, QA-46
Roşiorii de Vede, 67, SS-45
Roskilde, 48, QJ-34
Roskovec, 66, RS-49
Roßla, 47, QE-38
Roßlau, 47, QJ-38
Roslavl', 58, U-35
Roslev, 48, PN-33
Rosmaninhal, 28, LJ-50
Rosnay-Migne, 19, NE-43
Rosolini, 38, RA-53
Rososzyca, 60, RN-38
Rosporden, 17, ME-42
Rösrath, 44, PJ-39
Rossa, 42, PS-43
Rossano, 39, RE-50
Rossatz, 41, RA-41
Rosscarbery, 14, LA-38
Rossiglione, 32, PN-45
Rossio, 28, LE-50
Rosslare, 14, LN-37
Rosslare Harbour → Ballygeary, 14, LN-37
Ross-on-Wye, 10, MJ-38
Rossoszyca, 60, RN-38
Röstabo, 50, RA-28
Röstånga, 49, QN-33
Rostock, 47, QJ-35
Rostrenen, 17, ME-41
Rostrever, 14, LN-35
Rösvassbukt, 56, Q-20
Rösvik, 56, R-20
Rot, 50, QS-28
Rota, 31, LN-53
Rot a. See, 44, QA-40
Rotava, 62, QJ-39
Rotbury, 13, MN-34
Rotenburg, B.R.D., 46, PS-36
Rotenburg, B.R.D., 44, PS-38
Roth, B.R.D., 45, QE-40
Roth, B.R.D., 44, PE-40
Rothemühl, 47, QN-36
Rothenburg, 47, QS-38
Rothenburg o. d. Tauber, 44, QA-40
Rotherham, 11, MN-36
Rothes, 12, ME-32
Rothesay, 13, LS-34
Rotonda, 39, RE-50
Rotondella, 39, RE-49
Rott, 45, QE-42
Rottenbuch, 45, QA-42
Rottenburg, B.R.D., 44, PN-41
Rottenburg, B.R.D., 45, QJ-41
Rotterdam, 16, NS-38
Rottna, 50, QE-30
Rottneros, 50, QN-30
Rottweil, 44, PN-41
Rötz, 45, QJ-40
Roubaix, 18, NN-39
Roudnice n Labem, 62, QS-39

Rouen, 18, NA-40
Rouffach, 20, PJ-42
Rougemont, 20, PE-42
Rouillac, 22, MS-44
Roujan, 23, NN-46
Roundstone, 14, LA-36
Roundwood, 14, LN-36
Rovaniemi, 56, T-20
Rovato, 32, PS-44
Rovere, It., 33, QE-45
Rovere, It., 36, QN-47
Rovereto, 33, QE-44
Rövershagen, 47, QJ-35
Roverud, 50, QJ-29
Roviai, 70, SN-51
Rovigo, 33, QE-44
Rovinj, 64, QN-44
Rovno, 58, T-35
Rovst, 48, PN-34
Rowy, Pol., 60, QS-36
Rowy, Pol., 60, RE-35
Royal Leamington Spa, 11, MN-37
Royal Tunbridge Wells, 11, NA-38
Royan, 22, MN-44
Royat, 23, NN-44
Roye, 18, NJ-40
Royère, 22, NE-44
Röyken, 53, QA-30
Röykkä, 55, SS-29
Röyrvik, 53, PE-29
Royston, 11, MS-37
Roza, 72, TE-47
Rožaj, 66, SA-47
Rožan, 61, SE-37
Rožanstvo, 66, RS-46
Rozay-en-Brie, 18, NJ-41
Rozel, 17, MJ-40
Rozino, 67, SS-47
Rozinowo, 60, RN-37
Roztoky, 62, QS-39
Rozovec, 67, TA-47
Rozoy-s.-Serre, 18, NS-40
Rozprza, 61, RS-38
Ruabon, 10, ME-37
Ruanes, 28, LN-50
Rubena, 27, ME-47
Rübenau, 45, QN-39
Rubi, 25, NJ-48
Rubiera, 33, QA-45
Rublacedo, 27, ME-47
Ruciane, 61, SE-36
Rucphen, 16, NS-38
Ruda, 49, RE-32
Rudabánya, 43, SA-41
Ruda Maleniecka, 61, SA-38
Ruda Slaska, 63, RN-39
Rüdersdorf, 47, QN-37
Rüdesheim, 44, PJ-40
Rudine, 66, RJ-47
Rudkøbing, 48, QA-35
Rudná, Česko., 62, QS-39
Rudna, Pol., 60, RE-38
Rudn'a, S.S.S.R., 58, U-35
Rudnik, 72, TJ-47
Rudnik, 65, SA-45
Rudniki, Pol., 60, RN-38
Rudniki, Pol., 63, RS-39
Rudno, 66, SA-46
Rudo, 66, RS-46
Rudolstadt, 45, QE-39
Rudozem, 67, SS-48
Rudsbru, 53, PN-29
Rudy, 63, RN-39
Rudzicka, 63, RJ-39
Rue, 18, NE-39
Rueda, 27, LS-48
Rueda de la Sierra, 24, MN-49
Ruelle, 22, NA-44
Ruente, 27, MA-46
Ruerrero, 27, ME-47
Ruffec, 19, NA-43
Rugby, 11, MN-37
Rugeley, 10, MN-37
Rugles, 18, NA-41
Rugsund, 52, PA-28
Ruhla, 45, QA-39
Ruhpolding, 45, QJ-42
Ruhvana, 55, TS-28
Rum, 43, RE-42
Ruma, 65, RS-44
Rumburk, 62, QS-39
Rumelifeneri, 72, TS-48
Rumia, 60, RN-35
Rumilly, 21, PA-44
Rummukkala, 55, TN-27
Rumont, 20, PA-41
Runcorn, 15, MJ-36
Rundfloen, 50, QJ-28
Runhällen, 51, RE-30
Ruokolahti, 55, TN-28
Ruona, 54, SN-27
Ruostepuro, 55, TJ-27
Ruotsinpyhtää, 55, TE-29
Ruovesi, 54, SS-28
Rupa, 64, QN-44
Rupea, 59, T-40
Ruse, Blg., 59, T-45
Ruše, Jugo., 64, RA-43
Rush, 14, LN-36

Rushden, 11, MS-37
Ruski Bród, 61, SA-38
Rusko, 54, SJ-29
Ruskele, 56, R-25
Rusokastro, 72, TJ-47
Rüsselsheim, 44, PN-40
Russi, 33, QJ-45
Rust, 41, RE-42
Ruszki, 61, SE-38
Ruszów, 60, RA-38
Rute, 31, MA-52
Ruthin, 10, ME-36
Rutigliano, 39, RJ-48
Rutka Tartak, 61, SJ-35
Rutledal, 52, PA-28
Ruuhimäki, 55, TE-27
Ruurlo, 16, PE-37
Ruvo di Puglia, 39, RE-48
Ruwer, 44, PE-40
Ruza, 58, V-30
Ružany, 58, S-35
Rużinci, 67, SJ-46
Ružomberok, 63, RS-40
Rvsalia, Blg., 67, TA-46
Rvsalia, Blg., 72, TA-46
Ry, 48, PS-33
Rybnica, 59, T-40
Rybnik, 63, RN-39
Rychliki, 61, RS-35
Rychnov n. Kněžnou, 62, RE-39
Rychnowo, 61, RS-36
Rychwał, 60, RN-37
Ryd, 49, QS-32
Rydaholm, 49, QS-33
Ryde, 11, MN-39
Rydöbruk, 49, QN-32
Rydzyna, 60, RE-38
Rye, 11, NA-39
Ryhälä, 55, TN-28
Ryki, 61, SE-38
Ryl'sk, 58, U-35
Rymań, 60, RA-36
Rymařov, 63, RJ-40
Rymättylä, 54, SE-29
Ryn, 61, SE-36
Rynarzewo, 60, RJ-36
Rypin, 61, RS-36
Ryssby, 49, QS-33
Rytel, 60, RJ-36
Rzasnik, 61, SE-37
Rzeczenica, 60, RE-36
Rzeczyca, 61, SA-38
Rzejowice, 63, RS-38
Rzepin, 60, QS-37
Rzeszów, 58, S-35
Rzgów, 61, RS-38

S

Sääksmäki, 54, SN-28
Saalbach, 40, QJ-42
Saales, 20, PJ-41
Saalfeld, 45, QE-39
Saalfelden, 40, QJ-42
Saanen, 42, PJ-43
Saarbrücken, 44, PE-40
Saarburg, 44, PE-40
Sääre, 57, S-30
Saarela, 55, TE-26
Saarenmaa, 54, SE-28
Saari, 55, TS-28
Saarijärvi, Suomi, 55, TA-27
Saarijärvi, Suomi, 54, SJ-28
Saarlouis, 44, PE-40
Saas-Almagell, 42, PJ-43
Saas-Fee, 32, PJ-43
Sääskjärvi, Suomi, 54, SN-26
Sääskjärvi, Suomi, 55, TE-29
Šabac, 65, RS-45
Sabadell, 25, NJ-48
Sabaudia, 36, QJ-48
Sabiñánigo, 24, MS-47
Sabinillas, 31, LS-53
Sablé-s.-Sarthe, 19, MS-42
Sabóia, 28, LE-52
Sabres, 22, MS-45
Sabrosa, 26, LJ-48
Sabugal, 28, LJ-49
Sa Caletta, 35, PS-49
Sacaşu Turcesc, 65, SE-44
Sacecorbo, 24, MJ-49
Sacedon, 27, MJ-49
Sachsenburg, 41, QN-43
Sacile, 33, QJ-44
Säckingen, 44, PJ-42
Sacramenia, 27, MA-47
Săcueni, 59, S-40
Sada, 26, LE-46
Sádaba, 24, MN-47
Sadki, 60, RJ-36
Sadkowice, 61, SA-38
Sadov, 62, QJ-39
Sadovo, 67, SS-47
Sadowne, 61, SE-37
Sæby, 48, QA-32
Saelices, 29, MJ-50
Sætre, 53, QA-30
Safaalan, 72, TN-48
Safara, 28, LJ-51
Šafárikovo, 63, SA-41
St.Étienne-de-Tinée, 21, PE-45
St.-Étienne-les-Orgues, 21, PA-45
St.-Fargeau, 19, NJ-42
St.-Félicien, 23, NS-44

Safonovo, 58, U-30
Sagard, 47, QN-35
Sågen, 50, QS-29
Sågmyra, 50, RA-29
Sagone, 34, PN-47
Sagres, 28, LE-52
Sagu, 65, SE-43
Sagunto, 24, MS-50
Sahagún, 27, MA-47
Sahalahti, 54, SS-28
Şahin, 72, TN-47
Sahrajärvi, 55, TE-27
Sahy, 63, RN-40
Saignelegget, 42, PJ-42
Saillagouse, 23, NJ-47
Saillans, 21, PA-45
Säimen, 55, TS-27
Ste.-Adresse, 18, NA-40
St.-Affrique, 23, NJ-46
St.-Agrève, 23, NS-44
St.-Aignan, 19, NE-42
St.-Aignan-s.-Roë, 17, MN-42
Saint Albans, 11, MS-38
St.-Alban-s.-Limagnole, 23, NN-45
St.-Amand-en-Puisaye, 19, NN-42
St.-Amand-les-Eaux, 18, NN-39
St.-Amand-Longpré, 19, NE-42
St.-Amand-Mont-Rond, 19, NJ-43
St.-Amans-Soult, 23, NJ-46
St.-Amant, 23, NN-44
St.-Amarin, 20, PE-42
St.-Ambroix, 23, NS-45
St.-André-de-Cubzac, 22, MS-45
St.-André-de-l'Eure, 18, NE-41
Ste.-André-de-Sangonis, 23, NN-46
St.-André-les-Alpes, 21, PE-46
Saint Andrews, 13, MJ-33
Saint-Anne, 17, MJ-40
St.-Anthème, 23, NS-44
St.-Antonin-Noble-Val, 22, NE-45
Saint Asaph, 10, ME-36
St.-Astier, 22, NA-44
St.-Aubin, Fr., 18, NE-40
St.-Aubin, Fr., 20, PA-42
St.-Aubin-d'Aubigné, 17, MN-41
St.-Aubin-du-Cormier, 17, MN-41
St.-Aulaye, 22, NA-44
Saint Austell, 10, MA-39
St.-Béat, 22, NA-47
St.-Benoît-du-Sault, 19, NE-43
St.-Bertrand-de-Comminges, 22, NA-46
St.-Bonnet, 21, PE-45
St.-Brévin, 17, MJ-42
St.-Brice-en-Coglès, 17, MN-41
St.-Brieuc, 17, MJ-41
St.-Calais, 19, NA-42
St.-Cast-le-Guildo, 17, MJ-41
St.-Céré, 22, NE-45
St.-Cernin, 23, NJ-44
St.-Chamond, 23, NS-44
St.-Chély-d'Apcher, 23, NN-45
St.-Chinian, 23, NJ-46
St.-Ciers-s.-Gironde, 22, MS-44
St.-Clar, 22, NA-46
St.-Claud, 22, NA-44
St.-Claude, 21, PA-43
Saint Clears, 10, MA-38
Saint Columb Major, 10, MA-39
Sainte Croix, 42, PE-43
St.-Cyprien, 22, NE-45
Saint David's, 10, LS-38
St.-Denis, 18, NJ-41
St.-Didier-en-Velay, 23, NS-44
St.-Dié, 20, PE-41
St.-Dier, 23, NN-44
St.-Dizier, 20, NS-41
St.-Donat-s.-l'Herbasse, 21, PA-44
St.-Eloy-les-Mines, 19, NJ-43
St.-Emilion, 22, MS-45
Ste.-Enimie, 23, NN-45
St.-Erme, 18, NN-40
St.-Etienne, 23, NS-44
St.-Etienne-de-Baïgorry, 22, MN-46
St.-Etienne-de-Montluc, 17, MN-42
St.-Etienne de St.-Geoirs, 21, PA-44

Saintfield, 15, LS-35
St.-Florent, 19, NJ-43
St.-Florentin, 19, NN-41
St.-Florent-le-Vieil, 17, MN-42
St.-Flour, 23, NN-45
St.-Flovier, 19, NE-43
St.-Fons, 21, NS-44
Ste.-Foy-la-Grande, 22, NA-45
St.-Fulgent, 17, MN-43
St.-Galmier, 23, NS-44
St.-Gaudens, 22, NA-46
St.-Gaultier, 19, NE-43
Ste.-Geneviève, 23, NJ-45
St.-Gengoux, 20, NS-43
St.-Geniez-d'Olt, 23, NJ-45
St.-Genis-de-Saintonge, 22, MS-44
St.-Genix, 21, PA-44
St.-Georges, 19, MS-42
Saint-Georges, 16, PA-39
St.-Georges-de-Didonne, 22, MN-44
St.-Georges-du-Vièvre, 18, NA-40
St.-Georges-s.-Moulon, 19, NJ-42
St.-Geours-de-Maremine, 22, MN-46
St.-Germain, 18, NJ-41
St.-Germain-des-Fossés, 19, NN-43
St.-Germain-du-Bois, 20, PA-43
St.-Germain-Laval, 23, NN-44
St.-Germain-Lembron, 23, NN-44
St.-Germain-les-Belles, 22, NE-44
St.-Germain-l'Herm, 23, NN-44
St.-Gervais-d'Auvergne, 19, NJ-43
St. Gervais-l.-B., 21, PE-44
St.-Gildas-des Bois, 17, MN-42
St.-Gilles, 23, NS-46
St.-Gilles-s.-Vie, 17, MN-43
St.-Gingolph, 21, PE-43
St.-Girons, Fr., 22, NN-46
St.-Girons, Fr., 22, NE-47
St. Girons-Plage, 22, MN-46
Ste.-Hélène, 22, MS-45
Saint Helens, 15, MJ-36
Saint-Helier, 17, MJ-40
Ste.-Hermine, 17, MS-43
St.-Hilaire, 22, NJ-46
St.-Hilaire-du-Harcouët, 17, MN-41
St.-Hippolyte-du-Fort, 23, NN-46
St.-Hippolyte-s.-le Doubs, 20, PE-42
St.-Honoré, 19, NN-43
Saint-Hubert, 16, PA-39
Saint Imier, 42, PJ-42
Saint Ives, 10, LS-39
Saint Jacques, 32, PJ-44
St.-James, 17, MN-41
St.-Jean-Brévelay, 17, MJ-42
St.-Jean-d'Angély, 22, MS-44
St.-Jean-de-Bournay, 21, PA-44
St.-Jean-de-Losne, 20, PA-42
St.-Jean-de-Luz, 22, MN-46
St.-Jean-de-Maurienne, 21, PE-44
St.-Jean-de-Monts, 17, MJ-43
St.-Jean-du-Gard, 23, NN-45
St.-Jean-en-Royans, 21, PA-45
St.-Jean-Pied-de-Port, 22, MN-46
St.-Jeoire, 21, PE-43
St.-Julien, 21, PE-43
St.-Julien-Chapteuil, 23, NN-45
St.-Julien-de-Vouvantes, 17, MN-42
St.-Julien-en-Born, 22, MN-45
St.-Junien, 22, NA-44
Saint Just, 10, LS-39
St.-Just-en-Chaussée, 18, NJ-40
St.-Just-en-Chevalet, 23, NN-44
St.-Justin, 22, MS-46
Saint Keverne, 10, LS-39
St.-Lary, 22, NA-47
St.-Laurent-de-la-Salanque, 23, NJ-47
St.-Laurent-du-Pont, 21, PA-44
St.-Laurent-et-Benon, 22, MS-44
Saint-Léger, 20, PA-40
St.-Léonard, 22, NE-44
Ste.-Livrade, 22, NA-45
St.-Lô, 17, MN-40

St.-Loup-s.-Semouse, 20, PE-42
Saint-Luc, 42, PJ-43
Ste.-Lucie, 35, PS-48
Ste.-Lucie-de-Tallano, 35, PS-48
St.-Lunaire, 17, MJ-41
St.-Lyphard, 17, MJ-42
St.-Lys, 22, NE-46
St.-Macaire, 22, MS-45
St.-Madrice-s.-Moselle, 20, PE-42
St.-Maixent, 19, MS-43
St.-Malo, 17, MN-41
St.-Marcellin, 21, PA-44
Saint Margaret's Hope, 12, MJ-31
Ste.-Marie-aux-Mines, 20, PJ-41
Ste.-Marie-Sicche, 34, PN-48
St.-Mars-la-Jaille, 17, MN-42
St.-Martin, 17, MN-43
St.-Martin-de-Londres, 23, NN-46
St.-Martin-des-Besaces, 18, MS-41
St.-Martin-de-Valamas, 23, NS-45
St.-Martin-du-Fouilloux, 19, MS-43
St.-Martin-Vésubie, 21, PJ-45
St.-Martory, 22, NA-46
Saint Marys, 12, MJ-31
St.-Mathieu, 22, NA-44
St.-Maur, 18, NJ-41
Ste.-Maure-de-Touraine, 19, N-42
Saint-Maurice, 42, PJ-43
Ste.-Maxime, 21, PE-46
St.-Maximin, 21, PE-46
St.-Médard-en-Jalles, 22, MS-45
St.-Méen, 17, MJ-41
Ste.-Ménehould, 20, NS-42
Ste.-Mère-Eglise, 17, MN-44
St.-Michel-de-Maurienne, 21, PE-44
St.-Mihiel, 20, PA-41
St.-Moreil, 22, NE-44
St.-Nazaire, 17, MJ-42
St.-Nectaire, 23, NJ-44
Saint Neots, 11, MS-37
St.-Nicolas, 22, NA-45
St.-Nicolas-de-Port, 20, PE-41
St.-Nicolas-du-Pélem, 17, ME-41
Saint Niklaus, 42, PJ-43
St.-Omer, 18, NJ-39
St.-Ouen-Aumône, 18, NJ-40
St.-Palais, 22, MN-46
St.-Palais-s.-Mer, 22, MN-44
St.-Pardoux, 22, NA-44
St.-Paul, 22, MN-46
St.-Paul-Cap-de-Joux, 22, NE-46
St.-Paulien, 23, NN-44
St.-Pé, 22, MS-46
St.-Péray, 21, NS-45
St.-Père-en-Retz, 17, MJ-42
Saint-Peter-Port, 17, MJ-40
St.-Philbert-de-Grand-Lieu, 17, MJ-42
St.-Pierre-d'Albigny, 21, PE-44
St.-Pierre-de-Chartreuse, 21, PA-44
St.-Pierre-Eglise, 17, MN-40
St.-Pierre-le-Moûtier, 19, NN-43
St.-Pierre-s.-Dives, 18, MS-40
St.-Pois, 17, MN-41
St.-Poix, 17, MN-42
St.-Pol, 18, NJ-39
St.-Pol-de-Léon, 17, MA-41
St.-Pol-s.-Mer, 18, NJ-38
St.-Pons, 23, NJ-46
St.-Porchaire, 22, MS-44
St.-Pourçain, 19, NN-43
St.-Privat, 23, NJ-44
St.-Quay-Portrieux, 17, MJ-41
St.-Quentin, 18, NN-40
St.-Rambert, 23, NS-44
St.-Rambert-d'Albon, 21, NS-44
St.-Raphaël, 21, PE-46
St.-Rémy, 21, NS-46
St.-Renan, 17, MA-41
Saint Rhémy, 32, PJ-44
St.-Rome-de-Tarn, 23, NJ-45
Saintes, 22, MS-44
St.-Saëns, 18, NE-40
St.-Saulge, 19, NN-42
St.-Sauveur, 19, NN-42
St.-Sauveur-le-Vicomte, 17, MN-40
St.-Savin, Fr., 22, MS-44

St.-Savin, Fr., 19, NA-43
St.-Savinien, 22, MS-44
St.-Seine-l'Abbaye, 20, NS-42
St.-Sernin-s.-Rance, 23, NJ-46
St.-Servan, 17, MN-41
St.-Sever, 22, MS-46
St.-Sever-Calvados, 17, MN-41
Ste.-Sevère, 19, NJ-43
St.-Sulpice-la-Pointe, 22, NE-46
St.-Sulpice-les-Feuilles, 19, NE-43
St.-Symphorien, 22, MS-45
St.-Symphorien-d'Ozon, 21, NS-44
St.-Symphorien-s.-Coise, 23, NS-44
St.-Trivier-de-Courtes, 21, PA-43
St.-Trojan-les-Bains, 22, MN-44
St.-Tropez, 21, PE-46
Saint Ursanne, 42, PJ-42
St.-Vaast-la-Hougue, 17, MN-40
St.-Valéry, 18, NE-39
St.-Valéry-en-Caux, 18, NA-40
St.-Vallier, 21, NS-44
St.-Varent, 19, MS-43
St.-Vaury, 19, NE-43
Saint Vincent, 32, PJ-44
St.-Vincent-de-Tyrosse, 22, MN-46
St.-Vit, 20, PA-42
Saint-Vith, 16, PE-39
St.-Vivien-le-Médoc, 22, MN-44
St.-Yorre, 19, NN-43
St.-Yrieix, 22, NE-44
St.-Vaury, 19, NE-43
Sairkkala, 55, TA-28
Šajince, 67, SJ-47
Šajkaša, 65, SA-44
Sajószentpéter, 43, SA-41
Šaki, 59, U-40
Sakiai, 58, S-35
Sakrismoen, 52, QE-27
Sakskøbing, 48, QE-35
Saksum, 52, QA-28
Säkylä, 54, SJ-28
Sal'a, Sve., 63, RJ-40
Sala, Sve., 51, RE-30
Sala Consilina, 39, RA-49
Salamanca, 26, LS-48
Salangen, 56, R-20
Salaóra, 68, SA-50
Salardú, 24, NA-47
Salas, Esp., 26, LN-46
Salaš, Jugo., 67, SJ-45
Salas de los Infantes, 27, ME-47
Salbohed, 50, RE-30
Salbris, 19, NJ-42
Salcia, Rom., 67, SA-45
Salcia, Rom., 67, SJ-45
Salcombe, 10, ME-39
Saldaña, 27, MA-47
Saldus, 57, S-30
Sale, 32, PN-45
Saleby, 49, QN-31
Sale Marasino, 32, QA-44
Salemi, 38, QJ-52
Sälen, 50, QN-28
Salen, 13, LS-33
Salernes, 21, PE-46
Salerno, 37, QS-49
Salers, 23, NJ-44
Salford, 15, MJ-36
Salgótarján, 43, RS-41
Salhus, 53, PA-29
Sali, 64, RA-46
Salies-de-Béarn, 22, MS-46
Salignac, 22, NE-45
Salies-du-Salat, 22, NA-46
Salinas, 24, NA-47
Salinas de Cerillos, 30, MJ-53
Saline di Volterra, 36, QA-46
Sälinkää, 55, TA-29
Salins, 20, PA-43
Salisbury, 11, MN-38
Salla, 56, T-20
Sallanches, 21, PE-44
Sallent, 25, NE-48
Sallent de Gallego, 24, MS-47
Salmerón, 24, MJ-49
Salò, It., 33, QA-44
Salo, Suomi, 54, SN-29
Salobreña, 31, ME-53
Salon-de-Provence, 21, PA-46
Salonta, 65, SE-43
Salorno, 33, QA-43
Salou, 25, NE-48
Salses, 23, NJ-47
Salsomaggiore Terme, 32, PS-45
Salt, 25, NJ-47
Saltash, 10, MA-39
Saltburn-by-the-Sea, 15, MS-35
Saltdal, 56, R-20
Sältnes, 53, QA-30
Saltsjöbaden, 57, RJ-30

Saluggia, 32, PN-44
Salungen, 50, QJ-30
Saluzzo, 32, PJ-45
Salvacañete, 24, MN-49
Salvada, 28, LJ-52
Salvaterra de Magos, 28, LE-51
Salviac, 22, NE-45
Salvatierra, 27, MJ-47
Salvatierra de los Barros, 28, LN-51
Salzburg, 40, QN-42
Salzgitter, 46, QA-37
Salzgitter-Bad, 46, QA-37
Salzgitter-Lebenstedt, 46, QA-37
Salzgitter-Thiede, 46, QA-37
Salzmünde, 47, QE-38
Salzwedel, 47, QE-37
Sama de Langreo, 26, LS-46
Samaila, 66, SA-46
Samassi, 35, PN-50
Samatan, 22, NA-46
Sambiase, 39, RE-51
Sambor, 58, S-40
Samborowo, 61, RS-36
Sambucheto, 36, QJ-47
Samer, 18, NE-39
Sámi, 68, SA-51
Samli, 72, TJ-50
Sammatti, 54, SN-29
Sammichele di Bari, 39, RJ-49
Samnanger, 53, PA-29
Samnaun, 42, QA-43
Samoboro, 21, PE-43
Samoens, 21, PE-43
Samobor, 64, RA-44
Samokov, Blg., 67, SN-47
Samokov, Jugo., 66, SE-48
Samolubie, 61, SA-35
Samora Correia, 28, LE-51
Sámos, 71, TE-52
Samothráki, 72, TA-49
Samovodene, 72, TA-46
Samsonów, 63, SA-38
Samtens, 47, QN-35
San Adrián de Besós, 25, NJ-48
San Agostino, 33, QE-45
San Agustín de Guadalix, 27, ME-49
Sanaigmore, 13, LN-34
San Alberto, 33, QJ-45
San Antonio Abad, 30, NE-50
San Antonio di Santadi, 35, PN-50
Sanary, 21, PA-46
San Bartolomé de las Abiertas, 29, MA-50
San Bartolomé de Pinares, 27, MA-49
San Bartolomé de Torre, 28, LJ-52
San Bartolomeo in Galdo, 37, RA-48
San Basilio, 39, RJ-49
San Baudilio de Llobregat, 25, NE-48
San Benedetto del Tronto, 37, QN-47
San Benito, 29, MA-50
San Biagio di Callalta, 33, QJ-44
San Bonifacio, 33, QE-44
San Candido, 33, QJ-43
San Carlos, 30, NE-50
San Carlos de la Rápita, 24, NA-49
San Casciano in Val di Pesa, 36, QE-46
San Cataldo, It., 39, RN-49
San Cataldo, It., 38, QN-52
San Celoni, 25, NJ-48
Sancergues, 19, NJ-42
Sancerre, 19, NJ-42
Sanchidrian, 27, MA-49
San Chirico Raparo, 39, RE-49
San Ciprián, 26, LN-47
San Clemente, 30, MJ-50
Sancoins, 19, NJ-43
San Colombano al Lambro, 32, PS-44
San Cono, 38, QS-52
San Cristóbal, 25, NS-50
San Cristóbal de Cea, 26, LE-47
Sancti Petri, 31, LN-53
Sancti-Spiritus, 26, LN-49
Sand, 53, PA-30
Sanda, Nor., 53, PN-30
Sanda, Sve., 44, RJ-49
San Damiano d'Asti, 32, PN-45
San Damiano Macra, 32, PJ-45
Sandane, 52, PE-28
San Daniele del Friuli, 33, QN-43
Sandanski, 67, SN-48
Sandar, 53, QA-30
Sandarne, 51, RJ-28
Sandau, 47, QJ-37

Sandbach, 15, MJ-36
Sandbeiendorf, 47, QE-37
Sande, B.R.D., 46, PJ-36
Sande, Nor., 52, PA-27
Sande, Nor., 52, PE-28
Sande, Nor., 53, QA-30
Sandefjord, 53, QA-30
San Demetrio Corone, 39, RE-50
Sandhead, 13, MA-35
Sandhem, 49, QN-32
Sandl, 41, QS-41
Sandnes, Nor., 52, PA-30
Sandnes, Nor., 53, PA-31
Sandness, 15, MN-29
Sandnessjön, 56, Q-20
Sando, 26, LN-48
Sandomierz, 58, S-35
San Donaci, 39, RJ-49
San Donà di Piave, 33, QJ-44
San Donato Val di Comino, 37, QN-48
Sandown, 11, MN-39
Sandöy, 52, PE-27
Sandra, 65, SA-44
Sandrigo, 33, QE-44
Sandsele, 56, Q-20
Sandsjöhyttan, 50, QS-30
Sandstad, 52, PN-26
Sandvadet, 53, PJ-29
Sandvatn, 53, PE-31
Sandvig, 49, QS-34
Sandvigstrand, 53, PE-31
Sandvik, Sve., 49, RA-31
Sandvik, Sve., 51, RE-32
Sandvika, 53, QA-30
Sandvika, 52, QJ-26
Sandviken, 51, RE-29
Sandweiler, 20, PE-40
Sandwich, 11, NE-38
San Emiliano, 26, LS-47
San Esteban de Gormaz, 27, ME-48
San Felice a Cancello, 37, QS-49
San Felice Circeo, 36, QN-48
San Felice del Benaco, 33, QA-44
San Felice sul Panaro, 33, QE-45
San Felíu de Guixols, 25, NN-47
San Felíu de Llobregat, 25, NE-48
San Ferdinando di Puglia, 39, RE-48
San Fernando, 31, LN-53
San Francesco, 33, QJ-43
San Francesco d'Aglientu, 35, PS-48
San Francisco Javier, 30, NE-51
San Fratello, 38, QS-51
Sanfrè, 32, PJ-45
San Gavino Monreale, 35, PN-50
San Gemini, 36, QJ-47
Sangerhausen, 47, QE-38
San Gimignano, 36, QA-46
San Giorgio del Sannio, 37, QS-48
San Giorgio di Livenza, 33, QJ-44
San Giorgio di Piano, 33, QE-45
San Giorgio Ionico, 39, RJ-49
San Giorgio la Molara, 37, QS-48
San Giovanni di Sinis, 35, PN-50
San Giovanni in Croce, 32, QA-44
San Giovanni in Fiore, 39, RE-50
San Giovanni in Persiceto, 33, QE-45
San Giovanni Lupatoto, 33, QE-44
San Giovanni Rotondo, 37, RA-48
San Giovanni Suergiu, 35, PN-50
San Giovanni Valdarno, 33, QE-46
Sangis, 56, S-20
San Giuliano Terme, 33, QA-46
San Giuseppe Vesuviano, 37, QS-49
San Giustino, 36, QJ-46
San Gregorio, 35, PS-50
Sangüesa, 24, MN-47
San Helario Sacalm, 25, NJ-48
Sanica, 64, RA-45
San Ildefonso la Granja, 27, ME-49
Sanitz, 47, QJ-35
San Javier, 24, NA-49
Sanjenjo, 26, LE-47
San José, Esp., 30, MJ-53
San Jose, Esp., 30, NE-51
San Juan, 25, NS-50
San Juan Bautista, 30, NE-50

San Juan de Alicante, 30, MS-51
San Juan del Olmo, 27, LS-49
San Juan del Puerto, 28, LN-52
Sankt Andrä, 41, QS-43
Sankt Anton, 40, QA-42
Sankt Blasien, 44, PN-42
Sankt Erhard, 41, RA-42
Sankt Gallen, 42, PS-42
Sankt Georgen, B.R.D., 44, PN-41
Sankt Georgen, Öst., 41, QS-42
Sankt Georgen, Öst., 41, QS-41
Sankt Gilgen, 41, QN-42
Sankt Goar, 44, PJ-39
Sankt Goarshausen, 44, PJ-39
Sankt Ingbert, 44, PJ-40
Sankt Jakob, Öst., 41, QS-43
Sankt Jakob, Öst., 40, QJ-43
Sankt Johann, Öst., 41, QN-41
Sankt Johann, Öst., 41, RE-48
Sankt Johann a. Tauern, 41, QS-42
Sankt Johann i. Pongau, 40, QN-42
Sankt Johann i. Tirol, 40, QJ-42
Sankt Kathrein a. Hauenstein, 41, RA-42
Sankt Lambrecht, 41, QS-42
Sankt Leonhard, Öst., 41, RA-41
Sankt Leonhard, Öst., 40, QA-42
Sankt Margrethen, 42, PS-42
Sankt Michael, Öst., 41, RA-42
Sankt Michael, Öst., 41, QN-42
Sankt Michael i. Burgenld. , 41, RE-42
Sankt Michaelisdonn, 46, PS-36
Sankt Moritz, 42, PS-43
Sankt Nikolai, Öst., 41, QS-42
Sankt Nikolai, Öst., 41, QS-42
Sankt-Odiliënberg, 16, PE-38
Sankt Olof, 49, QS-34
Sankt Paul i. Lavantt., 41, QS-43
Sankt Pölten, 41, RA-41
Sankt Radegund, 41, RA-42
Sankt Stefan, Öst., 41, RA-43
Sankt Stefan, Öst., 41, QS-41
Sankt Veit, 41, QS-43
Sankt Wendel, 44, PJ-40
Sankt Wolfgang, 41, QN-42
San Lazzaro di Savena, 33, QE-45
San Leonardo de Yagüe, 27, ME-48
San Leonardo in Passiria, 33, QE-43
San Leonardo Valcellina, 33, QJ-43
San Lorenzo, 32, PN-43
San Lorenzo al Mare, 32, PN-46
San Lorenzo de Calatrava, 29, ME-51
San Lorenzo de la Parilla, 24, MJ-50
San Lorenzo de Morunys, 25, NE-47
San Lorenzo Nuovo, 36, QE-47
Sanlúcar de Barrameda, 31, LN-53
Sanlúcar de Guadiana, 28, LJ-52
Sanlúcar la Mayor, 28, LN-52
San Lugano, 33, QE-43
San Luis, 25, NS-50
Sanluri, 35, PN-50
San Marcello Pistoiese, 33, QA-45
San Marco Argentano, 39, RE-50
San Marco in Lamis, 37, RA-48
San Marcos (Abegondo), 26, LE-46
San Martín de Castañeda, 26, LN-47
San Martín de la Vega, 27, ME-49
San Martín del Pimpollar, 27, LS-49
San Martín de Luiña, 26, LN-46
San Martín de Montalbán, 29, MA-50

San Martín de Pusa, 29, MA-50
San Martín de Trevejo, 28, LN-49
San Martín de Valdeiglesias, 29, MA-49
San Martino di Castrozza, 33, QE-43
San Mateo, 24, NA-49
San Mateo de Gállego, 24, MS-48
San Mauro al Mare, 33, QJ-45
San Mauro Forte, 39, RE-49
San Michele, 36, QJ-46
San Michele all'Adige, 33, QE-43
San Michele al Tagliamento, 33, QJ-44
San Miguel, 30, NE-50
San Miguel de Bernuy, 27, MA-48
San Miguel de Salinas, 30, MS-52
San Miniato, 33, QA-46
Sannazzaro de'Burgondi, 32, PN-44
Sannicandro di Bari, 39, RJ-48
Sannicandro Garganico, 37, RA-48
San Nicolás del Puerto, 29, LS-51
San Nicolò, 32, PS-44
San Nicolò Ferrarese, 33, QE-45
San Nicolò Gerrei, 35, PS-50
Sannidal, 53, PS-31
Sanniki, 61, RS-37
Sanok, 58, S-40
San Pablo, 29, MA-50
San Pablo de Seguries, 25, NJ-47
San Pancrazio Salentino, 39, RJ-49
San Paolo di Civitate, 37, RA-48
San Pedro de Alcantara, 31, LS-53
San Pedro del Arroyo, 27, MA-49
San Pedro del Pinatar, 30, MS-52
San Pedro de Mérida, 28, LN-51
San Pedro Pescador, 25, NN-47
San Pellegrino Terme, 32, PS-44
San Pietro, 32, PS-43
San Pietro in Palazzi, 36, QA-46
San Pietro Vermotico, 39, RN-49
San Polo d'Enza, 32, QA-45
San Priamo, 35, PS-50
San Quirico de Besora, 25, NJ-47
San Quirico d'Orcia, 33, QE-46
San Remo, 32, PJ-45
San Rogue, 31, LS-53
San Salvo, 37, QS-47
San Saturnino de Noya, 25, NE-48
San Sebastián, 27, MJ-46
San Secondo Parmense, 32, QA-45
Sansepolcro, 36, QJ-46
San Severino Lucano, 39, RE-49
San Severino Marche, 36, QN-46
San Severo, 37, RA-48
Sanski Most, 64, RE-45
San Sosti, 39, RA-50
San Stefano di Camastra, 38, QS-51
San Stino di Livenza, 33, QJ-44
Santa Amalia, 28, LN-50
Santa Ana la Real, 28, LN-52
Santa Bárbara, Esp., 24, NA-49
Santa Bárbara, Esp., 28, LJ-52
Santacara, 24, MN-47
Santa Caterina di Pittinuri, 35, PN-49
Santa Caterina Valfurva, 33, QA-43
Santa Caterina Villarmosa, 38, QN-52
Santa Cesarea Terme, 39, RN-49
Santa Coloma de Farnés, 25, NJ-48
Santa Coloma de Queralt, 25, NE-48
Santa Colomba de Somoza, 26, LN-47
Santa Comba-Dão, 28, LE-49

Santa Comba de Rossas, 26, LN-48
Santa Croce Camerina, 38, QS-53
Santa Cruz de Bezana, 27, MA-46
Santa Cruz de Campezo, 27, ME-47
Santa Cruz de la Zarza, 29, ME-50
Santa Cruz de Moya, 24, MN-49
Santa Cruz de Mudela, 29, ME-51
Santa Cruz de Retamar, 29, MA-49
Santadi, 35, PN-50
Santa Elena, 29, ME-51
Santa Elia a Pianisi, 37, QS-48
Santaella, 29, MA-52
Santa Eufemia, 29, LS-51
Santa Eugenia de Ribeira, 26, LA-47
Santa Eulalia, 28, LJ-50
Santa Eulalia del Río, 30, NE-51
Santa Eulalia de Oscos, 26, LJ-46
Santa Fé, 31, ME-52
Sant'Agata di Militello, 38, QS-51
Sant'Agata di Puglia, 37, RA-48
Sant'Agata Feltria, 33, QJ-46
Santa Gertrude, 33, QA-43
Santa Isabel, 24, MS-48
Sant'Alessio in Aspromonte, 39, RA-51
Santa Lucia, It., 36, QN-47
Santa Lucia, It., 35, PS-49
Santa Lucia, It., 33, QE-45
Santa Luzia, 28, LE-52
Santa Margarida do Sado, 28, LE-51
Santa Margarita, 25, NN-50
Santa Margherita di Belice, 38, QN-52
Santa Maria, Esp., 25, NJ-50
Santa Maria, It., 33, QA-43
Santa Maria Capua Vetere, 37, QS-48
Santa Maria Castellabate, 39, RA-49
Santa María de Huerta, 27, MJ-48
Santa María del Campo, 27, ME-47
Santa María del Páramo, 26, LS-47
Santa Maria di Versa, 32, PS-45
Santa Maria im Münstertal, 42, QA-43
Santa María la Real de Nieva, 27, MA-48
Santa Maria Maggiore, 32, PN-43
Santa Marina Salina, 38, QS-51
Santa Marinella, 36, QE-47
Santa Marta, Esp., 28, LN-51
Santa Marta, Esp., 30, MJ-50
Santa Marta de Magasca, 28, LN-50
Santana da Serra, 28, LE-52
Santander, 27, ME-46
Sant'Andrea di Conza, 37, RA-49
Sant'Angelo Lodigiano, 32, PS-44
Santa Ninfa, 38, QJ-52
Sant'Anna Arresi, 35, PN-50
Sant'Anna di Valdieri, 32, PJ-45
Sant'Antioco, 35, PN-50
Santañy, 25, NN-50
Santa Olalla, Esp., 29, MA-49
Santa Olalla, Esp., 28, LN-52
Santa Pola, 30, MS-51
Sant'Arcangela, 39, RE-49
Santarcangelo di Romagna, 33, QJ-45
Santarém, 28, LE-50
Santa Severa, 36, QJ-47
Santas Martas, 27, LS-47
Santa Sofia, 33, QE-46
Santa Susana, 28, LE-51
Santa Teresa di Riva, 38, RA-52
Santa Teresa Gallura, 35, PS-48
Sant'Elpidio a Mare, 37, QN-46
Santeramo in Colle, 39, RE-49
Santesteban, 27, MN-46
Sant'Eufemia d'Aspromonte, 39, RA-51

Sant'Eufemia Lamezia, 39, RE-51
Santhià, 32, PN-44
Santiago de Calatrava, 29, MA-52
Santiago de Compostela, 26, LE-47
Santiago de la Espada, 30, MJ-51
Santiago do Cacém, 28, LE-52
Santiago do Escoural, 28, LE-51
Santibáñez, 27, MA-47
Santibáñez de Ayllón, 27, ME-48
Santibáñez de la Sierra, 26, LS-49
Santibáñez de Vidriales, 26, LS-48
Santiz, 26, LS-48
Santo Domingo de la Calzada, 27, ME-48
Santo Domingo de Silos, 27, ME-48
Santo Estêvão, 28, LE-51
Santok, 60, RA-37
Santolea, 24, MS-49
Santoña, 27, ME-46
Santo-Pietro-di-Tenda, 34, PS-47
Santo Stefano di Cadore, 33, QJ-43
Santo Tirso, 26, LE-48
Santo Tomé del Puerto, 27, ME-48
Santovenia, 26, LS-48
Santuario d'Oropa, 32, PJ-44
Santu Lussurgiu, 35, PN-49
Santurce-Antiguo, 27, ME-46
San Valentino aila Muta, 33, QA-43
San Vero Milis, 35, PN-49
San Vicente de Alcántara, 28, LJ-50
San Vicente de la Barguera, 27, MA-46
San Vicente de Raspeig, 30, MS-51
San Vincenzo, 36, QA-46
San Vito al Tagliamento, 33, QJ-49
San Vito dei Normanni, 39, RJ-49
San Vito lo Capo, 38, QJ-51
San Vivaldo, 36, QA-46
Sanza, 39, RA-49
São Bartolomeu dè Messines, 28, LE-52
São Brás de Alportel, 28, LJ-52
São Cristóvão, 28, LE-51
São Domingos, 28, LE-52
São Geraldo, 28, LE-51
São João da Madeira, 26, LE-49
São João da Pesqueira, 26, LJ-48
São João de Tarouca, 26, LJ-48
São Luiz, 28, LE-52
São Manços, 28, LJ-51
São Marcos da Serra, 28, LE-52
São Martinho do Porto, 28, LA-50
São Matias, 28, LJ-51
São Miguel de Machede, 28, LJ-51
São Pedro da Torre, 26, LE-48
São Pedro do Sul, 26, LE-49
São Romão, 28, LE-50
São Teotónio, 28, LE-52
Sápai, 72, TA-48
Saparevo, 67, SN-47
Sappada, 33, QJ-43
Sappee, 55, SS-28
Sapri, 39, RA-49
Sarajevo, 66, RN-46
Saramon, 22, NA-46
Sarandë, 68, SA-50
Sarata, 59, T-40
Sarayakpınar, 72, TE-48
Sarbinowo, 60, QS-37
Sarbka, 60, RJ-37
Sarche, 33, QA-43
Sardara, 35, PN-50
Sardoal, 28, LE-50
Sargans, 42, PN-43
Sarikemer, 71, TJ-52
Sarinena, 24, MS-48
Sariyer, 72, TS-48
Sarkad, 43, SE-43
Särkikangas, 54, SS-28
Särkilahti, 55, TN-28
Särkisalo, 54, SJ-29
Şarköy, 72, TJ-48
Sarlat, 22, NE-45
Sarliac-s.-l'Isle, 22, NA-44
Särmellék, 43, RJ-43
Särna, 50, QN-28
Sarnadas, 28, LJ-50
Sarnaki, 61, SJ-37

Sarnano, 36, QN-46
Sârnegor, 67, SS-47
Sarnen, 42, PN-43
Sârnevo, 72, TA-47
Sarnica, 67, SS-48
Sarnico, 32, PS-44
Sarno, 37, QS-49
Sarnow, 47, QN-36
Sarnowa, 60, RE-38
Sarny, 58, T-35
Sårö, 49, QE-32
Saronno, 32, PS-44
Sárospatak, 43, SE-41
Šarovce, 63, RN-40
Sarpsborg, 53, QE-30
Sarracín, 27, ME-47
Sarralbe, 20, PE-41
Sarrebourg, 20, PJ-41
Sarreguemines, 20, PJ-40
Sarre-Union, 20, PJ-41
Sarria, Esp., 25, NJ-47
Sarria, Esp., 26, LJ-47
Sarrión, 24, MS-48
Sarroca, 24, NA-48
Sarroch, 35, PN-50
Sarteano, 36, QE-47
Sartène, 35, PN-48
Sartilly, 17, MN-41
Saruhanli, 71, TJ-51
Sarule, 35, PS-49
Sárvár, 43, RE-42
Sarvela, 54, SJ-27
Sarzeau, 17, MJ-42
Sarzedas, 28, LJ-50
Sasalli, 71, TE-51
Sasamón, 27, MA-47
Sásd, 43, RN-43
Saßnitz, 47, QN-35
Sassano, 39, RA-49
Sassari, 35, PN-49
Sassello, 32, PN-45
Sasso, 33, QE-43
Sassoferrato, 36, QJ-46
Sasso Marconi, 33, QE-45
Sassuolo, 33, QA-45
Šaštínske Stráže, 63, RJ-41
Sas-van-Gent, 16, NN-38
Sátáo, 26, LJ-49
Säter, 50, RA-29
Satillieu, 23, NS-44
Sátoraljaújhely, 43, SE-41
Satovča, 67, SN-48
Satow, 47, QE-36
Sätra, 50, QS-31
Satrabrunn, 50, RE-30
Satrup, 48, PN-35
Sattledt, 41, QS-41
Sattula, 54, SS-28
Satu-Mare, 59, S-40
Saualen, 52, QA-27
Saucats, 22, MS-45
Sauda, 53, PA-30
Saugues, 23, NN-45
Saujon, 22, MS-44
Sauland, 53, PN-30
Saulgau, 44, PS-41
Saulieu, 20, NS-42
Sault, 21, PA-45
Saulx, 20, PE-42
Saumur, 19, MS-42
Sauris, 33, QJ-43
Sauve, 23, NN-46
Sauveterre, 22, MS-46
Sauveterre-de-Guyenne, 22, MS-45
Sauveterre-de-Rouerge, 23, NJ-45
Sauvo, 54, SJ-29
Sauxillanges, 23, NN-44
Sauzé-Vaussais, 19, NA-43
Sava, 39, RJ-49
Savelli, 39, RE-50
Savenay, 17, MN-42
Saverdun, 22, NE-46
Saverne, 20, PJ-41
Savigliano, 32, PJ-45
Savignano Irpino, 37, RA-48
Savignano sul Rubicone, 33, QJ-45
Savigny-s.-Braye, 19, NA-42
Savino Selo, 65, RS-44
Savitaipale, 55, TJ-28
Savnik, 66, RS-47
Savo, 54, SN-28
Savona, 32, PN-45
Savonlinna, 55, TN-28
Savonranta, 55, TS-27
Savşat, 72, TE-49
Sävsjö, 49, QS-32
Sävsjöström, 49, RA-32
Sävtorp, 50, QJ-30
Savudrija, 64, QN-44
Sax, 30, MS-51
Saxhyttan, 50, QS-30
Saxtorp, 49, QN-34
Sayda, 45, QN-39
Sayláda, 68, SA-50
Säyneinen, 55, TN-26
Sazara, 71, TJ-51
Scaër, 17, ME-41
Scalasaig, 13, LN-33
Scalea, 39, RA-50
Scaletta Zanclea, 38, RA-51

Scalica, 72, TE-47
Scandale, 39, RE-50
Scandiano, 33, QA-45
Scanno, 37, QN-48
Scansano, 36, QE-47
Scanzano, 39, RE-49
Scarborough, 13, MS-35
Scardovari, 33, QJ-45
Scardray, 12, MA-32
Scarinish, 13, LN-33
Scarriff-Tuamgraney, 14, LE-37
Scey-s.-Saône, 20, PA-42
Schaan, 42, PN-42
Schachendorf, 41, RE-42
Schaffhausen, 42, PN-42
Schafstädt, 47, QE-38
Schapbach, 44, PN-41
Schärding, 41, QN-41
S-charl, 42, QA-43
Scheggia Villa, 36, QJ-46
Scheibbs, 41, RA-41
Scheifling, 41, QS-42
Scheinfeld, 45, QA-40
Schelklingen, 44, PS-41
Scherfelde, 46, PS-38
Scheßlitz, 45, QE-39
Scheveningen, 16, NS-37
Schiedam, 16, NS-38
Schieder, 46, PS-38
Schierling, 45, QJ-41
Schiers, 42, PS-43
Schifferstadt, 44, PN-40
Schildau, 47, QJ-38
Schildow, 47, QN-37
Schilpario, 32, QA-44
Schiltach, 44, PN-41
Schio, 33, QE-44
Schirmeck, 20, PJ-41
Schkeuditz, 47, QJ-38
Schkopau, 47, QE-38
Schladming, 41, QN-42
Schleiden, 44, PE-39
Schleiz, 45, QE-39
Schleswig, 46, PS-35
Schleusingen, 45, QA-39
Schlieben, 47, QN-38
Schlierbach, 41, QS-42
Schliersee, 45, QE-42
Schlitz, 44, PS-39
Schlotheim, 47, QA-38
Schluchsee, 44, PN-42
Schlüchtern, 44, PS-39
Schlüsselfeld, 45, QA-40
Schlutup, 47, QA-36
Schmalkalden, 45, QA-39
Schmallenberg, 46, PN-38
Schmelz, 44, PE-40
Schmidmühlen, 45, QE-40
Schmiedeberg
→ Kowary, 62, RA-39
Schmölln, D.D.R., 45, QJ-39
Schmölln, D.D.R., 47, QS-36
Schnackenburg, 47, QE-36
Schnaittach, 45, QE-40
Schneeberg, 45, QJ-39
Schneidemühl
→ Piła, 60, RE-36
Schneverdingen, 46, PS-36
Schnifis, 40, PS-42
Schollene, 47, QJ-37
Schöllnach, 45, QN-41
Schönau, 44, PJ-42
Schönbach, 41, RA-41
Schönberg, B.R.D., 46, QA-35
Schönberg, B.R.D., 45, QN-41
Schönberg, D.D.R., 47, QA-36
Schönberger Strand, 46, QA-35
Schönbühel, 41, RA-41
Schönebeck, 47, QE-37
Schönewalde, 47, QN-38
Schongau, 45, QA-42
Schönhausen, 47, QJ-37
Schönholthausen, 46, PN-38
Schöningen, 47, QA-37
Schönsee, 45, QJ-40
Schönwalde, 47, QA-35
Schoonebeek, 16, PE-37
Schoonhoven, 16, NS-38
Schopfheim, 44, PJ-42
Schöppenstedt, 47, QA-37
Schorndorf, 44, PS-41
Schortens, 46, PJ-36
Schoten, 16, NS-38
Schramberg, 44, PN-41
Schrems, 41, RA-41
Schrobenhausen, 45, QE-41
Schruns, 40, PS-42
Schulzendorf, 47, QN-36
Schüpfheim, 42, PN-42
Schüttorf, 46, PJ-37
Schützen a. Geb., 41, RE-42
Schwaan, 47, QJ-36
Schwabach, 45, QE-40
Schwäbisch Gmünd, 44, PS-41
Schwäbisch Hall, 44, PS-40

Schwabmünchen, 45, QA-41
Schwadorf, 41, RE-41
Schwanden, 42, PS-43
Schwandorf, 45, QJ-40
Schwanebeck, 47, QE-38
Schwanenstadt, 41, QN-41
Schwarmstedt, 46, PS-37
Schwarza, 45, QE-39
Schwarzach, 45, QJ-41
Schwarzau i. Gebirge, 41, RA-42
Schwarzenbach, 45, QE-39
Schwarzenbeck, 47, QA-36
Schwarzenberg, 41, QN-41
Schwarzenberg, B.R.D., 45, QE-39
Schwarzenberg, D.D.R., 45, QJ-39
Schwarzenburg, Schw., 42, PJ-43
Schwarzenfeld, 45, QJ-40
Schwarze Pumpe, 47, QS-38
Schwarzheide, 47, QN-38
Schwaz, 40, QE-42
Schwechat, 41, RE-41
Schwedt, 47, QS-36
Schweidnitz
→ Świdnica, 62, RE-39
Schweinfurt, 44, QA-39
Schwenningen, 44, PN-41
Schwepnitz, 47, QN-38
Schwerin, 47, QE-36
Schwetzingen, 44, PN-40
Schwiebus
→ Świebódzin, 60, RA-37
Schwyz, 42, PN-42
Sciacca, 38, QN-52
Scicli, 38, QS-53
Scilla, 39, RA-51
Scinawa, 60, RE-38
Scoglitti, 38, QS-53
Šć'okino, 58, V-35
Scole, 11, NE-37
Scordia, It., 38, QS-52
Scordia, It., 33, QJ-43
Scourie, 12, LS-31
Scrabster, 15, ME-31
Scunthorpe, 15, MS-36
Scuol (Schuls), 42, QA-43
Seaca, 67, TA-46
Seaham, 15, MN-35
Seaton, 10, ME-39
Sebersdorf, 41, RE-42
Sebes, 59, S-40
Sebenstein, 41, RE-42
Sebranice, 62, RE-40
Sečanj, 65, SA-44
Secemin, 63, RS-39
Seckau, 41, QS-42
Seclin, 18, NJ-39
Secondigny, 19, MS-43
Seda, Port., 28, LJ-50
Seda, S.S.S.R., 57, S-30
Sedan, 20, PA-40
Sedano, 27, ME-47
Sedbergh, 15, MJ-35
Seddülbahir, 72, TE-49
Sedico, 33, QJ-43
Sedilo, 35, PN-49
Sedini, 35, PN-49
Sedlčany, 62, QS-40
Sedlec Prčice, 62, QS-40
Sedriano, 32, PS-44
Sedrina, 32, PS-44
Šeduva, 58, S-30
Sedziszów, 63, RS-39
Sée, 40, QA-42
Seebenstein, 41, RE-42
Seebruck, 45, QJ-42
Seefeld, 40, QE-42
Seehausen, D.D.R., 47, QE-37
Seehausen, D.D.R., 47, QE-37
Seelow, 47, QS-37
Seelze, 46, PS-37
Seesen, 46, QA-38
Seeshaupt, 45, QE-42
Seewalchen, 41, QN-42
Seferihisar, 71, TE-51
Segarcea, 67, SN-45
Segård, 52, QA-29
Segni, 36, QN-48
Segonzac, 22, MS-44
Segorbe, 24, MS-50
Segovia, 27, MA-49
Segré, 19, MS-42
Ségry, 19, NJ-43
Segura, 28, LJ-50
Segura de Leon, 28, LN-51
Sehnde, 46, PS-37
Sehradice, 63, RJ-40
Seia, 28, LJ-49
Seiches, 19, MS-42
Seiersberg, 41, RA-42
Seijo (Tomiño), 26, LE-47
Seinäjoki, 54, SE-27
Seitenstetten, 41, QS-41
Seixal, 28, LA-51
Sejny, 61, SN-35

Sekken, 52, PJ-27
Sel, 52, PS-28
Selanovici, 67, SN-46
Selahn, 51, RJ-30
Selargius, 35, PS-50
Selb, 45, QJ-39
Selbu, 52, QE-26
Selbustrand, 52, QE-26
Selby, 15, MN-36
Selce, 64, QS-44
Sélestat, 20, PJ-41
Selezn'ovo, 55, TN-29
Seligenstadt, 44, PN-39
Selje, 52, PA-27
Seljord, 53, PN-30
Selkirk, 13, MJ-34
Sellaño, Esp., 27, LS-46
Sellano, It., 36, QJ-47
Selles-s.-Cher, 19, NE-42
Sellières, 20, PA-43
Selm, 46, PJ-38
Selmapasa, 72, TN-48
Sélongey, 20, PA-42
Seltz, 20, PN-41
Semič, 64, RA-44
Semily, 62, RA-39
Semizovac, 66, RN-46
Semlac, 65, SA-43
Semmering, 41, RA-42
Semur-en-Auxois, 20, NS-42
Sena, 24, MS-48
Sénas, 21, PA-46
Senden, 46, PJ-38
Sendenhorst, 46, PJ-38
Senec, 63, RJ-40
Senftenberg, D.D.R., 47, QS-38
Senftenberg, Öst., 41, RA-41
Senica, 63, RJ-41
Senigallia, 36, QN-46
Senis, 35, PN-50
Senise, 39, RE-49
Senj, 64, QS-45
Senje, 66, SE-46
Senlis, 18, NJ-40
Senne I, 46, PN-38
Sennen, 10, LS-39
Sennybridge, 10, ME-38
Senonches, 18, NA-41
Senorbi, 35, PS-50
Senožeče, 64, QS-44
Sens, 19, NN-41
Sensburg
→ Mragowo, 61, SE-36
Senta, 65, SA-44
Senterada, 24, NA-47
Šentjur, 64, RA-43
Senumstad, 53, PN-31
Seoane de Caurel, 26, LE-47
Seo di Urgel, 25, NE-47
Sepino, 37, QS-48
Sepolno Krajeński, 60, RJ-36
Sepopol, 61, SA-35
Septemvri, 67, SS-47
Septeuil, 18, NE-41
Sepúlveda, 27, ME-48
Sequeros, 26, LN-49
Seraing, 16, PA-39
Seravezza, 32, QA-46
Serchs, 25, NE-47
Sered', 63, RJ-41
Seregno, 32, PS-44
Sérent, 17, MJ-42
Sergen, 72, TJ-48
Sergno, 72, PS-44
Seriate, 32, PS-44
Sérifos, 71, SS-52
Sermaize, 20, NS-41
Sermide, 33, QE-45
Sermancelhe, 26, LJ-49
Serock, 61, SE-37
Seroczyn, 61, SE-37
Serón, 30, MJ-52
Serós, 24, NA-48
Serpa, 28, LJ-52
Serpuchov, 58, V-35
Serra, 28, LE-50
Serracapriola, 37, RA-48
Serrada, 27, MA-48
Serradifalco, 38, QN-52
Serradilla, 28, LN-50
Serradilla del Arroyo, 26, LN-49
Sérrai, 69, SN-48
Serramanna, 35, PN-50
Serra San Bruno, 39, RE-51
Serrastretta, 39, RE-51
Serravalle, 36, QA-47
Serravalle Scrivia, 32, PN-45
Serres, 21, PA-45
Serrières, 21, NS-44
Sersale, 39, RE-50
Sertã, 28, LE-50
Sèrvia, 69, SN-48
Sesa, 24, MS-47
Sesimbra, 28, LA-51
Sesma, 27, ME-46
Sessa Aurunca, 37, QN-48
Sesta, 27, ME-46
Sestino, 33, QJ-46

Sesto Calende, 32, PN-44
Sesto Fiorentino, 33, QE-46
Sesto Imolese, 33, QE-45
Sestola, 33, QA-45
Sesto San Giovanni, 32, PS-44
Sestriere, 32, PE-45
Sestri Levante, 32, PS-45
Sestri Ponente, 32, PN-45
Sestroreck, 55, TS-29
Sesvete, 64, RE-44
Sète, 23, NN-46
Setil, 28, LE-50
Setskog, 53, QE-30
Settimo Torinese, 32, PJ-44
Settle, 15, MJ-35
Sigmaringen, 44, PS-41
Signy-l'Abbaye, 20, NS-40
Sigrion, 71, TA-50
Sigtuna, 51, RJ-30
Sigüenza, 27, MJ-48
Sigüés, 24, MN-47
Siikanen, 54, SE-28
Siilastupa, 56, S-20
Siilinjärvi, 55, TJ-26
Siipyy, 54, SE-27
Sikéa, Ellás, 70, SJ-53
Sikéa, Ellás, 69, SN-49
Sikéa, Ellás, 68, SE-51
Sikfors, 50, QS-30
Sikinos, 71, SS-53
Sikórz, 61, RS-37
Sikosalmi, 55, TJ-27
Sikoúrion, 69, SJ-50
Siksjön, 56, R-25
Silandro, 33, QA-43
Silba, 64, QS-45
Silbaš, 65, RS-44
Siles, 29, MJ-51
Siliqua, 35, PN-50
Silistra, 72, TA-46
Silivri, 72, TN-48
Silkeborg, 48, PS-33
Silkesdamm, 50, QS-30
Silla, Esp., 30, MS-50
Silla, It., 33, QA-45
Silleda, 26, LE-47
Sillé-le-Guillaume, 19, MS-41
Silli, 69, SS-48
Sillian, 40, QJ-43
Silloth, 15, ME-35
Silnica, 63, RS-39
Silno, 60, RJ-36
Šilo, 64, QS-44
Sils, Esp., 25, NJ-48
Sils, Schw., 42, PS-43
Silvano d'Orba, 32, PN-45
Silvares, 28, LJ-49
Silvberg, 50, RA-29
Silveiros, 26, LE-48
Silves, 28, LE-52
Simanala, 55, TN-27
Simbach, 45, QJ-42
Simbach a. Inn, 45, QN-41
Simferopol', 59, U-45
Simiti, 67, SN-48
Simmern, 44, PJ-39
Simnas, 61, SN-35
Simonstorp, 50, RE-31
Simpele, 55, TS-28
Simrishamn, 49, QS-34
Sinalunga, 36, QE-46
Sinarcas, 24, MN-50
Sindal, 48, QA-32
Sindelfingen, 44, PS-41
Sindia, 35, PN-49
Sinekci, 72, TJ-49
Sines, 28, LE-52
Sineu, 25, NN-50
Singen, 44, PN-42
Singö, 51, RN-29
Siniawka, 62, QS-39
Siniscola, 35, PS-49
Sinj, 64, RE-46
Sin-le-Noble, 18, NN-39
Sinnai, 35, PS-50
Sinnaro Marina, 38, RA-51
Sìnnicolau Mare, 65, SA-43
Sinsheim, 44, PN-40
Sintana, 65, SE-43
Sint-Andries, 16, NN-38
Sint-Niklaas, 16, NS-38
Sintra, 28, LA-51
Sint-Truiden, 16, PA-39
Sinzig, 44, PJ-39
Siófok, 43, RN-43
Sion, 42, PJ-43
Šipka, 67, TA-47
Šipkovo, 67, SS-47
Sipoo, 55, TA-29
Sippola, 55, TE-29
Siprage, 65, RJ-45
Siracusa, 38, RA-52
Siret, 59, T-40
Sirma, 56, T-15
Sirmione, 33, QA-44
Široka Luka, 67, SS-48
Široké, 63, SA-41
Siruela, 29, LS-51
Sisak, 64, RE-44
Sisante, 30, MJ-50
Sision, 71, TA-54
Sissach, 42, PJ-42
Sissonne, 18, NN-40
Sisteron, 21, PA-45
Sistiana, 33, QN-44
Siteía, 71, TE-54

Sitges, 25, NE-48
Sitovo, 67, SS-48
Sittard, 16, PA-39
Sittingbourne, 11, NA-38
Sitzendorf, 41, RA-41
Siuntio, 54, SS-29
Siusi, 33, QE-43
Sivac, 65, RS-44
Sivakavaara, 55, TN-27
Sivčina, 66, SA-46
Sivry-s.-Meuse, 20, PA-40
Sixmilebridge, 14, LE-37
Sixt, 21, PE-43
Siziano, 32, PS-44
Sizun, 17, MA-41
Sjenica, 66, RS-46
Sjernarøy, 53, PA-30
Sjoa, 52, PS-28
Sjöbo, Sve., 49, QN-34
Sjöbo, Sve., 49, RA-31
Sjöholt, 52, PE-27
Sjöli, 52, QE-28
Sjösa, 51, RJ-31
Sjötofta, 49, QN-32
Sjötorp, 50, QN-31
Sjundeå, 54, SS-29
Sjuntorp, 49, QJ-31
Skåbu, 52, PS-28
Skælskør, 48, QE-34
Skærbæk, 48, PN-34
Skagen, 48, QA-32
Skagersbrunn, 60, QS-30
Skála, Ellás, 71, TJ-53
Skála, Ellás, 70, SJ-53
Skała, Pol., 63, RS-39
Skalbmierz, 63, SA-39
Skålbygge, 50, RA-28
Skalica, 63, RJ-41
Skalmodal, 56, Q-20
Skalokhórion, 68, SE-49
Skalotí, 69, SS-48
Skandálion, 69, SA-50
Skanderborg, 48, PS-33
Skånevik, 53, PA-30
Skånninge, 50, QS-31
Skanör, 49, QJ-34
Skape, 60, RA-37
Skåra, 50, RN-31
Skärblacka, 50, RA-31
Skåre, 50, QN-30
Skarnes, 53, QE-29
Skarpengland, 53, PJ-31
Skärplinge, 51, RJ-29
Skärså, 51, RJ-28
Skarsgård, 53, PN-29
Skarsvåg, 56, T-15
Skarszewy, 60, RN-35
Skaryszew, 61, SE-38
Skarżysko-Kamienna, 63, SA-38
Skåtöy, 53, PS-31
Skattkärr, 50, QN-30
Skattungbyn, 50, QS-28
Skaudvile, 58, S-30
Skaun, 52, PS-26
Skawce, 63, RS-40
Skawina, 63, RS-40
Skebo, 51, RN-30
Skebokvarn, 51, RE-30
Skedsmo, 53, QE-30
Skee, 50, QE-31
Skegness, 11, NA-36
Skegrie, 49, QN-34
Skei, 52, PE-28
Skellefteå, 56, S-25
Skelleftehamn, 56, S-25
Skender Vakuf, 64, RJ-45
Skene, 49, QJ-32
Skępe, 61, RS-37
Skerries, 14, LN-36
Skhimatárion, 69, SN-51
Ski, 53, QA-30
Skíathos, 69, SN-50
Skibbereen, 14, LA-38
Skibby, 48, QE-34
Skibotn, 56, S-20
Skidhra, 69, SJ-49
Skien, 53, PS-30
Skierniewice, 61, SA-38
Skillingaryd, 49, QS-32
Skillingsfors, 50, QJ-29
Skinnarböl, 50, QJ-29
Skinnskatteberg, 50, RA-30
Skipagurra Tst., 56, T-15
Skipness, 13, LS-34
Skipton, 15, MJ-36
Skiptvet, 53, QE-30
Skiros, 71, SS-51
Skive, 48, PN-33
Skiwy, 61, SJ-37
Skjærdalen, 53, QA-29
Skjåk, 52, PN-28
Skjeberg, 53, QE-30
Skjelanger, 53, NS-29
Skjern, 48, PN-34
Skjerva, 53, QA-29
Skjold, 53, PA-30
Skjolden, 52, PJ-28
Skocjan, 64, QN-44
Skoczów, 63, RN-40
Skodje, 52, PE-27
Škofja Loka, 64, QS-43
Skog, 51, RE-28
Skoga, 50, QN-29
Skoger, 53, QA-30
Skoghall, 50, QN-30
Skogstorp, 51, RE-30
Skoki, 60, RJ-37

Skokloster, 51, RJ-30
Skokówa, 60, RE-38
Skollenborg, 53, PS-30
Sköllersta, 50, SA-41
Skópelos, Ellás, 71, TE-50
Skópelos, Ellás, 69, SN-50
Skopje, 66, SE-48
Skórcz, 60, RN-36
Skoroszów, 60, RJ-38
Skórzec, 61, SJ-37
Skotniki, 61, RS-38
Skotterud, 50, QJ-30
Skövde, 50, QN-31
Skrad, 64, QS-44
Skradin, 64, RA-46
Skreia, 53, QE-29
Skromberga, 49, QN-34
Skrukkeli, 53, QA-29
Skruv, 49, RA-33
Skrzetusz, 60, RE-37
Skudeneshavn, 53, PA-30
Skuggarvet, 50, RA-29
Skull, 14, LA-38
Skultorp, 50, QN-31
Skultuna, 50, RE-30
Skummeslöv, 49, QN-33
Skuodas, 57, S-30
Skurup, 49, QN-34
Skutskär, 51, RJ-29
Skvira, 58, T-40
Skwierzyna, 60, RA-37
Skyarp, 49, QN-32
Skyllberg, 50, RA-31
Sládkovičovo, 63, RJ-40
Slagelse, 48, QE-34
Slaidburn, 15, MJ-36
Slancy, 57, T-30
Slane, 14, LN-36
Slangerup, 48, QJ-34
Slano, 66, RJ-47
Slanowiska, 63, RS-39
Slaný, 62, QS-39
Slaporków, 61, SA-38
Slatina, Jugo., 66, SA-46
Slatina, Rom., 59, S-45
Slatiňany, 62, RA-39
Slavenski Brod, 65, RN-44
Slavinja, 67, SJ-46
Slavjanovo, Blg., 72, TA-48
Slavjanovo, Blg., 67, SS-46
Slavkov u Brna, 63, RE-40
Slavonice, 62, RA-41
Slavonska Požega, 65, RJ-44
Slavonski Krobaš, 65, RJ-44
Slavotin, 67, SN-46
Sława, 60, RE-38
Sławno, 60, RE-35
Sławoborze, 60, RA-36
Sleaford, 11, MS-36
Slemmestad, 53, QA-30
Ślesin, 60, RN-37
Slettestrand, 48, PS-32
Slettmoen, 50, QJ-29
Sliač, 63, RS-41
Sliedrecht, 16, NS-38
Sliema, 38, QS-54
Sligachan, 13, LN-32
Sligd (Sligeach), 14, LE-35
Sligeach
→ Sligo, 14, LE-35
Slite, 51, RN-32
Sliven, 72, TE-47
Slivnica, 67, SN-47
Śliwice, 60, RN-36
Slobozia, 59, T-45
Słomniki, 63, SA-39
Slonim, 58, T-35
Słonsk, 60, QJ-37
Slootdorp, 16, NS-37
Slottsbron, 50, QN-30
Slough, 11, MS-38
Slovenjgradec, 64, RA-43
Slovenska Bistrica, 64, RA-43
Slovenská L'upča, 63, RS-41
Ślubice, 60, RS-38
Sluck, 58, T-35
Sluderno, 33, QA-43
Sludzianna, 61, SA-38
Śluis, 16, NN-38
Sluknov, 62, QS-39
Slunj, 64, RA-44
Słupca, 60, RJ-37
Słupia Nowa, 63, SE-39
Słupiec, 62, RE-39
Słupsk (Stolp), 60, RE-35
Smålandsstenar, 49, QN-32
Śmarje pri Jelšah, 64, RA-43
Śmarješke Toplice, 64, RA-44
Smĕdĕc, 62, QS-41
Smederevo, 65, SA-45
Smederevska Palanka, 65, SA-45
Smedjebacken, 50, RA-29
Smedjebo, Sve., 51, RE-29
Smedsbo, Sve., 50, RA-29
Smela, 58, U-40
Smethwick, 10, MN-37
Śmigiel, 60, RE-37
Smilec, 67, SS-47
Smiljan, 67, SS-48
Smiřice, 62, RA-39
Smjadovo, 72, TJ-46

Smolensk, 58, U3-5
Smoljan, 67, SS-48
Smolnica, 60, QS-37
Smygehamn, 49, QN-34
Snäckgärdsbaden, 51, RN-32
Snaith, 15, MN-36
Snappertuna, 54, SN-30
Snarum, 53, PS-29
Sneek, 16, PA-36
Sneem, 14, LA-38
Snillfjord, 52, PS-26
Snina, 59, S-40
Snippen, 52, QE-28
Snöån, 50, RA-29
Soave, 33, QE-44
Sobernheim, 44, PJ-40
Sobĕslav, 62, QS-40
Sobienie Jeziory, 61, SE-38
Sobótka, Pol., 60, RJ-38
Sobótka, Pol., 63, RE-39
Sobrado, 26, LJ-46
Sobrado de Paiva, 26, LE-48
Sobral, 28, LA-50
Sobral da Adiça, 28, LJ-51
Sobreira Formosa, 28, LJ-50
Søby, 48, QA-35
Soča, 64, QN-43
Sochaczew, 61, SE-37
Sochocin, 61, SA-37
Socol, 65, SE-45
Socovos, 30, MJ-50
Socuéllamos, 29, MJ-50
Sodankylä, 56, T-20
Söderfors, 51, RJ-29
Söderhamn, 51, RJ-28
Söderköping, 50, RE-31
Södertälje, 51, RJ-30
Södra Råda, 50, QS-31
Södra Unnaryd, 49, QN-33
Södra Vi, 49, RA-32
Sodražica, 64, QS-44
Soest, B.R.D., 46, PN-38
Soest, Ned., 16, PA-37
Sofádhes, 69, SJ-50
Sofija, 67, SN-47
Sofikón, 70, SN-52
Sögel, 46, PJ-37
Sogliano al Rubicone, 33, QJ-46
Sogndal, Nor., 53, PE-31
Sogndal, Nor., 52, PJ-28
Sögne, 53, PJ-31
Soğukpinar, 72, TS-49
Soham, 11, NA-37
Soignies, 16, NS-39
Soini, 54, SS-27
Soissons, 18, NN-40
Söke, 71, TJ-52
Sokhós, 69, SN-49
Sokndal, 53, PE-31
Soko Banja, 67, SE-46
Sokolany, 61, SN-36
Sokolarci, 67, SJ-48
Sokófka, 61, SN-36
Sokolov, 62, QJ-39
Sokołów Podlaski, 61, SJ-37
Sokoły, 61, SJ-37
Sokośnica, 64, RE-45
Sola, 53, PA-31
Solagna, 33, QE-44
Solana de los Barros, 28, LN-51
Solana del Pino, 29, MA-51
Solares, 27, ME-46
Solbad Hall, 40, QE-42
Solberga, 49, QS-32
Solčava, 64, QS-43
Solden, 40, QE-42
Soldeu, 22, NE-47
Solec Kujawski, 60, RN-36
Solec Zdrój, 63, SA-39
Solenzara, 24, PS-48
Soler, 24, NJ-50
Solera, 32, PN-45
Solero, 32, PN-45
Solesino, 33, QE-44
Solf, 54, SE-26
Solheim, 52, PA-29
Solihull, 11, MN-37
Solillo de la Adrada, 29, MA-49
Solin, 65, RE-46
Soline, 64, QS-45
Solingen, 46, PJ-38
Sollebrunn, 49, QJ-31
Sollefteå, 57, R-25
Sollenau, 41, RE-42
Sollentuna, 51, RN-30
Sóller, 24, NJ-50
Søllerød, 48, QJ-34
Sollerön, 50, QS-29
Sollia, 52, QA-28
Solliès-Pont, 21, PA-46
Sollihögda, 53, QA-30
Solna, 51, RN-30
Solnje, 66, SE-48
Solofra, 37, QS-49
Solosancho, 27, MA-49
Solothurn, 42, PJ-42
Solrød, 48, QJ-34
Sölsnes, 52, PJ-27
Solsona, 25, NE-47
Solstadström, 49, RE-32
Solsvik, 53, NS-29
Soltau, 46, PS-36

Soltvadkert, 43, RS-43
Solum, 53, PS-30
Solumsmo, 53, PS-30
Solund, 52, NS-28
Sölvesborg, 49, QS-33
Sömådal, 52, QE-27
Sombernon, 20, NS-42
Sombor, 65, RS-44
Somerniemi, 54, SN-29
Somero, 54, SN-29
Somma Lombardo, 32, PN-44
Sommatino, 38, QS-52
Somma Vesuviana, 37, QS-49
Sommen, 49, RA-31
Sommepy, 20, NS-40
Sömmerda, 47, QE-38
Sommerfeld, 47, QE-37
Sommesous, 20, NS-41
Sommières, 23, NS-46
Somo, 27, ME-46
Somolinos, 27, MJ-48
Somorrostro, 27, ME-46
Somoskőújfalu, 43, RS-41
Sompolno, 60, RN-37
Sompuis, 20, NS-41
Son, Nor., 53, QA-30
Son, Esp., 26, LE-47
Soncillo, 27, ME-47
Soncino, 32, PS-44
Sønder Bjerre, 48, PS-34
Sønderborg, 48, PS-35
Sønderho, 48, PN-34
Sønder Omme, 48, PN-34
Sondershausen, 47, QA-38
Søndersø, 48, QA-34
Søndervig, 48, PN-33
Söndre Ösen, 52, QE-28
Sondrio, 32, PS-43
Söne, 50, QJ-31
Soneja, 24, MS-50
Sonneberg, 47, QE-39
Sonnewalde, 47, QN-38
Sonogno, 42, PN-43
Sonseca, 29, MA-50
Son Servera, 25, NN-50
Sönsterud, 50, QJ-29
Sonta, 65, RS-44
Sonthofen, 45, QA-42
Sontra, 46, PS-38
Sopockin, 61, SN-36
Sopot, Jugo., 65, SA-45
Sopot (Zoppot), Pol., 60, RN-35
Soppero, 56, S-20
Sopron, 43, RE-42
Sora, 36, QN-48
Sörång, 50, RE-31
Sorau
→ Żary, 60, RA-38
Sör-Aurdal, 52, PS-29
Sorbas, 30, MJ-52
Sore, Fr., 22, MS-45
Söre, Sve., 57, R-25
Soresina, 32, PS-44
Sörforsa, 51, RE-28
Sör-Fron, 52, PS-28
Sorgono, 35, PS-49
Sorgues, 21, NS-45
Soria, 27, MJ-48
Soriano Calabro, 39, RE-51
Sörkedalen, 53, QA-29
Sorken, 52, QE-28
Sorkwity, 61, SE-36
Sorø, 48, QE-34
Sör-Odal, 53, QE-29
Soroki, 59, T-40
Sörreisa, 56, R-20
Sorrento, 37, QS-49
Sorsakoski, 55, TJ-27
Sorsele, 56, R-20
Sort, 25, NE-47
Sortavala, 57, U-25
Sortino, 38, RA-52
Sortland, 56, R-20
Sörum, 53, QE-29
Sorunda, 51, RJ-31
Sörvær, 56, S-15
Sörvattnet, 57, Q-25
Sörvika, 52, QE-27
Sösdala, 49, QS-33
Sos del Rey Católico, 24, MN-47
Sośnica, Pol., 60, RE-36
Sosnica, S.S.S.R., 58, U-35
Sosnicowice, 63, RN-39
Sosnovo, 55, UA-29
Sosnowica, 61, SN-38
Sosnowiec, 63, RS-39
Sospel, 21, PJ-46
Šoštanj, 64, RA-43
Sotin, 64, RS-44
Sotkamo, 56, T-25
Sotkuma, 55, TS-27
Sotobañado, 27, MA-47
Soto del Barco, 26, LN-46
Sotta, 35, PS-48
Sotteville, 18, NE-40
Sotuélamos, 29, MJ-50
Soudenniemi, 54, SJ-28

Souflion, 72, TE-48
Souillac, 22, NE-45
Souilly, 20, PA-40
Soulac s. Mer, 22, MN-44
Soulópoulon, 68, SA-50
Soultz, 20, PJ-41
Souppes, 19, NJ-41
Sourdeval, 18, MS-41
Soure, 28, LE-49
Sousel, 28, LJ-51
Soustons, 22, MN-46
Southall, 11, MS-38
Southam, 11, MN-37
Southampton, 11, MN-39
Southdean, 13, MJ-34
Southend, 13, LS-34
South Molton, 10, ME-39
Southampton, 11, MN-39
Southport, 15, MJ-36
South Shields, 15, MN-35
Southwell, 11, MS-36
Southwold, 11, NE-37
Souto, 28, LE-50
Souvigny, 19, NN-43
Sövassli, 52, PS-26
Soverato, 39, RE-51
Sovere, 32, PS-44
Sövestad, 49, QN-34
Sovetsk (Tilsit), 58, S-30
Sovetskij, 55, TN-29
Sövikdal, 52, PE-27
Sovra, 66, RJ-47
Sowliny, 63, SA-40
Sozopol, 72, TJ-47
Spa, 16, PA-39
Spaichingen, 44, PN-41
Spała, 61, SA-38
Spalding, 11, MS-37
Spálené Poříčí, 62, QN-40
Spángenäs, 49, RE-32
Spangereid, 53, PJ-31
Sparreholm, 51, RE-30
Spartà, 38, RA-51
Spárti, 70, SJ-52
Spáta, 70, SN-52
Spean Bridge, 13, MA-33
Spello, 36, QJ-46
Spennymoor, 15, MN-35
Sperkheiás, 69, SJ-51
Sperlonga, 36, QN-48
Spétsai, 70, SN-52
Speyer, 44, PN-40
Spezzano Albanese, 39, RE-50
Spiddal, 14, LA-36
Spiekeroog, 46, PJ-36
Spiez, 42, PJ-43
Spigno Monferrato, 32, PN-45
Spilamberto, 33, QA-45
Spilimbergo, 33, QJ-43
Spilion, 71, SS-54
Spillersboda, 51, RN-30
Spilsby, 11, NA-36
Spinazzola, 39, RE-49
Spincourt, 20, PA-40
Spindoli, 36, QJ-46
Spinetta, 32, PN-45
Spišská-Belá, 63, SA-40
Spišská-Nova Ves, 63, SA-41
Spišské-Podhradie, 63, SA-40
Spital a. Pyhrn, 41, QS-42
Spitorsburgen, 51, RN-32
Spittal, 41, QN-43
Spitz, 41, RA-41
Spjæröy, 53, QA-30
Split, 64, RE-46
Splügen, 42, PS-43
Spodsbjærg, 48, QA-35
Špola, 58, U-40
Spoláita, 68, SE-51
Spoleto, 36, QJ-47
Spondigna, 33, QA-43
Spoŏice, 62, QN-39
Spręcowo, 61, SA-36
Spremberg, 47, QS-38
Spresiano, 33, QJ-44
Springe, 46, PS-37
Spuž, 66, RS-47
Spydeberg, 53, QE-30
Squinzano, 39, RN-49
Srbica, 66, SA-47
Srbobran, 65, RS-44
Srebrenica, 65, RS-46
Srednegorje, 55, TS-29
Srednogorci, 67, SS-48
Śrem, 60, RE-37
Sremska Mirrovica, 65, RS-45
Sremska Kamenica, 65, RS-44
Sremski Karlovci, 65, RS-44
Srnice, 65, RN-45
Środa, 60, RJ-37
Środa Śląska, 62, RE-38
Srokowo, 61, SE-35
Srpska Crnja, 65, SA-44
Srpski Itebej, 65, SA-44
St.
→ Saint 00, ..
Staad, 44, PS-42
Staatz, 41, RE-41
Stabbestad, 53, PS-31
Staberdorf, 47, QE-35
Staby, 48, PN-33
Stade, 46, PS-36
Stadskanaal, 16, PE-37
Stadthagen, 46, PS-37
Stadtilm, 45, QE-39

Stadtkyll, 44, PE-39
Stadlauringen, 45, QA-39
Stadtlohn, 46, PE-38
Stadtroda, 45, QE-39
Stäfa, 42, PN-42
Staffelstein, 45, QA-39
Staffin (Stenscholl), 12, LN-32
Stafford, 10, MJ-37
Stagno, 36, QA-46
Staines, 11, MS-38
Stainz, 41, RA-43
Stakvci, 67, SJ-46
Stalać, 66, SE-46
Stalbridge, 10, MJ-39
Stalden, 42, PJ-43
Stalham, 11, NE-37
Stallarholmen, 51, RJ-30
Ställdalen, 50, QS-30
Stalon, 56, R-20
Stamford, 11, MS-37
Stamnes, 53, PA-29
Stams, 40, QA-42
Stange, 53, QE-29
Stangvik, 52, PN-27
Stanhope, 15, MJ-35
Stanin, 61, SJ-38
Staníšić, 65, RS-44
Stanisławów, 61, SE-37
Stanke Dimitrov, 67, SN-47
Stankov, 62, QN-40
Stankovany, 63, RS-40
Stanomino, 60, RA-36
Stanowice, 63, RN-39
Stans, 42, PN-43
Stapar, 65, RS-44
Stąporków, 61, SA-38
Stárachowice, 63, SE-38
Stara Czarnowo, 60, QS-36
Stara Dzierzgoń, 61, RS-36
Stara Kiszewa, 60, RN-36
Stara Moravica, 65, RS-44
Stara Orjahovo, 72, TJ-47
Stara Osiecnno, 60, RA-37
Starapatica, 67, SJ-46
Stara Pazova, 65, RS-45
Stará Říše, 62, RA-40
Stará Role, 62, QJ-39
Stará Turá, 63, RJ-41
Stara Zaroga, 72, TA-47
Stärbsnäs, 51, RS-30
Starčevo, 65, SA-45
Stare Budkowice, 63, RJ-39
Staré Hamry, 63, RN-40
Staré Hory, 63, RS-41
Stare Jabłonki, 61, SA-36
Stare Město, 63, RE-40
Staré Město u Uherského Hradiště, 63, RE-40
Stare Pole, 61, RS-35
Stargard Szczecin, 60, QS-36
Stårheim, 52, PA-28
Stari, 64, RE-46
Stari Banovci, Jugo., 65, SA-45
Stari Banovci, Jugo., 65, SA-44
Stari Bar, 66, RS-47
Stari Grad, Jugo., 37, RE-46
Starigrad, Jugo., 64, QS-45
Starigrad-Paklenica, 64, RA-45
Stari Majdan, 64, RE-45
Stari Trg (Črnomelj), 64, RA-44
Starnberg, 45, QE-41
Starogard, 60, RA-36
Starogard Gdański, 60, RN-36
Starokonstantinov, 58, T-40
Staro-Nagoričane, 67, SE-47
Staro Petrovo Selo, 65, RJ-44
Starosel, 67, SS-47
Staroselici, 67, SS-46
Starozreby, 61, SA-37
Staryj Krym, 59, V-40
Stary Sacz, 63, SA-40
Stary-Śmokovec, 63, SA-40
Starzyny, 63, RS-39
Staßfurt, 47, QE-38
Staszów, 63, SE-39
Statsbygd, 52, QA-26
Staufen, 44, PJ-42
Stavanger, 53, PA-31
Stavenhagen, 47, QJ-36
Stavenisse, 16, NS-38
Stavern, 53, QA-31
Stavrós, Ellás, 69, SN-49
Stavrós, Ellás, 69, SJ-49
Stavroúpolis, 69, SS-48
Stavsjö, 56, R-20
Stawiguda, 61, SA-36
Stawiski, 61, SJ-36
Stawiszyn, 60, RN-38
Staxton, 15, MN-35
Steccato, 39, RE-51
Stechelberg, 42, PJ-43
Steeg, 40, QA-42

Steenbergen, 16, NS-38
Steenvoorde, 18, NJ-39
Steenwijk, 16, PE-37
Steg, 42, PN-42
Stege, 48, QJ-35
Stegersbach, 41, RE-42
Stegna, 61, RS-35
Steinach, D.D.R., 45, QE-39
Steinach, Öst., 40, QE-42
Stein am Rhein, 42, PN-42
Steinestø, 53, PA-29
Steinfeld, 46, PN-37
Steingaden, 45, QA-42
Steinhausen, 44, PS-41
Steinkjer, 56, Q-25
Steinlöysa, 52, PJ-27
Steinsholt, 53, PS-30
Stelle, 46, QA-36
Stemshaug, 52, PN-26
Sten, 49, QS-31
Stenay, 20, PA-40
Stenbjerg, 48, PN-33
Stenbrohult, 49, QS-33
Stendal, 47, QE-37
Stengelsrud, 53, PS-30
Steni Dhírfios, 70, SN-51
Steninge, 49, QJ-33
Stenness, 12, MN-29
Stenón, 70, SJ-52
Stensele, 56, R-20
Stensjön, 49, QS-32
Stenstorp, 49, QN-31
Stenungsund, 50, QE-31
Stĕpánov, 63, RJ-40
Stepnica, 60, QS-36
Stepojevac, 65, SA-45
Sterlawki Wielkie, 61, SE-35
Stérnai, 71, SS-54
Sternberg, 47, QE-36
Šternberk, 63, RJ-40
Steszew, 60, RE-37
Štĕti, 62, QS-39
Stetten a. k. Markt, 44, PS-41
Stettin
→ Szczecin, 60, QS-36
Stevan Karadžovo, 72, TE-47
Stevanovac, 66, RS-47
Stevenage, 11, MS-38
Stevrek, 72, TE-47
Stewartstown, 14, LN-35
Steyr, 41, QS-41
Stežerovo, 67, TA-46
Štezzano, 32, PS-44
Štiavnik, 63, RN-40
Stiens, 16, PA-36
Stigamodal, 49, QS-32
Stigen, 49, QJ-31
Stigliano, 39, RE-49
Stigtomta, 51, RE-31
Stilis, 69, SJ-51
Stilo, 39, RE-51
Stimigliano, 36, QJ-47
Štimlje, 66, SE-47
Stintino, 35, PN-49
Stio, 39, RA-49
Štip, 67, SJ-48
Stíra, 71, SS-51
Stiring, 20, PE-40
Stirling, 13, ME-33
Stjärnfors, 50, QS-30
Stjärnhov, 51, RE-30
Stjärnsund, 50, RE-29
Stjördal, 52, QA-26
Stjördalshalsen, 56, Q-25
Stobi, 67, SE-48
Stockach, 44, PS-42
Stockaryd, 49, QS-32
Stockbridge, 11, MN-38
Stöcken, 47, QA-36
Stockerau, 41, RE-41
Stockholm, 51, RJ-30
Stockport, 15, MJ-36
Stocksbo, 50, RE-29
Stockton-on-Tees, 15, MN-35
Stoczek, 61, SE-37
Stoczek Łukowski, 61, SE-38
Stod, 62, QN-40
Stöde, 57, R-25
Stoholm, 48, PS-33
Stoke Ferry, 11, NA-37
Stoke-on-Trent, 11, MJ-37
Stokesley, 15, MN-35
Stokkemarke, 48, QE-35
Stokken, 53, PN-31
Štoky, 62, RA-40
Stolac, 66, RJ-46
Stolberg, 44, PE-39
Stöle, 53, PA-30
Stolin, 58, T-35
Stollberg, D.D.R., 45, QJ-39
Stollberg, D.D.R., 47, QA-38
Stöllet, 50, QN-29
Stolno, 60, RN-36
Stolp
→ Słupsk, 60, RE-35
Stolpen, 47, QA-38
Stolut, 67, SJ-46
Stómion, 69, SJ-50
Stommen, 50, QJ-30
Stömne, 50, QJ-30
Ston, 66, RJ-47
Stone, 10, MJ-37
Stonehaven, 13, MJ-33
Stongfjord, 52, PA-28

Stopnica, 63, SA-39
Storå, 50, RA-30
Stora Sundby, 50, RE-30
Storbroen, 53, PN-31
Stordal, 52, PJ-27
Storebro, 49, RA-32
Store Heddinge, 48, QJ-34
Stor-Elvdal, 52, QA-28
Stören, 52, QA-27
Storfjellseter, 52, QA-27
Storfors, 50, QS-30
Storjord, 50, R-20
Storkow, 47, QN-37
Stornarella, 37, RA-48
Stornoway, 12, LN-31
Storo, 33, QA-44
Storsjö, 57, Q-25
Storuman, 56, R-20
Storvik, 50, RE-29
Storvreta, 51, RJ-30
Stößen, 47, QE-38
Stotternheim, 47, QE-38
Stourbridge, 10, MJ-37
Stourport-on-Severn, 10, MJ-37
Støvring, 48, PS-33
Stow, 13, MJ-34
Stowięcino, 60, RJ-35
Stowmarket, 11, NA-37
Stow-on-the-Wold, 11, MN-38
Straach, 47, QJ-38
Strabane, 14, LJ-35
Strachówka, 61, SE-37
Strachur, 13, LS-33
Stracin, 72, TJ-47
Stradalovo, 67, SJ-47
Stradbally, Eire, 14, LJ-36
Stradbally, Eire, 14, KS-36
Stradeč', 61, SN-38
Stradella, 32, PS-44
Stradone, 14, LJ-36
Stragari, 66, SA-45
Strakonice, 62, QN-40
Straldza, 72, TE-47
Stralsund, 47, QN-35
Strand, Nor., 56, R-20
Strand, Nor., 53, PA-30
Strand, Nor., 52, QE-28
Strand, Sve., 50, RA-29
Stranda, 52, QA-26
Strandebarm, 52, PE-27
Strandvik, 53, PA-29
Strangford, 15, LS-35
Strängnäs, 51, RE-30
Strängsjö, 50, RE-31
Stráni, 63, RJ-41
Stranraer, 13, LS-35
Straß, 40, QE-42
Strasatti, 38, QJ-52
Strasbourg, 20, PJ-41
Strasburg, 47, QN-36
Strašice, 62, QN-40
Stratford-upon-Avon, 10, MN-37
Strathaven, 13, MA-34
Strathpeffer, 12, MA-32
Stratinska, 64, RE-45
Stratoníki, 69, SN-49
Stratónion, 69, SN-49
Straubing, 45, QJ-41
Straulas, 35, PS-49
Straumsnes, 52, PJ-26
Straupitz, 47, QS-38
Strausberg, 47, QN-37
Straußfurt, 47, QA-38
Stražica, 72, TA-47
Stražice, 64, RE-45
Strážnice, 63, RJ-41
Streatley, 11, MN-38
Strehaia, 59, S-45
Strehla, 47, QN-38
Strękowa Góra, 61, SJ-36
Strelča, 67, SS-47
Strengberg, 41, QS-41
Stresa, 32, PN-44
Stretham, 11, NA-37
Strezimirovci, 67, SJ-47
Strib, 48, PS-34
Stříbro, 62, QN-40
Strichen, 12, MJ-32
Strimasund, 56, R-20
Strinda, 52, QA-26
Strjama, 67, SS-47
Strmac, 64, RJ-44
Stroevo, 67, SN-46
Ströhen, 46, PN-37
Strojkovce, 67, SE-47
Ström, 50, QJ-30
Stromberg, 44, PJ-40
Stromeferry, 12, LS-32
Stromemore, 12, LS-32
Strömfors, 55, TE-29
Strömfors, Sve., 56, S-25
Strömfoss, 53, QE-30
Strömma, 54, SJ-29
Stromness, 12, ME-31
Strömsberg, 51, RJ-29
Strömsbro, 51, RJ-29
Strömsfors, Sve., 49, QN-32
Strömsholm, 50, RE-30
Strömstad, 50, QE-31
Strömsund, 56, R-25
Strongoli, 39, RJ-50
Stronie Śląskie, 63, RE-39
Strontain, 13, LS-33
Stroppiana, 32, PN-44
Stroud, 10, MJ-38
Struer, 48, PN-33

Struga, 66, SA-48
Strugi-Krasnyje, 57, T-30
Strumica, 67, SJ-48
Stryj, 58, S-40
Stryken, 53, QA-29
Stryków, 60, RS-38
Stryn, 52, PE-28
Strzegocin, 61, SA-37
Strzegom, 62, RE-39
Strzegów, 60, QS-38
Strzegowo, 61, SA-37
Strzelce, 61, RS-37
Strzelce Krajeńskie, 60, RA-37
Strzelce Opolskie, 63, RN-39
Strzelin, 63, RE-39
Strzelno, 60, RN-37
Strzemieszyce Wielkie, 63, RS-39
Strzepcz, 60, RN-35
Strzybnica, 63, RN-39
Stubbenkammer, 47, QN-35
Stubbenkøbing, 48, QJ-35
Stubel, 67, SN-46
Stubičke Toplice, 64, RA-44
Studena, 61, SN-47
Studenci, 64, RJ-46
Studenec, 62, RA-39
Studénka, 63, RN-40
Studenzen, 41, RA-42
Studley, 10, MN-37
Studsvik, 51, RJ-31
Stuer, 47, QJ-36
Stugudal, 52, QE-27
Stühlingen, 44, PN-42
Stülpe, 47, QN-37
Stump Cross, 11, NA-37
Stupava, 63, RJ-41
Stupnica, 67, SJ-46
Stuttgart, 44, PS-41
Stützerbach, 45, QA-39
Styrvoll, 53, PS-30
Subate, 58, T-30
Subiaco, 36, QN-48
Subotica, Jugo., 65, RS-43
Subotica, Jugo., 66, SE-46
Suceava, 59, T-40
Sucevići, 64, RE-45
Sucha, 63, RS-40
Suchaia, 67, TA-46
Suchań, 60, RA-36
Suchedniów, 63, SA-38
Suchiniči, 58, V-35
Suchorze, 60, RJ-35
Suchowola, 61, SN-36
Sucina, 30, MS-52
Sučuraj, 37, RJ-46
Sudak, 59, U-45
Sudanell, 24, NA-47
Sudbury, 11, NA-37
Süderbrarup, 48, PS-35
Sudersand, 51, RS-32
Sueca, 30, MS-50
Suhindol, 67, TA-46
Suhl, 45, QA-39
Şuhopolje, 65, RJ-44
Šuica, 64, RJ-46
Suippes, 20, NS-40
Sujstamo, 57, U2-5
Sulámoen, 52, QE-26
Suldal, 53, PA-30
Sulechów, 60, RA-37
Sulecin, 60, RA-37
Sulęczyno, 60, RJ-35
Sulejów, 61, RS-38
Sulejówek, 61, SE-37
Sulików, 62, RA-39
Sulina, 59, T-40
Sulingen, 46, PN-37
Suliszewo, 60, RA-36
Sulkava, 55, TN-28
Sulkavanjärvi, 55, TE-26
Sułkowice, 63, RS-40
Sully, 19, NJ-42
Sulmierzyce, Pol., 61, RS-38
Sulmierzyce, Pol., 60, RJ-38
Sulmona, 37, QN-47
Sułoszowa, 63, RS-39
Sułów, 60, RJ-38
Sulva, 54, SE-26
Sulvik, 50, QJ-30
Sulzbach, B.R.D., 44, PJ-40
Sulzbach, B.R.D., 44, PS-40
Sulzbach-Rosenberg, 45, QE-40
Sulzberg, 40, PS-42
Sumartin, 64, RE-46
Šümeg, 43, RJ-43
Šumen, 72, TE-46
Şumiainen, 55, TE-27
Šumperk, 63, RJ-40
Sumy, 58, U-35
Sund, Nor., 53, PA-29
Sund, Sve., 50, RA-29
Sundborn, 50, RA-29
Sundby, 48, PN-33
Sundbyberg, 51, RJ-30
Sunde, 53, PA-30
Sunderland, 15, MN-35
Sundern, 46, PN-38
Sundøre, 48, PS-33
Sunds, 48, PN-33
Sundsböen, 52, PE-27

Sundsvall, 57, R-25
Sundvollen, 53, QA-29
Sungumare, 72, TE-47
Sunhult, 49, QS-32
Suni, 35, PN-49
Sunja, 64, RE-44
Sunnansjö, 50, QS-29
Sunndalsöra, 52, PN-27
Sunne, 50, QE-30
Sunnylven, 52, PE-27
Suojoki, 54, SE-27
Suolahti, 55, TA-27
Suomeniemi, 55, TJ-28
Suomussalmi, 56, T-25
Suoniemi, 54, SN-28
Suontaka, 54, SE-29
Suorva, 56, R-20
Supetar, 64, RE-46
Suppitu, 55, TA-28
Şurahammar, 50, RE-30
Şurany, 63, RN-40
Suraż, 61, SJ-37
Surgères, 19, MS-43
Suria, 25, NE-48
Şurlan, 66, SE-47
Surna, 52, PN-27
Surnadalsöra, 52, PN-26
Surnumjoki, 55, TE-27
Sursee, 42, PN-42
Surte, 49, QJ-32
Susa, 32, PJ-44
Susak, 64, QS-45
Susch, 42, QA-43
Süßen, 44, PS-41
Sušice, 62, QN-40
Susurluk, 72, TN-50
Susuzmüsellim, 72, TJ-48
Susz, 61, RS-36
Sutivan, 64, RE-46
Sutomore, 66, RS-47
Sutri, 36, QJ-47
Sutterton, 11, MS-37
Sutton Coldfield, 11, MN-37
Sutton Scotney, 11, MN-38
Suva Reka, 66, SA-47
Suvojnica, 67, SJ-47
Suvorono, 72, TJ-46
Suwałki, 61, SJ-35
Suzzara, 33, QA-44
Sværen, 52, PE-28
Svaneholm, 50, QJ-30
Svaneke, 49, RA-34
Svanesund, 50, QE-31
Svängsta, 49, QS-33
Svanvik, 56, T-20
Svappavaara, 56, S-20
Svarstad, 53, PS-30
Svartå, 50, QS-30
Svartå, 54, SN-29
Svärtinge, 50, RA-31
Svartnes, 56, U-15
Svatava, 62, QJ-39
Svatsum, 52, PS-28
Svedala, 49, QN-34
Sveg, 57, Q-25
Sveindal, 53, PJ-31
Sveio, 53, PA-30
Švekšna, 58, S-30
Svelgen, 52, PA-28
Svelvik, 53, QA-30
Svendborg, 48, QA-34
Svene, 53, PS-30
Svenes, 52, PS-29
Svenljunga, 49, QN-32
Svennevad, 50, RA-31
Svenskby, 55, TE-29
Švermov, 62, QS-39
Švermovo, 63, SA-41
Sveti Nikola, 66, RS-48
Sveti Nikole, 67, SE-48
Sveti Stefan, 66, RN-47
Světlá n. Sázavou, 62, RA-40
Svetogorsk, 55, TN-28
Svetozarevo, 66, SE-46
Svetozar Miletić, 65, RS-44
Svežen, 67, TA-47
Svidník, 58, S-40
Šivihov, 62, QN-40
Svilajnac, 66, SE-45
Svilengrad, 72, TE-48
Svindal, 53, QE-30
Svingen, 53, QE-30
Svinná, 63, RN-41
Svinninge, 48, QE-34
Svištov, 67, TA-46
Svit, 63, SA-40
Svitavy, 62, RE-40
Svobodné Dvory, 62, RA-39
Svode, 67, SJ-47
Svoge, 67, SN-47
Svolvær, 56, Q-20
Svrljig, 67, SJ-46
Swaffham, 11, NA-37
Swanage, 10, MN-39
Swansea, 10, ME-38
Şwarzędz, 60, RJ-37
Świątki, 61, SA-36
Świdnica (Schweidnitz), 62, RE-39
Świdry, 61, SJ-36
Świdwin, 60, RA-36
Świebodzice (Freiburg), 62, RE-39
Świebódzin (Schwiebus), 60, RA-37
Świecie, 60, RN-36

Świeradów Zdrój, 62, RA-39
Świerczów, 63, RJ-39
Świerzawa, 62, RA-38
Świerzno, 60, QS-36
Świętochłowice, 63, RÑ-39
Święty Anna, 63, RS-39
Swindon, 11, MN-38
Swinford, 14, LE-36
Swinoujście, 60, QS-36
Swinton, 13, MJ-34
Swklarska Poręba, 62, RA-39
Swords, 14, LN-36
Swornigacie, 60, RJ-36
Sycewice, 60, RE-35
Syców, 60, RJ-37
Sydenmaa, 55, TA-26
Syke, 46, PN-37
Sykkylven, 52, PE-27
Sylling, 53, QA-30
Synod, 10, MA-37
Sypniewo, Pol., 60, RE-36
Sypniewo, Pol., 60, RJ-36
Syserum, 49, RE-32
Sysmä, 55, TA-28
Syvde, 52, PA-27
Szabadszállás, 43, RS-43
Szadek, 60, RN-38
Szalkszentmárton, 43, RN-43
Szamocin, 60, RJ-36
Szamotuły, 60, RE-37
Szarvas, 43, SA-43
Szászberek, 43, SA-42
Szczawin Borowy, 61, RS-37
Szczawno Zdrój, 62, RE-39
Szczebro, 61, SJ-36
Szczecin (Stettin), 60, QS-36
Szczecinek (Neustettin), 60, RE-36
Szczekociny, 63, RS-39
Szczepanów, Pol., 62, RE-39
Szczepanów, Pol., 63, SA-39
Szczerców, 61, RS-38
Szczucin, 63, SE-39
Szczuczyn, 61, SJ-36
Szczuki, 61, SA-37
Szczurkowo, 61, SA-35
Szczurowa, 63, SE-39
Szczyrk, 63, RS-40
Szczytno, 61, SE-36
Szécsény, 43, RS-41
Szeged, 43, SA-43
Szeghalom, 43, SE-42
Székesfehérvár, 43, RN-42
Szekszárd, 43, RN-43
Szelków, 61, SE-37
Szendrő, 43, SA-41
Szentendre, 43, RS-42
Szentes, 43, SA-43
Szentlászló, 43, RJ-43
Szentlőrinc, 43, RJ-43
Szepietowo, 61, SJ-37
Szestno, 61, SE-36
Szigetvár, 43, RJ-43
Szikszó, 43, SA-41
Szirák, 43, RS-42
Szlichtyngowa, 60, RE-38
Szob, 43, RN-42
Szolnok, 43, SA-42
Szombathely, 43, RE-42
Szomolya, 43, SA-42
Szpetal Gorna, 61, RS-37
Szpliszki, 61, SN-35
Szprotawa, 60, RA-38
Szreńsk, 61, SA-36
Sztabin, 61, SN-36
Sztum, 61, RS-36
Szubin, 60, RJ-36
Szumanie, 61, RS-37
Szwecja, 60, RE-36
Szydłów, 63, SE-39
Szydłowiec, 61, SA-38
Szydłowo, 60, RE-36
Szynkielów, 60, RN-38
Szysłowskie Holendry, 60, RN-37

T

Taalintehdas, 54, SJ-29
Tabak Ilova, 65, RJ-45
Tábara, 26, LS-48
Taberg, 50, QS-30
Tabernas, 30, MJ-52
Tabernes Blanques, 24, MS-50
Tabernes de Valldigna, 30, MS-50
Tabescan, 25, NE-47
Taboada, 26, LJ-47
Tábor, 62, QS-40
Tábua, 28, LJ-49
Tabuaço, 26, LJ-48
Tabuyo del Monte, 26, LN-47
Täby, 51, RN-30
Taceno, 32, PS-43
Tachov, 62, QJ-40
Tadcaster, 15, MN-36
Tafalla, 24, MN-47
Taggia, 32, PJ-45
Tagliacozzo, 36, QN-47

Taglio di Po, 33, QJ-45
Tágovište, 72, TE-46
Tahal, 30, MJ-52
Tahús, 25, NE-47
Tahvolanmäki, 55, TJ-27
Tai, 33, QJ-43
Taibon, 33, QJ-43
Tailfingen, 44, PS-41
Taimoniemi, 55, TA-26
Tain, 12, MA-32
Tain-l-Hermitage, 21, NS-44
Taipale, 55, TS-27
Taipalsaari, 55, TN-28
Taivalkoski, 56, T-20
Taivassalo, 54, SE-29
Talamone, 36, QE-47
Talana, 35, PS-49
Talarrubias, 29, LS-50
Talaván, 28, LN-50
Talavera de la Reina, 29, MA-49
Talavera la Real, 28, LN-51
Talayuelas, 24, MN-50
Talence, 22, MS-45
Talgarth, 10, ME-38
Talhadas, 26, LE-49
Talkowszczyzna, 61, SN-36
Talla, 33, QE-46
Tallante, 30, MN-52
Tallard, 21, PE-45
Tällberg, 50, RA-29
Tallhed, 50, QS-28
Tallow, 14, LE-37
Talmont, 17, MN-43
Tal'noje, 59, U-40
Talsi, 57, S-30
Tamãdău, 59, T-45
Tamajón, 27, ME-48
Tamames, 26, LN-49
Tamarino, 72, TE-47
Tamarite Litera, 24, NA-48
Tamási, 43, RN-43
Tammerfors
  → Tampere, 54, SN-28
Tammijärvi, 55, TA-28
Tammisaari, 54, SN-30
Tampere, 54, SN-28
Tamsweg, 41, QN-42
Tamworth, 11, MN-37
Tana, 56, T-15
Tanderagee, 14, LN-35
Tandsjöborg, 50, QS-28
Tangen, 53, QE-29
Tangerhutte, 47, QE-37
Tangermünde, 47, QE-37
Taninges, 21, PE-43
Tankolampi, 55, TE-27
Tânkovo, Blg., 72, TA-47
Tânkovo, Blg., 72, TA-48
Tann, B.R.D., 45, QJ-41
Tann, B.R.D., 44, QA-39
Tännäs, 57, Q-25
Tannay, 19, NN-42
Tannheim, 40, QA-42
Tannisby, 48, QA-32
Tanowo, 60, QS-36
Tantow, 47, QN-36
Tanum, 50, QE-31
Tanvald, 62, RA-39
Taormina, 38, RA-52
Tapa, 57, T-30
Tapia de Casariego, 26, LN-46
Tápiósüly, 43, RS-42
Tápiószele, 43, RS-42
Tapolca, 43, RJ-43
Tar, 64, QN-44
Tarancón, 29, MJ-49
Taranto, 39, RJ-49
Tarare, 21, NS-44
Tarascon-s.-Ariège, 22, NE-47
Tarascon-s-Rhône, 21, NS-46
Tarasp, 42, QA-43
Tarazona, 24, MN-48
Tarazona de la Mancha, 30, MN-50
Tarbert, Eire, 14, LA-37
Tarbert, U.K., 13, LS-34
Tarbert, U.K., 12, LN-32
Tarbes, 22, NA-46
Tarcento, 33, QN-43
Tarczyn, 61, SA-38
Tardelcuente, 27, MJ-48
Tárendő, 56, S-20
Tarifa, 31, LS-53
Tarland, 13, MJ-32
Tarm, 48, PN-34
Tärna, 61, RE-30
Tarnów, Pol., 63, SA-39
Tarnów, Pol., 60, QS-37
Tarnowskie Gory, 63, RN-39
Tärnsjö, 51, RE-29
Tarouca, 26, LJ-48
Tarporley, 15, MJ-36
Tarquinia, 36, QE-47
Tarragona, 25, NE-48
Tárrega, 25, NE-48
Tårs, 48, QE-35
Tartas, 22, MS-46
Tartu, 57, T-30
Tarvisio, 33, QN-43

Taşağil, 72, TJ-48
Tassenbach, 40, QJ-43
Tåstrup, 48, QJ-34
Tata, 43, RN-42
Tatabánya, 43, RN-42
Tatarlar, 72, TE-48
Tau, 53, PE-30
Taucha, 47, QJ-38
Tauberbischofsheim, 44, PS-40
Taufkirchen, B.R.D., 45, QJ-41
Taufkirchen, Öst., 41, QN-41
Taunton, 10, ME-38
Taurage, 58, S-30
Taurianova, 39, RE-51
Taurisano, 39, RN-50
Tauste, 24, MN-48
Tauves, 23, NJ-44
Tavannes, 42, PJ-42
Tavarnelle Val di Pesa, 36, QE-46
Tavaux, 20, PA-42
Taverna, 39, RE-50
Taviano, 39, RN-50
Tavira, 28, LJ-52
Tavistock, 10, MA-39
Tavros, 69, SN-51
Tayfur, 72, TE-49
Taynuilt, 13, LS-33
Tazones, 26, LS-46
Tczew, 60, RN-35
Teano, 37, QS-48
Tebay, 15, MJ-35
Techendorf, 41, QN-43
Tecklenburg, 46, PJ-37
Tecuci, 59, T-40
Teesside, 13, MN-35
Tegelen, 16, PE-38
Tegernsee, 45, QE-42
Teglio, 32, PS-43
Teignmouth, 10, ME-39
Teijeiro Curtis, 26, LJ-46
Teisendorf, 45, QJ-42
Teisko, 54, SN-28
Tekeriš, 65, RS-45
Tekirdağ, 72, TJ-49
Telč, 62, RA-40
Telenešty, 59, T-40
Telford
  → Oakengates, 15, MJ-37
Telfs, 40, QE-42
Telgte, 46, PJ-38
Teliš, 67, SS-46
Tellin, 16, PA-39
Telšiai, 58, S-30
Telti, 35, PS-49
Teltow, 47, QN-37
Tembleque, 29, ME-50
Temerin, 65, RS-44
Tempio Pausania, 35, PS-49
Templemore, 14, LJ-37
Templepatrick, 15, LN-35
Templin, 47, QN-36
Temse, 16, NS-38
Temska, 67, SJ-46
Tenala, 54, SN-29
Tenay, 21, PA-44
Tenby, 10, MA-38
Tence, 23, NS-44
Tenda, 21, PJ-45
Tendilla, 27, MJ-49
Tenebrón, 26, LN-49
Tengzkangas, 55, UA-27
Tenhola, 54, SN-29
Tenhult, 49, QS-32
Tenja, 65, RN-44
Tenterden, 11, NA-38
Teora, 37, RA-49
Tepelenë, 68, SA-49
Teplá, 62, QJ-40
Teplice, 62, QN-39
Teppana, 55, UA-26
Tera, 27, MJ-48
Teramo, 37, QN-47
Ter Apel, 16, PJ-37
Terena, 28, LJ-51
Terespol, 61, SN-37
Terezin, 62, QS-39
Tergnier, 18, NN-40
Terlizzi, 39, RE-48
Terme di Casteldoria, 35, PN-49
Terme die Roselle, 36, QE-47
Terme di Valdieri, 32, PJ-45
Terme di Vinadio, 32, PJ-45
Terme Luigiane, 39, RA-50
Termeno, 33, QE-43
Termens, 24, NA-48
Termini Imerese, 38, QN-51
Terminillo, 36, QN-47
Termoli, 37, RA-47
Ternberg, 41, QS-42
Terneuzen, 16, NN-38
Terni, 36, QN-47
Ternitz, 41, RE-42
Ternopol', 58, T-40
Terracina, 36, QN-48
Terralba, 35, PN-50
Terranova di Pollino, 39, RE-50
Terranuova Bracciolli, 33, QE-46

Terras do Bouro, 26, LE-48
Terrasini, 38, QN-51
Terrasson, 22, NE-44
Tertenia, 35, PS-50
Teruel, 24, MN-49
Tervo, 55, TE-27
Tervola, 56, S-20
Tešanj, 65, RJ-45
Teslić, 65, RJ-45
Tessenderlo, 16, PA-38
Tessin, 47, QJ-35
Tét, 43, RJ-42
Tetbury, 10, MJ-38
Tetčice, 62, RE-40
Teterow, 47, QJ-36
Teteven, 67, SS-47
Tetovo, 66, SA-47
Tettnang, 44, PS-42
Teulada, Esp., 30, NA-51
Teulada, It., 35, PN-51
Teuva, 54, SE-27
Teviothead, 13, MJ-34
Tewkesbury, 10, MJ-38
Thale, 47, QE-38
Thalfang, 44, PE-40
Thalkirch, 42, PN-43
Thalmässing, 45, QE-40
Thame, 11, MS-38
Thann, 20, PJ-42
Thannhausen, 45, QA-41
Thaon-les-Vosges, 20, PE-41
Tharandt, 45, QN-39
Tharsis, 28, LJ-52
Thásos, 69, SS-49
Thaxted, 11, NA-38
Thayngen, 42, PN-42
Thedinghausen, 46, PS-37
Theillay, 19, NJ-42
Theix, 17, MJ-42
Thénezay, 19, NA-43
Thenon, 22, NE-44
Theológos, 69, SS-49
Théoule, 21, PE-46
Thespiaí, 69, SN-51
Thesprotikón, 68, SA-50
Thessaloníki, 69, SJ-49
Thetford, 11, NA-37
Thiberville, 18, NA-40
Thiene, 33, QE-44
Thiers, 23, NN-44
Thiesi, 35, PN-49
Thießow, 47, QN-35
Thionville, 20, PE-40
Thíra, 71, TA-53
Thirsk, 15, MN-35
Thisted, 48, PN-33
Thívai, 69, SN-51
Thiviers, 22, NA-44
Thizy, 21, NS-44
Thoirette, 21, PA-43
Tholen, 16, NS-38
Tholey, 44, PJ-40
Thomastown, 14, LJ-37
Thônes, 21, PE-44
Thonon, 21, PE-43
Thorigny, 19, NN-41
Thornbury, 10, MJ-38
Thorne, 15, MS-36
Thornhill, 13, ME-34
Thorsager, 48, QA-33
Thou, 19, NJ-42
Thouars, 19, MS-43
Thouría, 70, SJ-52
Thoúrion, 72, TE-48
Thrapston, 11, MS-37
Threekingham, 11, MS-37
Threshfield, 15, MJ-35
Thueyts, 23, NS-45
Thuin, 16, NS-39
Thuir, 23, NJ-47
Thun, 42, PJ-43
Thürkow, 47, QJ-36
Thurles, 14, LJ-37
Thursby, 15, ME-35
Thurso, 12, ME-31
Thury-Harcourt, 18, MS-41
Thusis, 42, PS-43
Thyborøn, 48, PN-33
Tibro, 50, QS-31
Tiča, 72, TE-47
Tidaholm, 49, QS-31
Tidan, 50, QN-31
Tiefenbach, 45, QJ-40
Tiefenbrunn, 45, QJ-39
Tiefencastel, 42, PS-43
Tiefensee, 47, QN-37
Tiel, 16, PA-38
Tielt, 16, NN-38
Tienen, 16, NS-39
Tiengen, 44, PN-42
Tierga, 24, MN-48
Tierp, 51, RJ-29
Tigharry, 12, LJ-32
Tihany, 43, RJ-43
Tijesno, 64, RA-46
Tijola, 30, MJ-52
Tikherón, 72, TE-48
Tilburg, 16, PA-38
Tilbury, 11, NA-38
Tilkanine, 54, SJ-29
Tillberga, 51, RE-30
Tiller, 52, QA-26
Timbákion, 71, SS-54
Timişoara, 65, SE-44
Timmendorferstrand, 47, QA-36
Timmernabben, 49, RE-33
Timmersdala, 50, QN-31

Timmervik, 49, QJ-31
Timrå, 57, R-25
Timring, 48, PN-33
Tinahely, 14, LN-37
Tinchebray, 18, MS-41
Tineo, 26, LN-46
Tinglev, 49, PS-35
Tingsryd, 49, RA-33
Tingstäde, 51, RN-32
Tingvoll, 52, PN-27
Tinn, 53, PN-30
Tinos, 71, TA-52
Tintagel, 10, MA-39
Tintigny, 20, PA-40
Tione di Trento, 33, QA-43
Tipperary, 14, LE-37
Tiranë, 66, RS-48
Tirano, 32, QA-43
Tiraspol', 59, T-40
Tîrgovişte, 59, T-45
Tîrgu-Frumos, 59, T-40
Tîrgu-Jiu, 59, S-40
Tîrgu Mures, 59, S-40
Tîrgu-Neamt, 59, T-40
Tîrgu Secuesc, 59, T-40
Tirilya, 72, TN-49
Tiriolo, 39, RE-51
Tirmo, 55, TA-29
Tirna, 68, SE-50
Tirnăveni, 59, S-40
Tirnavos, 69, SJ-50
Tirós, 70, SJ-52
Tirschenreuth, 45, QJ-40
Tirstrup, 48, QA-33
Tiševica, 67, SN-46
Tišnov, 62, RE-40
Tisovec, 63, RS-41
Tiszacsege, 43, SA-42
Tiszadada, 43, SE-41
Tiszaderzs, 43, SA-42
Tiszaföldvár, 43, SA-43
Tiszafüred, 43, SA-42
Tiszakécske, 43, SA-43
Tiszakeszi, 43, SA-42
Tiszalök, 43, SE-41
Tiszalúc, 43, SE-41
Tiszanagyfalu, 43, SE-41
Tiszaroff, 43, SA-42
Tiszavasvári, 43, SE-42
Titaguas, 24, MN-50
Titel, 65, SA-44
Titisee, 44, PN-42
Tito, 39, RA-49
Titograd, 66, RS-47
Titova Korenica, 64, RA-45
Titovo Užice, 66, RS-46
Titov Veles, 67, SE-48
Titran, 52, PN-26
Tittling, 45, QN-41
Tittmoning, 45, QJ-41
Tivat, 66, RN-47
Tiverton, 10, ME-39
Tivoli, 36, QJ-48
Tjällmo, 50, RA-31
Tjärnbräcka, 57, Q-25
Tjärnö, 50, QJ-30
Tjörhom, 53, PE-31
Tjötta, 56, Q-20
Tjuvkil, 49, QE-31
Tkon, 64, RA-46
Tlen, 60, RN-36
Tłuchowo, 61, RS-37
Tłuszcz, 61, SE-37
Tobarra, 30, MN-51
Tobelbad, 41, RA-43
Tobermore, 14, LN-35
Tobermory, 13, LN-33
Tobo, 51, RJ-29
Tocha, 28, LE-49
Töcksfors, 50, QE-30
Todal, Nor., 52, PN-20
Todal, Nor., 52, PN-27
Todendorf, 47, QA-35
Todi, 36, QJ-47
Todmorden, 15, MJ-36
Todtnau, 44, PJ-42
Toftlund, 48, PS-34
Toija, 54, SN-29
Toijala, 54, SN-28
Toikkala, 55, TJ-29
Toikko, 54, SN-28
Toivakka, 55, TE-27
Tokaj, 43, SE-41
Tokary, 61, SN-37
Tolbuhin, 59, T-45
Toledo, 29, MA-50
Tolentino, 36, QN-46
Tolfa, 36, QE-47
Tolg, 49, QS-32
Tolga, 52, QA-27
Tollarp, 49, QN-34
Tollesbury, 11, NA-38
Tølløse, 48, QE-34
Tolmezzo, 33, QN-43
Tolmin, 64, QN-43
Toločin, 58, T-35
Tolón, 70, SJ-52
Tolosa, 27, MJ-46
Tolox, 31, MA-53
Tolve, 39, RA-49
Tomar, 28, LE-50
Tomašovka, 61, SN-38
Tomašpol', 59, T-40
Tomaszów Lubelski, 58, S-35
Tomaszów Mazowiecki, 61, SA-38
Tomdoun, 13, LS-32
Tomelilla, 49, QN-34
Tomelloso, 29, ME-50

Tomintoul, 13, ME-32
Tomisławice, 60, RN-37
Tommerup, 48, QA-34
Tona, 25, NJ-48
Tonbridge, 11, NA-38
Tøndela, 26, LE-49
Tønder, 48, PN-35
Tongeren, 16, PA-39
Tongue, 12, MA-31
Tonnara Saline, 35, PN-49
Tonnay-Boutonne, 22, MS-44
Tonnay-Charente, 22, MS-44
Tonneins, 22, NA-45
Tonnerre, 19, NN-42
Tönning, 46, PN-35
Tonstad, 53, PE-31
Topares, 30, MJ-52
Topczewo, 61, SJ-37
Topeno, 54, SS-29
Toplice (Nove Mesto), 64, RA-44
Topli Dol, 68, SJ-46
Toplita, 59, T-40
Topola, 66, SA-45
Topolčani, 66, SE-48
Topol'čany, 63, RN-41
Topolica, 72, TJ-47
Topolovgrad, 72, TE-47
Topolovnik, 65, SE-45
Topusko, 64, RA-44
Tor, 25, NE-47
Torá, 25, NE-48
Torasalo, 55, TN-27
Torbali, 71, TJ-51
Torbay, 10, ME-39
Törberget, 50, QJ-28
Torbole, 33, QA-44
Torcello, 33, QJ-44
Torda, 65, SA-44
Tördal, 53, PN-30
Tor de'Cenci, 36, QJ-48
Tordehumos, 27, LS-48
Tordera, 25, NJ-48
Tordesillas, 27, LS-48
Tordesilos, 24, MN-49
Töre, 56, S-20
Töreboda, 50, QS-31
Torekov, 49, QJ-33
Torella del Sannio, 37, QS-48
Toreno, 26, LN-47
Torgåsmon, 50, QN-29
Torgau, 47, QJ-38
Torgelow, 47, QS-36
Torhamn, 49, RA-33
Torhout, 16, NN-38
Torhult, 49, QN-32
Torigni-s.-Vire, 18, MN-40
Torija, 27, ME-49
Toril, 24, MN-49
Torino, 32, PJ-44
Torino di Sangro Marina, 37, QS-47
Toritto, 39, RE-49
Tornavacas, 29, LS-49
Torne, 49, QS-33
Torngård, 51, RE-33
Torning, 48, PS-33
Tornio, 56, S-20
Torno, 32, PS-44
Tornyiszentmiklós, 43, RE-43
Toro, 26, LS-48
Törökszentmiklós, 43, SA-42
Torpo, 53, PN-29
Torpoint, 10, MA-39
Torquay
 → Torbay, 10, ME-39
Torquemada, 27, MA-47
Torralba de Calatrava, 29, ME-51
Torrão, 28, LE-51
Torre Annunziata, 37, QS-49
Torre Baja, 24, MN-49
Torreblanca, 24, NA-49
Torrecampo, 29, MA-51
Torre Cardela, 31, ME-53
Torre Cerchiara, 39, RE-50
Torrecilla de en Cameros, 27, MJ-47
Torrecilla de la Orden, 27, LS-48
Torrecillas de la Tiesa, 29, LS-50
Torre das Vargens, 28, LJ-50
Torre de Dona Chama, 26, LJ-48
Torre de Juan Abad, 29, ME-51
Torre de la Higuera, 31, LN-52
Torre del Bierzo, 26, LN-47
Torre del Campo, 29, ME-52
Torre del Greco, 37, QS-49
Torre del Lago Puccini, 32, QA-46
Torre del Mar, 31, MA-53
Torredembarra, 25, NE-48
Torre di Montalto, 36, QE-47
Torre di Taglio, 36, QN-47

Torredonjimeno, 29, MA-52
Torrejoncillo, 28, LN-50
Torrejón de Ardoz, 27, ME-49
Torrejón de la Calzada, 27, ME-49
Torrejón del Rey, 27, ME-49
Torrejón el Rubio, 28, LN-50
Torrelaguna, 27, ME-49
Torrelavega, 27, ME-46
Torrelobatón, 27, LS-48
Torrelodones, 27, ME-49
Torremaggiore, 37, RA-48
Torremegía, 28, LN-51
Torre Melissa, 39, RJ-50
Torremocha, 28, LN-50
Torremolinos, 31, MA-53
Torrente, 24, MS-50
Torrenueva, Esp., 31, ME-53
Torrenueva, Esp., 29, ME-51
Torre Orsaia, 39, RA-49
Torre Pacheco, 30, MS-52
Torre Pellice, 32, PJ-45
Torre Santa Susanna, 39, RJ-49
Torres Novas, 28, LE-50
Torres Vedras, 28, LA-50
Torrevieja, 30, MS-52
Torricella in Sabina, 36, QJ-47
Torridon, 12, LS-32
Torriglia, 32, PS-45
Torrijas, 24, MN-49
Torrijos, 29, MA-50
Tørring, 48, PS-34
Torrington, 10, MA-39
Torroal, 28, LE-51
Torrox, 31, ME-53
Torsåker, 50, RE-29
Torsås, 49, RA-33
Torsbo, 49, QN-32
Torsby, 50, QJ-29
Torshälla, 51, RE-30
Torsö, 50, QN-31
Torsvåg, 56, R-15
Tórtola, 24, MJ-50
Tórtoles de Esgueva, 27, MA-48
Tortoli, 35, PS-50
Tortona, 32, PS-45
Tortorici, 38, QS-51
Tortosa, 24, NA-49
Tortozendo, 28, LJ-49
Toruń, 60, RN-36
Torup, 49, QN-33
Tor Vaianica, 36, QJ-48
Torvastad, 53, PA-30
Torved, 50, QS-31
Torvikbukt, 52, PJ-27
Torviscón, 31, ME-53
Torza, 32, PS-45
Torzym, 60, QS-37
Tossa, 25, NJ-48
Tösse, 50, QJ-31
Tostedt, 46, PS-36
Toszek, 63, RN-39
Totana, 30, MN-52
Tôtes, 18, NE-40
Tótkomlós, 43, SA-43
Totland, Nor., 52, PA-28
Totland, U.K., 11, MN-39
Tötlandsvik, 53, PA-30
Totnes, 10, ME-39
Tottijärvi, 54, SN-28
Toucy, 19, NN-42
Toul, 20, PA-41
Toulon, 21, PA-46
Toulon-s.-Arroux, 19, NS-43
Toulouse, 22, NE-46
Tourcoing, 18, NN-39
Tourlaville, 17, MN-40
Tourlís, 68, SE-51
Tournai, 16, NN-39
Tournan, 18, NJ-41
Tournay, 22, NA-46
Tournon-d'Agenais, 22, NE-45
Tournon-St.-Martin, 19, NA-43
Tournus, 20, NS-43
Tourouvre, 18, NA-41
Tours, 19, NA-42
Toužim, 62, QJ-39
Tovačov, 63, RJ-40
Tovarišeco, 65, RS-44
Tovdal, 53, PN-31
Tovsli, 53, PJ-30
Towcester, 11, MS-37
Tow Law, 15, MN-35
Towyn, 10, MA-37
Toxótai, 69, SS-48
Tôysä, 54, SN-27
Trabadelo, 26, LN-47
Trabanca, 26, LN-48
Trabazos, 26, LN-48
Trąbczyn, 60, RJ-37
Trâben-Trarbach, 44, PJ-40
Tracy-le-Mont, 18, NN-40
Tradate, 32, PN-44
Trädet, 49, QN-32
Trafoi, 33, QA-43
Tragacete, 24, MN-49
Tragöß Oberort, 41, RA-42

Tráighlí
 → Tralee, 14, LA-37
Traiguera, 24, NA-49
Traisen, 41, RA-41
Traiskirchen, 41, RE-41
Traismauer, 41, RA-41
Trákhila, 70, SJ-53
Trakiszki, 61, SN-35
Trakovice, 63, RJ-41
Tralee (Tráighlí), 14, LA-37
Tramariglio, 35, PN-49
Tramatza, 35, PN-49
Tramonti di Sopra, 33, QJ-43
Tramore, 14, LJ-37
Tramutola, 39, RA-49
Trân, 67, SJ-47
Tranås, 49, RA-31
Trancoso, 26, LJ-49
Tranebjerg, 48, QA-34
Tranekær, 48, QA-35
Tranemo, 49, QN-32
Trani, 39, RE-48
Transtrand, 50, QN-29
Trapani, 38, QJ-51
Traryd, 49, QN-33
Trasacco, 36, QN-48
Trasmiras, 26, LJ-47
Trasquera, 32, PN-43
Trâstenik, 67, SS-46
Traunstein, 45, QJ-42
Travemünde, 47, QA-36
Traversella, 32, PJ-44
Travnik, 65, RJ-45
Trbovlje, 64, RA-43
Trbušani, 66, SA-46
Trebatsch, 60, QS-37
Třebenice, 62, QN-39
Trébeurden, 17, ME-41
Třebíč, 62, RA-40
Trebinje, 66, RN-47
Trebnje, 64, RA-44
Třebon, 62, QS-40
Tréboul, 17, MA-41
Trebujena, 31, LN-53
Trecate, 32, PN-44
Trecenta, 33, QE-45
Tredegar, 10, ME-38
Tredozio, 33, QE-45
Treffen, 41, QN-43
Tregaron, 10, ME-37
Trégastel-Plage, 17, ME-41
Treia, 36, QN-46
Treignac, 22, NE-44
Treis, 44, PJ-39
Trekanten, 49, RE-33
Trekljano, 67, SJ-47
Trélazé, 19, MS-42
Trelleborg, 49, QN-34
Tremezzo, 32, PN-44
Třemošna, 62, QN-40
Tremp, 24, NA-47
Trenčianska Teplá, 63, RN-41
Trenčín, 63, RN-41
Trend, 48, PS-33
Trent, 47, QN-35
Trento, 33, QE-43
Trepča, 66, SA-47
Trepido Sopr., 39, RE-50
Trepuzzi, 39, RN-49
Tresenda, 32, QA-43
Tresnuraghes, 35, PN-49
Trešt, 62, RA-40
Trets, 21, PA-46
Tretten, 52, QA-28
Treuchtlingen, 45, QA-41
Treuen, 45, QJ-39
Treuenbrietzen, 47, QJ-37
Treungen, 53, PN-31
Trevélez, 31, ME-52
Trevi, 36, QN-47
Treviglio, 32, PS-44
Trevignano Romano, 36, QJ-47
Treviño, 27, MJ-47
Treviso, 33, QJ-44
Trévoux, 21, NS-44
Treysa, 44, PS-39
Trezzo sull'Adda, 32, PS-44
Trgovište, 67, SJ-47
Trhová Kamenice, 62, RA-40
Trhové Sviny, 62, QS-41
Triabo, 49, RA-32
Triana, 36, QE-47
Triandáros, 71, TA-52
Tribehou, 17, MN-40
Triberg, 44, PN-41
Tribsees, 47, QJ-35
Tricarico, 39, RE-49
Tricase, 39, RN-50
Tricesimo, 33, QN-43
Trichiana, 33, QJ-43
Trie, 22, NA-46
Trieben, 41, QS-42
Trier, 44, PE-40
Trieste, 33, QN-44
Triganna, 39, RJ-48
Trigueros, 28, LN-52
Trigueros del Valle, 27, MA-48
Tríkeri, 69, SN-50
Tríkkala, Ellás, 68, SE-50
Tríkkala, Ellás, 70, SJ-52
Trillick, 14, LJ-35
Trillo, 24, MJ-49

Trim, 14, LN-36
Třinec, 63, RN-40
Tring, 11, MS-38
Trinita d'Agultu, 35, PN-48
Trinitapoli, 39, RE-48
Trino, 32, PN-44
Triora, 32, PJ-45
Trípolis, 70, SJ-52
Triponzo, 36, QJ-47
Triptis, 45, QE-39
Triste, 24, MS-47
Trittau, 46, QA-36
Trivento, 37, QS-48
Trjavna, 72, TA-47
Trnava, 63, RJ-41
Trnovo, 65, RJ-46
Trnovo, 18, MS-40
Trodica, 36, QN-46
Trödje, 51, RJ-29
Trofaiach, 41, RA-42
Tröften, 53, QE-29
Trogir, 64, RE-46
Trøgstad, 53, QE-30
Troia, 37, RA-48
Tróia, 28, LE-51
Troina, 38, QS-52
Tröisdorf, 44, PJ-39
Trois-Ponts, 16, PA-39
Trojaci, 67, SE-48
Trojan, 67, SS-47
Trojanów, 61, SE-38
Trolldalen, 53, QA-30
Trollhättan, 49, QJ-31
Tromöy, 53, PN-31
Tromsö, 56, R-20
Trondheim, 52, QA-26
Trönninge, 49, QN-33
Trönö, 51, RE-28
Troon, 13, MA-34
Tropea, 39, RA-51
Tropojë, 66, SA-47
Trosa, 51, RJ-31
Trost'anec, 59, T-40
Trostberg, 45, QJ-41
Trötvik, 50, QJ-30
Trouville, 18, NA-40
Trowbridge, 10, MJ-38
Troyes, 19, NS-41
Trpanj, 37, QN-44
Tršice, 63, RJ-40
Trstená, 63, RS-40
Trstenik, 66, SE-46
Trsteno, 66, RJ-47
Trstin, 63, RJ-41
Trubia, 26, LN-46
Trubjela, 66, RN-47
Truchas, 26, LN-47
Trujillo, 29, LS-50
Trun, Fr., 18, NA-41
Trun, Schw., 42, PN-43
Truro, 10, LS-39
Trustikovo, 72, TJ-47
Trutnov, 62, RA-39
Trysil, 50, QE-28
Tryszczyn, 60, RN-36
Trzcianka, 60, RE-36
Trzciel, 60, RJ-37
Trzcińsko Zdrój, 60, QS-36
Trzebiatów, 60, RA-35
Trzebień, 60, RA-38
Trzebieszów, 61, SJ-38
Trzebież, 60, QS-36
Trzebinia, 63, RS-39
Trzebiszewo, 60, RE-37
Trzebnica, 60, RE-38
Trzemeszno, 60, RJ-37
Tržič, 64, QS-43
Trziniec, 61, SJ-38
Tsangarádha, 69, SN-50
Tsaritsáni, 69, SJ-50
Tsotílion, 68, SE-49
Tuam, 14, LE-36
Tubbercurry, 14, LE-35
Tubbergen, 16, PE-37
Tübingen, 44, PS-41
Tubre, 33, QA-43
Tuchan, 23, NJ-47
Tucheim, 47, QJ-37
Tuchlovice, 62, QN-39
Tuchola, 60, RJ-36
Tuchów, 63, SE-40
Tuczna, 61, SN-38
Tuczno, 60, RE-36
Tudela, 24, MN-47
Tudela de Duero, 27, MA-48
Tufsingdalen, 52, QE-27
Tuglie, 39, RN-49
Tukums, 57, S-30
Tula, 58, V-35
Tulare, 56, SE-47
Tuławki, 61, SA-36
Tulcea, 59, T-40
Tul'čin, 59, T-40
Tulette, 21, NS-45
Tuliszków, 60, RN-37
Tulla, 14, LE-37
Tullamore, 14, LJ-36
Tulle, 22, NE-44
Tullins, 20, PA-44
Tulln, 41, RE-41
Tullow, 14, LN-37
Tulovo, 72, TA-47
Tulsk, 14, LE-36
Tumba, 51, RJ-30
Tun, 49, QJ-31
Tuna, 49, RE-32
Tuna-Hästberg, 50, RA-29
Tune, 53, QE-30
Tungenes, 53, PA-30
Tungozero, 56, U-20

Tunkari, 54, SN-26
Tuohikotti, 55, TJ-27
Tuorila, 54, SE-28
Tuorlahti, 54, SE-27
Tuovilanlahti, 55, TJ-26
Tupadły, 60, RN-37
Tuplice, 60, QS-38
Turany, 63, RS-40
Turawa, 63, RN-39
Turbe, 65, RJ-45
Turčianske-Teplice, 63, RN-41
Turda, 59, S-40
Tureberg, 51, RJ-30
Turégano, 27, MA-48
Turek, 60, RN-37
Turi, 39, RJ-49
Turís, 30, MS-50
Türkbükü, 71, TJ-52
Türkeli, 72, TJ-49
Türkeve, 43, SA-42
Türkheim, 45, QA-41
Türkismühle, 44, PJ-40
Turku, 54, SJ-29
Turleque, 29, ME-50
Turna n. Bodvou, 63, SA-41
Turnberry, 13, MA-34
Turnhout, 16, NS-38
Türnich, 44, PE-39
Turnitz, 41, RA-42
Turnov, 62, RA-39
Turnu, 65, SE-43
Turnu Măgurele, 67, SS-46
Turnu-Severin, 59, S-45
Turośl, 61, SE-36
Turrach, 41, QN-43
Turre, 30, MN-52
Turriff, 12, MJ-32
Tursi, 39, RE-49
Turza Mała, 61, SA-36
Turzovka, 63, RN-40
Tusa, 38, QS-52
Tuscania, 36, QE-47
Tushielaw Inn, 12, ME-34
Tustna, 52, PN-26
Tuszyn, 61, RS-38
Tutin, 66, SA-47
Tutjunniemi, 55, TS-27
Tutow, 47, QS-36
Tutrakari, 59, T-45
Tuttlingen, 44, PN-42
Tutzing, 45, QE-42
Tuulos, 55, SS-28
Tuunajärvi, 54, SJ-28
Tuupovaara, 55, UA-27
Tuusniemi, 55, TN-27
Tuusula, 55, TA-29
T'uva-Guba, 56, U-20
Tuxford, 11, MS-36
Túy, 26, LE-47
Tuzi, 66, RS-47
Tuzla, 65, RN-45
Tvåäker, 49, QJ-32
Tvårdica, 72, TA-47
Tvedestrand, 53, PN-31
Tventište, 66, RN-46
Tving, 49, RA-33
Tvismark, 48, PN-34
Twardawa, 63, RN-39
Twardogóra, 60, RJ-38
Twatt, 12, ME-30
Twimberg, 41, QS-43
Twistringen, 46, PN-37
Two Bridges, 10, ME-39
Tworóg, 63, RN-39
Tybble, 50, RA-31
Tychówko, 60, RE-36
Tychowo, 60, RE-36
Tychy, 63, RS-39
Tydal, 52, QE-26
Tyfors, 50, QS-29
Tyin, 52, PN-28
Tyinholmen, 52, PN-28
Tylldal, 52, QA-27
Tylösand, 49, QJ-33
Tyndrum, 13, MA-33
Týnec n. Labem, 62, RA-39
Tynemouth, 13, MN-34
Tyngsjö, 50, QN-29
Tyniště n. Orlicí, 62, RE-39
Týn n. Vltavou, 62, QS-40
Tynset, 52, QA-27
Tyresö, 51, RN-30
Tyringe, 49, QN-33
Tyrjänsaari, 55, UA-27
Tyrvää, 54, SN-28
Tyrväntö, 54, SS-28
Tyskedammen, 50, QJ-29
Tysnes, 53, PA-29
Tysse, 53, PA-29
Tyssedal, 53, PA-29
Tystberga, 51, RJ-31
Tzermiádhon, 71, TA-54

U

Ub, 65, SA-45
Übach-Palenberg, 44, PE-39
Ubergsmoen, 53, PN-31
Überlingen, 44, PS-42
Übersee, 45, QJ-42
Ubli, Jugo., 66, RN-47
Ubli, Jugo., 66, RN-47
Ubrique, 31, LS-53
Uchta, 56, U-20
Uchte, 46, PN-37
Ückeritz, 47, QS-35

Uckfield, 11, NA-39
Udbina, 64, RA-45
Uddeholm, 50, QN-30
Uddevalla, 49, QE-31
Udenes, 53, QE-29
Udine, 33, QN-43
Ueckermünde, 47, QS-36
Uelsen, 46, PE-37
Uelzen, 47, QA-37
Uetersen, 46, PS-36
Uetze, 46, QA-37
Uffenheim, 44, QA-40
Ugarci, 66, RN-46
Ugărčin, 67, SS-46
Ugento, 39, RN-50
Ugglarp, 49, QJ-33
Uggletorp, 51, RE-32
Ugíjar, 31, ME-53
Ugine, 21, PE-44
Ugljan, 64, RA-45
Ugljane, 64, RE-46
Uherské Hradiště, 63, RJ-40
Uherský Brod, 63, RJ-40
Uhlířské Janovice, 62, RA-40
Uhřiněves, 62, QS-39
Uig, U.K., 12, LN-32
Uig, U.K., 12, LJ-31
Uithoorn, 16, NS-37
Uithuizen, 16, PE-36
Újazd, Pol., 61, RS-38
Újazd, Pol., 63, RN-39
Újście, 60, RE-36
Ukmerge, 58, S-30
Ulan, 61, SJ-38
Ulassai, 35, PS-50
Ulceby Cross, 11, NA-36
Ulcinj, 66, RS-48
Uleila del Campo, 30, MJ-52
Ulëz, 66, RS-48
Ulfborg, 48, PN-33
Uljma, 65, SE-44
Ulladal, 53, PA-30
Ullapool, 12, LN-32
Ullared, 49, QJ-32
Ulldecona, 24, NA-49
Ullensaker, 53, QE-29
Ullensvang, 53, PE-29
Ullern, 53, QE-29
Üllés, 43, RS-43
Ullfors, 51, RJ-29
Ulm, 44, PS-41
Ulog, 66, RN-46
Ulricehamn, 49, QN-32
Ulrick, 55, UA-30
Ulrika, 49, RA-31
Ulsberg, 52, QA-27
Ulstein, 52, PA-27
Ulstrup, 48, QA-34
Ulverston, 15, ME-35
Ulvik, 53, PE-29
Ulvila, 54, SE-28
Ulvshyttan, 50, RA-29
Ulvsjön, 50, QS-28
Ulzburg, 46, PS-36
Umag, 64, QN-44
Uman', 59, U-40
Umbertide, 36, QJ-46
Umbukta, 56, Q-20
Umčari, 65, SA-45
Umeå, 56, S-25
Ummeljoki, 55, TE-29
Unaja, 54, SE-28
Uncastillo, 24, MN-47
Undheim, 53, PA-31
Úněšov, 62, QN-40
Ungerdorf, 41, RA-43
Unhais da Serra, 28, LJ-49
Unhošt, 62, QS-39
Unichowo, 60, RJ-35
Uničov, 63, RJ-40
Uniejów, 60, RN-38
Unisław, 60, RN-36
Unna, 46, PJ-38
Unquera, 27, MA-46
Untamala, 54, SJ-26
Unterach, 41, QN-42
Unterhaching, 45, QE-41
Unterlüß, 46, QA-37
Unter-Zeitlarn, 45, QJ-41
Upavon, 11, MN-38
Upice, 62, RE-39
Uppgränna, 49, QS-31
Upphärad, 49, QJ-31
Uppingham, 11, MS-37
Upplands Väsby, 51, RJ-30
Uppsala, 51, RJ-30
Urach, 44, PS-41
Uras, 35, PN-50
Urbania, 36, QJ-46
Urbe, 32, PN-45
Urbino, 36, QJ-46
Urbise, 19, NN-43
Urçay, 19, NE-43
Urda, 29, ME-50
Urdos, 22, MS-47
Uriage, 21, PA-44
Urjala, 54, SN-28
Urk, 16, PA-37
Urla, 71, TE-51
Urlaţi, 59, T-45
Urlingford, 14, LJ-37
Uroševac, 66, SE-47
Urroz, 24, MN-47
Urshult, 49, QS-33
Ursus, 61, SA-37
Urszulewo, 61, RS-36
Urszulin, 61, SN-38

Urt, 22, MN-46
Ururi, 37, RA-48
Urziceni, 59, T-45
Usagre, 28, LN-51
Usanos, 27, ME-49
Ušće, 66, SA-46
Uście Solne, 63, SA-39
Used, 24, MN-48
Usedom, 47, QN-36
Usingen, 44, PN-39
Usk, 10, MJ-38
Uskila, 54, SS-28
Üsküp, 72, TJ-48
Uslar, 46, PS-38
Usmate, 32, PS-44
Ussé, 19, NA-42
Ussel, 23, NJ-44
Usson-du-Poitou, 19, NA-43
Usson-les-Bains, 23, NJ-47
Ustaritz, 22, MN-46
Ust'e, 55, TS-30
Úštěk, 62, QS-39
Uster, 42, PN-42
Ústí, 63, RJ-40
Ustibar, 66, RS-46
Ustica, 38, QN-51
Ústí n. Labem, 62, QS-39
Ústí n. Orlici, 62, RE-40
Ustka, 60, RE-35
Ustrem, 72, TE-47
Ustroń, 63, RN-40
Ustronie Morskie, 60, RA-35
Utena, 58, T-30
Utersum, 48, PN-35
Uthlede, 46, PN-36
Utiel, 24, MN-50
Utne, 53, PE-29
Utrecht, 16, PA-37
Utrera, 29, LS-52
Utrilla, 27, MJ-48
Utsjoki, 56, T-20
Utsund, 50, RE-29
Uttendorf, 40, QJ-42
Uttoxeter, 10, MN-37
Utvalnäs, 51, RJ-29
Utvik, 52, PE-28
Uukuniemi, 55, UA-28
Uurainen, 55, TA-27
Uusikaarlepyy, 56, S-25
Uusikaupunki, 54, SE-29
Uusilta, 55, SS-26
Uvdal, 53, PN-29
Üvecik, 72, TE-50
Uxbridge, 11, MS-38
Uysal, 72, TE-48
Uzdin, 65, SA-44
Uzdowo, 61, SA-36
Uzel, 17, MJ-41
Uzerche, 22, NE-44
Uzès, 23, NS-46
Užgorod, 59, S-40
Uznach, 42, PN-42
Uzundžovo, 72, TA-48
Uzunköprü, 72, TE-48
Uzunkuyu, 71, TE-51

V

Vaajasalmi, 55, TE-27
Vääksy, 55, TA-28
Vaala, 56, T-25
Vaals, 16, PE-39
Vaani, 54, SJ-28
Vaaraslahti, 55, TE-26
Vaasa, 54, SE-26
Väätäiskylä, 54, SS-27
Vâbel, 72, TE-46
Vabre, 23, NJ-46
Vác, 43, RS-42
Vacha, 44, QA-39
Vad, 50, RA-29
Vădastra, 67, SS-46
Väderstad, 49, QS-31
Vadheim, 52, PA-28
Vadla, 53, PA-30
Vado Ligure, 32, PN-45
Vadsö, 56, T-15
Vadstena, 50, QS-31
Vaduz, 42, PS-42
Vågå, 52, PS-28
Våge, 53, PE-30
Vaggeryd, 49, QS-32
Våglevci, 72, TA-47
Vagnhärad, 51, RJ-31
Vagos, 26, LE-49
Vågsjöfors, 50, QN-29
Vähäkyrö, 54, SJ-26
Vahto, 54, SJ-29
Vaiamonte, 28, LJ-50
Vaihingen, 44, PN-41
Vailly, 19, NJ-42
Vailly-s.-Aisne, 18, NN-40
Vainikkala, 55, TN-29
Vairano Scalo, 37, QS-48
Vaison, 21, PA-45
Vajska, 65, RS-44
Vajszló, 43, RJ-44
Vakarel, 67, SN-47
Vakern, 50, QS-29
Vaksdal, 53, PA-29
Valadares, 26, LE-48
Valandovo, 67, SJ-48
Valašské-Klobouky, 63, RN-40
Valašské Meziříčí, 63, RJ-40
Valbo, 51, RJ-29
Valbondione, 32, QA-43
Valburg, 16, PA-38
Valcani, 65, SA-44
Valcarlos, 24, MN-46
Vâlčedrâm, 67, SN-46
Valdagno, 33, QE-44
Valdalseter, 53, PJ-30
Valdealgorfa, 24, MS-48
Valdeganga, 30, MN-50
Valdeltormo, 24, NA-49
Valdemarsvik, 49, RE-31
Valdemorillo, 27, MA-49
Valdemoro-Sierra, 24, MN-49
Valdepeñas, 29, ME-51
Valdepeñas de Jaén, 29, ME-52
Valderas, 26, LS-47
Valderrobres, 24, NA-49
Val de Santo Domingo, 29, MA-49
Val-d'Esquieres, 21, PE-46
Valdevimbre, 26, LS-47
Valdieri, 32, PJ-45
Val-d'Isère, 21, PE-44
Val di Taro, 32, PS-45
Valdobbiadene, 33, QE-44
Valdoviño, 26, LE-46
Valdshult, 49, QN-32
Valebjörg, 53, PN-30
Valebö, 53, PS-30
Vålebru, 52, QA-28
Vale de Cambra, 26, LE-49
Valeggio sul Mincio, 33, QA-44
Valença, 26, LE-47
Valençay, 19, NE-42
Valence, 21, NS-45
Valence-d'Agen, 22, NA-45
Valence-d'Albigeois, 23, NJ-46
Valence-s.-Baïse, 22, NA-46
Valencia, 24, MS-50
Valencia de Alcántara, 28, LJ-50
Valencia de Don Juan, 26, LS-47
Valencia de las Torres, 28, LS-51
Valencia del Mombuey, 28, LJ-51
Valencia del Ventoso, 28, LN-51
Valenciennes, 18, NN-39
Vălenii de Munte, 59, T-40
Valentano, 36, QE-47
Valenza, 32, PN-44
Valenzuela, 29, MA-52
Våler, Nor., 53, QE-29
Våler, Nor., 53, QA-30
Valera Fratta, 32, PS-44
Valerjany, 58, T-35
Valestrand, 53, PA-30
Valevatn, 53, PE-31
Valfabbrica, 36, QJ-46
Valgrisanche, 32, PJ-44
Valguarnera Caropepe, 38, QS-52
Valjevo, 65, RS-45
Valka, 57, T-30
Valkeakoski, 54, SS-28
Valkeala, 55, TS-28
Valkeamäki, 55, TJ-27
Valkenburg, 16, PA-39
Valkenswaard, 16, PA-38
Valki, 58, V-40
Vall, 51, RN-32
Valla, 50, RE-30
Valladolid, 27, MA-48
Vallåkra, 49, QJ-34
Vallauris, 21, PJ-46
Valldal, 52, PJ-27
Vall de Uxó, 24, MS-50
Valle, Nor., 53, PJ-31
Valle, Nor., 53, PJ-30
Valleberga, 49, QS-34
Vallecas, 27, ME-49
Valle Castellana, 36, QN-47
Valle de Abdalagís, 31, MA-53
Valle de la Serena, 29, LS-51
Valle de Matamoros, 28, LN-51
Valledolmo, 38, QN-52
Vallelunga Pratameno, 38, QN-52
Valle-Mosso, 32, PN-44
Vallentuna, 51, RN-30
Vallermosa, 35, PN-50
Vallet, 17, MN-42
Valletta (Il-Belt-Valletta), 38, QS-54
Valleviken, 51, RS-32
Valli di Pasubio, 33, QE-44
Vallo della Lucania, 39, RA-49
Valloire, 21, PE-44
Vallon, 23, NS-45
Vallorbe, 42, PE-43
Valls, 25, NE-48
Vallsjön, 50, QJ-28
Vallsta, 50, RE-28
Valmana, 24, NA-48
Valmaseda, 27, ME-46
Valmiera, 57, T-30
Valmojado, 29, MA-49
Valmontone, 36, QJ-48
Valognes, 17, MN-40
Valongo, 26, LE-48
Valoria la Buena, 27, MA-48
Valpacos, 26, LJ-48
Valpovo, 65, RN-44
Valpperi, 54, SJ-29
Valras-Plage, 23, NN-46
Valréas, 21, PA-45
Valrom, 33, QN-43
Vals, 23, NS-45
Valsequillo, 29, LS-51
Valsjöbyn, 56, Q-25
Valskog, 50, RA-30
Valsöyfjord, 52, PN-26
Vals Platz, 42, PS-43
Valtablado del Rio, 24, MJ-49
Valverde, 24, MJ-50
Valverde de Burguillos, 28, LN-51
Valverde de la Virgen, 26, LS-47
Valverde del Camino, 28, LN-52
Valverde de Leganés, 28, LN-51
Valverde del Fresno, 28, LN-49
Valverdón, 26, LS-48
Vamberk, 62, RE-39
Vamdrup, 48, PS-34
Våmhus, 50, QS-28
Vammala, 54, SJ-28
Vámos, 71, SS-54
Vámosújfalu, 43, SE-41
Vampula, 54, SJ-28
Vamsta, 51, RN-29
Vanaja, 54, SS-29
Vanda, 55, SS-29
Vandoies, 33, QE-43
Väne-Åsaka, 49, QJ-31
Vänersborg, 49, QJ-31
Väne-Ryr, 49, QJ-31
Vang, Nor., 52, QE-29
Vang, Nor., 52, PN-28
Vänge, 51, RJ-30
Vangsnes, 52, PE-28
Vännacka, 50, QJ-30
Vännäs, 56, R-25
Vanneberga, 49, QS-34
Vannes, 17, MJ-42
Vanonen, 55, TJ-28
Vansbro, 50, QS-29
Vantaa, 55, SS-29
Vanttila, 54, SJ-28
Vanvikan, 52, QA-26
Vanylven, 52, PA-27
Vanzone, 32, PN-44
Vara, 49, QJ-31
Varades, 17, MN-42
Varaklāni, 57, T-30
Varaldsöy, 53, PE-29
Varallo Sesia, 32, PN-44
Varaždin, 64, RE-43
Varaždinske Toplice, 64, RE-43
Varazze, 32, PN-45
Varberg, 49, QJ-32
Vărbica, 72, TE-47
Varde, 48, PN-34
Vardim, 67, TA-46
Vardö, Nor., 56, U-15
Värdö, Suomi, 54, SA-29
Varel, 46, PN-36
Varennes, 19, NN-43
Varennes-en-Argonne, 20, PA-40
Vareš, 65, RN-45
Varese, 32, PN-44
Varese Ligure, 32, PS-45
Vårgårda, 49, QJ-31
Vargas, 27, ME-46
Vargön, 49, QJ-31
Varhokylä, 54, SE-29
Varilhes, 22, NE-46
Väring, 50, QS-31
Varislahti, 55, TN-27
Varkaus, 55, TJ-27
Värmdö, 51, RN-30
Varna, 72, TJ-46
Varnæs, 48, PS-35
Värnamo, 49, QS-32
Varniai, 58, S-30
Varnsdorf, 62, QS-39
Városlőd, 43, RJ-42
Varpaisjärvi, 55, TJ-26
Várpalota, 43, RN-42
Varrena, 32, PS-44
Vâršec, 67, SN-46
Varshult, 49, RA-32
Vartdal, 52, PE-27
Varteig, 53, QE-30
Vartofta, 49, QN-31
Värtsilä, 55, UA-27
Varvarin, 66, SE-46
Varvažov, 62, QN-39
Varzi, 32, PS-45
Varzy, 19, NN-42
Vasa, 54, SE-26
Vásárosnamény, 59, SJ-41
Vascœuil, 18, NE-40
Väse, 50, QN-30
Vasehuse, 48, QA-33
Vasiliká, 69, SN-49
Vasilikí, 68, SA-51
Vasilikón, 68, SA-49
Vasilikós, 70, SA-52
Vasil'kov, 58, U-35
Vasil Levski, Blg., 72, TA-47
Vasil Levski, Blg., 72, TE-46
Vaskivesi, 54, SN-27
Vas'knarva, 57, T-30
Vaslui, 59, T-40
Vassbotn, 53, PN-31
Vassmolösa, 49, RE-33
Vassy, 18, MS-41
Västanfjärd, 54, SJ-29
Västanfors, 50, RA-30
Västbacka, 57, Q-25
Västbaka, 50, QS-28
Västerås, 51, RE-30
Västerby, Sve., 51, RJ-30
Västerby, Sve., 50, RE-29
Västergarn, 51, RN-32
Västerhaninge, 51, RN-30
Västerljung, 51, RJ-31
Västermyrriset, 56, R-25
Västervåla, 50, RE-30
Västervik, 49, RE-32
Vasto, 37, QS-47
Vasvár, 43, RE-42
Vatan, 19, NE-42
Vaterá, 71, TE-50
Vathí, Ellás, 71, TE-53
Vathí, Ellás, 69, SN-51
Vathítopos, 69, SN-48
Vatland, 53, PJ-31
Vatne, Nor., 52, PE-27
Vatne, Nor., 53, PN-31
Vatokhórion, 68, SE-49
Vatra Dornei, 59, T-40
Vats, 53, PA-30
Vattholma, 51, RJ-29
Vättis, 42, PS-43
Vaucouleurs, 20, PA-41
Vaud, 32, PJ-44
Vaulen, 52, NS-28
Vauvert, 23, NS-46
Vauvillers, 20, PE-42
Vavta Vas, 64, RA-44
Vaxholm, 51, RN-30
Växjö, 49, QS-33
Vayrac, 22, NE-45
Važec, 63, RS-40
V'az'ma, 58, U-30
Vazovgrad, 67, SS-47
Veberöd, 49, QN-34
Vechelde, 46, QA-37
Vechta, 46, PN-37
Vecinos, 26, LS-49
Vecsés, 43, RS-42
Veddige, 49, QJ-32
Vedeseta, 32, PS-44
Vedevåg, 50, RA-30
Vedra, 26, LE-47
Veendam, 16, PE-36
Veenendaal, 16, PA-37
Vega de Espinareda, 26, LN-47
Vegadeo, 25, LJ-46
Vegarienza, 26, LS-47
Vegårshei, 53, PN-31
Vegby, 49, QN-32
Veggli, 53, PS-29
Veghel, 16, PA-38
Veglie, 39, RJ-49
Vegusdal, 53, PN-31
Vehkalahti, 55, TE-28
Vehmaa, 54, SE-29
Vehmaskylä, 55, TJ-27
Vehmasmäki, 55, TN-27
Vehmersalmi, 55, TN-27
Vehniä, 55, TA-27
Veiano, 36, QJ-47
Veikåker, 53, PS-29
Veikars, 54, SE-26
Veikkola, 54, SS-29
Veillard, 22, MS-44
Veinge, 49, QN-33
Veiros, 28, LJ-51
Veisiejai, 61, SN-35
Vejen, 48, PS-34
Vejer de la Frontera, 31, LS-53
Vejersstrand, 48, PN-34
Vejle, 48, PS-34
Vejprnice, 62, QN-40
Vejprty, 62, QN-39
Vejstrup, 48, QA-34
Vela Luka, 37, RE-47
Velbert, 46, PJ-38
Velden, B.R.D., 45, QJ-41
Velden, Öst., 41, QS-43
Veldhoven, 16, PA-38
Velence, 43, RN-42
Velenje, 64, RA-43
Velestínon, 69, SJ-50
Vélez Benaudalla, 31, ME-53
Vélez-Blanco, 30, MJ-52
Vélez-Málaga, 31, MA-53
Vélez Rubio, 30, MJ-52
Velika Drenova, 66, SE-46
Velika Gorica, 64, RE-44
Velika Kladuša, 64, RA-44
Velika Kruša, 66, SA-47
Velika Plana, 65, SE-45
Velike Lašče, 64, QS-44
Velike Livade, 65, SA-44
Veliki Gaj, 65, SE-44
Veliki Popović, 66, SE-45
Veliki Šiljegovac, 66, SE-46
Veliki Zdenci, 64, RJ-44
Veliko Gradište, 65, SE-45
Veliko Orašje, 65, SE-45
Veliko Târnovo, 72, TA-46
Velilla del Rio Carrión, 27, MA-47
Veli Lošinj, 64, QS-45
Velingrad, 67, SN-47
Velinlje, 66, RN-47
Veliž, 58, U-30
Velká Bíteš, 62, RE-40
Velké Březno, 62, QS-39
Velké-Meziříčí, 62, RE-40
Velké Němčice, 63, RE-41
Vel'ké Záluže, 63, RJ-41
Velletri, 36, QJ-48
Vellinge, 49, QJ-34
Vélon, 70, SJ-52
Velsen, 16, NS-37
Velten, 47, QN-37
Veltrusy, 62, QS-39
Velvary, 62, QS-39
Velvendós, 69, SJ-49
Vemb, 48, PN-33
Vemdalen, 57, Q-25
Veme, 53, QA-29
Vemmenæs, 48, QA-35
Vena, 49, RE-32
Veñaco, 34, PS-47
Venafro, 37, QN-48
Venaria, 32, PJ-44
Venčane, 65, SA-45
Vence, 21, PJ-46
Venda Nova, 26, LJ-48
Vendas Novas, 28, LE-51
Vendel, 51, RJ-29
Vendelsö, 51, RN-30
Vendesund, 56, Q-20
Vendeuvre, 20, NS-41
Vendœuvres, 19, NE-43
Vendôme, 19, NE-42
Vendrell, 25, NE-48
Venec, 72, TE-47
Veneskoski, 54, SN-27
Venezia, 33, QJ-44
Venialbo, 26, LS-48
Venissieux, 21, PA-44
Venjan, 50, QN-29
Venlo, 16, PE-38
Vénna, 72, TA-48
Vennäänaho, 55, TN-26
Vennesla, 53, PJ-31
Venosa, 39, RA-49
Venraij, 16, PA-38
Vent, 40, QA-43
Venta de Arraco, 24, MS-47
Venta de Cardeña, 29, MA-51
Venta del Cuervo, 31, LS-53
Venta del Moro, 24, MN-50
Ventanueva, 26, LN-46
Ventas con Peña Aguilera, 29, MA-50
Ventas de Huelma, 31, ME-52
Ventas de Zafarroya, 31, MA-53
Ventimiglia, 32, PJ-46
Ventimiglia di Sicilia, 38, QN-52
Ventor, 11, MN-39
Ventosa de Pisuerga, 27, MA-47
Ventry, 14, KS-37
Ventspils, 57, S-30
Venturina, 36, QA-46
Ventzelholm, 49, RA-32
Vera, Esp., 27, MN-46
Vera, Esp., 30, MN-52
Verbania, 32, PN-44
Verbicaro, 39, RA-50
Vercelli, 32, PN-44
Verchn'aja Chortica, 59, V-40
Verchoviči, 61, SN-37
Verden, 46, PS-37
Verdens Ende, 53, QA-30
Verdun, 20, PA-40
Verdun-s.-Garonne, 22, NE-46
Verdun-s.-le-Doubs, 20, NS-43
Vergara, 27, MJ-46
Vergato, 33, QE-45
Verges, 25, NN-47
Vergt, 22, NA-44
Vérigny, 18, NE-41
Verín, 26, LJ-48
Verkebäck, 49, RE-32
Vermand, 18, NN-40
Vermenton, 19, NN-42
Vern-d'Angers, 19, MS-42
Verneřice, 62, QS-39
Vernet, 23, NJ-47
Verneuil, 18, NA-41
Vernio, 33, QE-45
Vernole, 39, RN-49
Vernon, 18, NE-40
Vernoux, 23, NS-45
Véroia, 69, SJ-49
Verolanuova, 32, PS-44
Verolengo, 32, PJ-44
Veroli, 36, QN-48
Verona, 33, QE-44
Verrès, 32, PJ-44
Versailles, 18, NJ-41
Versmold, 46, PN-37
Verteillac, 22, NA-44
Vertou, 17, MN-42
Vertus, 18, NN-41
Verviers, 16, PA-39
Vervins, 18, NN-40
Véryi, 69, SN-49
Veržej, 64, RE-43
Verzino, 39, RE-50
Verzy, 20, NS-40
Vešala, 66, SA-47
Vesanto, 55, TE-27
Vescovato, 34, PS-47
Veseli n. Lužnici, 62, QS-40
Veseli n. Moravou, 63, RJ-41
Veselinovo, 72, TJ-47
Vesisvehmaa, 55, TA-28
Vesoul, 20, PE-42
Vespolate, 32, PN-44
Vessalico, 32, PN-45
Vessigebro, 49, QJ-33
Vestby, Nor., 53, QE-30
Vestby, Nor., 53, QA-30
Vesterøhavn, 48, QA-32
Vestertana, 56, T-15
Vestmarka, 53, QE-30
Vestnes, 52, PJ-27
Vestre Gausdal, 52, QA-28
Vestre Slidre, 52, PS-28
Veszprém, 43, RJ-42
Vésztő, 43, SE-43
Vetlanda, 49, RA-32
Vetralla, 36, QJ-47
Vetren, 67, SS-47
Vetrino, 72, TJ-46
Vetriolo, 33, QE-43
Větrný-Jeníkov, 62, RA-40
Vetschau, 47, QS-38
Vetto, 33, QA-45
Vetulonia, 36, QA-47
Veum, 53, PN-30
Veurne, 16, NJ-38
Vevey, 42, PE-43
Vévi, 68, SE-49
Vevring, 52, PA-28
Veynes, 21, PA-45
Vézelay, 19, NN-42
Vézelise, 20, PE-41
Vezzano, 33, QA-43
Viadana, 33, QA-45
Viana, 27, MJ-47
Viana del Bollo, 26, LJ-47
Viana do Alentejo, 28, LJ-51
Viana do Castelo, 26, LE-48
Vianden, 20, PE-40
Vianino, 32, PS-45
Viareggio, 32, QA-46
Viator, 30, MJ-53
Viborg, 48, PS-33
Vibo Valentia, 39, RE-51
Vibraye, 19, NA-41
Vic, 23, NJ-45
Vicálvaro, 27, ME-49
Vicchio, 33, QE-46
Vicdessos, 22, NE-47
Vic-en-Bigorre, 22, MS-46
Vicenza, 33, QE-44
Vic-Fézensac, 22, NA-46
Vich, 25, NJ-48
Vichy, 19, NN-43
Vic-le-Comte, 23, NN-44
Vico, 34, PN-47
Vico del Gargano, 37, RE-48
Vico Equense, 37, QS-49
Vidago, 26, LJ-48
Videbæk, 48, PN-33
Videle, 59, T-45
Vidigueira, 28, LJ-51
Vidin, 67, SJ-46
Vidoml'a, 58, S-35
Vidstrup, 48, PS-32
Vidzy, 58, T-30
Viechtach, 45, QJ-40
Vieira do Minho, 26, LE-48
Viella, 24, NA-47
Vielsalm, 16, PA-39
Viemerö, 54, SJ-27
Vienenburg, 47, QA-38
Vienne, 21, NS-44
Viernheim, 44, PN-40
Vierzon, 19, NJ-42
Viesite, 57, T-30
Vieste, 37, RE-48
Vietri di Potenza, 39, RA-49
Vietri sul Mare, 37, QS-49
Vieux-Boucau, 22, MN-46
Vif, 21, PA-44
Vig, 48, QE-34
Vigasio, 33, QA-44
Vige, 53, PE-31
Vigeois, 22, NE-44
Vigeså, 53, PE-31
Vigevano, 32, PN-44
Viggiano, 39, RA-49
Vignale, 32, PN-44
Vignanello, 36, QJ-47
Vigneulles-lès-Hattonchâtel, 20, PA-40
Vignoc, 17, MN-41
Vignola, 33, QA-45
Vignole, 33, QJ-43
Vignory, 20, PA-41
Vigo, Esp., 25, LN-46
Vigo, Esp., 26, LE-47
Vigone, 32, PJ-45
Vigra, 52, PE-27
Vigy, 20, PE-40
Vihiers, 19, MS-42
Vihti, 54, SS-29
Vihtijärvi, 54, SS-29
Viisarmäki, 55, TE-27
Viitaila, 55, TA-28
Viitasaari, 55, TA-26
Vik, Nor., 52, PE-28
Vik, Nor., 52, PE-28
Vik, Sve., 49, QS-34
Vika, 50, QS-29
Vikarbyn, 50, QS-29
Vikaviškis, 58, S-35
Vikebukt, 52, PJ-27
Vikebygd, 53, PA-30
Vikedal, 53, PA-30
Viken, Nor., 53, PN-29
Viken, Sve., 49, QJ-33
Viker, 50, QS-30
Vikmanshyttan, 50, RA-29
Vikna, 56, Q-25
Vikoč, 66, RN-46
Vilaboa (Culleredo), 26, LE-46
Vila Boim, 28, LJ-51
Vila Chã, 26, LE-48
Vila de Rei, 28, LE-50
Vila do Bispo, 28, LE-52
Vila do Conde, 26, LE-48
Vila Flor, 26, LJ-48
Vila Franca de Xira, 28, LE-51
Vilaka, 57, T-30
Vilaller, 24, NA-47
Vila Nogueira de Azeitão, 28, LA-51
Vila Nova da Barquinha, 28, LE-50
Vila Nova da Cerveira, 26, LE-48
Vila Nova de Famalicão, 26, LE-48
Vila Nova de Fozcôa, 26, LJ-48
Vila Nova de Gaia, 26, LE-48
Vilanova de Maye, 25, NE-47
Vila Nova de Milfontes, 28, LE-52
Vila Nova de Ourém, 28, LE-50
Vila Nova de Paiva, 26, LJ-49
Vilanova de Sau, 25, NJ-48
Vila Pouca de Aguiar, 26, LJ-48
Vila Real, 26, LJ-48
Vila Real de Santo António, 28, LJ-52
Vilar Formoso, 26, LN-49
Vila Verde, Port., 26, LE-48
Vila Verde, Port., 26, LJ-43
Vila Verde de Ficalho, 28, LJ-52
Vila Viçosa, 28, LJ-51
Vilejka, 58, T-35
Vilhelmina, 56, R-25
Vilia, 70, SN-51
Viljakkala, 54, SN-28
Viljandi, 57, T-30
Viljolahti, 55, TN-27
Villabáñez, 27, MA-48
Villablanca, 28, LJ-52
Villablino, 26, LN-47
Villacañas, 29, ME-50
Villacarlos, 25, NS-50
Villacarriedo, 27, ME-46
Villacastín, 27, MA-49
Villach, 41, QN-43
Villacidro, 35, PN-50
Villada, 27, LS-47
Villa del Río, 29, MA-52
Villa de Ves, 30, MN-50
Villadiego, 27, ME-47
Villadossola, 32, PN-44
Villaeles de Valdavia, 27, MA-47
Villafranca, 24, MN-47
Villafranca del Bierzo, 26, LN-47
Villafranca del Cid, 24, MS-49
Villafranca de los Barros, 28, LN-51
Villafranca de los Caballeros, 29, ME-50
Villafranca del Panadés, 25, NE-48
Villafranca de Oria, 27, MJ-46
Villafranca di Verona, 33, QA-44
Villafranca in Lunigiana, 32, QA-45
Villafranca-Montes de Oca, 27, ME-47
Villafranca Sicula, 38, QN-52
Villafruela, 27, ME-48
Villagarcía de Arosa, 26, LE-47
Villagarcía de la Torro, 28, LN-51
Villagonzalo, 28, LN-51
Villagordo del Júcar, 30, MJ-50
Villaguirán de los Infantes, 27, MA-47
Villaharta, 29, MA-51
Villahermosa, 29, MJ-51
Villahoz, 27, ME-47
Villaines-la-Juhel, 19, MS-41
Villajoyosa, 30, MS-51
Villalba, 26, LJ-46
Villalba del Alcor, 28, LN-52

Villalba de los Alcores 111

Villalba de los Alcores, 27, MA-48
Villalba de los Barros, 28, LN-51
Villalba del Rey, 27, MJ-49
Villalengua, 24, MN-48
Villa Literno, 37, QS-48
Villalón de Campos, 27, LS-47
Villalpando, 27, LS-48
Villaluenga, 29, ME-49
Villamalea, 30, MN-50
Villamañán, 26, LS-47
Villamanrique, 29, MJ-51
Villamanrique de la Condesa, 28, LN-52
Villamarchante, 24, MS-50
Villamartin, 31, LS-53
Villamartín de Don Sancho, 27, LS-47
Villamayor de Calatrava, 29, MA-51
Villamayor de Santiago, 29, MJ-50
Villamesias, 28, LN-50
Villandraut, 22, MS-45
Villandry, 19, NA-42
Villanova d'Asti, 32, PJ-45
Villanova Monteleone, 35, PN-49
Villanova Strisaili, 35, PS-50
Villanueva de Alcardete, 29, ME-50
Villanueva de Algaidas, 31, MA-52
Villanueva de Argaño, 27, ME-47
Villanueva de Arosa, 26, LE-47
Villanueva de Castellón, 30, MS-50
Villanueva de Córdoba, 29, MA-51
Villanueva de Gállego, 24, MS-48
Villanueva del Aceral, 27, MA-48
Villanueva de la Fuente, 29, MJ-51
Villanueva de la Jara, 30, MJ-50
Villanueva del Arzobispo, 30, MJ-51
Villanueva de las Cruces, 28, LN-52
Villanueva de la Serena, 29, LS-50
Villanueva de la Sierra, 28, LN-50
Villanueva de las Manzanas, 26, LS-47
Villanueva de las Torres, 31, ME-52
Villanueva del Campo, 26, LS-48
Villanueva del Duaue, 29, LS-51
Villanueva del Fresno, 28, LJ-51
Villanueva del Huerva, 24, MN-48
Villanueva de los Castillejos, 28, LJ-52
Villanueva de los Infantes, 29, ME-51
Villanueva del Rey, 29, LS-51
Villanueva del Trabuco, 31, MA-52
Villanueva de San Juan, 31, LS-52
Villanueva y Geltrú, 25, NE-48
Villány, 43, RN-44
Villaodrid, 25, LE-46
Villapalacios, 29, MJ-51
Villa Potenza, 36, QN-46
Villaputzu, 35, PS-50
Villaquilambre, 26, LS-47
Villarcayo, 27, ME-47
Villard, 21, PA-44
Villard-de-Lans, 21, PA-44
Villar de Ciervo, 26, LN-49
Villardeciervos, 26, LN-48
Villar de Domingo García, 24, MJ-49
Villardefrades, 27, LS-48
Villar del Arzobispo, 24, MS-50
Villar del Barrio, 26, LJ-47
Villar del Rey, 28, LN-50
Villar de Peralonso, 26, LN-48
Villarejo de Salvanés, 27, ME-49
Villarejo-Periesteban, 24, MJ-50
Villares del Saz, 24, MJ-50
Villargordo del Cabriel, 24, MN-50
Villaricos, 30, MN-52
Villarin de Campos, 26, LS-48
Villarmayor, 26, LS-48
Villarosa, 38, QS-52
Villarquemado, 24, MN-49
Villarramiel, 27, MA-47
Villarreal de Alava, 27, MJ-46
Villarreal de los Infantes, 24, MS-50
Villarrobledo, 30, MJ-50
Villarrubia de los Ojos, 29, ME-50
Villarrubia de Santiago, 29, ME-49
Villars, 42, PJ-43
Villars-les-Dombes, 21, NS-43
Villarta, 30, MN-50
Villarta de los Montes, 29, MA-50
Villarta de San Juan, 29, ME-50
Villasana de Mena, 27, ME-46
Villa San Giovanni, 39, RA-51
Villasayas, 27, MJ-48
Villaseco de los Reyes, 26, LN-48
Villasimius, 35, PS-50
Villasor, 35, PN-50
Villatobas, 29, ME-50
Villatoro, 27, LS-49
Villatoya, 30, MN-50
Villatrechos, 27, LS-48
Villa Vallelonga, 36, QN-48
Villaviciosa, 26, LS-46
Villaviciosa de Córdoba, 29, MA-51
Villavieja de Yeltes, 26, LN-49
Villa Vomano, 37, QN-47
Villayón, 26, LN-46
Villé, 20, PJ-41
Villedieu-s.-Indre, 19, NE-43
Villefagnan, 19, NA-43
Villefort, 23, NN-45
Villefranche, Fr., 21, PJ-46
Villefranche, Fr., 21, NS-43
Villefranche-de-Lauragais, 22, NE-46
Villefranche-de-Rouergue, 23, NJ-45
Villefranche-du-Périgord, 22, NE-45
Villefranche-s.-Cher, 19, NE-42
Villel, 24, MN-49
Villemur, 22, NE-46
Villena, 30, MS-51
Villenauxe-la-Grande, 18, NN-41
Villeneuve, Fr., 23, NJ-45
Villeneuve, It., 32, PJ-44
Villeneuve-de-Berg, 23, NS-45
Villeneuve-de-Marsan, 22, MS-46
Villeneuve-l'Archevêque, 19, NN-41
Villeneuve-lès-Avignon, 21, NS-46
Villeneuve-s.-Lot, 22, NA-45
Villeneuve-St.-Georges, 18, NJ-41
Villeneuve-s.-Yonne, 19, NN-41
Villeréal, 22, NA-45
Villers-Bocage, Fr., 18, NJ-40
Villers-Bocage, Fr., 18, MS-40
Villers-Cotterets, 18, NN-40
Villersexel, 20, PE-42
Villers-la-Ville, 16, NS-39
Villers-le-Lac, 20, PE-42
Villers-s.-Mer, 18, MS-40
Villerupt, 20, PA-40
Villiers-St.-Georges, 18, NN-41
Villingen, 44, PN-41
Villoldo, 27, MA-47
Vilnius, 58, T-35
Vilppula, 54, SS-27
Vilsbiburg, 45, QJ-41
Vilseck, 45, QE-40
Vilshofen, 45, QN-41
Vilshult, 49, QS-33
Vilusi, 66, RN-47
Vilvestre, 26, LN-48
Vilvoorde, 16, NS-39
Vimaharju, 55, UA-27
Vimerca, 32, PS-44
Vimianzo, 26, LA-46
Vimieiro, 28, LJ-51
Vimioso, 26, LN-48
Vimmerby, 49, RA-32
Vimoutiers, 18, NA-41
Vimpeli, 54, SN-26
Vimperk, 62, QN-40
Vinaixa, 24, NA-48
Vinaroz, 24, NA-49
Vinay, 21, PA-44
Vinberg, 49, QJ-33
Vinchiaturo, 37, QS-48
Vindeln, 56, R-25
Vinderup, 48, PN-33
Vingåker, 50, RA-30
Vingrum, 52, QA-28
Vinhais, 26, LN-48
Vinica, Jugo., 67, SJ-48
Vinica, Jugo., 64, RE-43
Vinica, Jugo., 64, RA-44
Vinje, Nor., 52, PS-26
Vinje, Nor., 53, PJ-30
Vinje, 52, PE-29
Vinkiä, 55, SS-28
Vinkovci, 65, RN-44
Vinnica, 58, T-40
Vinslöv, 49, QN-33
Vinstra, 52, PS-28
Vinterbru, 53, QA-30
Vintjärn, 50, RE-29
Viñuela de Sayago, 26, LS-48
Vinuesa, 27, MJ-48
Vinzelberg, 47, QE-37
Vipava, 64, QN-44
Vipiteno, 33, QE-43
Vir, 64, RA-45
Virå, Sve., 50, RE-31
Vira, Sve., 51, RN-30
Virbalis, 61, SJ-35
Vire, 18, MS-41
Vireda, 49, QS-32
Vireux, 20, NS-39
Virginia, 14, LJ-36
Virieu-le-Grand, 21, PA-44
Virieu-s.-Bourbre, 21, PA-44
Virje, 64, RE-43
Virmutjoki, 55, TN-28
Virolahti, 55, TJ-29
Virovitica, 64, RJ-44
Virpazar, 66, RS-47
Virrat, 54, SN-27
Virsbo bruk, 50, RA-30
Virserum, 49, RA-32
Virtaniemi, 56, T-20
Virtasalmi, 55, TJ-27
Virton, 20, PA-40
Virtsu, 57, S-30
Vis, 37, RE-46
Visbek, 46, PN-37
Visby, 51, RN-32
Višegrad, 66, RS-46
Viseu, 26, LJ-49
Vișeu de Sus, 59, S-40
Visiedo, 24, MN-49
Visingsö, 49, QS-31
Viskafors, 49, QJ-32
Viskarila, 55, TN-28
Vislanda, 49, QS-33
Višňové, 62, RE-41
Viso del Marqués, 29, ME-51
Visoko, 66, RN-46
Visp, 42, PJ-43
Vissefjärda, 49, RA-33
Visselhövede, 46, PS-37
Vissenbjerg, 48, QA-34
Vissinéa, 68, SE-49
Visso, 36, QN-47
Vistdal, 52, PJ-27
Vištitis, 61, SJ-35
Vita, 38, QJ-52
Vitănești, 67, TA-45
Vitanje, 64, RA-43
Vitanovac, 66, SA-46
Vitebsk, 58, U-30
Viterbo, 36, QJ-47
Vithkuq, 68, SA-49
Vitigudino, 26, LN-48
Vitina, Ellás, 70, SJ-52
Vitina, Jugo., 65, RJ-46
Vitis, 41, RA-41
Vitkov, 63, RJ-40
Vitolište, 67, SE-48
Vitoria, 27, MJ-47
Vitré, 17, MN-41
Vitrey, 20, PA-42
Vitriola, 33, QA-45
Vitry-en-Artois, 18, NJ-39
Vitry-le-François, 20, NS-41
Vitt, 49, QN-35
Vittangi, 56, S-20
Vittaryd, 49, QN-33
Vitte, 47, QN-35
Vitteaux, 20, NS-42
Vittel, 20, PA-41
Vittinge, 51, RJ-30
Vittoria, 38, QS-53
Vittorio Veneto, 33, QJ-44
Vittsjö, 49, QN-33
Vivario, 34, PS-47
Vivastbo, 51, RE-29
Vivel del Rio Martin, 24, MN-49
Viver, 24, MS-50
Vivero, 25, LE-46
Viverols, 23, NN-44
Viveros, 29, MJ-51
Vivestad, 53, QA-30
Viviers, 21, NS-45
Viviez, 23, NJ-45
Vizcaínos, 27, ME-47
Vize, 72, TJ-48
Vizille, 21, PA-44
Vizzini, 38, QS-52
Vjaka, 37, RE-46
Vlaardingen, 16, NS-38
Vladaja, 67, SN-47
Vladičin Han, 67, SJ-47
Vladimirci, 65, RS-45
Vladimirovac, 65, SA-44
Vladimir-Volynskij, 58, S-35
Vlagtwedde, 16, PJ-36
Vlakháta, 68, SA-51
Vlakhiótis, 70, SJ-53
Vlasenica, 65, RN-45
Vlasotince, 67, SJ-47
Vlaššim, 62, QS-40
Vlissingen, 16, NN-38
Vlorë, 68, RS-49
Vlotho, 46, PN-37
Vobarno, 33, QA-44
Vočin, 65, RJ-44
Vöcklabruck, 41, QN-41
Vöcklamarkt, 41, QN-42
Vodice, 64, RA-46
Vodňany, 62, QS-40
Vodnjan, 64, QN-45
Voe, 12, MN-29
Vogatsikón, 68, SE-49
Voghera, 32, PS-45
Vogogna, 32, PN-43
Vohenstrauß, 45, QJ-40
Võhma, 57, T-30
Vöhringen, 44, QA-41
Void, 20, PA-41
Voikkaa, 55, TE-29
Voikoski, 55, TE-28
Voiron, 21, PA-44
Voise, 18, NE-41
Voiteg, 65, SE-44
Voiteur, 20, PA-43
Voitsberg, 41, RA-42
Vojens, 48, PS-34
Vojnić, 64, RA-44
Vojska, 66, SE-45
Voknavolok, 56, U-25
Volary, 62, QN-41
Vold, 53, PS-30
Volda, 52, PE-27
Volendam, 16, NS-37
Volissós, 71, TA-51
Volkach, 44, QA-40
Völkermarkt, 41, QS-43
Völklingen, 44, PE-40
Volkmarsen, 46, PS-38
Volkovysk, 58, S3-5
Volksdorf, 46, QA-36
Voll, 52, PJ-27
Vollenhove, 16, PA-37
Vollseter, 52, PJ-27
Vollsjö, 49, QN-34
Vólos, 69, SJ-50
Volosovo, 57, T-30
Volpiano, 32, PJ-44
Voltaggio, 32, PN-45
Volterra, 36, QA-46
Voltri Pegli, 32, PN-45
Volturara Appula, 37, RA-48
Volvic, 23, NN-44
Volx, 21, PA-46
Volyně, 62, QN-40
Vonêche, 16, PA-39
Vónitsa, 68, SA-51
Voorburg, 16, NS-37
Voorst, 16, PE-37
Vörå, 54, SJ-26
Vorau, 41, RA-42
Vorbasse, 48, PS-34
Vordingborg, 48, QE-34
Vorey, 23, NN-44
Vorožba, 58, U-35
Vorsfelde, 47, QA-37
Võru, 57, T-30
Voskopojë, 66, SA-49
Voss, 53, PE-29
Votice, 62, QS-40
Voudhiá, 71, SS-53
Vouillé, 19, NA-43
Vouillon, 19, NE-43
Voulx, 19, NN-41
Voúripiani, 68, SA-49
Vourkárion, 71, SS-52
Vouvray, 19, NA-42
Vouvry, 42, PE-43
Vouzela, 26, LE-49
Vouziers, 20, NS-40
Voves, 19, NE-41
Voxna, 57, R-25
Vöyri, 54, SJ-26
Voznesensk, 59, U-40
Vrå, Dan., 48, PS-32
Vrå, Sve., 49, QN-33
Vrabeno, 67, SS-47
Vráble, 63, RN-40
Vraca, 67, SN-46
Vračevšnica, 66, SA-45
Vrådal, 53, PN-30
Vrana, 64, QS-45
Vrångebo, 49, RA-33
Vranić, 65, SA-45
Vranje, 67, SE-47
Vranjina, 66, RS-47
Vranjska Banja, 67, SE-47
Vranov, 59, S-40
Vransko, 64, QS-43
Vratarnica, 67, SJ-46
Vratimov, 63, RN-40
Vratnica, 66, SE-47
Vražogrnac, 67, SJ-46
Vrbas, 65, RS-44
Vrbaška, 64, RJ-44
Vrbljani, 64, RE-45
Vrbnik, 64, QS-44
Vrboska, 37, RE-46
Vrbové, 63, RJ-41
Vrbovec, 64, RE-44
Vrbovsko, 64, RA-44
Vrchlabí, 63, RA-39
Vrchy, 63, RJ-40
Vrdy, 62, RA-40
Vreden, 46, PE-37
Vretstorp, 50, QS-30
Vrgin Most, 64, RA-44
Vrgorac, 64, RJ-46
Vrhnika, 64, QS-44
Vriezenveen, 16, PE-37
Vrigne-aux-Bois, 20, NS-40
Vrigstad, 49, QS-32
Vrin, 42, PS-43
Vrlika, 64, RE-46
Vrnjačka Banja, 66, SA-46
Vrnograč, 64, RR-44
Vrondádhos, 71, TE-51
Vrosina, 68, SA-50
Vrpolje, 65, RN-44
Vršac, 65, SE-44
Vrsar, 64, QN-44
Vrtoče, 64, RE-45
Vrućica, 65, RJ-45
Vrútky, 63, RN-40
Vsetín, 63, RJ-40
Vučitrn, 66, SA-47
Vught, 16, PA-38
Vukovar, 65, RS-44
Vukovo, 65, RJ-45
Vuoriniemi, 55, TS-28
Vuotso, 56, T-20
Vuottila, 54, SJ-29
V. Velha de Ródão, 28, LJ-50
Vyborg, 55, TN-29
Východná, 63, RS-40
Vyškov, 63, RE-40
Vysock, 55, TN-29
Vysoké Mýto, 62, RE-40
Vysokoe, 61, SN-37
Vysokoje, 55, TN-29
Vyšši Brod, 62, QS-41

W

Waabs, 46, PS-35
Waalwijk, 16, PA-38
Wabern, 46, PS-38
Wabienice, 60, RJ-38
Wąbrzeźno, 60, RN-36
Wadebridge, 10, MA-39
Wädenswil, 42, PN-42
Wadlew, 61, RS-38
Wadowice, 63, RS-40
Wagenfeld-Haßlingen, 46, PN-37
Wageningen, 16, PA-38
Waging, 45, QJ-42
Wagrain, 41, QN-42
Wągrowiec, 60, RJ-37
Waiblingen, 44, PS-41
Waidhaus, 45, QJ-40
Waidhofen, 41, RA-41
Waidhofen a. d. Ybbs, 41, QS-42
Wainfleet All Saints, 11, NA-36
Waizenkirchen, 41, QN-41
Wakefield, 15, MN-36
Wałbrzych (Waldenburg), 62, RE-39
Walchensee, 45, QE-42
Walchsee, 40, QJ-42
Wałcz (Deutsch-Krone), 60, RE-36
Wald, Öst., 41, QN-42
Wald, Schw., 42, PN-42
Waldbröl, 44, PJ-39
Waldeck, 46, PS-38
Waldenburg, 45, QJ-39
Waldenburg → Wałbrzych, 62, RE-39
Waldfischbach, 44, PJ-40
Waldhausen, 41, QS-41
Waldheim, 47, QN-38
Waldighofen, 20, PJ-42
Wald i. Pinzg., 40, QJ-42
Waldkappel, 46, PS-38
Waldkirch, 44, PJ-41
Waldkirchen, B.R.D., 45, QN-41
Waldkirchen, Öst., 41, QN-41
Waldmünchen, 45, QJ-40
Waldsassen, 45, QJ-39
Waldshut, 44, PN-42
Waldstein, 41, RA-42
Waldwisse, 20, PE-40
Walenstadt, 42, PS-42
Walim, 62, RE-39
Walkenried, 47, QA-38
Wallasey, 15, ME-36
Walldürn, 44, PS-40
Wallern, 41, RE-42
Wallingford, 11, MN-38
Walls, 12, MN-29
Walsall, 10, MN-37
Walsoorden, 16, NS-38
Walsrode, 46, PS-37
Waltershausen, 45, QA-39
Waltham Cross, 11, MS-38
Walton on the Naze, 11, NE-38
Waly, 20, PA-40
Wamba, 27, MA-48
Wandlitz, 47, QN-37
Wandsbek, 46, QA-36
Wangen, 44, PS-42
Wangerooge, 46, PJ-36
Wanne-Eickel, 46, PJ-38
Wansford, 11, MS-37
Wantage, 11, MN-38
Wanzleben, 47, QE-37
Waplewo, 61, SA-36
Wapnica, 60, RA-36
Wapno, 60, RJ-37
Warburg, 46, PS-38
Wardenburg, 46, PN-36
Ware, 11, MS-38
Waregem, 16, NN-39
Wareham, 10, MJ-39
Waremme, 16, PA-39
Waren, 47, QJ-36
Warendorf, 46, PJ-38
Warin, 47, QE-36
Warka, 61, SE-38
Warlubie, 60, RN-36
Warminster, 10, MJ-38
Warnemünde, 47, QJ-35
Warrenpoint, 14, LN-35
Warrington, 15, MJ-36
Warsow, 47, QE-36
Warszawa, 61, SA-37
Warta, 60, RN-38
Warth, 40, QA-42
Warwick, 11, MN-37
Wasbister, 12, ME-30
Washington, 11, MS-39
Wasilków, 61, SN-36
Wąsosz, 60, RE-38
Wasselonne, 20, PJ-41
Wassen, 42, PN-43
Wassenaar, 16, NS-37
Wasserburg, 45, QJ-41
Wassertrüdingen, 45, QA-40
Wassy, 20, NS-41
Wasungen, 45, QA-39
Watchet, 10, ME-38
Waterford (Port Láirge), 14, LJ-37
Wateringhouse, 12, ME-31
Waterloo, 16, NS-39
Waterville-Spunkane, 14, KS-38
Watford, 11, MS-38
Watten, 12, ME-31
Watton, 11, NA-37
Wattwil, 42, PS-42
Wavre, 16, NS-39
Wąwolnica, 61, SJ-38
Waxweiler, 44, PE-39
Wearhead, 15, MJ-35
Wechadłów, 63, SA-39
Wedel, 46, PS-36
Wednesbury, 10, MJ-37
Weende, 46, PS-38
Weener, 46, PJ-36
Weert, 16, PA-38
Weesp, 16, PA-37
Weferlingen, 47, QE-37
Wegberg, 46, PE-38
Wegeleben, 47, QE-38
Węgierska Górka, 63, RS-40
Węgliniec, 60, RA-38
Węgorzewo, 61, SE-35
Węgorzyno, 60, RA-36
Węgrów, 61, SJ-37
Węgrzynice, 60, RA-37
Wegscheid, B.R.D., 45, QN-41
Wegscheid, Öst., 41, RA-42
Wehr, 44, PJ-42
Weichshofen, 45, QJ-41
Weida, 45, QJ-39
Weiden, 45, QJ-40
Weidenau, 44, PN-39
Weikersheim, 44, PS-40
Weilburg, 44, PN-39
Weilerswist, 44, PE-39
Weilheim, 45, QE-42
Weimar, 45, QE-38
Weinfelden, 42, PS-42
Weingarten, 44, PS-42
Weinheim, 44, PN-40
Weinsberg, 44, PS-40
Weißenbach, Öst., 41, QN-42
Weißenbach, Öst., 40, QA-42
Weißenberg, 47, QS-38
Weißenburg i. Bayern, 45, QA-40
Weißenfels, 47, QE-38
Weißenhorn, 44, QA-41
Weißenstadt, 45, QE-39
Weißenthurm, 44, PJ-39
Weißwasser, 47, QS-38
Weitersfeld, 41, RA-41
Weitersfelden, 41, QS-41
Weitra, 41, QS-41
Weiz, 41, RA-42
Wejherowo, 60, RN-35
Welden, 45, QA-41
Wellingborough, 11, MS-37
Wellington, U.K., 10, MJ-37
Wellington, U.K., 10, ME-39
Wells, 10, MJ-38
Wells-next-the-Sea, 11, NA-37
Wels, 41, QS-41
Welshpool, 10, ME-37
Welzow, 47, QS-38
Wem, 10, MJ-37
Wemperhardt, 20, PA-39
Wemyss Bay, 13, MA-34
Werben, 47, QE-37
Werdau, 45, QJ-39
Werder, 47, QJ-37
Werdohl, 46, PJ-38
Werfen, 40, QN-42
Werl, 46, PJ-38
Wermelskirchen, 46, PJ-38
Wermsdorf, 47, QJ-38
Wernberg, 45, QJ-40
Werne a. d. Lippe, 46, PJ-38
Werneck, 44, QA-39
Werneuchen, 47, QN-37
Wernigerode, 47, QA-38
Wertheim, 44, PS-40
Wertingen, 45, QA-41
Wervik, 16, NJ-39
Wesel, 46, PE-38
Wesenberg, 47, QJ-36
Wesoła, 61, SE-37
Wesselburen, 46, PN-35
Wesseling, 44, PE-39
Wessem, 16, PA-38
West Bromwich, 10, MN-37
Westbury, 10, MJ-38
Westenschouwen, 16, NN-38
Westerburg, 44, PJ-39
Westerham, 11, NA-38
Westerholt, 46, PJ-36
Westerkappeln, 46, PJ-37
Westerland, 48, PN-35
Westerstede, 46, PJ-36
West Hartlepool, 15, MN-35
Westkapelle, 16, NN-38
West Kirby, 15, ME-36
Weston-super-Mare, 10, MJ-38
Westport, 14, LA-36
West-Terschelling, 16, PA-36
West Wemyss, 12, ME-33
West Wittering, 11, MS-39
Wetherby, 15, MN-36
Wetter, 46, PJ-38
Wetteren, 16, NN-38
Wettin, 47, QE-38
Wetzlar, 44, PN-39
Wexford (Loch Garman), 14, LN-37
Weyer, 41, QS-42
Weyhill, 11, MN-38
Weymouth, 10, MJ-39
Whitby, 15, MS-35
Whitchurch, U.K., 11, MN-38
Whitchurch, U.K., 10, MJ-37
Whitegate, 14, LE-38
Whitehaven, 15, ME-35
Whitehead, 15, LS-35
Whithorn, 13, MA-35
Whitstable, 11, NE-38
Whittlesey, 11, MS-37
Wiartel, 61, SE-36
Wiązów, 63, RJ-39
Wichmannsburg, 47, QA-36
Wick, 12, ME-31
Wickede, 46, PJ-38
Wickford, 11, NA-38
Wickham Market, 11, NE-37
Wicklow, 14, LN-37
Wicko, 60, RJ-35
Widawa, 60, RN-38
Widnes, 15, MJ-36
Widuchowo, 60, QS-36
Wiechowice, 63, RJ-39
Więckbork, 60, RJ-36
Wiedenbrück, 46, PN-38
Wiedenhausen, 46, PS-37
Wiehe, 47, QE-38
Wiehl, 46, PJ-39
Wiejce, 60, RA-27
Wiek, 47, QN-35
Wielbark, 61, SA-36
Wieleń, 60, RE-37
Wielgomłyny, 63, RS-38
Wielichowo, 60, RE-37
Wieliczka, 63, SA-40
Wielowieś, 63, RN-39
Wieluń, 60, RN-38
Wien, 41, RE-41
Wiener Neustadt, 41, RE-42
Wienhausen, 46, QA-37
Wierden, 16, PE-37
Wieruszów, 60, RN-38
Wierzbica, Pol., 61, SE-38
Wierzbica, Pol., 61, SN-38
Wierzbice, 63, RE-39
Wierzbno, 61, SE-37
Wierzchowo, 60, RE-36
Wierzchucin Królewski, 60, RJ-36
Wiesbaden, 44, PN-39
Wieselburg, 41, RA-41
Wiesenburg, 47, QJ-37
Wiesensteig, 44, PS-41
Wiesental, 44, PN-40
Wiesloch, 44, PN-40
Wiesmoor, 46, PJ-36
Wieszowa, 63, RN-39
Wietze, 46, PS-37
Wietzendorf, 46, PS-37
Wiewiórki, 60, RN-36
Wigan, 15, MJ-36
Wigton, 15, ME-35
Wigtown, 13, MA-35
Wil, 42, PS-42
Wilamowice, 63, RS-40
Wilczęta, 61, RS-35
Wilczkowice, 61, RS-37
Wildalpen, 41, QS-42
Wildbad, 44, PN-41
Wildbad Kreuth, 45, QE-42
Wildberg, 47, QJ-37
Wildeshausen, 46, PN-37
Wildon, 41, RA-43
Wilfersdorf, 41, RE-41
Wilga, 61, SE-38

Wilhelm-Pieck-Stadt Guben, 47, QS-38
Wilhelmsburg, 41, RA-41
Wilhelmshaven, 46, PN-36
Wilków, Pol., 62, RA-38
Wilków, Pol., 61, SA-38
Wilkowo, 61, SE-36
Willemstad, 16, NS-38
Willroth, 44, PJ-39
Wilmslow, 15, MJ-36
Wilsdruff, 47, QN-38
Wilster, 46, PS-36
Wilton, 10, MN-38
Wiltz, 20, PA-40
Wimbledon, 11, MS-38
Wincanton, 10, MJ-38
Winchcombe, 10, MN-38
Winchelsea, 11, NA-39
Winchester, 11, MN-38
Windermere, 15, MJ-35
Windischeschenbach, 45, QJ-40
Windischgarsten, 41, QS-42
Windorf, 45, QN-41
Windsbach, 45, QA-40
Windsheim, 45, QA-40
Windsor, 11, MS-38
Winklern, 40, QJ-43
Winnica, 61, SA-37
Winschoten, 16, PJ-36
Winsen, 46, PS-37
Winsford, 15, MJ-36
Wińsko, 60, RE-38
Winslow, 11, MS-38
Winsum, 16, PE-36
Winterbach, 41, RA-42
Winterberg, 46, PN-38
Winterswijk, 16, PE-38
Winterthur, 42, PN-42
Wintzenheim, 20, PJ-41
Wipperfürth, 46, PJ-38
Wippra, 47, QE-38
Wisbech, 11, NA-37
Wishaw, 13, ME-34
Wisła, 63, RN-40
Wiślica, 63, SA-39
Wismar, 47, QA-36
Wissant, 18, NE-39
Wissembourg, 20, PJ-40
Wissen, 44, PJ-39
Wissenkerke, 16, NN-38
Wisznice, 61, SN-38
Witham, 11, NA-38
Withernsea, 15, NA-36
Witkowo, 60, RJ-37
Witnica, 60, QS-37
Witowo, 60, RN-37
Wittdünn, 48, PN-35
Witten, 46, PJ-38
Wittenberg, 47, QJ-38
Wittenberge, 47, QE-36
Wittenburg, 47, QE-36
Wittichenau, 47, QS-38
Wittingen, 47, QA-37
Wittlich, 44, PE-40
Wittmund, 46, PJ-36
Wittstock, 47, QJ-36
Witzenhausen, 46, PS-38
Wiveliscombe, 10, ME-38
Wiżajny, 61, SJ-35
Wizna, 61, SJ-36
Władysławowo, 60, RN-35
Wlastowo, 60, RN-37
Wleń, 62, RA-38
Wloclawek, 61, RS-37
Włodawa, 61, SN-38
Wlodzienin, 63, RJ-39
Wloszczowa, 63, RS-39
Wöbbelin, 47, QE-36
Woburn, 11, MS-38
Wodzisław, 63, SA-39
Woerden, 16, NS-37
Woerth, 20, PJ-41
Wohlen, 42, PN-42
Wojcieszów, 62, RA-39
Wojnicz, 63, SA-40
Woking, 11, MS-38
Wokingham, 11, MS-38
Wola Jachowa, 63, SA-39
Wola Zelichowska, 63, SA-39
Wolbórz, 61, RS-37
Wolbrom, 63, RS-39
Wolczyn, 63, RJ-38
Woldegk, 47, QN-36
Wolfach, 44, PN-41
Wolfegg, 45, PS-42
Wolfen, 47, QJ-38
Wolfenbüttel, 47, QA-37
Wolfhagen, 46, PS-38
Wolframs-Eschenbach, 45, QA-40
Wolfratshausen, 45, QE-42
Wolfsberg, 41, QS-43
Wolfsburg, 47, QA-37
Wolgast, 47, QN-35
Wolhusen, 42, PN-42
Wolin, 60, QS-36
Wólka, 63, SA-38
Wölkendorf, 45, QE-39
Wolkersdorf, 41, RE-41
Wollersheim, 44, PE-39
Wollin, 47, QJ-37
Wolmirstedt, 47, QE-37
Wolomin, 61, SE-37
Wołów, 60, RE-38
Wolphaartsdijk, 16, NN-38
Wolsztyn, 60, RE-37

Wolvega, 16, PE-37
Wolverhampton, 10, MJ-37
Wolverton, 11, MS-37
Woodbridge, 11, NE-37
Woodford, 14, LE-36
Woodstock, 11, MN-38
Wooler, 13, MJ-34
Wootton Bassett, 10, MN-38
Worb, 42, PJ-43
Worbis, 46, QA-38
Worcester, 10, MJ-37
Wörgl, 40, QJ-42
Workington, 15, ME-35
Worksop, 11, MN-36
Workum, 16, PA-37
Wormerveer, 16, NS-37
Wormhoudt, 18, NJ-39
Wormit, 13, MJ-33
Worms, 44, PN-40
Wörrstadt, 44, PN-40
Wörschach, 41, QS-42
Wörth, B.R.D., 44, PS-40
Wörth, B.R.D., 44, PN-40
Wörth, B.R.D., 44, QJ-40
Worthing, 11, MS-39
Woskowice, 63, RJ-38
Wożławki, 61, SA-35
Woźniki, 63, RS-39
Wragby, 11, MS-36
Wreczyca Wielkie, 63, RN-39
Wredenhagen, 47, QJ-36
Wrexham, 10, MJ-36
Wriezen, 47, QS-37
Wróblewo, 61, SA-37
Wrocław (Breslau), 63, RJ-38
Wronki, 60, RE-37
Wrotnów, 61, SJ-37
Wroxham, 11, NE-37
Wrzesnia, 60, RJ-37
Wschowa, 60, RE-38
Wülfrath, 46, PJ-38
Wullowitz, 41, QS-41
Wünnenberg, 46, PN-38
Wünsdorf, 47, QN-37
Wunsiedel, 45, QJ-39
Wunstorf, 46, PS-37
Wuppertal, 46, PJ-38
Würselen, 44, PE-39
Wurzbach, 45, QE-39
Würzburg, 44, PS-40
Wurzen, 47, QJ-38
Wust, 47, QJ-37
Wusterhausen, 47, QJ-37
Wustrow, 47, QJ-35
Wydminy, 61, SJ-36
Wygoda, 63, RS-39
Wyk, 48, PN-35
Wymondham, 11, NE-37
Wyrzysk, 60, RJ-36
Wyśmierzyce, 61, SA-38
Wysocice, 63, RS-39
Wysoka, 60, RJ-36
Wysokie Mazowieckie, 61, SJ-37
Wyszków, 61, SE-37
Wyszogród, 61, SA-37
Wyszyny, 60, RE-37

X
Xanten, 46, PE-38
Xánthi, 69, SS-48
Xertigny, 20, PE-41
Xilagani, 69, TA-49
Xilókastron, 70, SJ-51

Y
Yalikavak, 71, TJ-52
Yanguas, 27, MJ-47
Yäröbacka, 49, QJ-32
Ybbs, 41, RA-41
Ydrefors, 49, RA-32
Yebra, 27, MJ-49
Yebra de Basa, 24, MS-47
Yecla, 30, MN-51
Yefiria, 69, SJ-50
Yéfirna, 69, SJ-49
Yenice, 72, TJ-50
Yenifoca, 71, TE-51
Yeniköy, 72, TS-48
Yenne, 21, PA-44
Yeovil, 10, MJ-39
Yerákion, 70, SJ-53
Yerolimin, 70, SJ-53
Yerville, 18, NA-40
Yesilköy, 72, TN-49
Yeste, 30, MJ-51
Ygos-St.-Saturnin, 22, MS-46
Yiannitsá, 69, SJ-49
Yítheion, 70, SJ-53
Yläluosta, 59, TN-26
Ylämaa, 55, TJ-29
Yläne, 54, SJ-29
Ylihärmä, 54, SJ-26
Ylimarkku, 54, SE-27
Ylistaro, 54, SJ-27
Ylitornio, 56, S-20
Ylivieska, 56, S-25
Ylöjärvi, 54, SN-28
Ylönkylä, 54, SN-29

Yngshyttan, 50, QS-30
Yoran, 71, TJ-52
York, 15, MN-36
Yörük, 72, TJ-49
Youghal, 14, LJ-38
Yoxford, 11, NE-37
Ypäjä, 54, SN-28
Ysper, 41, RA-41
Yssingeaux, 23, NS-44
Ystad, 49, QN-34
Ysterbröd, 53, PA-31
Ytre Arna, 53, PA-29
Ytre Dåsvatn, 53, PJ-31
Ytre Rendal, 52, QE-28
Ytterhogdal, 57, Q-25
Yttermalung, 50, QN-29
Yunquera de Henares, 27, ME-49
Yverdon, 42, PE-43
Yvetot, 18, NA-40

Z
Zaandam, 16, NS-37
Žabalj, 65, SA-44
Zabar, 43, SA-41
Žabari, 65, SE-45
Zabierzów, 63, RS-39
Zabikowo, 61, SJ-37
Ząbki, 61, SE-37
Ząbkowice Śląskie (Frankenstein), 63, RE-39
Žabljak, 66, RS-46
Zabłudów, 61, SN-36
Žabno, Pol., 63, SA-39
Žabno, Yugo., 64, RE-44
Zábřeh, 63, RE-40
Zabrze, 63, RN-39
Zadar, 64, RA-45
Zafra, 28, LN-51
Žaga, 64, QN-43
Zagajica, 65, SE-45
Žagań, 60, RA-38
Zagórá, 89, SN-50
Zagorci, 72, TA-47
Zagorja Kungota, 64, RA-44
Zagórów, 60, RJ-37
Zagrażden, 67, SS-46
Zagreb (Agram), 64, RA-44
Žagubica, 67, SE-45
Zagvozd, 64, RJ-46
Zagwiżdzie, 63, RJ-39
Zahna, 47, QJ-38
Záhorská Ves, 63, RE-41
Zaidín, 24, NA-48
Zaječar, 67, SJ-46
Zákas, 68, SE-49
Zákha, 70, SJ-52
Zákinthos, 70, SA-52
Zakliczyn, 63, SA-40
Zakopane, 63, RS-40
Zakroczym, 61, SA-37
Zakrzewo, 60, RN-37
Zalabaksa, 43, RE-43
Zalaegerszeg, 43, RE-43
Zalalövő, 43, RE-43
Zalamea de la Serena, 29, LS-51
Zalamea la Real, 28, LN-52
Zalău, 59, S-40
Žalec, 64, RA-43
Zalesie, 61, SN-37
Zaltbommel, 16, PA-38
Záluži, 62, QN-39
Zalužnica, 64, RA-45
Zamárdi, 43, RJ-43
Žamberk, 62, RE-39
Zambrów, 61, SJ-37
Zamora, 26, LS-48
Zamość, 58, S-35
Zandvoort, 16, NS-37
Zanglivérion, 69, SN-49
Zaniemyśl, 60, RJ-37
Zaporože, 59, V-40
Zaporožskoje, 57, U-25
Záppeion, 69, SJ-50
Zapponeta, 39, RE-48
Zaragoza, 24, MN-48
Zarauz, 27, MJ-46
Zarenthien, 47, QA-36
Zárka, 71, SS-51
Žarki, 63, RS-39
Žarnovica, 63, RN-41
Žarnów, 61, SA-38
Žarnowiec, 63, RS-39
Žarós, 71, SS-54
Žarów, 62, RE-39
Zarrentin, 47, QA-36
Žary (Sorau), 60, RA-38
Zarzadilla de Totana, 30, MN-52
Zarza la Mayor, 28, LN-50
Zašejek, 56, U-20
Zasieki, 60, QS-38
Žaškov, 58, U-40
Žatec, 62, QN-39
Zatom, 60, RA-36
Zator, 63, RS-40
Zavalje, 64, RA-45
Zavattarello, 32, PS-45
Zavidovici, 66, RS-46
Zawadzkie, 63, RN-39
Zawidów, 62, RA-38

Zawidz, 61, RS-37
Zawiercie, 63, RS-39
Zawoja, 63, RS-40
Zawonia, 60, RJ-38
Zázrivá, 63, RS-40
Zbąszyń, 60, RA-37
Zbąszynek, 60, RA-37
Zbiersk, 60, RN-38
Zblewo, 60, RN-36
Zbójno, 61, RS-36
Zbrachlin, 60, RN-36
Zbraslas, 62, QS-40
Zbraslavice, 62, RA-40
Zbuczyn, 61, SJ-37
Zbyszyce, 63, SA-40
Ždala, 64, RJ-43
Žďánice, 63, RJ-40
Žďár n. Sázavou, 62, RA-40
Ždiar, 63, SA-40
Zdice, 62, QN-40
Ždírec n. Doubravou, 62, RA-40
Ždrelac, 64, RA-45
Ždrelo, 65, SE-45
Zdunje, 66, SE-48
Zduńska Wola, 60, RN-38
Zduny, Pol., 60, RJ-38
Zduny, Pol., 61, RS-37
Żdźary, 61, SA-38
Zdzieszowice, 63, RJ-39
Žebrák, 62, QN-40
Zebreira, 28, LJ-50
Zebrzydowice, 63, RN-39
Zechlin, 47, QJ-36
Žednik, 65, RS-44
Zeebrugge, 16, NN-38
Zehdenick, 47, QN-37
Zehren, 47, QN-38
Zeist, 16, PA-37
Zeithain, 47, QN-38
Zeitz, 47, QJ-38
Żelazno, 60, RJ-35
Żelechów, 61, SE-38
Zelenoborskij, 56, U-20
Zelenogorsk, 55, TS-29
Zelenogradsk, 58, S-35
Želetava, 62, RA-40
Železnik, 65, SA-45
Železnodorožnyj (Gerdauen), 61, SF-35
Zelina, 64, RE-44
Żelizna, 61, SJ-38
Želju vojvoda, 72, TE-47
Zell, B.R.D., 44, PJ-42
Zell, B.R.D., 44, PJ-39
Zell, Öst., 41, QS-43
Zella-Mehlis, 45, QA-39
Zell a. See, 40, QJ-42
Zell a. Ziller, 40, QE-42
Zell b. Zellhof, 41, QS-41
Zel'onaja Rošča, 55, TS-29
Zelów, 61, RS-38
Zeltweg, 41, QS-42
Zelzate, 16, NN-38
Zemblak, 66, SA-49
Zemen, 67, SJ-47
Zemun, 65, SA-45
Zenica, 65, RS-46
Zenna, 32, PN-43
Zenson di Piave, 33, QJ-44
Žepče, 65, RN-45
Žeravac, 65, RJ-44
Zerbst, 47, QJ-38
Zerf, 44, PE-40
Zerind, 65, SE-43
Žerków, 60, RJ-37
Zermatt, 42, PJ-43
Zernez, 42, QA-43
Zerqan, 66, SA-48
Zetel, 46, PJ-36
Zettlitz, 45, QE-39
Zeulenroda, 45, QE-39
Zeven, 46, PS-36
Zevenaar, 16, PE-38
Zevenbergen, 16, NS-38
Zeytindağ, 71, TJ-51
Zgierz, 61, RS-38
Zgorzelec (Görlitz), 60, RA-38
Žiar n. Hronom, 63, RN-41
Zicavo, 34, PN-49
Zidarovo, 72, TJ-47
Ziddorf, 47, QJ-36
Židlochovice, 62, RE-40
Ziębice, 63, RE-39
Ziegenhain, 44, PS-39
Ziegenrück, 45, QE-39
Zieleniewo, 60, RA-36
Zielona Góra (Grünberg), 60, RA-38
Zielonka, 61, SE-37
Zielona Pasłecka, 61, RS-36
Zieluń, 61, RS-36
Zierenberg, 46, PS-38
Zierikzee, 16, NN-38
Ziersdorf, 41, RA-41
Zierzow, 47, QE-36
Ziesar, 47, QJ-37
Ziesendorf, 47, QJ-36
Zijpe, 16, NS-38
Žilina, 63, RN-40
Ziltendorf, 47, QS-37
Zimnica, 67, SJ-47
Zimnicea, 67, TA-46
Zinal, 42, PJ-43
Zingst, 47, QJ-35
Zinkgruvan, 50, RA-31

Zinnowitz, 47, QN-35
Zirc, 43, RJ-42
Zirchow, 47, QS-36
Žirje, 64, RA-46
Zirl, 40, QE-42
Zirndorf, 45, QA-40
Žíros, 71, TE-54
Žirovnice, 62, RA-40
Zissersdorf, 41, RA-41
Zistersdorf, 41, RE-41
Žitkoviči, 58, T-35
Žitkovo, 55, TS-29
Žitni Potok, 67, SE-46
Žitomir, 58, T-35
Žitosvet, 72, TE-47
Zítsa, 68, SA-50
Zittau, 45, QS-39
Živinice, 65, RN-43
Zlarin, 64, RA-46
Zlatar, 64, RE-43
Zlatarica, 72, TA-46
Zlaté-Hory, 63, RJ-39
Zlaté Moravce, 63, RN-41
Zlatica, 67, SS-47
Zlatograd, 67, TA-48
Zletovo, 67, SJ-48
Žlobin, 58, U-35
Złocieniec, 60, RA-36
Złoczew, 60, RN-38
Zlonice, 62, QS-39
Zlot, 67, SE-45
Złotniki Kujawskie, 60, RN-37
Złotoryja, 62, RA-38
Złotów, 60, RE-36
Zloty Stok, 63, RE-39
Žlutice, 62, QN-39
Žmajevo, 65, RS-44
Žmerinka, 58, T-40
Żmigród, 60, RE-38
Zmijovka, 58, V-35
Žminj, 64, QN-44
Znamensk, 61, SE-35
Žnin, 60, RJ-37
Znojmo, 62, RE-41
Zoarejas, 24, MJ-49
Zocca, 33, QA-45
Zoločov, 58, S-40
Zolotonoša, 58, U-40
Zóni, 72, TE-48
Zons, 46, PE-38
Zonza, 35, PS-48
Zoppot
→ Sopot, 60, RN-35
Zörbig, 47, QJ-38
Zorita, 29, LS-50
Zorneding, 45, QE-41
Zornica, 72, TE-47
Żory, 63, RN-39
Zossen, 47, QN-37
Zoutkamp, 16, PE-36
Žovnino, 58, U-40
Žovten, 59, U-40
Zrenjanin, 65, SA-44
Zrnovci, 67, SJ-48
Zruč n. Sázavou, 62, RA-40
Zsadány, 43, SE-43
Zsámbék, 43, RN-42
Zschopau, 45, QN-39
Zuazo-Cuartango, 27, MJ-47
Zubiri, 24, MN-47
Zuera, 24, MS-48
Zufre, 28, LN-52
Zug, 42, PN-42
Zújar, 31, MJ-52
Żukowo, 60, RN-35
Zülpich, 44, PE-39
Zumárraga, 27, MJ-46
Zumaya, 27, MJ-46
Zuoz, 42, PS-43
Županja, 65, RN-44
Žur, 66, SA-47
Zurgena, 30, MJ-52
Zürich, 42, PN-42
Zuriza, 24, MS-47
Żuromin, 61, RS-36
Zusmarshausen, 45, QA-41
Züssow, 47, QE-36
Züssow, 47, QN-36
Žuta Lokva, 64, RA-45
Žutice, 66, SA-46
Žužemberk, 64, QS-44
Zvenigorodka, 58, U-40
Zvezdan, 67, SJ-46
Zvolen, 63, RS-41
Zvonce, 67, SJ-47
Zvornik, 65, RN-45
Zwardoń, 63, RS-40
Zweibrücken, 44, PJ-40
Zweisimmen, 42, PJ-43
Zwenkau, 47, QJ-38
Zwettl, Öst., 41, RA-41
Zwettl, Öst., 41, QS-41
Zwickau, 45, QJ-39
Zwiefalten, 44, PS-41
Zwiesel, 45, QN-40
Zwijndrecht, 16, NS-38
Zwingenberg, 44, PN-40
Zwoleń, 61, SE-38
Zwolle, 16, PE-37
Zwönitz, 45, QJ-39
Žychlin, 61, RS-37
Zygry, 60, RN-38
Żyrardów, 61, SA-37
Žyrzyn, 61, SA-38
Žywiec, 63, RS-40
Łytkiejmy, 61, SJ-35